信用狀出進口押匯實務

——單據製作與審核

張錦源
葉清宗 著

三民書局

Letter Of Credit

between Mary Smith, 3, Waterstreet, 40 062 New Heaven,
hereinafter called the lender
Hans Peter Garden, 53 Residental Stree
hereinafte
with toda

國家圖書館出版品預行編目資料

信用狀出進口押匯實務：單據製作與審核 / 張錦
源,葉清宗著.－－初版一刷.－－臺北市：三民,
2011
面； 公分

ISBN 978–957–14–5532–7 （平裝）
1. 信用狀 2. 出口押匯 3. 進口押匯

563.25 100013041

© 信用狀出進口押匯實務
──單據製作與審核

著 作 人	張錦源　葉清宗
責任編輯	周明欣
美術設計	蔡季吟
發 行 人	劉振強
著作財產權人	三民書局股份有限公司
發 行 所	三民書局股份有限公司
	地址　臺北市復興北路386號
	電話　(02)25006600
	郵撥帳號　0009998–5
門 市 部	(復北店)臺北市復興北路386號
	(重南店)臺北市重慶南路一段61號
出版日期	初版一刷　2011年9月
編 號	S 552480

行政院新聞局登記證局版臺業字第○二○○號

ISBN　978–957–14–5532–7 （平裝）

序

　　國際貿易付款方式（又稱貿易金流）可分為 CWO、CAD、COD、D/P、D/A、O/A、信用狀、寄售以及分期付款等九種，其中「信用狀」因有銀行介入保證，又有國際商會 (ICC) 制定的「信用狀統一慣例」（簡稱 UCP）可作為國際貿易業者共同遵守的遊戲規則，信用狀付款方式乃成為國際貿易主要付款方式的一種。信用狀統一慣例制定於 1933 年，嗣因貿易、運輸、保險、電訊及金融環境變遷等因素，歷經 1951 年、1962 年、1974 年、1983 年、1993 年及 2007 年六度修訂，現已獲舉世業者（貿易、報關、運輸、保險、金融）認同並普遍採用。據此，貿易金流初學者，皆以「信用狀實務」為敲門磚。

　　由於坊間「信用狀」的書籍較偏重「理論」探討，較少詳細介紹「信用狀實務」作業，諸如：信用狀內容判讀、押匯單據（匯票、商業發票、提單、保險單、包裝單、產地證明等）如何製作，如何利用 UCP 600、ISBP 681、ISP 98、Incoterms®2010、海牙公約、漢堡規則、英倫保險協會貨物保險條款 (ICC) 等規定審核押匯單據等。為讓從事貿易金流作業人士，便於獲取專業實務知識，筆者等願將多年所學、所知、所汲取的經驗編撰本書供參。

　　UCP 600 第 1 條規定適用「擔保信用狀」，然而保證實務上常發生 UCP 600 對擔保信用狀不能完全適用的情形，於是美國的國際銀行法律與實務協會 (The Institute of International Banking Law & Practice Inc.) 草擬有關擔保信用狀的單獨規則（簡稱 ISP 98），並由國際商會於 1998 年 4 月批准，於 1999 年 1 月 1 日生效，因其適用範圍廣，不但適用擔保信用狀，一般商業信用狀亦可適用，本書乃闢專章介紹。

　　　　　　　　　　　　　　　　　　　　張錦源、葉清宗　謹識

　　　　　　　　　　　　　　　　　　　　　　　　　2011 年 8 月

編輯大意

一、本書係為配合大專院校的教學與從事國際貿易人士的需要而編定，適合大專院校國際貿易科系教學與社會人士參考之用。

二、本書除介紹商業信用狀理論之外，對於商業信用狀實務諸如，押匯單據的製作，慣例、規則的引用，詳加說明，以期理論與實務相互配合，使讀者在擔任實務工作時，有所助益，培養富有現代商業信用狀知識的貿易人才。

三、本書文字力求簡明，由淺入深，舉例詳加說明。教師於教學之前，宜先指定學生預為準備。然後在課堂作有系統的講解，則收效必大。

四、本書與大專院校商業科系的「國際貿易實務」課程相銜接，使已修國際貿易實務者能有更進一步的認識，未修習過國際貿易實務者，亦能從本書獲得完整的概念。

五、本書附有各章的習題與綜合測驗，供讀者複習、練習之用，期能熟練技術，印證各種操作方法，以收學以致用之效。

六、本書註有※符號的章節，教師可斟酌授課時數，將其列為學生自修參考資料，毋需在課堂上講授，又凡已講授「國際貿易實務」的班級，對於註有☆符號的章節可斟酌略去。

七、本書倉促寫成，漏誤之處，在所難免，尚祈先進專家不吝指正。

編者識

信用狀出進口押匯實務
——單據製作與審核

目　次

第四章　信用狀的格式及例示

※第五章　信用狀統一慣例源由及運用

第六章 信用狀當事人間的法律關係

第七章 單據之一──運送單據

概　論

第一節　國際貿易對臺灣的重要性

臺灣是貿易的島國，近數十年來臺灣的 GDP 依賴國際貿易程度（貿易依存度）在 70%–90% 之間，加權平均值約 78% 左右，亦就是說每 100 美元的國民所得中，有 78 美元來自進出口貿易，2011 年起，貿易依存度已超過 90%，可見國際貿易對臺灣的重要性❶。

第二節　臺灣國際貿易發展型態的轉變

以國際貿易發展型態來看，早期臺灣（1987 年以前）以「直接貿易」為主──即由臺灣接單後，在臺灣加工、製造、生產、交運、直接賣到國外，最後在臺灣收款。1987 年以後，勞動成本增加、土地價格飛漲、環保意識抬頭以及能源短缺等原因導致勞動密集工業、需要土地面積大的工業、汙染工業及耗能源的工業在臺灣無法生存，而「附加價值」較低的產業，諸如紡織、鞋類、雜貨、五金、運動器材及化工業等，紛紛外移到中國大陸或東南亞地區等生產成本較低的第三國生產。在此情形下，我國貿易商於接到國外的訂單或信用狀 (L/C) 時，產品不再運回國內，改向生產成本較低的中國大陸、東南亞地區等第三國採購，再由第三國直接運到進口國，亦即臺灣接單，第三地生產出口，可稱為臺灣押匯的「三角貿易」。目前臺灣以這種三角貿易為大宗。此外，尚有以節稅或海外投資為目的，設立的境外公司在國際金融業務分行 (OBU) 往來，變形三角貿易越來越盛行。

第三節　金融海嘯後，貿易風險管理被重視

以出口為例，貿易業者為賺取利潤，除在「業務面」做好行銷、「生產面」提供品質優良的產品、「服務面」做好售後服務外，更重要的是要能在「管理面」

❶　資料取自中央銀行網站 (http://www.cbc.gov.tw)。

發現潛在的貿易風險，並做好規避措施，順利收受貨款、減少損失或糾紛。對國際貿易而言，行銷很重要，但若疏於貿易風險管理，未做好風險規避，當風險發生時將「血本無歸」。

2008 年底，美國雷曼兄弟倒閉，引發金融海嘯，波及全世界各地金融機構及企業，緊接著 2010 年歐洲四國——葡萄牙 (Portugal)、愛爾蘭 (Ireland)、希臘 (Greece)、西班牙 (Spanish)，合稱 PIGS——發生財政危機、經濟生態產生重大的改變，而劫後餘生的企業體質轉壞岌岌可危，隨時有被倒閉的風險。為確保貿易安全，貿易業者除應隨時注意交易對象及經營環境的風險外，更應該重視風險管理。

第四節　國際貿易的特性

國際貿易與國內交易因語言、環境、法令規章及習慣不同而有所差異，其特性如下：

■ 一、國家風險 ■

國家風險是指交易對象所在國家的信用程度，以出口為例，由於出口商的交易對象（進口商）都遠在國外，萬一進口國發生戰爭、禁止進口或外匯短缺等事件，會發生貨品無法進口或收不回貨款的狀況，因此貿易商從事國際貿易時，需特別注意交易對象所在國的國家風險。如 1981 年波蘭、墨西哥、阿根廷、巴西等開發中國家，因國內經濟惡化致外匯短缺，無法清償對外負債，貨款無法收回；1980 年兩伊戰爭、1990 年波灣戰爭時美國對伊朗、伊拉克凍結資產；2008 年發生金融海嘯，冰島政府瀕臨破產；2010 年歐洲四國（PIGS）發生財政危機等重大國際事件，都曾出現國內出口商或銀行無法求償的情形。

一般所說的國家風險主要有下列幾項：

1. 戰爭、革命、內亂及暴動。

2. 生產力降低、通貨膨脹及貨幣貶值。

3. 外匯短缺導致無法支付對外負債。

4.民族意識造成的排外運動、限制外國企業的活動或將外國企業收歸國有化的風險。

■ 二、交易對象信用風險 ■

由於國際貿易的交易對象遠在海外，交易對象信用資訊取得困難，判斷不易，很難掌握交易對手的信用狀況。

● （一）就出口方面而言

以 D/P、D/A 或 O/A 為付款方式交易時，出口商於貨物出口後，有可能因進口商財務惡化導致違約未付貨款，使得出口商發生虧損；以 L/C 為付款方式交易時，進口商可能在 L/C 的內容設下陷阱，藉口不支付 L/C 款項。

● （二）就進口方面而言

如出口商信用不良、出口貨品品質不佳或交貨延遲等原因，都可能使進口商遭受退貨或無貨可售的損失。

■ 三、運輸風險 ■

國際貿易與國內交易不同，其交易對手及交貨地點遠隔重洋，貨物從出口地運至進口地路途中，依買方的要求使用不同的運輸工具，諸如輪船、飛機、卡車、火車等，由於路途遙遠，需經歷上車、下船、趕飛機等各種狀況，一路顛簸；也有可能碰到惡劣氣候，導致貨物一部分或全部損失不能使用。若保險義務人又疏於投保，或保險種類不足時，保險公司不予理賠，必然影響到貨款的收回。

■ 四、匯率風險 ■

由於國際貿易通常以外幣來清算，且近幾年來外匯市場變動激烈，無形中增加了進出口商的營運風險。例如我國自民國 67 年 7 月 11 日採行機動匯率制度之後，新臺幣與外幣之間的匯率，隨著市場機制進行調整，不斷變動，也就是說，新臺幣隨時有升值或貶值的可能。由於匯率變動的方式無法預測，無異又增加了進出口商的營運風險。進出口商為減免因匯率變動而產生的風險，自有必要採取適當的因應措施（例如期貨交易、買保險等，或在合約上加列匯率條款），如未採取適當方法規避風險，則匯率的變動有可能造成進出口商嚴重虧損，若稍有不慎甚至會因而倒閉。

■ 五、市場風險（市場索賠） ■

指生產企業由於採購原料時，因供貨市場存貨不足，市場價格上漲，賒欠期縮短，資金成本增加，導致生產企業的成本增加、獲利減少或虧損而不供貨；或由於進口地市場價格大跌，進口商不提貨、不付款；或商品滯銷變質無法使用，發生市場風險（即買方透過各種手段將因市場變動所造成的損失轉嫁給賣方）。

■ 六、語文上的障礙以及國外法律和習慣上的不同 ■

● （一）語文上的障礙──溝通不良

由於在整個外匯交易過程中所涉及的文件均使用國際通用的語言或者交易雙方都能接受的文字，而非我們慣用的中文，因此在文意上常有誤解或意思表達錯誤的情形發生，造成糾紛。例如：

1. "policy" 一般譯為「方法」或「政策」，但是用在貿易上應譯為「保險單」。

2. 一般英文文法皆規定「名詞」為複數時，該名詞要加 s 或 ies。但依信用狀統一慣例 (UCP 600) 第 3 條前半段規定：「就本慣例而言：在可適用之情形，單數之用語包括複數，而複數之用語則包括單數。」

● （二）國外法律和習慣上的不同

進出口貿易通常為涉及二國以上的交易行為，而本國的法律、商業習慣等不見得適用其中，例如，買賣合約或信用狀要求提示 packing list in 2 copies，押匯時若賣方僅提示二份副本包裝單，則會遭到開狀銀行拒付，因為依據 UCP 600 第 17 條(a)項規定：「信用狀規定之每一種單據至少須提示一份正本。」以及同條(d)項規定：「除單據本身另有明示外，如信用狀要求提示複式單據，使用諸如『一式兩份』(in duplicate)、『兩份』(in two fold)、『兩份』(in two copies) 等類之用語，則以提示至少一份正本及其餘份數為副本者為已足。」

　　且進出口貿易中，除買賣雙方外，還涉及許多關係人，如銀行、運輸公司、保險公司等，其間的關係錯綜複雜，稍有不慎可能導致重大損失。因此除了瞭解本國法令規章、商業習慣外，還須對國際貿易過程中有關國際慣例及規則的基本知識有所瞭解，一般而言進出口貿易商應對以下的慣例及規則需有基本的認識：

　　1. International Rules for the Interpretation of Trade Terms 或 International Commercial Terms（2010 年版國貿條規，簡稱 Incoterms® 2010），應用於國際貿易報價條件的規定。

　　2. Uniform Customs and Practice for Documentary Credits, 2007 Revision ICC Publication No. 600（信用狀統一慣例，簡稱 UCP 600），應用於信用狀。

　　3. International Standard Banking Practice No. 681（國際標準銀行實務，簡稱 ISBP），應用於跟單信用狀的解釋。

　　4. Uniform Rules for Collections 1995 Revision ICC Publication No. 522（託收統一規則，簡稱 URC 522），應用於出進口託收。

　　5. International Stand-by Practices（國際擔保函慣例，簡稱 ISP 98），應用於擔保信用狀。

　　6. ICC Uniform Rules for Demand Guarantees（即付保證統一規則，簡稱 URDG 758），應用於開立保證函用。

　　一旦發生貿易糾紛時，可能因訴訟的對象在國外而涉及管轄法院、各國法律、商業習慣等問題而變得難以處理。民法上規定若雙方當事人無約定時，債務的履行地以債務人住所地為原則，因此如訴訟的對方係在美國時，則需在美國提起訴訟，此時提出訴訟者有可能因對美國法律不熟悉及語文上的障礙，而必須聘請當地律師代為訴訟，且訴訟時間常常拖延數年，與律師溝通、證據文件等的寄送均非常費神，造成時間與金錢上的浪費，縱使勝訴也可能因需要支付昂貴的律師費用而得不償失。此外，也可能因債務人無財產可供執行而無實益。

七、付款方式的風險

由於國際貿易的買賣雙方位居不同國境，雙方不可能在同時、同地一手交錢一手交貨，因此必須有先後之分。就賣方立場而言，為求交易安全，通常希望能早日收到貨款；然而就買方立場而言，則希望能夠晚點付款，以利資金周轉。因為買賣雙方立場互異，對付款的時間有不同的要求，為了解決付款的問題因而產生了各種不同的付款條件。例如依付款及交貨時點的不同，可分為二種：(1)裝運前付款；(2)裝運後付款。對出口商而言，裝運前付款最為有利，裝運後付款最為不利；進口商則反之。（詳本章第五節）

八、作業風險

貿易實務上，常常發生因作業上的失誤，導致賠了夫人又折兵的事情，試舉貨物運輸保險的例子：

（一）以出口為例

貿易條件為 FOB 或 CFR 時，出口商備妥貨物在出口港裝載在預訂的船舶上時，貨物的風險責任即轉移給買方，由買方負責購買保險。

1.以 L/C 為付款條件時，可能遭遇的作業風險為：

出口商取得貨運單據後，憑信用狀向銀行押匯，但因提示單據不符信用狀規定遭開狀銀行拒付，貨物又不幸遭遇海難。

2.以 D/P、D/A、O/A 為付款條件時，可能遭遇的作業風險為：

出口商取得貨運單據後，委託託收銀行辦理出口託收，或貨運單據逕寄買方 (O/A)，買方忘了替貨物買保險，貨物又不幸遭遇海難。

在上述二種付款條件下，出口商收不到貨款，在未投保情形下，得不到保險公司理賠，必須自己承擔貨物損失，對出口商極為不利。

（二）以進口為例

貿易條件為 FOB 或 CFR 時，保險由買方負責，但保險實務要保人（買方）在投保時，必須向保險人述明貨物已經裝載或即將裝載的船名，以及該船預定啟航的日期，但進口商在開狀時，可能貨物仍在生產，且船舶亦尚未確定，在此情形下，保險公司為因應實務的需要，開發 TBD 保險單 (to be decleared policy)，此種保險單由於投保人無法事先獲知船名、航次、開航日期，申請保險時暫不予申報，等得知船名時再通知保險公司，否則保險契約將失去效力。我國海商法第 132 條亦有規定：「未確定裝運船舶之貨物保險，要保人或被保險人於知其已裝載於船舶時，應將該船舶的名稱、裝船日期、所裝貨物及其價值，立即通知於保險人。不為通知者，保險人對未為通知所生之損害，不負賠償責任。」職是之故，要保人得知裝運明細後疏忽，未向保險公司發出通知，發生事故時，保險公司不賠。

第五節　國際貿易的付款方式

買賣雙方在契約中對付款條件的約定依付款時期、付款方法及其他條件而定。

付款時期：以相對交貨而言，可分三種：

（一）裝運前付款（先付後運）

訂貨付款（cash with order，簡稱 CWO），係指進口商（買方）發出訂單時，即支付現金的付款條件，亦即預付貨款 (payment in advance)。其交易流程如下圖：

訂貨付款 (CWO) 貿易方式作業流程圖

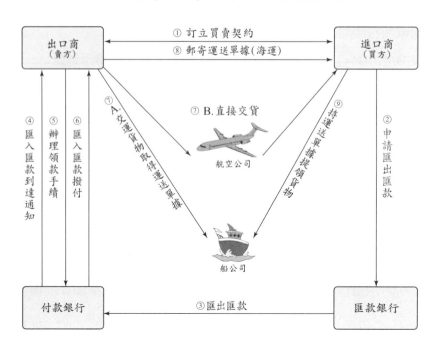

說明:

　①買賣雙方訂立買賣契約。

　②進口商（買方）向進口地的銀行（匯款銀行）申請匯出匯款。

　③進口地的銀行（匯款銀行）匯出匯款給出口地出口商（賣方）指定銀行（付款銀行）。

　④付款銀行向出口商（賣方）發出匯款到達通知。

　⑤出口商（賣方）向付款銀行辦理領款手續。

　⑥付款銀行撥付匯款給出口商（賣方）。

　⑦出口商（賣方）將備妥的貨物送交運送人（船公司）託運並取得運送單據（包括海運提單、空運提單等）。

　⑧出口商（賣方）郵寄運送單據給進口商（買方）。

　⑨進口商（買方）持運送單據向船公司提領貨物。

在此條件下，進口商（買方）於訂貨時已支付全部貨款，可能發生付款後收不到貨品，或貨品品質不良的風險，所以對買方甚為不利，此種付款條件通常適用於下列場合:

　1.交易金額不大，屬於試銷 (trial order) 或訂購樣品。

　2.進口商（買方）信用欠佳。

　3.特殊規格商品，出口商（賣方）須先收到貨款才願產製。

　4.買賣關係良好，出口商（賣方）資金短缺，進口商（買方）資金充裕且充分信任出口商（賣方）。

　5.該項產品屬出口商（賣方）市場，貨物供不應求。

（二）裝運後付款（先運後付）

因買賣雙方的風險負擔趨於相等，也是較公平的付款方法，目前國際貿易使用的付款方法有八種:

　1.憑單據付款（cash against documents，簡稱 CAD）:

在出口地完成出口裝運後，備妥貨運單據 (shipping documents) 交給進口商（買方）在出口地的分公司（或代理人），並收取貨款，其交易流程如下圖:

交單付現 (CAD) 貿易方式作業流程圖

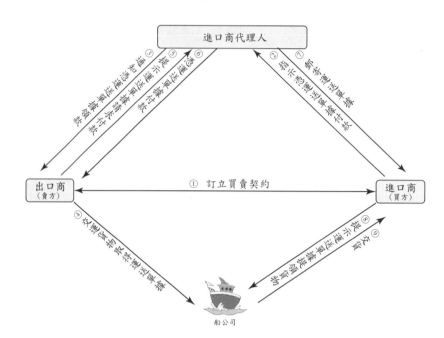

說明：

①買賣雙方訂立買賣契約。

②進口商（買方）指示代理人憑運送單據付款。

③進口商（買方）代理人向出口商通知憑運送單據領款。

④出口商（賣方）依約將貨物託交船公司（運送人）運送，並取得運送單據。

⑤出口商（賣方）將運送單據送交進口商（買方）代理人請求付款。

⑥進口商（買方）代理人憑運送單據支付貨款。

⑦進口商（買方）代理人郵寄運送單據給進口商（買方）。

⑧進口商（買方）憑運送單據向進口地的船公司換取小提單，以便報關提貨。

⑨進口地的船公司交付貨物給進口商（買方）。

　　出口商（賣方）將已交運的運送單據交予進口商（買方）其代理人時，即自進口商（買方）代理人處取得貨款。由於貨款的交付其代理人所在地，出口商（賣方）在其代理人所在地未收受貨款即不交付提單，風險較小；唯對進口商（買方）而言，必須先將貨款交付其代理人，等於先付款後收貨，財務壓力甚大，除非貨品甚為搶手，否則此種貿易方式實務上實不多見。

　　2.貨到付款（cash on delivery，簡稱 COD）：

　　係指出口商（賣方）將貨物運出，貨物到達目的地時，進口商（買方）須將全部貨款交付出口商（賣方）委託之運送人，方可提取貨物。常用於空運時。出口商（賣方）託運貨物時，通常委託運送承攬人 (freight forwarder) 辦理交運及收取貨款工作，運送承攬人再轉洽航空公司，航空公司於貨物送達目的地後，即通知買方付款提貨，然後再由航空公司將代收的貨款轉交運送承攬人再轉交出口商（賣方）。其交易流程如下圖：

<h2>交貨付現 (COD) 貿易方式作業流程圖</h2>

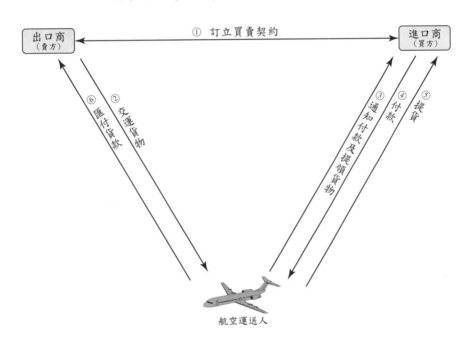

說明：

　　①買賣雙方訂立買賣契約。

　　②出口商（賣方）依約將貨物託交船公司（運送人）運送。

　　③航空運送人將貨物送達目的地後，通知進口商（買方）付款及提領貨

物。

④進口商（買方）付款給航空運送人。

⑤進口商（買方）向航空運送人提貨。

⑥航空運送人將貨款匯付出口商（賣方）。

此種付款方式大多用於國內交易（網路購物或電視購物），在國際貿易上甚為少見。

3. 憑信用狀（letter of credit，簡稱 L/C）付款：

係開狀銀行應進口商（買方）請求，開立一張保證文書，透過出口地的銀行交給出口商（賣方），出口商（賣方）遵照信用狀規定履行交貨義務，即可備齊有關單據向出口地押匯銀行，請求墊付貨款，再由押匯銀行將有關單據向開狀銀行提示，開狀銀行接受押匯銀行提示的運送單據，並付清貨款。信用狀交易以開狀銀行身份居中擔任保證人，加強進口商（買方）的信用，開狀銀行亦把關檢查出口商（賣方）提示單據是否符合信用狀規定，對買賣雙方皆有利。其交易流程如下圖：

信用狀的作業流程

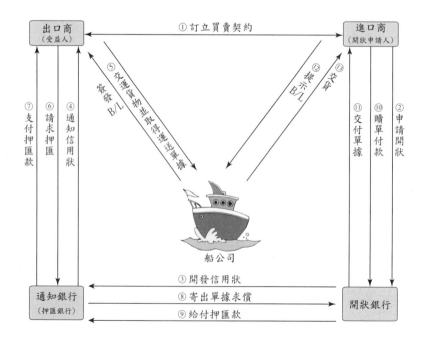

說明:

　①買賣雙方訂立買賣契約。

　②進口商（開狀申請人）向開狀銀行申請開發信用狀。

　③開狀銀行以郵寄或電傳方式將信用狀送交出口地的通知銀行。

　④出口地的通知銀行收到信用狀後，依信用狀統一慣例 (UCP) 規定將信用狀通知出口商（受益人）。

　⑤出口商（受益人）將貨物送交船公司取得運送單據。

　⑥出口商（受益人）備妥押匯文件向出口地的押匯銀行辦理押匯。

　⑦出口地的押匯銀行審核出口商（受益人）備妥押匯文件符合規定即墊付款項。

　⑧出口地的押匯銀行將符合規定押匯文件寄交開狀銀行求償。

　⑨開狀銀行審查寄交押匯文件符合規定即償付信用狀款項給予押匯銀行。

　⑩開狀銀行通知進口商（開狀申請人）贖單，進口商確認無誤後付款。

　⑪進口商（開狀申請人）備妥款項向開狀銀行贖單取得提單。

　⑫進口商（開狀申請人）憑提單向進口地船公司領貨。

　⑬進口地船公司交付貨物。

　　一般認為，採信用狀交易是較安全的付款方式，但實際上，即使出口商（受益人）拿到信用狀，仍有很多風險要注意。銀行對中南美洲國家鉅額貸款，後因這些國家在 1980 年代宣佈無法償還外債，引發國際債務危機；1997 年亞洲金融風暴，馬來西亞、泰國、韓國一度發生金融危機；2008 年年底發生金融海嘯，冰島幾乎瀕臨破產；2010 年歐洲 4 PIGS 的財政危機。此種重大國際事件的發生，均存有潛在的國家風險。

　　4.付款交單（documents against payment，簡稱 D/P）：

　　係委託人（出口商）裝運貨物出口後，備妥必要單據，委託出口地的託收銀行辦理託收時，指示進口地的代收銀行俟進口商付款後，始交付相關單據的方式。其交易流程如下圖:

付款交單 (D/P) 貿易方式作業流程圖

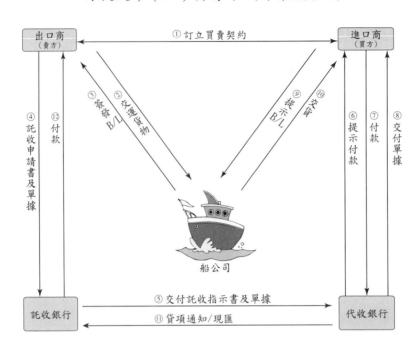

船公司

說明:

①買賣雙方訂立買賣契約。

②出口商（賣方）根據買賣契約交運貨物。

③船公司簽發運送單據。

④出口商（賣方）開具以進口商（買方）為付款人的匯票，連同提單、商業發票等有關單據送交出口地託收銀行 (remitting bank)。

⑤託收銀行（交付託收指示書及運送單據）請進口地的代收銀行 (collecting bank) 代收貨款。

⑥進口地代收銀行收到單據後，通知進口商（買方）付款。

⑦進口商（買方）付清貨款。

⑧代收銀行將運送單據等有關單據交給進口商（買方）憑以提貨。

⑨進口商（買方）向運送人交付運送單據。

⑩進口商（買方）向運送人提貨。

⑪代收銀行將貨款撥入託收銀行的帳戶並予進帳通知。

⑫託收銀行接到進帳通知後，即將貨款扣除手續費及其他費用後撥付給出口商（賣方）。

　　在此交易方式下，對出口商（賣方）而言，進口商（買方）需向代收銀行付清貨款後，才能自銀行取得單據提領貨物，由於買方在交付貨款之前，無法取得提單及其他相關單據憑以提貨，因此，賣方在貨物運抵進口國，仍對貨物具有掌控權，可以防止買方以任何理由拒付貨款，而遭受嚴重損失，風險較小。不過，縱使如此，若遇買方拒絕付款贖單，則賣方亦會因貨物轉售或運回而發生額外費用之損失。

　　5.承兌交單（documents against acceptance，簡稱 D/A）：

　　係出口商（委託人）委託出口地的託收銀行辦理託收 (collection) 時，指示進口地代收銀行俟進口商（買方）對匯票承兌後，即交付有關單據的方式。其交易流程如下圖：

承兌交單 (D/A) 貿易方式作業流程圖

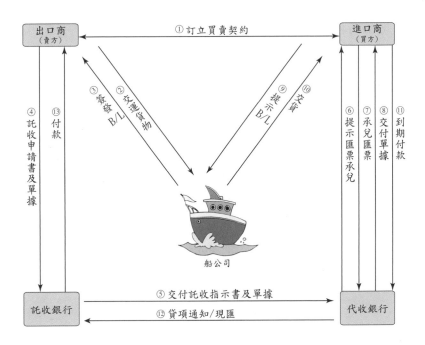

說明：

　　①買賣雙方訂立買賣契約。

②出口商（賣方）依據買賣契約交運貨物。

③船公司簽發運送單據。

④出口商（賣方）將匯票、提單、商業發票等有關單據送交出口地託收銀行。

⑤託收銀行將交付託收指示書及運送單據寄交進口地代收銀行代為收取貨款。

⑥進口地代收銀行要求進口商（買方）辦理匯票承兌。

⑦進口商（買方）辦理匯票承兌。

⑧代收銀行交付運送單據、商業發票等單據。

⑨進口商（買方）憑運送單據向船公司提領貨物。

⑩船公司交付貨物。

⑪進口商（買方）承兌的匯票到期，進口商（買方）前往付款。

⑫進口商（買方）付清款項後，進口地代收銀行即按上述 D/P 方式匯付貨款給出口地的託收銀行。

⑬託收銀行撥付款項給出口商（賣方）。

　　在承兌交單方式下的匯票係為遠期匯票 (usance bill)，進口商（買方）只要向代收銀行辦理承兌手續後，即可取單領貨，迨匯票到期日始付清貨款，對進口商（買方）而言，具資金融通的好處，對出口商（賣方）而言，除非進口商信用良好，否則進口商於承兌、領單、提貨後，有可能因市場或其他因素而拒絕付款，屆時將遭受重大損失，若與 D/P 相較，風險極大。

　　6.記帳（open account，簡稱 O/A）：

　　出口商（賣方）先將貨物交進口商（買方），規定定期再將貨款匯付出口商（賣方），屬出口商（賣方）給進口商（買方）信用性質。其交易流程如下圖：

記帳 (O/A) 貿易方式作業流程圖

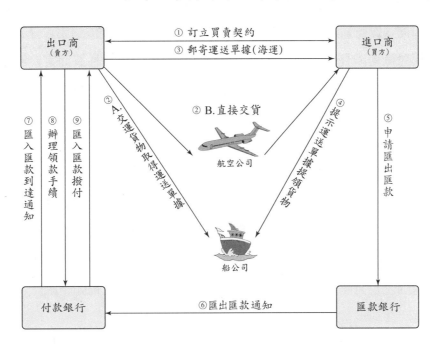

說明：

①買賣雙方訂立買賣契約。

②出口商（賣方）依約如期將貨交運予船公司。

③出口商（賣方）將運送單據郵寄進口商（買方）。

④進口商（買方）收妥運送單據向進口地船務代理公司提領貨物報關。

⑤貨款屆期，委請進口地的銀行（匯款銀行）匯出貨款或以私人支票支付。

⑥匯款銀行郵寄或電報通知出口地的付款銀行。

⑦付款銀行依匯款通知，通知出口商（賣方）。

⑧出口商（賣方）向付款銀行辦理領款手續。

⑨付款銀行撥付貨款。

　　一般而言，採取記帳方式的交易，貨物出口後，運送單據交給進口商後，貨物所有權即歸進口商，貨物出售後的款項悉俟記帳到期日才匯付，對出口商而言，風險甚大。

7.分期付款 (installment)：

出口商（賣方）將貨物交運後，貨款依約定分若干期攤付。此種付款方式係由出口商（賣方）先將貨物交付進口商（買方），貨款則依約定，分若干期日攤付，而付款期限長短的約定，則視交易金額大小與貨物性質而定，若係巨型機器設備的交易，分期付款的期限，有長達十年以上，一般都按六個月或按年攤付若干分之一。此種付款方式的交易，對出口商而言，因付款期限長，金額又大，風險大。

8.寄售 (consignment)：

出口商（寄售商）將貨物運抵進口地，委託當地代理商代為銷售，俟貨物出售後，由代理商將貨款匯回，屬委託銷售。即出口商（寄售商，consigner）先將貨物運交受託商（consignee，通常為代理商），等貨物售出後，再由受託商扣除寄售佣金及有關費用後將餘款匯付出口商，其交易流程如下圖：

寄售 (consignment) 貿易方式作業流程圖

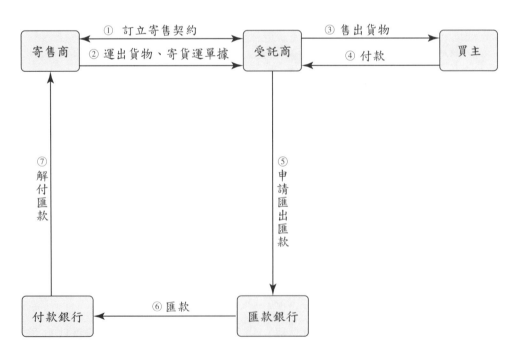

說明：

①寄售商與受託商訂立寄售契約。

②寄售商運出貨物、寄貨運單據與受託商。

③受託商售出貨物。

④買主付款。

⑤受託商向匯款銀行申請匯出匯款。

⑥匯款銀行匯款給寄售商往來銀行（付款銀行）。

⑦付款銀行解付匯款給寄售商。

理論上，寄售貨物的所有權仍歸寄售商所有，但實務上，在寄售交易下，提單通常使用記名式提單，貨運單據也都直接寄交受託商，所以貨物一經裝運，出口商貨物實際上已失去了控制，因此對出口商而言，其所承擔風險甚大。

國際貿易所採行的各種付款條件中，以 L/C 交易對買賣雙方較具保障外，其他各種付款條件均具有相當程度的風險，尤其是採用 D/A、O/A、寄售、分期付款等的交易方式，更是屬於高風險的交易。為了減輕可能遭受到的損害，賣方除了應慎選交易對手外，並應對買方做好事前徵信調查，同時應儘量避免對高風險地區的國家（政治不穩、外匯短缺、內亂外犯、經濟落後地區）採用高風險的付款條件。

 習 題

1. 國際貿易的特性有哪些？

2. 國際貿易的付款方式有哪些？

3. 國際貿易的付款方式各有哪些優缺點？請簡述。

信用狀的功能

☆第一節　信用狀的意義

■ 一、信用狀的意義 ■

根據國際商會（International Chamber of Commerce, 簡稱 ICC）所訂定的「信用狀統一慣例 600」（Uniform Customs and Practice for Documentary Credits, 2007 ICC Publication Revision No. 600，簡稱 UCP 600）第 2 條的規定：「『信用狀』意指任何安排，不論其名稱或措辭為何，其係不可撤銷且因而構成開狀銀行對符合之提示須兌付之確定承諾。」從上述定義得知，信用狀係開狀銀行開出的「附有條件付款之保證文書」，只要出口商（受益人）提示符合信用狀規定單據，開狀銀行保證付款。此種保證付款文書，對出口商提供高度保障及資金的融通。

第二節　信用狀交易的流程與當事人

■ 一、信用狀交易的流程 ■

信用狀交易是指進口地銀行應買方請求，以開狀銀行身份居中擔任保證人，履行交貨義務，並可向出口地的押匯銀行請求墊付貨款，之後再由押匯銀行將出貨證明等有關單據向開狀銀行提示，開狀行即需付清貨款。其交易流程如下圖：

信用狀交易流程

說明：

①買賣雙方訂立買賣契約。

②買方（開狀申請人）向開狀銀行申請開發信用。

③開狀銀行以郵寄或電傳方式將信用狀送交出口地的通知銀行。

④出口地的通知銀行收到信用狀後，依信用狀統一慣例 (UCP) 規定將信用狀通知出口商（受益人）。

⑤出口商（受益人）將貨物送交船公司取得運送單據。

⑥出口商（受益人）備妥押匯文件向出口地的押匯銀行辦理押匯。

⑦出口地的押匯銀行審核出口商（受益人）備妥押匯文符合規定即墊付款項。

⑧出口地的押匯銀行將符合規定押匯文件寄交開狀銀行求償。

⑨開狀銀行審查寄交押匯文件符合規定即償付信用狀款項給予押匯銀行。

⑩開狀銀行通知進口商贖單。

⑪進口商備妥款項向開狀銀行贖單。

⑫進口商憑提單向進口地船公司領貨。

■ 二、信用狀交易的當事人 ■

凡參與信用狀交易的人，稱為信用狀交易的當事人 (parties to letter of credit transaction)，包括開狀申請人、開狀銀行、通知銀行、受益人、讓購銀行、付款銀行、償付銀行（委託第三家銀行付款）、保兌銀行（委託第三家銀行保兌）、受讓人及轉讓銀行（信用狀轉讓時等）。依 UCP 600 第 2 條、第 38 條定義，茲分述於下：

✪ （一）申請人 (applicant)

依 UCP 600 第 2 條定義：意指請求簽發信用狀之一方，在貨物買賣，通常買方（進口商）依買賣契約所定付款條件，向其往來銀行申請開發信用狀，因此開狀申請人通常即為買方 (buyer) 或進口商 (importer)，買方因申請開發信用狀而由銀行授與信用，故又稱為受信買主 (accredited buyer)，此外又稱為 accountee、opener、principal、customer、consignee、grantee、holder、accreditor 或 account party。

✪ （二）開狀銀行 (issuing bank)

依 UCP 600 第 2 條定義：意指循申請人的請求或為其本身而簽發信用狀的銀行。因為開狀銀行係對受益人所簽發的匯票或所提示的單據負責兌付的銀行，信用狀交易是否能順利進行，開狀銀行的信用至為重要，故進口商通常均選擇為國際貿易界所熟悉，而富於信用狀業務經驗的銀行，作為開狀銀行。

✪ （三）通知銀行 (advising bank)

依 UCP 600 第 2 條定義：意指依開狀銀行的委託，通知信用狀的銀行。

所謂「通知」信用狀，不外將信用狀轉交給受益人，依 UCP600 第 9 條規定，通知銀行僅負責通知信用狀，而不負讓購、承兌、付款之責，但通知銀行應以相當的注意就其所通知的信用狀外觀的真實性予以查對。

✪ （四）受益人 (beneficiary)

依 UCP 600 第 2 條定義：意指因信用狀簽發而享有利益之一方。在貨物買賣，所謂受益人多係賣方或出口商，因他有權利使用或享受信用狀的利益，所以稱為 beneficiary，此外又稱為 accreditee、addressee、user、drawer、shipper 或 favoree 等。

（五）讓購銀行 (negotiating bank)

讓購銀行又稱為購票銀行、押匯銀行或貼現銀行。讓購銀行是循受益人（或出口商）的請求，承購或貼進該受益人憑讓購信用狀所提示匯票或單據的銀行。如果通知銀行與受益人素有往來，則通知銀行很可能即為讓購銀行。信用狀若無特別限制讓購銀行，則受益人可選擇適當的銀行作為讓購銀行。在此情形，該讓購銀行就不一定是信用狀通知銀行。

（六）付款銀行 (paying bank)

付款銀行乃為信用狀授權就受益人所提示匯票或單據為付款的銀行。付款銀行可能是開狀銀行亦可能是開狀銀行所委任的另一銀行。在遠期匯票的場合，因有票據的承兌行為，故有時付款銀行又稱承兌銀行 (accepting bank)。受開狀銀行委託承兌或付款的銀行本無必須承兌或付款的義務，但一經在匯票上承兌，即成為該匯票的主債務人。負有匯票到期必須付款的義務。

（七）償付銀行 (reimbursing bank)

償付銀行又稱清算銀行 (clearing bank)。有時信用狀規定讓購（或付款）銀行於讓購（或付款）之後應另開匯票（或免開）向開狀銀行以外的另一家銀行求償。在此場合，該另一家銀行即稱為償付銀行，又稱歸償銀行、清償銀行或補償銀行。一般而言，償付銀行多為國際金融中心（如紐約、倫敦等）的大銀行。

（八）保兌銀行 (confirming bank)

依 UCP 600 第 2 條定義：意指經開狀銀行的授權或委託，對信用狀加以保兌的銀行。它和開狀銀行處於相同地位，即對受益人所提示匯票或單據承擔不可撤銷的付款或讓購責任，並且在付款或讓購之後，不論開狀銀行倒閉或無理拒付，都不能向受益人追索。

（九）受讓人 (transferee)

在可轉讓信用狀，受益人（第一受益人）可將信用狀的一部分或全部轉讓給另一受益人，該受讓信用狀的另一受益人即稱為受讓人。受讓人於受讓信用狀後，在其受讓權利範圍內，享有開發匯票或提示單據要求開狀銀行付款之權，故有第二受益人 (second beneficiary) 之稱。

🔴（十）轉讓銀行 (transferring bank)

依 UCP600 第 38 條定義：意指轉讓信用狀的指定銀行，或信用狀可在任何銀行使用的情形，指經開狀銀行特別授權辦理轉讓且轉讓信用狀的銀行。開狀銀行得為轉讓銀行。

第三節　信用狀的內容

信用狀本來具有一種信函的性質，觀乎其英文原稱即可明瞭。它是一封開狀銀行致賣方的信函，而此賣方即為受益人 (beneficiary)，它與其他信函一樣，有發信日期，也載明信用狀申請人的名稱，在信內載明交易貨物名稱、數量、價格、賣方應開匯票的付款期限及匯票應以何人為被發票人（即付款人），同時也載明售貨計價條件究是 FAS、FOB、CFR 抑或 CIF 以便就該匯票付款或讓購的銀行得以知悉運費應由何方負擔，保險應由何方投保。此外，信用狀也載明匯票應按貨價的百分之百開發抑或較少的百分比開發。它必須載明讓售匯票時應附上的運送及其他單據 (transport and other documents)。它載明裝運期限及信用狀有效日期，最後信用狀載有開狀銀行的明確意思表示，表明賣方開出的匯票如符合該信用狀所載條件，即將妥以兌付。

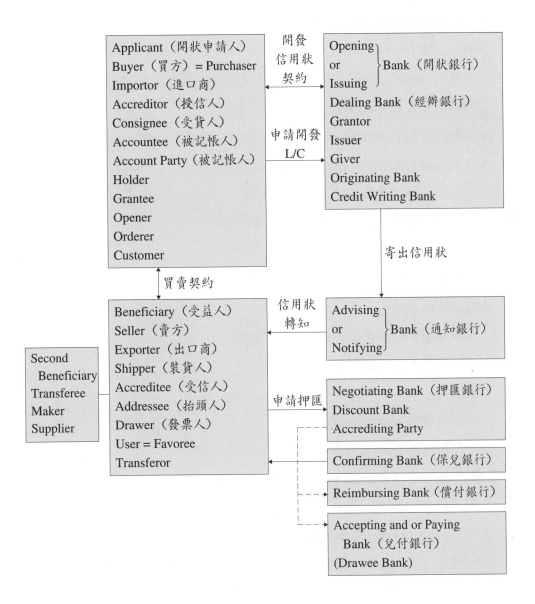

雖然，大多數的信用狀內容是按照上述方式開發，但彼此之間仍有若干差異。所有信用狀皆為配合需要而設計，並以適當的措詞表達。

一般信用狀多含有下列各項目：

● （一）關於信用狀本身者

1.開狀銀行 (issuing bank)。

2.通知銀行 (advising bank)。

3.信用狀種類 (kind of credit)。

4.信用狀號碼 (credit number)。

5.開狀日期 (date of issue)。

6.受益人 (beneficiary)。

7.開狀申請人 (applicant)。

8.可利用金額 (available amount) 即信用狀金額 (L/C amount)。

9.有效期限 (validity or expiry date)。

10.信用狀使用地點 (credit available at...)。

● （二）關於匯票者（限於須簽發匯票者）

1.發票人 (drawer)。

2.被發票人 (drawee) 即付款人。

3.匯票期限 (tenor)。

4.匯票金額 (draft amount)。

● （三）關於單據及商品者

1.單據：

⑴商業發票 (commercial invoice)。

⑵運送單據 (transport documents)。

⑶保險單據 (insurance policy or certificate)。

⑷其他 (other documents)。

2.商品 (goods or merchandise)：

⑴商品描述、數量、單價、貿易條件等 (description、quantity、unit price、trade term, etc.)。

⑵裝運地、目的地 (point of shipment / destination)。

⑶裝運期限 (latest date of shipment)。

● （四）其他事項

1.有關讓購銀行應注意事項（如將押匯金額在信用狀背面註記，即endorse)。

2.開狀銀行擔保兌付 (honor) 的條款：

⑴不可撤銷條款。

⑵開狀銀行有權簽字人簽字。

⑶遵守「信用狀統一慣例」的條款。

　3.其他。

第四節 # 信用狀的經濟功能

　　信用狀所以能成為現代國際貿易的重要清償工具，實因它具備了許多對進出口商均屬有益的經濟功能所致。茲分別說明於下：

一、對出口商的功能

（一）信用狀可給出口商獲得信用保障 (credit security)

　　如前所言及，在國際貿易，出口商對進口商的信用情況未盡明瞭。例如進口商雖訂了購貨契約，但或因遇到貨價下跌，或因另訂更有利的契約，或因資金不足等以致不履約，甚至拒絕提領已經運抵目的地的貨物，或要求減價等情事均有發生的可能。在此情況下，出口商即使想對進口商提出違約的控訴，也須在進口商所在地的法院進行。現在因有信用狀，出口商只要將貨物交運，並提示信用狀所規定的單據，即可獲得開狀銀行的付款擔保。所以，有了信用狀出口商即不必顧慮進口商的失信。

（二）信用狀可給出口商獲得資金融通便利 (financing facility)

　　如前所述，不論將跟單匯票向銀行請求押匯或請其託收，出口商均有資金融通的困難。想排除這種困難，乃有賴於信用狀制度。因銀行的介入，由可靠的銀行信用代替情況不明的進口商信用，對出口商提供付款擔保，允諾只要出口商提出完全符合信用狀條件的跟單匯票，即可取得貨款。在押匯銀行方面也因有開狀銀行的信用代替信用情況不明的進口商,對於匯票的讓購將不再遲疑，而願意受理押匯。換言之，出口商只要切實按照信用狀所規定的條件提示規定的匯票或單據，即可兌得貨款，不必等進口商收到貨物後才收回貨款。因此資金不致凍結，從而可獲得資金融通的便利。

（三）信用狀可給出口商獲得外匯保障 (exchange security)

由於一些國家實施外匯管制，出口商往往無從知悉其開致進口商的匯票票款何時能收回。進口商也許可立即付款，但所付的款是進口國貨幣，而等值的外匯則需獲得外匯管制當局批准後才能匯付出口商。至於何時才能核准，往往無法預知。以致應付給出口商的外匯可能經年累月被困在外國。有了信用狀，則出口商即可免除貨款因進口國外匯管制而被凍結的風險。因在外匯管制國家，進口商申請開發信用狀時，原則上進口商必須先獲得外匯當局核准動用所需外匯後，開狀銀行才開發信用狀。因此，出口商收到信用狀時，出口商大致即獲得貨款不致因外匯管制而不能獲得的保障，此項保障——外匯保障——也是迫使出口商不得不要求進口商開發信用狀的主因。

● （四）信用狀可提高輸出交易的確定性

買賣契約即使已成立，但信用狀未開到之前，該契約隨時有被取消的可能。尤其並非國外進口商本身有意取消契約，而是因進口國國際收支惡化，實施輸入管制，致使輸出契約被迫取消時為然。如出口商已收到信用狀而且是不可撤銷的，依 UCP 600 第 10 條(b)項規定：「……信用狀非經開狀銀行、保兌銀行，如有者，及受益人同意，不得修改或取消。」所以作為信用狀交易基礎的輸出契約也不能輕易地作片面的修改或撤銷。總之，信用狀一經開到，輸出交易即可說已確定。

● （五）信用狀可給出口商獲得利用低廉資金的機會

一般而言，在銀行辦理外銷貸款，如有信用狀，則其所適用的利率比無信用狀者要低。再者，在讓售匯票時，其所適用的外幣匯率比起非信用狀的情形，往往要優惠。

■ 二、對進口商的功能 ■

當銀行循進口商的請求及指示開發信用狀時，進口商按其所簽具的開發信用狀契約，同意將該信用狀下進口的貨物作為擔保，由開狀銀行控制一直到進口商清償票款為止，或一直到開狀銀行願按其認可的條件發放該項貨物時為止。這種藉信用狀方式給予進口商的資金融通便利，具有自動清償 (self-liquidating) 性質的擔保放款 (secured loan)。如開狀銀行認為進口商的信用加上該信用狀項下進口貨物的價值猶不能保障其債權，則銀行尚可要求進口商另繳存保證金。

　　倘進口商想在開狀銀行墊款方面獲得較寬裕的償還時間，則可與開狀銀行磋商開發遠期信用狀，於信用狀中規定出口商開發遠期匯票──例如發票後 90 天或見票後 180 天等。這種遠期匯票經被發票銀行 (drawee bank) 承兌後，便成為銀行承兌匯票 (bankers' acceptance)，在公開貼現市場上將可以最優惠的利率貼現。這種貼現息或由進口商負擔，或由出口商負擔（但出口商必將其計入貨價之中）。不論由那一方負擔，該承兌匯票如在低廉的貼現市場中貼現，則進口商可享受到低利的資金融通。因此，一般而言，信用狀對進口商的益處有四：

●（一）信用狀可給進口商獲得資金融通的便利

　　憑信用狀交易，進口商申請開發信用狀時，通常僅須繳交信用狀金額一定成數的保證金 (margin)，其餘由開狀銀行墊付。如非憑信用狀交易，出口商可能會要求進口商預付一部分或全部貨款後，才肯發貨。

●（二）信用狀可給進口商獲得利用低利資金的機會

　　信用狀可給進口商利用銀行承兌匯票在利率較低的金融市場貼現的機會，從而獲得利用低利資金的機會。

●（三）信用狀可確定履行契約的日期

　　因出口商必須按照信用狀所列條件，在規定期限內裝運貨物，所以進口商可大致確定出口商履行契約的日期。

●（四）信用狀可給進口商獲得信用保障

　　因為出口商必須按照信用狀條件押領貨款，開狀銀行必須對各種單據詳予審核，符合信用狀條件後才予付款，進口商更可利用適當的檢驗條款（由進口商指定的檢驗機構，在裝運前檢驗），預防出口商以假貨、劣貨充數，或以假單據詐領貨款。

　　從上述可知信用狀對進出口商雙方的益處甚多，但其效用還是有一定的限度。因為：

●（一）對進口商而言

　　開狀銀行是憑信用狀辦理付款，著重單據審核，而不問貨物實際上是否與單據所記載者相符。因此進口商仍須注意出口商的信用，以免有詐騙貨款情事。

須知以信用狀為付款方式時，銀行不能排除出口商詐騙的風險。銀行所能做到的，只是信用風險的消除，並在貨物運送中，給予資金週轉的便利。信用狀雖然有可能減少出口商詐騙的風險，但這僅可視為信用狀的副產品而已。

● （二）對出口商而言

出口商應對進口商及開狀銀行的信用有相當的瞭解，才能保障交貨後能迅速收回貨款。否則，貨物交運後，進口商可能會挑剔單據瑕疵，以求減價甚至拒付。此外，開狀銀行的破產、開狀銀行或進口商所在地發生政治危機、戰爭等等問題時，均可能使出口商無法取回貨款。

信用狀主要用以貿易資金融通方面，它防止不肖商人為非作歹的作用可說很薄弱，我們不要以為有了信用狀就遽認為鈔票已到手。

一般而言，倘非賣方要求或除非買方就貿易觀點利用信用狀可獲得較優惠的條件，否則買方極少提議以信用狀為交易條件。在賣方占優勢的市場 (seller's market) 中，賣方控制「交易條件」。如他想排除信用風險，他即將要求開發足以排除該風險的特定格式的信用狀。如他對買方的信用情況滿意，但無法從其本地銀行得到資金融通便利（諸如本地銀行不願讓購或貼現賣方開致買方的匯票），則他即將要求開發可使他輕易地向本地銀行押匯的信用狀。如他對買方的信用情況滿意，且又可輕易地從本地銀行獲得信用額度，則其要求開發信用狀，無非為保證獲得外匯。

第五節　信用狀交易的法律特性

■ 一、獨立抽象性（不要因性）原則 ■

信用狀是基於買賣契約（或其他契約）的規定而來。進出口雙方的交易行為以買賣契約為基礎，在買賣契約中規定付款方式為信用狀，則進口商應該依其規定向其往來銀行申請開發信用狀，因此信用狀的開發可以說是依據買賣契約而來；但是信用狀與買賣契約之間卻沒有相互從屬關係。信用狀一經開出，即與買賣契約分離，而成為另一完全獨立的交易——信用狀交易 (letter of credit transaction)，不再受買賣契約內容拘束。例如某進出口雙方約定進行一宗交易，買賣契約上規定為 CIF，出口商應購買「一切險 (all risk) 與罷工暴動險 (risk of strikes riots and civil commotions)」，但是進口商申請開發出來的信用狀上有關保險條件卻只列有「一切險」，而沒有列出須購買「罷工暴動險」的規定，則出口商只要提示購買「一切險」的保險單，即符合要求，進口商不能以買賣契約中規定另須加保「罷工暴動險」而認定保險單有瑕疵，進口商仍應付款。當然進口商可另以出口商違反買賣契約為由向出口商請求賠償，但是不能拒付，也就是說信用狀與買賣契約相互獨立，信用狀這種獨立於買賣契約之外，而抽象分離的特徵，稱為信用狀的獨立抽象性 (abstraction and independence of the letter of credit)。UCP 600 第 4 條(a)項規定：「信用狀在本質上與買賣或其他契約係分立之交易，信用狀或以該契約為基礎，但銀行與該契約全然無關，亦決不受該契約之拘束，縱該信用狀含有參照該契約之任何註記者亦然。」因此，銀行在信用狀下所為兌付、讓購或履行其他任何義務的承諾，不因申請人以其與開狀銀行或其與受益人的關係所衍生的主張或抗辯而受影響。明定獨立抽象性的原則，並且在 UCP 600 第 4 條(a)項後段規定：「受益人決不得援用存在於銀行間或申請人與開狀銀行間之契約關係。」特別從受益人方面規定獨立抽象性的原則，然而從開狀申請人方面也應可以作同樣的規定。

另一方面，美國統一商法亦規定，開狀銀行不負履行顧客與受益人間的基本買賣契約或其他交易行為的任何責任 (UCC 5–109 (1)(a))，以及「不論貨物或單據是否與基本買賣契約或與顧客、受益人間之其他契約相符，只要匯票或付款要求書符合信用狀條件，開狀銀行必須兌付」(UCC 5–114 (1))，而將獨立抽象性的原則加以具體化。UCC 5–105 也規定：「信用狀之成立或擴張或修改其條款，均不需約因。」均充分說明信用狀的獨立抽象性。

信用狀的獨立抽象性，與票據的不要因性相似，其主旨在於保護交易當事人的安全，以促進交易的迅速敏活。由於信用狀有此特徵，所以能發揮融通資金，促進國際貿易的功能。處理信用狀業務時，如能把握此特性，則很多信用狀上的問題均可迎刃而解。

信用狀的這種獨立抽象性質，早已由英、美等國家的學說及判例承認，UCP

600 第 4 條的規定不過是就此原則予以明文化而已。

信用狀所以具有上述獨立抽象性的特性，不外因下列三項理由：

（一）維護賣方的利益

信用狀的本旨，在於保護賣方於履行交貨義務後，即可獲得貨款。因此如允許銀行或買方以其他原因契約 (underlying contract) 關係，尤其以買賣契約為由而拒絕付款，則勢將動搖賣方的地位，有損於信用狀的本來功能。

（二）謀求交易的迅速敏活

銀行為開發信用狀的機構，對於信用狀的文句當有深刻的瞭解。如僅就信用狀本身的條件加以判斷，可使賣方提供單據以求兌付的過程迅速完成，不致耗費許多無謂的時間。在審核單據時，如竟允許牽涉其他的契約關係，則銀行勢必一一考察判斷，不僅稽延時日，抑且平添訟源。

（三）保護銀行的利益

買方向銀行申請開發信用狀時，在其開發信用狀申請書中所記載的商品名稱、單據的種類及份數、裝運期限、單據提示期限等條件，通常都根據買賣契約填寫。因此，信用狀確與買賣契約有相當的關連。然而，信用狀一經開出後，如仍認信用狀為買賣契約的延續，而以賣方的違反買賣契約（例如品質不符、數量不足、裝運遲延、或詐騙……）為由，對抗銀行而拒絕履行對銀行的補償（即拒絕償還銀行向賣方所墊付的票款），則銀行將受到不測的損失，從而不願開發信用狀，或承做押匯。影響所及，國際貿易的發展，必受阻礙。故必須使信用狀獨立於買賣契約而獨立抽象化，使其不受買賣契約的拘束。這種銀行利益的保護，可分為兩點說明：

1.對於付款、承兌或押匯銀行的保護：

就付款、承兌或押匯銀行的立場而言，信用狀的獨立抽象化，尤為重要。因買方如得以對抗賣方的事由，對抗此等銀行，則此等銀行於付款、承兌或押匯時，勢必不僅對每一宗買賣契約內容須逐一詳加審查，而且為確認貨物是否確已裝運以及所裝運的貨物是否符合買賣契約所規定,尚須親赴裝貨港口求證。此種作業，銀行在技術上或人力上，均無法勝任。因：

⑴買賣契約每因貨物的不同而異其性質，倘非具專門性的知識，則對賣

方有無違反買賣契約，殊難作正確的判斷，尤其買賣方式日趨複雜，貨物內容及其分類高度技術化的今天，欲以一般銀行員的知識，對每一宗買賣內容，從法律上或技術上作正確的判斷，實非易事。

⑵銀行每日所處理的信用狀案件甚多，以一般銀行的人力、物力，實無法做到逐案審查買賣契約或逐案到實地檢驗其貨物。

⑶銀行的付款、承兌或押匯均於貨物裝出後始為之，技術上實無法對貨物作實地的檢驗，尤其在三角貿易的情形，付款銀行或承兌銀行往往並不在裝運所在地，更無從在現場實施貨物的檢驗。

由上述可知，銀行不能介入買賣雙方的契約關係，甚為明顯。

2.對開狀銀行的保護：

就開狀銀行的立場而言，信用狀的獨立抽象化，也很重要。因開狀銀行對讓購、付款或承兌其所開信用狀項下匯票的銀行，負有補償的義務。如買方可隨時以賣方違反買賣契約為由，拒絕履行其對開狀銀行的補償義務，則開狀銀行隨時都有被捲入買賣當事人間買賣契約上糾紛的漩渦之虞，而銀行為保護本身利益，必不輕易為買方開發信用狀，以致國際貿易將陷入停頓狀態。

或謂信用狀的獨立抽象性，過分保護賣方及銀行的利益，而忽視買方的利益，有失公平云云。但如前所述，信用狀的本旨，本在保護賣方於履行義務後，絕對可獲得貨款的給付。如允許買方以買賣契約上的理由拒絕給付，則信用狀的功能，將喪失殆盡。至於謂過分保護銀行利益一節，也嫌武斷。因為銀行並非買賣契約的當事人，也未曾參與買賣當事人間的買賣交涉，其開發信用狀僅係循買方的要求借出信用 (loan of reputation)，以利買賣雙方交易而已，對於信用狀的受益人（即賣方），任由買方單獨指定，銀行並無選擇的餘地。在此種情形下，如仍欲銀行承擔因買方對賣方信用判斷錯誤所生的損失，殊難謂公平。何況，銀行因信用狀的抽象獨立化，亦須冒相當的風險。例如銀行開發信用狀後，只要賣方（受益人）履行信用狀所規定的條件，縱使買方陷入支付不能或宣告破產，仍須對賣方付款。

買方為保護其權益，只有對賣方做好信用調查，如賣方信用不好或不信任賣方，則最好不要與之交易。如不放心，則可於信用狀中要求賣方提供為買方所信任的出口地公證行所簽發的檢驗證明書，以防其詐騙。

　　總之，信用狀制度，雖非十全十美的制度，但在無更完善的制度之下，仍不失為比較完善的制度。

■ 二、文義性原則 ■

　　信用狀的功能，主要在於使受益人確信其只要依信用狀條件行事，並提示信用狀所規定的單據，即可獲得開狀銀行的兌付。對開狀銀行來說，是否兌付受益人所提示的單據，端視受益人所提示的單據是否符合信用狀的規定。同樣的，開狀申請人是否補償開狀銀行所墊付的款項，也須視開狀銀行是否依信用狀規定行事。因此，為期信用狀發揮其正常功能，並兼顧各方當事人的權益，信用狀當事人間的法律關係，均應依據信用狀所載條件加以權衡，其權利義務均應依信用狀的文義為憑，不得就信用狀文義以外的事項作為確定信用狀當事人的權利義務，這種法律性質，即是信用狀的文義性。

　　銀行在審核單據時，早期依 1984 年訂定的 UCP 400 之前審核單據注意單據表面「嚴格一致」(strict compliance) 符合信用狀規定，只要單據表面符合就給予付款、承兌或讓購。如果單據表面的文義不符合信用狀規定，就拒絕受理。國內曾有一宗進口商與銀行間就發生此一問題的糾紛，纏訟經年。進口商從泰國進口魚粉，委託銀行開出信用狀，結果泰國出口商以泥土冒裝出口。開狀銀行付款後，進口商則對銀行拒付，理由是信用狀上規定泰國出口商須提示「淨重證明書」(certificate of net weight)，而出口商提示的單據名稱為「重量單」(weight list)。其實重量單與淨重證明書其性質與內容上並無差異，然以信用狀的嚴格文義性而言，兩者已非「嚴格一致」，因此法院就曾對此訴訟判決進口商勝訴。

　　最近學者之間頗有爭論，商業發票與信用狀上的商品說明是否應嚴格一致？例如信用狀上規定的貨品是「糖」，但商業發票上卻另外加註糖的廠牌，是否與 UCP 600 第 18 條(c)項規定有所牴觸？國際商會認為：商業發票上多加的說明如不損及信用狀上的說明，應可接受，而且「符合」(correspond) 一詞並非意味「完全相同」(identical)(ICC Doc 470/371 471/373 1980-12-9)。ISBP 681 第 58 條也有相同的論述——無須如鏡子影像般一致，上述二種文件的說明，只要相符合不相互矛盾即可。

信用狀的文義性，其主要功能在於兼顧信用狀各當事人的權益，以信用狀上的文字條件來確定當事人的權利與義務。茲分別從出口商、進口商及開狀銀行各方面說明如下：

🌑（一）開狀申請人（買方）

由於信用狀交易行為與買賣契約相互獨立，賣方對信用狀所享有的權利不受買賣契約限制，這點對開狀申請人（買方）來說頗為不利。賣方即使違反契約，但是只要不違反信用狀規定，就可獲得兌付。信用狀的文義性，就是對上述買方的不利因素加以若干救濟。依據此一特性，賣方想獲得兌付，必須完全依據信用狀的規定提示單據，銀行應嚴格詳細審核，不得稍有瑕疵，否則應予拒付，對信用狀條件施以嚴格的解釋。在南非 South African Reserve Bank v. Samuel 一案中，Rowlatt 法官稱：「依我的看法，信用狀交易必須嚴格依據文義解釋，賣方不可任意行為而聲稱『結果應屬相同』或『想像中諒無反對的意思』等語。」例如信用狀規定匯票的付款人為 "A.B.C. Company" 而出口商提示的匯票上卻書為 "A.B.C. Corporation"，雖然我們一般認為 Company 與 Corporation 兩者相差無幾，但嚴格來說，開狀銀行有可能主張該匯票不符信用狀規定。

🌑（二）開狀銀行

UCP 600 第 14 條(a)項規定：「依指定而行事之指定銀行，保兌銀行，如有者，及開狀銀行須僅以單據為本，審查提示藉以決定單據就表面所示是否構成符合之提示。」所謂「符合之提示」，依 UCP 600 第 2 條規定：「意指依照信用狀條款、本慣例相關之規定及國際標準銀行實務所為之提示。」信用狀統一慣例此項規定賦予銀行一項責任，即銀行必須以合理的注意 (reasonable care) 來審核單據，只要單據表面的文義不符合信用狀規定，或單據與單據間的表面文義彼此牴觸時，銀行就應拒付。關於單據與信用狀的表面文義對照方面，值得一提的是商業發票上對貨物的說明應完全和信用狀說明相符合，不能用同物的異名來記載。例如某進口商進口鉻酸鐵，其申請開出的信用狀上記載為 "ferric chromate"，而出口商依當地的習慣稱呼在商業發票上記載為 "iron chromate"，雖然 ferric chromate 與 iron chromate 兩者意義相同，只是各地有不同的習慣稱呼，但是已經違反了信用狀嚴格的文義特性。UCP 600 第 18 條(c)項規定：「商業發票上貨物、勞務或履約行為之說明，須與信用狀所顯示者相符合。」至於其他一切單據，UCP 600 第 14 條(e)項規定：「除商業發票外，其他單據上貨物、勞務或履約行為之說明,如有敘明者,得為不與信用狀之說明有所牴觸之統稱。」這也是信用狀文義性的又一說明。

● （三）賣　方

信用狀受益人（賣方）必須嚴格遵守信用狀的文義指示，準備符合信用狀所規定的單據方能獲得兌付，此乃理所當然。賣方接獲開狀銀行簽發的信用狀，表示賣方有權來使用狀上賦給賣方的權利——可開具匯票請求開狀銀行付款。但此一權利並非沒有條件，而是必須完全履行信用狀要求提示的單據，且單據須完全符合信用狀的要求，嚴格解釋信用狀的文義，與嚴格審核單據表面的文義。

■ 三、單據交易原則 ■

信用狀和買賣契約在本質上有許多差異，就交易標的來看，買賣契約是貨物交易，信用狀卻非貨物交易而是單據交易。買賣契約是買賣雙方之間的一種約定，賣方移轉財產權於買方，而買方支付價金給賣方的合意。因此買賣契約是以移轉財產權為目的，以支付價金為手段的法律行為。信用狀則不相同，信用狀的主要目的是在銀行提供保證付款與融資的功能，銀行僅是處於買賣雙方中間促使交易順利進行。銀行並非以貨物買賣為專業，對數以萬計的買賣標的物難以一一洞察。因此以銀行而論，對單據文件的處理自較對貨物的處理為簡易。UCP 600 第 5 條規定：「銀行所處理者為單據，而非與該等單據可能有關之貨物、勞務或其他行為。」也即只要出口商提示的單據符合信用狀規定，開狀銀行就必須付款，假如單據不符信用狀規定，就予拒付，完全依據單據處理，而非依據貨物處理。例如假設出口商以劣質電扇冒充高級電扇出口，只要單據上載明高級電扇（符合信用狀規定），經押匯後，單據寄達開狀銀行，此時即使進口商獲悉其所購進的貨物不符契約約定，亦不能主張拒絕兌付，因為銀行僅處理單據，不處理貨物，只要單據符合信用狀規定，開狀銀行就須兌付。信用狀統一慣例之所以如此規定，乃在於免除銀行對交易標的貨物負擔額外的責任，讓銀行專心發揮其保證付款與融資的功能。

此種單據交易的原則與獨立抽象性的原則有密切的關係，開狀銀行根據此兩原則，只要所提示的單據與信用狀條件相符合，即應對受益人負支付的義務，同時獲得對開狀申請人的補償請求權（UCP 600 第 15 條(a)項，UCC 5–114(3)）。

信用狀與保證書都具有擔保的機能的共同點，但是其法律性質卻不同。在保證書上，保證人乃是從債務人，由於保證債務的從屬地位，保證人可援用主要債務人（買主）對受益人（賣主）的抗辯，而且在現實上主要債務人不履行時才履行其保證債務；但是，在信用狀方面，必須注意的是，開狀銀行是主要債務人，必須完全僅根據單據的形式查核履行信用狀的債務（單據交易的原則），並且原則上不被允許援用開狀申請人（買主）對受益人（賣主）的抗辯，以及對受益人的詐欺等事實關係的抗辯。

習　題

1. 何謂信用狀？2007 年版 UCP 600 信用狀統一慣例對信用狀如何定義？
2. 解釋下列名詞，並列出其同義詞（如果有的話）。
   (1) applicant
   (2) issuing bank
   (3) advising bank
   (4) beneficiary
   (5) negotiating bank
   (6) paying bank
   (7) reimbursing bank
   (8) confirming bank
   (9) transferee
3. 試說明信用狀的功能，並從進口商立場說明以信用狀作為收、付款方法的利弊。

4. Match the terms with their Chinese equivalents.

_____ (1) issuing bank   (a) 通知銀行

_____ (2) advising bank   (b) 押匯銀行

_____ (3) negotiating bank   (c) 開狀銀行

_____ (4) paying bank   (d) 轉讓銀行

_____ (5) reimbursing bank   (e) 付款銀行

_____ (6) accepting bank   (f) 承兌銀行

_____ (7) applicant   (g) 償付銀行

_____ (8) accreditee   (h) 開狀申請人

_____ (9) confirming bank   (i) 受益人

_____ (10) transfering bank   (j) 保兌銀行

信用狀的種類

　　信用狀因分類標準的不同，可分為許多種類。以下就各種分類標準將常見的信用狀種類予以介紹。

☆第一節　可撤銷信用狀與不可撤銷信用狀

　　UCP 500 以前，信用狀可分為可撤銷信用狀與不可撤銷信用狀；UCP 600 則規定，信用狀皆不可撤銷，無可撤銷信用狀的規定。

■ 一、依信用狀是否可撤銷分 ■

● （一）可撤銷信用狀（UCP 500 以前）

　　所謂可撤銷信用狀 (revocable L/C) 乃指開狀銀行於開出信用狀後，無需預先通知受益人，可以隨時片面撤銷或修改的信用狀而言。這種信用狀通常載有類如下面的文字：

　　1. This credit, which is subject to revocation or modification at any time without notice to you, conveys no engagement on our part, and is simply for your guidance in preparing and presenting draft(s) and documents.

　　2. We undertake that all drafts negotiated in conformity with the terms of this credit prior to receipt by your goodselves of advice of cancellation will meet with due honor on presentation.

　　這種不負責任的信用狀，出口商雖取得，但在運出貨後開具匯票向銀行提示兌款之前，隨時有被撤銷的可能，對出口商毫無保障可言，因此這類信用狀很少利用。

　　可撤銷信用狀的開狀銀行雖可隨時片面修改或撤銷信用狀，但習慣上，善意的銀行（這裡專指被授權承做讓購、承兌或付款或承擔延期付款義務的銀行，不包括其他銀行），於收到開狀銀行的撤銷或修改通知之前，已讓購、承兌或付款或已承擔延期付款義務時，開狀銀行應對該銀行負補償之責。關於此，UCP 500 第 8 條有如下規定：「(a)可撤銷信用狀得由開狀銀行隨時修改或取消，無須預先通知受益人。

(b)但開狀銀行必須:

ⅰ.於可撤銷信用狀經安排另一銀行辦理即期付款、承兌或讓購者,就該銀行於收到修改或取消之通知前,憑表面顯示符合信用狀條款之單據所為之付款、承兌或讓購,對該銀行予以補償。

ⅱ.於可撤銷信用狀經安排另一銀行辦理延期付款者,如該銀行於收到修改或取消之通知前,業已接受就表面顯示符合信用狀條款之單據者,對該銀行予以補償。」

● （二）不可撤銷信用狀

所謂不可撤銷信用狀 (irrevocable L/C) 乃指信用狀一經開出並通知受益人,在其有效期間內,非經受益人、開狀銀行及保兌銀行（若經保兌）同意,不得將該信用狀作片面的撤銷 (cancel) 或修改 (amend) 者而言。

依 UCP 600 第 3 條規定:「信用狀係不可撤銷,即使其未表明旨趣。」及第 7 條(b)項規定:「開狀銀行自簽發信用狀時起,即受其應為兌付之不可撤銷之拘束。」可知,這種信用狀的修改,無論如何輕微,都必須先徵得各方關係人的同意才可。因此,受益人收到這種信用狀並與買賣契約核對無誤後,即可放心備貨,進行裝運和交單。只要單據符合信用狀,即可收到貨款,所以對受益人相當有利。

不可撤銷信用狀的另一特性為開狀銀行對受益人、匯票背書人及其善意持票人確實約定:如匯票或單據符合該信用狀條件,開狀銀行即將履行該信用狀所約定有關付款、承兌或讓購的諾言。在信用狀上對於此項確實約定的措詞,常見者如下:

(1) We hereby undertake that all drafts drawn in conformity with the conditions of this letter of credit will be accepted on presentation and paid at maturity.

(2) We hereby agree with you that all drafts drawn under and in compliance with the terms of credit will be duly honored on due presentation and on delivery of documents as specified to the drawee bank.

綜上所述,不可撤銷信用狀具有兩特性: 一為不可撤銷性,一為開狀銀行負責兌付的確定義務。關於此，UCP 600 第 7 條(a)、(c)項有如下的規定：

「(a)若所規定之單據向指定銀行或開狀銀行提示且構成符合之提示，而信用狀使用方式為下列之一者，開狀銀行須為兌付：

i.由開狀銀行即期付款、延期付款或承兌；

ii.由指定銀行即期付款，但該指定銀行未予付款；

iii.由指定銀行延期付款，但該指定銀行未承擔延期付款承諾，或雖已承擔延期付款承諾，但於到期日未予付款；

iv.由指定銀行承兌，但該指定銀行未就以其為付款人之匯票承兌，或雖就以其為付款人之匯票承兌，但於到期日未予付款；

v.由指定銀行讓購，但該指定銀行未予讓購。」

「(c)開狀銀行對已就符合之提示為兌付或讓購並向其遞送單據之指定銀行，負補償之義務信用狀之使用方式為承兌或延期付款者，應於到期日就符合提示金額為補償，而不論指定銀行是否於到期日前已預付或買入。開狀銀行對指定銀行補償之義務，獨立於開狀銀行對受益人之義務。」

■ 二、依 UCP 600（2007 修訂版）規定，現行信用狀一律為不可撤銷信用狀 ■

1. UCP 600 第 7 條(b)項規定：「開狀銀行自簽發信用狀時起，即受其應為兌付之不可撤銷之拘束。」

2. UCP 600 第 3 條(b)項規定：「信用狀係不可撤銷，即使其未表明該旨趣。」

3. UCP 600 第 10 條(b)項規定：「除第 38 條另有規定外，信用狀非經開狀銀行、保兌銀行，如有者，及受益人之同意，不得修改或取消。」

第二節　郵遞信用狀與電傳信用狀

■ 依信用狀的傳遞方式分 ■

1.郵遞式信用狀 (mail credit)：

　　開狀銀行將所簽發的信用狀，以航空郵遞方式寄交出口地的通知銀行核對簽字無誤後，轉交給受益人（出口商）。

　2.電傳信用狀：

　　係指開狀銀行將有關信用狀之內容以電傳（包括 cable、telegram、telex 或 SWIFT）方式傳達至出口地通知銀行，經核對押碼無誤後將電文轉交受益人。（依 UCP 600 第 11 條(a)項）

　　⑴簡文電報 (brief cable) 信用狀：開狀銀行僅將信用狀主要內容電告通知
　　　銀行，轉知受益人，它僅為預告，本身不能押匯，必須等開狀銀行隨
　　　後寄達的信用狀證實書 (mail confirmation)，兩者必須同時具備才可押
　　　匯。

　　⑵全文電報信用狀 (full cable L/C)：開狀銀行將信用狀的全部內容以電傳
　　　方式告知通知銀行，經核押密碼無誤後，即為可憑使用的信用狀。

☆第三節　即期付款信用狀、延期付款信用狀、承兌信用狀與讓購信用狀

■ 依使用方式分（依 UCP 600 第 6 條(b)項） ■

　1.即期付款信用狀 (sight payment L/C)：

　　依 L/C 規定，受益人簽發即期匯票（若 L/C 未規定時免附）憑貨運單據向信用狀指定的銀行（通常為開狀銀行、保兌銀行或通知銀行）提示請求付款的信用狀。

　2.延期付款信用狀 (deferred payment L/C)：

　　依 L/C 規定，受益人不須簽發匯票，僅憑貨運單據向指定銀行（通常為開狀銀行、保兌銀行或通知銀行）提示，在可確定之日（裝船日、提示日或指定銀行收到貨運單據日起若干日），獲得付款的信用狀。

　3.承兌信用狀 (acceptance L/C)：

　　依 L/C 規定，受益人簽發匯票，向指定銀行（通常為開狀銀行、保兌銀行

或通知銀行）提示辦理承兌，並於承兌到期日獲得付款的信用狀。

　　4.讓購信用狀 (negotiation L/C)：

　　依 L/C 規定，受益人簽發匯票隨同貨運單據向出口地任何銀行（自由讓購）或指定銀行（限制讓購）提示，請求付款或墊款的 L/C。依其有無限制讓購分

　　　　(1)自由讓購信用狀：受益人簽發信用狀要求匯票隨同貨運單據向出口地任何銀行提示，請求付款或墊款的 L/C。（內容參考如下）

　　　　"This credit is available with anybank by negotiation"

　　　　(2)限制讓購信用狀；受益人簽發信用狀要求匯票隨同貨運單據向出口地指定銀行提示，請求付款或墊款的 L/C。（內容參考如下）

　　　　"This credit is available with advising bank by negotiation"

第四節　即期信用狀、遠期信用狀與延期付款信用狀

▪ 依付款期限分 ▪

　　信用狀如規定受益人應開發即期匯票或交單時即可兌取款項的，稱該信用狀為即期信用狀 (sight credit)。反之，如信用狀規定受益人簽發遠期匯票 (time、usance 或 acceptance draft）者，稱該信用狀為遠期信用狀 (usance credit) 或定期信用狀 (time credit) 或承兌信用狀 (acceptance credit)。

● （一）即期信用狀

　　在即期信用狀的場合，不管匯票的付款人為開狀銀行或其他指定的付款銀行，只要所開的匯票或單據符合信用狀條件，一經提示，開狀銀行即須付款。在即期信用狀下，從受益人向押匯銀行申請押匯到開狀銀行付款，時間上僅僅相隔寄遞匯票及單據的郵程而已。在現今航郵迅速的情況下，這個過程很短。如果信用狀規定讓購銀行可以電報求償 (T/T reimbursement)，那麼這一過程更可縮短到只有兩三天。在這種情形下，受益人收款速度很迅速。因此，出口商在計算售價時，可不考慮或只加計幾天的押匯貼現息即可。如第三節所述的即

期付款信用狀、讓購信用狀即是。

（二）遠期信用狀

在遠期信用狀的場合，匯票先經付款人承兌，至匯票到期 (maturity) 時才予付款。雖然匯票到期前出口商不能取得票款，但如需週轉資金，則可將該承兌匯票在貼現市場予以貼現。為便於順利貼現，這類匯票最好以銀行為付款人並由其承兌。

對出口商而言，使用遠期信用狀比使用託收付款方式的 D/A 要安全得多。因為收不到貨款的危險，有了銀行的擔保就可以大為減少。不僅如此，由於危險的減少，出口商向銀行融通資金要方便得多，利率也較為優惠。如第三節所述的承兌信用狀即是。

對進口商而言，遠期信用狀的好處，是他可利用出口商（或對方銀行）的墊款，便利資金的週轉，從而擴展交易。但假如進口商還有其他辦法籌措資金時，那就要作一個比較，以便決定是否利用遠期信用狀。上述出口商以遠期付款方法售貨，利息必設法轉嫁到進口商身上。其轉嫁的方法有二：

1.內包法：即將利息負擔包括在貨價中。在此情形下，銀行所開出的遠期信用狀，稱為賣方遠期信用狀 (seller's or shipper's usance credit)。這種遠期信用狀，通常不載明遠期付款所引起的利息（即票據期間利息）由誰負擔，出口商於押匯時只能收到票面額扣除貼現息後的差額。但也有在信用狀上明示貼現息由出口商負擔，或註明到期才付款者。其文句有如下面：

(1) We shall accept the draft drawn on us per 180 days after sight. In case you want to have the draft discounted, the discount charges are for your account.

(2) Draft(s) drawn under this credit will be accepted and paid at maturity, acceptance charge for seller's account.

(3) Payment of drafts drawn under this credit will be effected at...days after sight. Discount charges, if any, are to be borne by beneficiary.

2.外加法：即按即期付款價格成交，遠期付款所引起的利息，則由進口商負擔。銀行在開狀時，信用狀中將規定遠期匯票的利息由進口商負擔（例如

interest or discount charges for buyer's account），這種由進口商負擔利息或貼現息的遠期信用狀稱為買方遠期信用狀 (buyer's usance credit)。

買方遠期信用狀，在狀上一定註明利息或貼現息由進口商負擔。但因其利息或貼現息的處理方式的不同，買方遠期信用狀又可分為下列二種：

1.以即期 (at sight basis) 方式處理：即匯票雖屬遠期，但受益人申請押匯時，可立即獲得票款，不須負擔遠期匯票的貼現息，押匯銀行也可立即向補償銀行或開狀銀行求償。其在信用狀上的表現形式如下：

⑴We are authorized to pay the face amount of your drafts upon presentation. Discount charges being for account of buyers, therefore such draft must be left with us for discount.

⑵Discount charges are for accountee's(buyer's)account.

⑶The drafts drawn hereunder are to be negotiated at sight basis, acceptance commission and discount charge are for account of the buyer.

2.到期支付本息（票面金額及利息），其表現方式如下：

⑴Interest and acceptance commission are for applicant account. Please reimburse them from...Bank at maturity.

⑵Interest is for applicant account. At maturity, we shall reimburse.

對出口商（受益人）而言，遠期信用狀有下列缺點：

1.開狀銀行倒閉，致無法收回貨款。

2.進口地發生政變、戰爭或凍結外匯，致無法收回貨款。

3.進口商以品質不符等理由，申請法院下令開狀銀行禁止付款，或指控出口商詐欺、偽造，以致影響貨款的收回時間。

從進口商的立場而言，是否宜利用遠期信用狀，應考慮下列各種因素：

1.利率因素：進口商應比較利用遠期信用狀借外幣利率較低，抑或借本國幣貸款利率較低？比較單據到達時，外幣利率較低，抑或轉成本國幣貸款較有利？

2.匯率因素：進口商應考慮匯率變動因素，若本國幣有升值趨勢，則進口商越延後償還外幣借款，越有利。在此情形下，利用遠期信用狀借外幣，可延後還款，對進口商自然較有利。

（三）延期付款信用狀

延期付款信用狀 (deferred payment credit) 是指受益人提示符合信用狀條件的單據之後（免附匯票），將於依信用狀規定可得確定的到期日，由開狀銀行或指定銀行付款的信用狀，亦為遠期信用狀，第三節所述的延期付款信用狀即是。

實質上，這是不要求受益人開發匯票的遠期信用狀。至於付款日的計算方法，或從提單日 (B/L date) 起算，或從開狀銀行收到單據之日起算。由於無匯票，出口商無法憑匯票利用貼現市場的資金，因此只能自往來銀行或其他途徑獲得融資。由於這種信用狀與貼現市場無關，開狀銀行也就不必考慮請別家銀行代為承兌匯票的問題。

延期付款信用狀對買方而言，有下列優點：

1.融資功能：提貨時，不必立即付款，可獲得較好的資金週轉便利。

2.防詐功能：提貨時，若發現貨物有瑕疵，可有充分時間與賣方交涉，甚至可申請法院頒發禁止付款令。

3.免息功能：延付期間利息歸賣方負擔，買方不負任何責任。

延期付款信用狀對出口商而言，其缺點除與遠期信用狀的情形相同外，尚有另一缺點，即：因無匯票的承兌，賣方無法獲得匯票貼現的機會，以致影響資金週轉的便利。

☆第五節　保兌信用狀與無保兌信用狀

信用狀如經開狀銀行以外的另一家銀行擔保兌付受益人所提示匯票或單據，從而該銀行與開狀銀行須對受益人共同或單獨 (jointly or severally) 負責者，稱該信用狀為保兌信用狀 (confirmed L/C)。反之，如信用狀未經另一銀行保兌者，稱該信用狀為無保兌信用狀 (unconfirmed L/C)。在保兌情況下，保兌銀行 (confirming bank) 和開狀銀行共負同一責任，即約定在受益人提示匯票或單據時向其付款。如這保兌銀行在受益人所在地，則受益人可放心備貨，在裝運後，即憑保兌信用狀簽發匯票或提示單據向該保兌銀行兌款。如保兌銀行在其他地方，則因有信用卓著的銀行擔保付款，故該匯票或單據也容易讓售。

UCP 600 第 8 條(a)項，對於保兌信用狀有如下規定：「(a)若所規定之單據向保兌銀行或任何其他指定銀行提示且構成符合之提示者，保兌銀行須：

　i.兌付，如信用狀使用方式為下列之一者：

　<a> 由保兌銀行即期付款、延期付款或承兌；

　<b> 由另一指定銀行即期付款，但該指定銀行未予付款；

　<c> 由另一指定銀行延期付款，但該指定銀行未承擔延期付款承諾，或雖已承擔延期付款承諾，但於到期日未予付款；

　<d> 由另一指定銀行承兌，但該指定銀行未就以其為付款人之匯票承兌，或雖就以其為付款人之匯票承兌，但於到期日未予付款；

　<e> 由另一指定銀行讓購，但該指定銀行未予讓購。

　ii.若信用狀之使用方式為由保兌銀行讓購，則為無追索權讓購。」

UCC 5-107 (2)對保兌信用狀規定為：「信用狀經保兌銀行加以保兌後，在其所保兌之範圍內，如同開狀人 (issuer) 一樣直接對信用狀負責，並因而取得開狀人之權利。」

保兌信用狀在現代國際貿易中很重要，因為它可減免受益人的收款風險，無保兌信用狀僅由開狀銀行單獨向受益人承擔付款、承兌及付款的確定義務，而保兌信用狀則由開狀銀行與保兌銀行同時對受益人承擔付款、承兌或讓購的確定義務，對受益人甚有保障。受益人通常不強調信用狀必須保兌，只有在下列情形下才要求保兌：

　1.信用狀金額較大，超過開狀銀行本身資力，擔心開狀銀行的償付能力。

　2.開狀銀行為地方性銀行，其資信不為人所熟悉。

　3.開狀銀行所在國政局不穩定、經濟貿易政策屢變、外匯短絀，批准外匯常拖延、或軍事上有問題。

保兌銀行的保兌責任不同於普通的保證 (guarantee)，其所負責任係絕對的，直接地與單獨地向受益人負責，而非與開狀銀行連帶負責。換言之，保兌銀行所負的債務是主債務 (primary liability)，而非保證的從債務 (secondary liability)。因此，受益人不必先向開狀銀行要求付款、承兌或讓購，而保兌銀行也無民法

第 745 條的先訴抗辯權。受益人先向保兌銀行請求付款、承兌或讓購時，保兌銀行不得拒絕。

　　保兌銀行通常是基於開狀銀行的授權或委託而保兌信用狀。然而，由於保兌責任的重大，被授權或委託保兌的另一銀行，是否同意予以保兌，自有選擇的自由。但如不願保兌時，應將不予保兌的事實，通知開狀銀行。UCP 600 第 8 條(d)項規定：「若銀行經開狀銀行之授權或委託對信用狀保兌，但卻無意照辦時，其須儘速告知開狀銀行，並得將該信用狀通知而不加保兌。」

　　又，保兌銀行一經保兌信用狀，其所承擔的義務，依 UCP 600 第 10 條(a)項規定：「非經開狀銀行及受益人之同意，不得修改或撤銷。」

　　銀行如接受開狀銀行的委託就其信用狀加以保兌，則通常在信用狀上或信用狀通知書上記載類如下述的保兌條款：

　　1. At the request of our correspondent, we confirm their credit and also engage with you that drafts drawn in conformity with the conditions of this credit will be honored by us.

　　2. This credit bears our confirmation and we hereby engage to negotiate without recourse, on presentation to us drafts drawn and presented in conformity with the terms of this credit.

　　信用狀經保兌後，原則上受益人應向保兌銀行提示匯票或單據，依 UCP 600 規定，保兌銀行的責任是以匯票或單據是否符合信用狀條件為前提，若保兌銀行在國外，押匯銀行應依保兌書指示寄發單據。

☆第六節　跟單信用狀與無跟單信用狀

■ 依有無跟單分 ■

依 UCP 600 第 1 條規定，信用狀分為：

　　1. 跟單信用狀 (documentary credit)：係受益人提示或請求讓購時，必須同時檢附信用狀規定的貨運單據，諸如提單、商業發票、產地證明書等文件稱之。

通常信用狀屬於這一類者居多。

2.擔保信用狀 (stand-by L/C)：所謂擔保信用狀 (stand-by credit) 乃指以擔保債務的清償或各項契約的履行為目的而開發的信用狀，與普通信用狀以清償貨物價款為目的而開發者大不相同。在我國又稱其為備付信用狀或保證信用狀 (guaranty L/C)。"stand-by" 一詞本來的意思為「待命」、「緊急援助」、「必要時補強」、「支援」或「支持」。即銀行支持或援助債務人，於其不能履行債務時，願意代為履行之意，也就是說，銀行為顧客開發這種信用狀是居於 "stand-by" 的地位，所以有 "stand-by credit" 的名稱。美國銀行界人士認為 stand-by credit 應稱為 stand behind credit。

擔保信用狀在二次大戰後才盛行，而美國銀行在保證業務方面，應用 stand-by credit 的情形，尤為流行，但糾紛也最多。擔保信用狀的用途甚多，茲將其主要者說明於下：

● （一）借款保證

假如本國商人擬向國外銀行借款時，即可請求本國銀行開出以國外貸款銀行為受益人的擔保信用狀。該信用狀規定如借款人（即開狀申請人）不於規定日期償還借款本息時，該國外貸款銀行即可就其本息開出即期匯票向開狀銀行求償。這種信用狀所規定的條件大致相同，通常規定受益人於提示匯票時，只須提示表明借款人未按約償還本息的聲明書 (statement) 即可。其常用的條款如下：

"Beneficiary's statement in...copies certifying that...（借款人）have failed to make repayment on or before the due date on the loan referred to below made to them by the beneficiary and that the amount drawn represents unpaid and accrued interest as agreed upon."

● （二）押標保證及履約保證

又如購貨人（招標人）於標購大批貨物時，為防投標人中途撤回報價，或得標後拒絕簽約或得標後拒繳納履約保證金或訂約商簽約後不按約履行，而要求投標人於報價時繳交押標保證金 (bid bond) 及於訂約時繳交履約保證金 (performance bond)。在此情形下，投標人或訂約商也常洽請銀行開發以購貨人

（招標人）為受益人的 stand-by credit。同樣地，售貨人（招標人）標售貨物時，也可要求投標人繳交押標保證金及履約保證金，在此場合，投標人也可洽請銀行開發以售貨人（招標人）為受益人的 stand-by credit，這種信用狀所要求的單據通常也只有受益人所出具的聲明書而已。其常用的條款如下：

1. Your signed statement certifying to the effect that Westinghouse Company was the successful bidder under invitation No. ...covering the supplying of four model 440–H motor grader and that Westinghouse Company d 1a not comply with the terms of the award...(for bid bond)

2. Beneficiary's written statement in...copies certifying that the ABC company has defaulted in the performance of the terms and conditions of its agreement with beneficiary dated...(for performance bond)

● （三）賒購保證

本國廠商向國外製造廠商購進機器等時，如價款過鉅，乃往往約定以分期付款方式進口。但這種賒帳交易，因付款期限較長，供應商所負風險大，故常要求進口商提供銀行保證。於是銀行乃循進口商的要求，開發以國外製造廠商為受益人的 stand-by credit。

第七節　不可轉讓信用狀與可轉讓信用狀

一、可轉讓信用狀的意義

凡信用狀受益人得請求被授權辦理付款、承擔延期付款義務、承兌或讓購的銀行（轉讓銀行），或自由讓購信用狀的場合，在該信用狀中被特別授權為轉讓銀行的銀行，使該信用狀的全部或一部轉讓給一個或多個其他受益人（第二受益人）使用者，稱此信用狀為「可轉讓信用狀」(transferable credit)。反之，則稱為「不可轉讓信用狀」(non-transferable credit)。

可轉讓信用狀，在英文中有三個用詞即：(1) transferable credit；(2) assignable credit；(3) transmissible credit。按一般理解，這三個名詞是同義，但也有人認為

Transmissible 不完全等於 Transferable，而只是可轉讓信用狀的一種，係指可轉讓到受益人所在地以外的其他國家的可轉讓信用狀而言。但依 UCP 600 第 38 條(b)項規定：「信用狀僅於開狀銀行明示其係 "transferable" 時，才可轉讓，至於 "divisible"、"fractionable"、"assignable"、"transmissible" 等用語，均不能使該信用狀成為『可轉讓』，因此，凡可轉讓信用狀均應用 "transferable" 一詞，不應使用其他字樣。」

信用狀上的可轉讓條款的文句不一，其最簡單者為 "This credit is transferable." 較複雜者有："This credit is transferable and any transfer of all or any portion of this credit must conform strictly to the terms hereof and shall contain no enlargements, limitation, variations or changes of any nature whatsoever of said terms."

依 UCP 600 第 38 條(d)項規定：「若部分動支或裝運係屬允許，信用狀係部分轉讓予一個以上之第二受益人。受讓信用狀不得經第二受益人之請求，轉讓與隨後受益人……」。意即可轉讓信用狀，但僅予轉讓一次。又轉讓出去的信用狀，稱為受讓信用狀 (transferred credit)，而承辦轉讓的銀行則稱為轉讓銀行 (transferring bank)。

二、信用狀轉讓的種類

信用狀轉讓的種類因區分的標準不同，可分為四大類，茲分述於下：

（一）不替換發票的轉讓與替換發票的轉讓

1.不替換發票的轉讓 (non-substitution of invoice transfer)：

又稱為 straight transfer 或 outright transfer。這種轉讓的特點為信用狀原受益人（以下簡稱第一受益人）將信用狀金額的全部或一部轉讓給受讓人（以下簡稱第二受益人）後，即由第二受益人裝運貨物，並自行備齊信用狀規定的單據及匯票，直接以其自己的名義向銀行辦理押匯事宜。這種轉讓比較單純，一般信用狀的轉讓多屬於這種。

2.替換發票的轉讓 (substitution of invoice transfer)：

第一受益人為中間商，而不願讓第二受益人（即供應商）知悉進口商名稱及交易內容，或不願讓進口商知悉真正的供應商名稱及交易內容時，第一受益人得要求銀行以這種方式辦理轉讓。其特點為儘管貨物係由第二受益人運出，但當第二受益人以自己名義向銀行提示單據辦理押匯時，銀行即以第一受益人所繕製的商業發票替換第二受益人所提示的發票。第一受益人所提示的商業發票金額，通常比第二受益人所提出者為大，兩者的差額，即為第一受益人可賺取的利潤，此項利潤，即由第一受益人支取。押匯銀行於押匯後，將第二受益人所提示的單據（但不包括商業發票，因商業發票已由第一受益人所提示者替換）及匯票（如信用狀規定匯票應以開狀申請人為付款人時，第二受益人所開發的匯票，須由第一受益人所開全額匯票替換），一併寄往開狀銀行求償。

● （二）全額轉讓與部分轉讓

信用狀的轉讓，依其是否全額轉讓，可分為全額轉讓與部分轉讓。

1. 全額轉讓 (total transfer)：

依 UCP 600 第 38 條(b)項規定：「第一受益人可視各種情形，而將可轉讓信用狀之全部或一部轉讓給第二受益人使用。」若將可轉讓信用狀全額轉讓時，即稱為全額轉讓。依 UCP 600 第 38 條(d)項規定解釋，在信用狀禁止部分動支或裝運時，只能將信用狀金額全部轉讓給第二受益人。然後由該第二受益人將貨物全部一次動支或裝運。

2. 部分轉讓 (partial transfer)：

若只將可轉讓信用狀金額的一部分轉讓給第二受益人者，則稱為部分轉讓。依 UCP 600 第 38 條(d)項規定解釋，若部分動支或裝運係屬允許，則第一受益人可將信用狀金額分割轉讓給數個第二受益人，並任由個別受轉人分別動支（或裝運），分別依信用狀條件辦理押匯。

● （三）原條件轉讓與變更條件轉讓

信用狀的轉讓，依其轉讓後的信用狀條件與原信用狀條件的異同，可分為原條件轉讓與變更條件轉讓兩種。

1. 原條件轉讓：

除依 UCP 600 第 38 條(g)項規定外，信用狀的轉讓原則上需依照原信用狀規定條件轉讓。所以，依照原信用狀規定條件轉讓者，稱為原條件轉讓。

2.變更條件轉讓：

UCP 600 第 38 條(g)項也同時規定，於轉讓時，可將信用狀的金額、單價、有效期間、UCP 600 第 38 條所規定的最後提示單據日以及裝運期間等的任何一項或全部予以減少或縮短。另外，保險應投保的百分比則得予以增加。這種變更信用狀條件的轉讓，稱為變更條件轉讓。就實務上而言，變更條件轉讓通常也就是上述的替換發票的轉讓。但也不盡然，因若其變更的條件僅是有效期限或裝運期限，此時即未必有替換發票的必要。不過這種情形在實務上似乎很少發生。

● （四）國內轉讓與國外轉讓

信用狀的轉讓，依第二受益人處所是否與第一受益人在同一國境而分國內轉讓與國外轉讓二種。

1.國內轉讓：

第一受益人將信用狀轉讓給同一國境內的第二受益人時，這種轉讓稱之為國內轉讓。目前我國實務上，大部分屬於國內轉讓。

2.國外轉讓：

第一受益人將信用狀轉讓給另一國境內的第二受益人時，這種轉讓稱之為國外轉讓。

第八節 轉開信用狀

信用狀受益人（出口商），為謀取中間利潤，而將信用狀利用於其與供應商間的資金融通方法，除使用前述可轉讓信用狀之外，為求交易的保密，尚可利用轉開信用狀 (back-to-back credit)，又稱背對背信用狀，這種信用狀我國又稱其為轉開國內信用狀，或本地信用狀 (local credit)，在香港則稱其為背對背信用狀或對背信用狀。具體的說，有時信用狀受益人本身並非貨物的供應商，但因不願讓對方知道其並非供應商，同時也不願讓對方知道其以廉價購得貨物後再行轉賣給對方，或為避免國外買方與國內供應商直接接觸，他（即出口商）便可向通知銀行（有時為本地其他銀行）憑開給自己的信用狀申請另開一張信用狀給供應商，這種憑他人開來的信用狀向本地銀行申請另開一張以供應商為受益人的信用狀，即為轉開信用狀。作為開發信用狀依據的原信用狀則稱為 "original credit"、"master credit" 或 "prime credit"，轉開信用狀又稱為 "secondary credit"、"sub-credit"、"subsidiary credit" 或 "ancillary credit"。

　　轉開信用狀與受讓信用狀 (transferred credit) 比較，有其相同的地方，也有其不同的地方。茲就其不同者說明於下：

　　1.受讓信用狀是作為受益人的出口商將可轉讓信用狀金額全部或一部轉讓給供應商使用。受讓人（供應商）的地位與原受益人（出口商）相同，也為該信用狀的受益人。轉開信用狀是以原信用狀為基礎而開給另一受益人的新信用狀。轉開信用狀一經開出，即與原信用狀脫離而成為完全獨立的另一張信用狀。

　　2.就信用狀的轉讓而言，需原信用狀載明可轉讓為前提。而轉開信用狀的開發則與信用狀是否可轉讓無關，從而與國外開狀銀行或進口商不相涉。

　　3.受讓信用狀，其內容方面在某些條款雖可與原信用狀不同（例如金額減少，單價降低，裝運期限、提示期限、有效期限縮短），但出口裝運係由受讓人辦理；反之，轉開信用狀的內容則可與原信用狀內容差異很多，例如原信用狀為 CIF 條件者，在轉開信用狀可改為 EXW 為條件。

　　4.原信用狀即使禁止分批裝運，也可據以開發數張轉開信用狀給數個供應商，以其為受益人，只要原信用狀受益人能控制供應商的交貨期，使這些供應商所提供的貨物為匯集同時裝運出口即可。反之，可轉讓信用狀，如禁止分批裝運，則不可以將其分割轉讓給數個供應商。

　　5.在轉開信用狀，承辦轉開信用狀的銀行即為該信用狀的開狀銀行；因此，只要受益人（供應商）提示與轉開信用狀規定條件相一致的匯票、單據等，銀行即負有兌付的義務。迨及開狀申請人（出口商）於履行原信用狀條件，獲得國外開狀銀行付款之後，始克收回依前項轉開信用狀兌付予供應商的資金。但是，若有原信用狀受益人無法或未能使用原信用狀的情事發生，則銀行極易遭受無法收回資金的損失。反之，在受讓信用狀的場合，信用狀的轉讓並不是另一獨立信用狀的開發，受讓人（供應商）取得信用狀項下擔保兌付的承諾係由國外原開狀銀行的授予，而非另由轉讓銀行授予付款的擔保。因此，當供應商向中介銀行提示匯票、單據時，除非該銀行業已對原信用狀保兌外，否則不負兌付的義務，亦即無授信風險。我國有些銀行在開發轉開信用狀時，常在其所開發的轉開信用狀上加上類如下述的條款："The credit amount is payable to you upon our receipt from the above accountee of the documents required under the...Bank (issuing bank of original credit) L/C No...dated..."，以示原受益人提示原信用狀所規定單據之後才兌付轉開信用狀項下的匯票。這種信用狀，對保護轉開信用狀的開狀銀行權益而言，固然設想周到，但對轉開信用狀的受益人卻缺乏保障了。

在大多數情形，轉開信用狀的受益人都與原信用狀受益人處在同一國家，所以轉開信用狀與美國所稱的本地信用狀 (local credit) 很相似，以致有些人常將 back-to-back credit 與 local credit 混為一談。按美國所指的 local credit 又稱為 domestic credit，通常係指買方（開狀申請人）為向國內賣方（受益人）購買貨物時，由買方向國內銀行申請開發以國內賣方為受益人的信用狀而言。開狀申請人、開狀銀行及受益人均在國內，且其申請開狀並非依據國外開來的信用狀，買賣的貨物也未必與出口有關。信用狀固然大都使用於國際貿易，但國內交易也常利用信用狀作為清償貨款的工具，這種純粹使用於國內交易的信用狀才稱為 local credit 或 domestic credit，不宜與上述 back-to-back credit 相混。現在大部分的外匯銀行也已承辦這種業務，其特性為全部使用中文。

第九節　循環信用狀與非循環信用狀

一般的信用狀，其金額及有效期限均屬固定，而且僅對單一的交易而開發，金額一旦用罄，或有效期限屆滿，信用狀便告失效，這種一般的信用狀即為非循環信用狀 (non-revolving credit)。

在國際貿易中，若賣方與買方之間，對同一種貨物作反覆多次交易時，對每次交易如逐次開發信用狀，則不勝其煩，但若一次開發鉅額的信用狀，因買方需繳納鉅額的保證金，而銀行可能也不願冒太大風險，不能如願。於此情形，即可利用循環信用狀 (revolving credit)。所謂循環信用狀乃指信用狀金額被受益人全部或部分利用後，其金額可重新回復至原金額再被利用，周而復始，一直到規定的使用次數或總金額達到時為止的信用狀。這種可回復使用的信用狀又稱為回復信用狀。茲就實務上利用這種信用狀的情形舉例說明。假定美國進口商自瑞士訂購大批手錶，其總價為 240,000 美元，約定每次裝出 20,000 美元，共分十二次裝運。就進口商而言，如需就每次裝運貨物申請開發信用狀，則共須申請十二次，不勝麻煩，且須多付手續費。如欲一次申請開發 240,000 美元的信用狀，則銀行因所負風險過鉅可能不予考慮，或者進口商也無法一次繳付鉅額保證金，就是能夠繳付，其資金運用也不經濟。又或因出口商信用普通，進口商不願一次開出鉅額的信用狀。為解決這種困難，進口商可一次申請開發 20,000 美元的回復信用狀。出口商接獲這種信用狀後，即可將首批手錶裝運，並開出 20,000 美元的匯票，指向當地銀行押匯。日後匯票到達進口地，等開狀銀行兌付該匯票後，當即通知出口商該信用狀金額業經使用的 20,000 美元，准予回復使用。如此，出口商於首批金額回復前當可裝出第二批，並開出第二張 20,000 美元的匯票。等首批金額回復後，乃繼續裝出第三批，並開出第三張匯票。如此周而復始，直至全部裝完為止。其較普通的非循環信用狀便利，甚為明顯。

至於金額如何回復？視情形而定。但通常採用較多者約有下列三種：

🔴（一）非自動式循環

即出口商所開出的匯票，必須等開狀銀行兌付並通知該匯票金額得予回復後，才能使信用狀恢復至原來金額。這種循環信用狀，通常載有類如下述條款："The amount of drawing paid under this credit become available to you again upon your receiving from us advice to this effect."

🔴（二）自動式循環

即動用的金額隨即自動回復到原金額，不需要等待開狀銀行的通知，亦無需經過一定期間。這種循環信用狀稱為 instant revolving credit，通常載有類如下面的條款："The amounts paid under this credit are again available to you automatically until the total of the payment reaches US$..."

🔴（三）半自動式循環

　　即出口商每次開出匯票支款後經過若干時日 (approximate due date)，如果開狀銀行未發出不能回復原金額的通知，信用狀即自動回復到原金額。例如訂定一個月的期間，在此期間內如無不能回復使用通知，即可回復使用。此法乃介於前述兩者之間。其常用的條款為 "30 days after a draft has been negotiated under this credit, the credit reverts to its original amounts of US$...unless otherwise notified."

　　上述三種方法中，以第一、二法較常見。依第一法，信用狀金額的回復使用，係在出口商接獲開狀銀行已兌付票款的通知以後。正因如此，裝貨愈速，開出匯票亦愈多，而其回復亦愈快。但開狀銀行因恐裝貨過速，致進口商手頭積貨過多，不易脫手，可能影響今後的償付能力，乃採第二法，但約定回復的期間。例如每隔一個月或兩個月回復一次，藉以限制。這種循環信用狀，在銀行術語稱為定期循環信用狀 (periodic L/C)。在定期循環信用狀的場合，常發生一疑問：即約定每期可開出匯票 US$20,000，但如前期只裝出一部分貨品，則本期開出的匯票金額，可否包括前期未用完的金額？抑仍以 US$20,000 為限？關於此，如信用狀規定未經用罄的金額可結轉次期使用，則這種信用狀，稱為可累積定期循環信用狀 (revolving cumulative L/C)。例如 "This credit is revolving at US$50,000 covering shipment of...per calender month cumulative operation from April 2011 to September 2012 inclusive up to a total of US$300,000." 即為可累積定期循環信用狀中所用條款。如不可結轉次期使用者，則稱為不可累積定期循環信用狀 (revolving non-cumulative L/C)。例如信用狀中有 "...to the extent of US$...revolving non-cumulative available by drafts..." 及 "Drawings under this credit are limited to US$...in any calendar month..." 者即為不可累積定期循環信用狀上常用的詞句。理論上循環信用狀 (revolving credit) 雖很方便，但銀行開出循環信用狀後，因進口國對進口商品管制無法進口，只要出口商依規定提示符合信用狀規定單據，開狀銀行必須付款，而發生損失，實務上很少使用此種信用狀。

第十節 可預支信用狀

通常的信用狀，受益人必須將貨物交運及備妥符合信用狀規定的單據之後，才能憑以向銀行提示支取款項。但有一種信用狀卻規定受益人在一定條件下，可於備妥信用狀所規定單據之前，簽發匯票（或收據）向信用狀中所指定的銀行（通常為通知銀行）預支一定數額的款項，該銀行所墊出的款項，則於受益人日後向其辦理押匯時扣還。假如受益人到期未能交運貨物，提出信用狀所規定的單據，也不歸墊預支的款項，則墊款銀行即可逕向開狀銀行要求償還其所墊付的本金及利息。這種允許受益人在備妥信用狀所規定單據之前，先向銀行預支一定金額的信用狀，稱為可預支信用狀 (anticipatory credit)。

可預支信用狀依其預支金額的多寡可分為全部可預支及部分可預支兩種。在全部可預支信用狀 (clean payment credit)，出口商可只憑光票支款。所以，實質上等於預付貨款。

部分可預支信用狀依其支款條件又可分為紅條款信用狀 (red clause credit) 和綠條款信用狀 (green clause credit, green ink clause credit) 兩種。

按紅條款信用狀淵源於過去美國對華貿易。當時在中國從事毛皮貿易的出口商往往是美國進口商的代表或採購代理商。他們受美國進口商的委託，深入內地零星採購毛皮，然後將其匯聚於港口打包及運往美國。但內地採購在在須付現款才願交貨，而一般的信用狀則須於受益人提示規定單據後才能兌款。因此，一般的信用狀，對於受益人（即上述進口商的代表或採購代理商）籌措搜購毛皮所需資金融通方面，並無任何幫助。於是開狀銀行應進口商的要求，在信用狀上用紅墨水附加一條款，授權在中國的通知銀行於受益人提出收據（或匯票）及承諾書承諾將來會提交信用狀所規定的單據，即得墊款給受益人。受益人收到這種信用狀之後，即可簽發匯票或收據及承諾書向銀行預支一部分款項，作為採購資金。此項墊款及其利息俟受益人搜購皮貨備妥單據向銀行押匯時，再由墊款銀行自押匯款內扣除。

這種准許受益人於貨物出口及備妥單據之前，即可預支款項的條款，當時係以紅字註明或以紅墨水印刷，以引人注意，故稱為「紅條款」，而載有這條款的信用狀，則稱為紅條款信用狀。但現今信用狀上的紅條款未必即為紅色。

常見的紅條款大致如下：

"The negotiating bank is hereby authorized to make advance to the beneficiary up to aggregate amount of U.S.$20,000(20%of the amount of L/C)or the remaining unused balance of this Credit(which is less)against the beneficiary's receipt stating that the advances are to be used to pay for the purchase and shipment of the merchandise for which this Credit is opened and the beneficiary's undertaking to deliver to the negotiating bank the documents stipulated in the Credit. The advances, with interest, are to be deducted from the proceeds of the drafts drawn under this Credit. We hereby undertake the payment of such advances with interest, should they not be repaid by beneficiary prior to the expiration of this Credit."

至於綠條款信用狀與紅條款信用狀大致相同，亦是對受益人提供裝運前的融資墊款，但其墊款條件較紅條款信用狀稍為嚴格，即出口商有義務將以預支款項所採購的貨物，以銀行名義存放倉庫，這種綠條款信用狀主要出現於澳洲的羊毛貿易，目前已少見。

可預支信用狀，係進口商透過開狀銀行對出口商提供融資的方法，在實務上其融資方式有下列二種：

● （一）墊款法 (advance method)

即出口商憑可預支信用狀向當地銀行（通常是通知銀行）申請預支貨款時，由當地銀行（即墊款銀行）以本國貨幣 (local currency) 墊付。爾後出口商於申辦出口押匯時，由墊款銀行扣下原墊付的本息，餘款則支付給出口商。如出口商未申辦出口押匯，則由墊款銀行按所墊付本國貨幣金額折成外匯向開狀銀行求償。其匯率風險則由進口商負擔。

● （二）預兌法 (anticipatory drawing method)

即出口商在裝運出口貨物之前，簽發以開狀銀行為付款人的光票，透過出口地銀行兌取票款。當開狀銀行接到經由墊款銀行轉來的即期光票時，即一面借記進口商帳戶，一面貸記墊款銀行帳戶。出口商裝運出口貨物後繕製商業發票時，其商業發票金額須註明減除原先已兌得的墊款，而其所開發的匯票金額則僅為其差額而已。縱使受益人到期未能將貨物裝運出口，亦不發生墊款銀行請求開狀銀行代為償還本息的問題。因為在預支款項當初，開狀銀行即貸記墊款銀行帳戶，所以償還問題已於貸記時消失。另開狀銀行借記進口商帳戶乃是即期，因此，也不發生匯率波動與否的問題。而且，不論規定以進口地貨幣或以出口地貨幣預支都是即期借記。因此，在預兌法下，進口商就不再有匯率風險損失。且對墊款銀行，亦無匯率風險存在。

 習 題

一、問答題

1. 何謂郵遞信用狀 (mail credit)？電傳信用狀 (teletransmitted credit)？如何辨別電傳信用狀是否為正本信用狀？

2. 何謂即期信用狀 (sight credit)？遠期信用狀 (usance credit)？

3. 遠期信用狀項下的匯票貼現息由何方負擔？

4. 何謂延期付款信用狀 (deferred payment credit)？為什麼有延期付款信用狀的產生？

5. 何謂保兌信用狀 (confirmed credit)？在何種情形下，信用狀須保兌？

6. 何謂跟單信用狀 (documentary credit)？無跟單信用狀 (clean credit)？

7. 何謂擔保信用狀 (stand-by credit)？與一般使用於商品買賣的信用狀有何不同？又擔保信用狀有那些用途？

8. 何謂可轉讓信用狀 (transferable credit)？如何辨別信用狀可否轉讓？

9. 試述信用狀轉讓的種類。

10. 何謂轉開信用狀 (back-to-back credit)？在我國將轉開信用狀稱為 Local L/C 是否妥當？

11. 轉開信用狀與可轉讓信用狀有何異同？

12. 何謂循環信用狀 (revolving credit)？其金額循環方式可分為幾種？

13. 何謂可預支信用狀 (anticipatory credit)？其對進出口商的利弊為何？

二、實　習

茲設我國年利率為 10%，美國年利率為 5%，我進口商向美國出口商購買一批商品，倘進口商以 180 天買方遠期信用狀方式付款，則須支付 US$10,000。鑒於美國利率較低，進口商擬以 180 天賣方遠期信用狀付款，那麼此賣方遠期信用狀的金額應為多少？試演算之。

第四章

信用狀的格式及例示

☆第一節 信用狀的格式

■ 一、信用狀格式的標準化 ■

關於信用狀的格式，於 1922 年，美國的紐約銀行信用狀會議曾制定標準格式，稱為 "Commercial Credit Conference Form"，勸告美國各銀行採用。但由於各銀行的法律顧問對於該格式及用語，意見紛歧，終未全面採用。各銀行仍各自制定格式。

另一方面，在 1951 年，國際商會第十三次大會時決議通過該會銀行技術及實務委員會 (Commission on Banking Technique and Practice) 所草擬的「開發跟單信用狀標準格式」(Standard Form for the Opening of Documentary Credits)，並以第 159 號小冊 (Brochure No. 159) 公布，以期劃一開狀銀行致通知銀行的電文及函件的用語款式 (patterns)，但也未被全面採用。事雖如此，卻為國際銀行間所使用的信用狀格式，奠定了統一的基礎。

後來，國際商會鑒於該會 1962 年修訂的信用狀統一慣例被大多數國家的銀行所採納，乃由銀行技術及實務委員會重新檢討研究信用狀標準格式的統一問題。該委員會於審慎研究後，於 1970 年國際商會理事會席上，提出研究報告。該研究報告經採納，定名為「開發跟單信用狀標準格式」(Standard Forms for the Issuing of Documentary Credit)，以該會第 268 號小冊 (Brochure No. 268) 公布，並送請各國銀行公會採納。

信用狀統一慣例於 1993 年經過修訂後，國際商會為配合此修訂，復以該會第 516 號出版物 (Publication No. 516) 公布新的「標準跟單信用狀格式」，並建議各國銀行採用。

目前世界各地銀行，對於國際商會所制定的標準格式，正式予以採用者有之；略加修改採用者有之；根本不予理會，仍舊使用自己所制定格式者有之，其使用情形，可謂非常不統一。

事雖如此，大致說來，用於商品買賣的信用狀，其內容大致可歸納為下列幾項目：

● （一）關於信用狀本身者

1. 開狀銀行名稱 (name of issuing bank)。

2. 通知銀行 (advising bank)。

3. 表示信用狀種類的詞句 (kind of credit)。

4. 信用狀號碼 (credit number)。

5. 開狀日期 (date of issue)。

6. 受益人 (beneficiary)。

7. 開狀申請人 (applicant, accountee)。

8. 可利用金額 (available amount)，即信用狀金額 (L/C amount)。

9. 有效期限 (validity or expiry date)。

10. 信用狀使用地點 (credit available with)。

● （二）關於匯票者

1. 發票人 (drawer)。

2. 被發票人 (drawee)，即付款人。

3. 匯票期限 (tenor)。

4. 匯票金額 (draft amount)。

● （三）關於單據及商品（或勞務）者

1. 單據：

⑴商業發票 (commercial invoice)。

⑵運送單據 (transport documents)。

⑶保險單據（insurance policy or certificate）。

⑷其他 (other documents)。

2. 商品 (goods or merchandise)：

⑴商品名稱、數量、單價、貿易條件等（description、quantity、unit price、trade term, etc.）。

⑵裝運地、目的地 (point of shipment/destination)。

⑶裝運期限 (latest date of shipment)。

● （四）其他事項

1.有關讓購銀行應注意事項（如將押匯金額在信用狀背面註記，即 endorse）。

2.開狀銀行承諾兌付 (honor) 的條款：

⑴不可撤銷條款。

⑵開狀銀行有權簽字人的簽字。

⑶適用信用狀統一慣例的條款。

■ 二、1993 年國際商會所制定的標準格式 ■

如前所述，國際商會為謀求世界各地銀行所使用信用狀格式的標準化，先後以 159 號小冊、268 號小冊、323 號、416 號及 516 號出版物公布了信用狀標準格式，但前二者採用者不多。至於以 416 號及 516 號出版物公布的信用狀標準格式，則已有不少銀行採用。茲將第 516 號出版物所制定的格式列示於後：

1. The Standard Documentary Credits Issuance Form:

⑴ Advice for the Beneficiary（參閱 69 頁）。

⑵ Advice for the Advising Bank（參閱 70 頁）。

國際商會制定的「標準跟單信用狀格式」可用於下列四種的任何一種不可撤銷信用狀：

⑴ Irrevocable Documentary Credit available by Payment at sight

⑵ Irrevocable Documentary Credit available by Acceptance of Draft at:

⑶ Irrevocable Documentary Credit available by Negotiation

⑷ Irrevocable Documentary Credit available by Deferred Payment at:

2. The Standard Documentary Credit Amendment Form（參閱 72 頁）。

國際商會 1993 年制定信用狀標準格式（給受益人）
ADVICE FOR THE BENEFICIARY

Name of Issuing Bank:	Irrevocable Documentary Credit	Number

Place and Date of Issue:	Expiry Date and Place for Presentation of Documents
Applicant:	Expiry Date
	Place for Presentation:
	Beneficiary:
Advising Bank:　　　　　　　Reference No	
	Amount:

Partial shipments ☐ allowed ☐ not allowed

Transhipment: ☐ allowed ☐ not allowed

☐ Insurance covered by buyers

Credit available with Nominated Bank:
☐ by payment at sight
☐ by deferred payment at
☐ by acceptance of drafts at
☐ by negotiation

Shipment as defined in UCP 500 Article 46

From

For transportation to

Not later than:

Against the documents detailed herein:
☐ and Beneficiary's draft(s) drawn on:

Advice for the Beneficiary

© Copyright 1993, International Chamber of Commerce / Chambre de Commerce Internationale

Documents to be presented within ☐ days after the date of shipment but within the validity of the Credit.

We hereby issue the irrevocable Documentary Credit in your favour ' s subject to the Uniform Customs and Practice for Documentary Credits (1993 Revision, International Chamber of Commerce, Paris, France. Publication No. 5001 and engages us in accordance with the terms thereof. The number and the date of the Credit and the name of our bank must be quoted on all drafts required. If the Credit is available by negotiation, each presentation must be noted on the reverse side of this advice by the bank where the Credit is available.

This document consists of ☐ signed page(s)

Name and signature of the Issuing Bank

國際商會 1993 年制定信用狀標準格式（給通知銀行）
ADVICE FOR THE ADVISING BANK

Applicant:	Irrevocable Documentary Credit	Number
Place and Date of Issue:	**Expiry Date and Place for Presentation of Documents**	
Applicant:	Expiry Date	
	Place for Presentation	
	Beneficiary:	
Advising Bank:　　　　Reference No	**Amount:**	

Partial shipments ☐ allowed ☐ not allowed	**Credit available with Nominated Bank:**
Transhipment ☐ allowed ☐ not allowed	☐ by payment at sight
	☐ by deferred payment at
☐ Insurance covered by buyers	☐ by acceptance of drafts at:
Shipment as defined in UCP 500 Article 46	☐ by negotiation
From:	Against the documents detailed herein.
For transportation to:	☐ and Beneficiary's draft(s) drawn on:
Not later than:	

Advice for the Advising Bank

Documents to be presented within ☐ days after the date of shipment but within the validity of the Credit.

We have issued the Irrevocable Documentary Credit as detailed above. It is subject to the Uniform Customs and Practice for Documentary Credits (1993 Revision, International Chamber of Commerce, Paris, France. Publication No. 500). We request you to advise the Beneficiary

☐ without adding your confirmation　☐ adding your confirmation　☐ adding your confirmation if requested by the Beneficiary

Bank-to-Bank Instructions:

This document consists of ☐ signed page(s)　　　　　Name and signature of the Issuing Bank

國際商會 1993 年制定通知信用狀標準格式

Name of Advising Bank	Notification of Irrevocable Documentary Credit
Reference Number of Advising Bank: Place and date of Notification:	
Issuing Bank:	Beneficiary:
Reference Number of the Issuing Bank:	Amount:

We have been informed by the above-mentioned Issuing Bank that the above-mentioned Documentary Credit has been issued in your favour.
Please find enclosed the advice intended for you.

Check the Credit terms and conditions carefully. In the event you co not agree with the terms and conditions, or if you feel unable to comply with any of those terms and conditions, kindly arrange an amendment of the Credit through your contracting party (the Applicant).

Other information.

☐ This notification and the enclosed advice are sent to you without any engagement on our part.

☐ As requested by the Issuing Bank, we hereby add our confirmation to this Credit in accordance with the stipulations under UCP 500 Article 9

Name and signature of the Advising Bank

國際商會 1993 年制定信用狀修改書標準格式

Name of Issuing Bank :	Amendment to Documentary Credit	Number
Date of amendment:	Place and date of issue	
Applicant:	Beneficiary:	
Advising Bank:　　　　　Reference No	This amendment s to be considered as part of the above-mentioned Credit and must be attached thereto	

The above-mentioned Credit is amended as follows:

All other terms and conditions terr s - unchanged

The above-mentioned Documentary Credit is subject to the Uniform Customs and Practice for Documentary Credits (1993 Revision, International Chamber of Commerce, Paris, France, Publication No. 500.

Please advise the Beneficiary	Advising Bank's notification
Name and signature of the Issuing Bank	Place, date, name and signature of the Advising Bank

☆第二節　郵遞不可撤銷信用狀的例示

例示一（參閱 74 頁）係 Bank of Canton, Ltd. 所開發的郵遞信用狀，茲分段說明該信用狀的內容如下：（以下編號與例示一信用狀上編號對應）

■ 一、關於信用狀本身 ■

①開端載明開狀銀行名稱：The Bank of Canton, Ltd., Singapore Branch, Denmark House, Raffles Quay, Singapore。

②開狀日期：5th Feb. 2011 係開狀日期。

③信用狀種類：本例列明為「跟單信用狀——不可撤銷、可轉讓」(Documentary Credit——Irrevocable、 Transferable)。

④信用狀號碼：本例為 CTC–86/0255。

⑤通知銀行：本例通知銀行為 A. B. C. BANK, Taipei。通知銀行通常為開狀銀行的通匯銀行，負有查核所通知信用狀真偽之責。

⑥信用狀申請人：本例為 X. Y. Z. Co.(Pte)Ltd.。信用狀申請人通常為買方，故除非另有規定，商業發票應以此申請人為抬頭人 (addressee)。

⑦受益人：本例為 The Taiwan Products Trading Co., Ltd.。如受益人為著名的公司則其地址可簡化或省略，但通常仍宜將其詳細地址列載，以免貽誤，因為大都市中常有同一名稱或類似名稱的公司同時存在。

⑧信用狀可用金額限度：本例信用狀可用金額為美金 11,615 元，通常分別以數字及文字表示，受益人憑信用狀取款的金額不得超過其可用金額限度。

⑨信用狀有效期限：即受益人憑信用狀要求銀行付款、承兌或押匯的最後期限。本例規定以受益人國家 (in the country of beneficiary) 時間地點為準，最後期限為 2011 年 3 月 31 日。換言之，受益人必須在其本國（出口國）於 2011 年 3 月 31 日以前提示押匯，否則該信用狀即失效，不能再予使用。

〈例示一〉郵遞不可撤銷信用狀

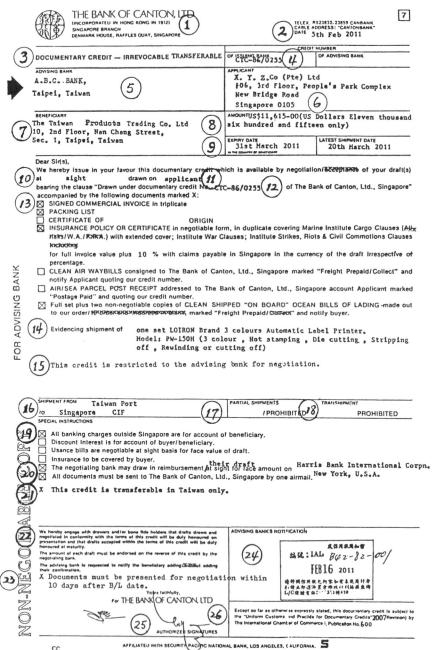

■ 二、關於匯票 ■

⑩(a)授權開發匯票：We hereby issue in your favor...is available by negotiation of your draft(s) 係表明受益人得開發匯票取款之意。除非可轉讓，唯有受益人才得開發匯票取款，其他人不得為發票人。

(b)匯票期限：at sight 係規定匯票期限為即期，如見票後 60 天付款，則寫成 "at 60 (sixty) days after sight"，如係裝運後 60 天付款，則寫成 "at 60 (sixty) days after B/L date"。凡是規定開出即期匯票的信用狀，即為即期信用狀 (sight credit)，凡是規定開發遠期匯票的信用狀，即為遠期信用狀 (usance credit)。

信用狀有關指示受益人開發匯票的詞句，其表達方法甚多，其常見者尚有：

ⅰ. We hereby authorize you to draw on...

ⅱ. We hereby authorize your drafts on...

ⅲ. You are hereby authorized to draw on...

ⅳ. You are hereby authorized to value on...

⑪匯票付款人：依據 ISBP 681 第 52 條規定：「匯票必須以信用狀規定之人為付款人。」據此，匯票付款人依信用狀的規定辦理。倘若信用狀未規定付款人者，因開狀銀行為債務人，通常以開狀銀行為匯票付款人。

⑫發票條款：bearing the clause "Drawn under documentary credit No. CTC–86/0255 of the Bank of Canton, Ltd., Singapore" 即為實務上所謂的 "drawn clause"（發票條款），規定受益人應於匯票上註明該匯票係依據該開狀銀行所開發第 CTC–86/0255 號信用狀簽發，其目的在便利銀行查對。

■ 三、關於單據、貨物及其裝運 ■

⑬應提示的單據種類及份數："accompanied by the following documents..." 以下所記載者，為憑匯票取款時所該提示的單據及份數。本例所規定

者有：

(a)商業發票三份　　　　　　　(b)裝箱單

(c)保險單據二份　　　　　　　(d)全套提單

未指明份數時，究應提出幾份？如匯票及單據分兩次發送時，按第一次郵班及第二次郵班各乙份，合計應提出兩份。但如本例規定將全部單據一次郵遞時，乙份已足夠。

⑭貨物名稱："evidencing shipment of" 以下所記載者即為貨物名稱。本例為 "Loiron Brand 3 Colours Automatic Label Printer"。貨物名稱，除載於 "evidencing shipment of" 之後者外，也常記載於 "covering..." 之後。

⑯裝運地、目的地及貿易條件：本例規定從臺灣港口運至新加坡，而其貿易條件為 CIF。

⑰可否分批裝運：本例規定不准分批裝運，信用狀未規定可否分批裝運，則視為可分批裝運。

⑱可否轉運：本例禁止轉運，如信用狀未規定可否轉運者，則視為可轉運。

⑲裝運期限：本例規定最後裝運日期 (latest shipment date) 為 2011 年 3 月 20 日。

■ 四、其他事項 ■

⑮限押指示：本例規定 "This credit is restricted to the advising bank for negotiation" 即限定在通知銀行押匯。

⑲銀行費用的負擔：本例規定新加坡以外所發生的所有銀行費用均須由受益人負擔。

⑳求償及寄單方法：本例規定押匯銀行於押匯後，為了求償，得簽發即期匯票向 Harris Bank International Corpn. New York 求償，換言之，Harris Bank International Co. 為本信用狀的償付銀行 (reimbursing bank)。至於單據的寄送方法，本例規定押匯銀行應將全部單據一次航空郵寄 (by one airmail) 開狀銀行。有的信用狀規定單據須分兩次寄送。

㉑可轉讓與否：本例規定信用狀可轉讓，且只能轉讓給臺灣境內的人，也即不可轉讓給其他國家、地區的人。

㉒開狀銀行擔保兌付及押匯金額背書條款："We hereby engage with drawers and/or bona fide holders of drafts... will be duly honoured at maturity." 此條款稱為承諾兌付條款 (undertaking to honor clause)，其大意為：「本行與發票人或善意執票人約定，凡憑本信用狀簽發及押匯，而符合其所規定條件者，於提示時將妥予兌付，又依本信用狀條件承兌的匯票，於匯票到期時，將妥予兌付。」信用狀的可貴，即在其由銀行承擔兌付的義務，以取代信用不明或資力較薄弱的買方。

"The amount of each draft must be endorsed on the reverse of this credit by the negotiating bank" 即為有關押匯金額背書的條款，大意為「押匯銀行必須將每張匯票金額在信用狀背面予以記載」。如前所述，信用狀為開狀銀行承諾兌付受益人在一定限額內所簽發的匯票的一種文據。故無論開狀銀行或押匯銀行在付款、承兌或讓購時必須注意所簽發匯票金額是否已超過信用狀可用金額。於是規定必須將已利用的金額在信用狀背面予以記載。如銀行怠於記載其押匯金額，致其他銀行誤認該信用狀可用金額而超額押匯者，應由怠於在信用狀背面記載押匯金額的銀行負其責，開狀銀行歉難負責。

㉓提示押匯期限：UCP 600 第 14 條(c)項規定：「含一份或以上依循第 19 條、第 20 條、第 21 條、第 22 條、第 23 條、第 24 條或第 25 條之正本運送單據者，須由受益人或其代表人於本慣例所述明之裝運日後 21 曆日內為提示，唯無論如何，提示不得遲於信用狀之有效期限。」本例規定受益人必須於裝運日後 10 天內提示押匯，又依 UCP 600 第 29 條(a)項規定：「若信用狀之有效期限或提示之末日，適逢應向其提示之銀行因第 36 條所述以外之理由而休業之日，則該有效期限或提示之末日，依各該情形，將順延至次一銀行營業日。」

㉔通知銀行記錄：本欄由通知銀行按收件順序編號，另註明收件日期，以利查考。

㉕開狀銀行有權簽字人簽字：每張信用狀均應有開狀銀行有權簽字人的簽字，通知銀行鑑定信用狀的真偽，即以核對此簽字為憑。

㉖遵守信用狀統一慣例的規定：本例表明本信用狀的處理，除另有明示外，以國際商會第 600 號出版物「2007 年修訂信用狀統一慣例」為準。

第三節　電傳信用狀的例示

無論係郵遞信用狀抑係電傳信用狀，其基本的內容並無兩樣，只是以電傳方式開發信用狀時，為節省電傳費，信用狀電文往往較郵遞信用狀內容簡略，因此對於信用狀格式須相當熟悉，否則不易明瞭。電傳信用狀如前述，可分為當做正本信用狀的 Operative Credit Instrument 及只當做初步通知 (preliminary advice) 而非正本信用狀的 Non-operative Credit Instrument 兩種。茲舉例說明於下：

例示二（參閱 79 頁）為 Operative Credit Instrument 的電傳信用狀。係通知銀行接到開狀銀行來電後，將原電抄錄通知受益人者。

①通知銀行為 A.B.C. Bank, Foreign Dept.。

②通知銀行編號為 IALH08−85−019。

③受益人為 ABC Trading Co., Ltd.。

④由 We beg to inform you...Algemene Bank Nederland NV Hongkong dated Dec. 30, 11... 可知開狀日期及開狀銀行名稱。

⑤由電文 "Notify beneficiary/we issue irrevocable transferable credit No.TST−IB−0853 date and place of expiry 15/4/95 in Taiwan" 這一段可知信用狀號碼、信用狀種類及信用狀有效期限。

⑥由電文 "Applicant MLOFO Trading Ltd...." 這一段可知開狀申請人。

⑦由電文 "Beneficiary ABC Trading Co. Ltd." 這一段得知受益人。

⑧由電文 "Amount:USD 158,925.00" 這一段得知信用狀金額。

⑨由電文 "Credit available with you...beneficiary's draft at sight drawn on accountees in duplicate for 100 percent..." 這一段可知所要求簽發匯票

〈例示二〉 電傳正本信用狀

CABLE ADDRESS
"TRUSTEX"
TELEX NO. 23279

①

A.B.C. BANK
FOREIGN **DEPARTMENT**
49, WU CHANG STREET, SEC, 1
TAIPEI, TAIWAN

Our Reference No. ALH08-85-019

② 查詢信用狀請撥電話：3111511 轉 430

Taipei, Dec. 30, 11

③ To: The Taiwan Trading Co.,Ltd.
11, Fu-Hsing N Road
Taipei

Dear Sirs,

④ We beg to inform tou that we have received an authenticated cable from
Algemene Bank Nederland NV Hongkong dated Dec. 30, 1 1 which is decoded/
to be read as follows:

. . . .

⑤ NOTIFY BENEFICARY / WE ISSUE IRREVOCABLE TRANSFERABLE CREDIT NO TST-IB-0853
DATE AND PLACE OF EXPIRY 15/4/11 IN TAIWAN

⑥ APPLICANT M L O F D TRADING LTD 15/F PROSPERITY HOUSE 10 GRANVILLE RD
KOWLOON HONGKONG

⑦ BENEFICIARY ABC TRADING COLTD 11 FU-HSING N ROAD TAIPEI TAIWAN
AMOUNT: USD158,925.00

⑧ CREDIT AVAILABLE WITH YOU BY NEGOTIATION OF BENEFICIARY'S DRAFT AT SIGHT

⑨ DRAWN ON ACCOUNTEE IN DUPLICATE FOR 100 PERCENT OF THE NETT INVOICE VALUE
SHOWING NO AND DATE OF THIS CREDIT

⑩ PARTIAL SHIPMENTS ALLOWED TRANSHIPMENT ALLOWED
SHIPMENT FROM TAIWAN PORTS TO LONDON/ENGLAND ON CANDF BASIS

⑪ SHIPMENT OF:

CONT NO	STYLE NO	QUANTITY	DECRIPTION
⑫ 4767	44108	750 DOZ	MEN'S 100 PERCENT ACRYLIC HONEYCOMB STITCH WAISTCOATS
4768	44109	2,100 DOZ	MEN'S 100 PERCENT ACRYLIC HONEYCOMB STITCH PULLOVERS

⑬ DOCUMENTS REQUIRED:
AAA INVOICE IN DUPLICATE IN ENGLISH DULY SIGNED BY BENEFICIARY
BBB NON-NEGOTIABLE CLEAN ON BOARD BILLS OF LADING IN DUPLICATE TO ORDER
ENDOPSED IN BLANK DATED NOT LATER THAN 30/3/11 MARKED "FREIGHT PREPAID"
AND NOTIFY AYTEX LTD 4 ACTON LANE LONDON NW 10 7PE ENGLAND ALSO NOTIFY M
ASON AND CO LTD 4-4 THOMAS RD POPLAR LONDON E14 7BJ UK
CCC SIGNED PACKING LIST IN DUPLICATE
DDD DUPLICATE EXPORT CERTIFICATE OF TAIWAN
EEE DUPLICATE CERTIFICATE OF TAIWAN ORIGIN
FFF BENEFICIARY'S CONFIRMATION CERTIFYING THAT THE FULL SET CLEAN ON BOARD
OCEAN BILLS OF LADING ORIGINAL EXPORT CERTIFICATE OF TAIWAN ORIGINAL CERT-
IFICATE OF TAIWAN ORIGIN TOGETHER WITH ONE SET NON-NEGOTIABLE SHIPPING
DOCUMENT HAVE BEEN SENT TO L/C OPNER UPON SHIPMENT EFFECETD
GGG INSPECTION CERTIFICATE TO BE COUNTERSIGNED BY L/C OPENER

⑭ ALL BANK CHARGES OUTSIDE HONGKONG FOR BENEFICAIRY'S ACCOUNT

⑮ DOCUMENTS TO BE SENT IN ONE REGISTERED COVER TO ALGEMENE BANK NEDERLAND NV
8 GRANVILLE RD KOWLOON HONGKONG

⑯ REIMBURSEMENT INSTRUCTIONS: UPON RECEIPT OF YOUR DOCUMENTS IN ACCORDANCE WITH
THE CREDIT TERMS WE SHALL REIMBURSE YOU BY CABLE ON NEW YORK TO THE CREDIT
YOUR ACCOUNT WITH ABN NEW YORK

⑰ THIS IS OPERATIVE INSTRUMENT AND SUBJECT TO UCP ICC PUBLICATION NO 600
NO MAIL CONFIRMATION IS TO FOLLOW

.

TRUSTEX TPTW

ABN HONGKONG

. . . .

⑱　　Please note that this is merely an advice on our part and does not constitute a confirmation
of this credit. This office is unable to accept any responsibility for errors in transmission or translation
of this cable, or for any amendments that may be necessary upon receipt of the mail advice from the
bank issuing this credit.

Kindly acknowledge receipt by returning the attached form duly signed.

Yours faithfully,
A.B.C. BANK
FOREIGN **DEPARTMENT**

_____
Authorized Signatures

E-005 D.

的發票人、匯票期限、付款人及匯票金額與商業發票金額的關係。"available with you" 表示限定由通知銀行（電文中 you 係指通知銀行）押匯。

⑩由電文 "Partial shipments allowed, transhipment allowed" 可知准許分批裝運及轉運。

⑪由電文 "Shipment from Taiwan ports to London ...on CANDF..." 可知由臺灣港口運往倫敦，貿易條件為 CFR。至於裝運期限，可由電文 Bills of Lading...dated not later than 30/3/11（參閱編號⑬ BBB 部分）得知 2011 年 3 月 30 日為最後裝運期限。

⑫由電文 "Shipment of:..." 得知有關貨物的記述。

⑬由電文 "Documents required:AAA invoice...BBB non-negotiable of clean on board bills of lading...CCC signed packing list...DDD Duplicate certificate of Taiwan origin...EEE Duplicate export certificate of Taiwan...FFF Beneficiary's confirmation...GGG Inspection certificate" 得知其所要求的單據種類及其份數。

⑭由電文 "All bank charges outside Hongkong for beneficiary's account" 得知押匯費用須由受益人負擔。

⑮由電文 "Documents to be sent in one...to..." 得知押匯銀行應如何遞送單據。

⑯由電文 "Reimbursement instructions:upon receipt of your documents...we shall reimburse you by cable..." 這一段規定，得知求償押匯款的方法。

⑰由電文 "This is the operative instrument and subject to UCP 600..." 得知本電傳信用狀係正本信用狀，可憑此電傳信用狀押匯，同時得知本信用狀遵守國際商會 2007 年修訂的信用狀統一慣例。

⑱最後一段 "Please note that this is merely an advice on our part..." 係通知銀行的免責條款，其內容可分為三點：第一，表明上項通知僅傳遞開狀銀行的來電，通知銀行並不因通知而對該信用狀予以保兌。第二，

對電文的翻譯或傳遞中可能發生的錯誤，不負責任。第三，聲明收到的 Mail Advice 如有修改者，不負責任。關於第一點，UCP 600 第 9 條已規定信用狀得經另一銀行在該銀行不受拘束的情況下，通知受益人。可知通知銀行本來就不負本項責任。對於第二點，UCP 600 第 35 條規定，銀行對於電文在傳遞時可能發生的錯誤，可免責，可見銀行對此類錯誤，也可不負責。至於第三點，UCP 600 第 11 條(a)項(ii)款規定，開狀銀行以電傳方式開狀，而敘明「明細後送」(full details to follow) 或敘明郵寄證實書 (mail confirmation) 方為正本信用狀，則該電傳將不視為正本信用狀，開狀銀行應迅速另寄正本信用狀。在本例，電文中並無 "full details to follow" 或其他類似文句，也未敘明 Mail Confirmation 方為正本信用狀，可知本電文就是正本信用狀，自無須將 Mail Confirmation 寄給通知銀行，故這一段文字是多餘的。

補充說明：

1. 本電傳信用狀中未規定類如 "The amount of any draft drawn under this credit must be endorsed on the reverse of the original credit...all draft(s)must be marked drawn under this credit..." 等所謂「背書條款」及「發票條款」。以電傳方式開發信用狀時，為節省電傳費用，往往省略這一類條款，但，依信用狀交易的慣例，押匯銀行及受益人應援例照辦或加以注意。

2. 本電傳信用狀未規定類如 "documents must be presented for negotiation within ××× days after B/L date but within the validity of the credit" 的「押匯期限條款」，在此情形下，受益人應依 UCP 600 第 14 條(c)項規定，最遲應於裝運日後 21 曆日內提示押匯，但不得遲於信用狀有效期限。

3. 本電傳信用狀未規定類如 "We hereby engage(agree)with the drawers... that such draft will be duly honored..." 的「承諾兌付條款」。銀行為節省電傳費用，大多省略此條款，但只要信用狀上載有遵守信用狀統一慣例字樣，且為不可撤銷信用狀，開狀銀行仍應負 UCP 600 第 8 條所規定承擔兌付的責任。

例示三（參閱 82 頁）為開狀初步通知 (preliminary advice) 的 non-operative credit instrument。開狀初步通知並非正本信用狀，僅為將開狀的事實，以電傳

〈例示三〉 電傳非正本信用狀

CABLE ADDRESS:

"TRUSTEX"

TELEX NO. 23279

A.B.C. BANK

FOREIGN DEPARTMENT

49, WU CHANG STREET, SEC. 1
TAIPEI, TAIWAN

Our Reference No.

IALB42-85-01

To: The Taiwan Trading Co., Ltd.
10, 2nd Fl., Nan Chang St., Taipei

Taipei, Feb. 6, 11

Dear Sirs,

We beg to inform you that we have received an authenticated cable from _____

Bank of Canton, Singapore

dated Feb. 5, 11 which is decoded/to be read as follows:

ADVISE THE TAIWAN TRADING CO., LTD., 10, 2ND FL. NAN CHANG ST.,TAIPEI

WE OPEN IRREVOCABLE CREDIT NO. CTC-85/0255 FOR USD 14,615.00

ACCOUNT XYZ CO(PTE) LTD EXPIRES 31ST MARCH 11

COVERING ONE SET LOIRON BRAND 3 COLOURS AUTOMATIC LABEL PRINTERS

SHIPMENT FROM TAIWAN PORT TO SINGAPORE CIF LATEST 20TH MARCH 11

PARTSHIPMENT TRANSHIPMENT PROHIBITED

DETAILS AIRMAILING

CANTONBANK

Please note that this is merely an advice on our part and does not constitute a confirmation of this credit. This office is unable to accept any responsibility for errors in transmission or translation of this cable, or for any amendments that may be necessary upon receipt of the mail advice from the bank issuing this credit.

Kindly acknowledge receipt by returning the attached form duly signed.

Yours faithfully,

A.B.C. BANK

FOREIGN DEPARTMENT

預先告知受益人的通知而已。電文中通常僅列明信用狀的重要內容，諸如信用狀號碼、受益人名稱、地址、信用狀申請人名稱、地址、信用狀金額、貨物名稱、裝運港、目的港、最後裝運期限、貿易條件、信用狀有效期限、可否轉運、可否分批裝運等，並註明「詳情隨後郵寄」(details airmailing, details to follow)。在此情形下，開狀銀行必須迅速將做為正本信用狀的 mail confirmation（郵寄證實書）遞送通知銀行轉交受益人。在此情形下，郵寄證實書才是信用狀正本。但因曾以電傳發出開狀預告，所以在郵寄證實書上通常都載有類如 "This is a confirmation of the credit opened by cable under today's date..." 或 "This credit refers to our preliminary advice by cable of today." 等字句，表示曾另以電傳發出開狀的預告。

例示四（參閱 84 頁）：SWIFT 信用狀

透過 SWIFT（Society for Worldwide Interbank Financial Telecommunication，環球銀行財務電信協會）通訊作業系統發出的信用狀，稱為 SWIFT L/C，其格式與傳統的郵遞信用狀或電傳信用狀有異，如不瞭解電文中的各種代號 (tag)，則無從知悉其涵義。

SWIFT L/C 的特色為：

1. 有一定的格式，與傳統的郵遞信用狀或電傳信用狀有異，如不瞭解電文中的各種代號 (tag) 涵義，則不易知悉其涵義。

2. 除另有規定，以 SWIFT MT 700 開發的信用狀，構成有效的正本信用狀。

3. 電文中雖未載明遵守 UCP 600，但以 SWIFT 發出的信用狀均要遵守 UCP 600。

4. 以 SWIFT 發出的 L/C，其末端附有密碼，若密碼不符，則開狀銀行傳輸的電訊會自動被拒絕，也就是說 SWIFT L/C 可自動核算密碼，以確認信用狀的真偽。

5. 傳統的信用狀載有確定義務 (definite undertaking) 條款，但 SWIFT L/C 則省去了此條款，但開狀銀行仍負確定義務。

按 SWIFT 通訊作業系統，將所有電文予以標準化，並劃分為九類，其中第七類為有關跟單信用狀者，故所用的電文格式以阿拉伯數字 "7" 開頭的三位數表示，例如 700 為跟單信用狀的開發，707 為跟單信用狀的修改。茲將 SWIFT 信用狀的格式及常用代號列示於下：

〈例示四〉

OELBATWWA 56789

700

AMRONL 2A

: 27: 1/1

: 40A: IRREVOCABLE

: 20: 12345

: 23: PREADV/940516

: 31C: 940517

: 31D: 940731AMSTERDAM

: 50: ABC CO.

KAERTNERSTRASSE, 3

WIEN

: 59: AMDAM COMPANY

P. O. BOX 123

AMSTERDAM

: 32B: NLG100000,

: 41A: AMRONL2A

BY PAYMENT

: 43P: ALLOWED

: 43T: ALLOWED

: 44: TAKING IN CHARGE AT AMSTERDAM

FOR TRANSPORTATION TO VIENNA

: 45A: 400,000 BOTTLES OF BEER PACKED 12 TO AN EXPORT

CARTON

FOB AMSTERDAM

: 46A: +SIGNED COMMERCIAL INVOICE IN QUINTUPLICATE +FORWARDING

AGENTS CERTIFICATE OF RECEIPT SHOWING GOODS

ADDRESSED TO THE APPLICANT

: 48: DOCUMENTS TO BE PRESENTED WITHIN

6 DAYS AFTER DATE OF THE FCR

: 78: EACH PRESENTATION OF DOCUMENTS MUST INDICATE THE CREDIT NUMBER OF THE ISSUING BANK AS WELL AS OF THE ADVISING BANK

: 49: CONFIRM

: 57A: MEESNL2A

: 72: WITHOUT BANK MEES EN HOPE'S ENGAGEMENT

–

MT 700

係開狀銀行傳送通知銀行有關其所開發的全文跟單信用狀，用以闡述跟單信用狀要求的一切規定及條件。

MT 700 格式說明

Status 狀態	Tag 標籤	Field Name 欄位名稱	Content/Options 內容／選項	No. 順序
M	27	Sequence of Total（合計次序）	1!n/1!n（1 個數字/1 個數字）	1
M	40A	Form of Documentary Credit（信用狀類別）	24x（24 個字）	2
M	20	Documentary Credit Number（信用狀號碼）	16x（16 個字）	3
O	23	Reference to Pre-Advice（預告摘要）	16x（16 個字）	4
O	31C	Date of Issue（開狀日期）	6!n（6 個數字）	5
M	40E	Applicable Rules/[Narrative]（適用的規則／敘述——限規則 OTHER 適用）	30x[/35x]（30 個字／35 個字）	6
M	31D	Date and Place of Expiry（到期日及地點）	6!n29x(6 個數字,29 個字)	7
O	51a	Applicant Bank（申請人的銀行）	A or D	8
M	50	Applicant（申請人）	4*35x（4 行 × 35 個字）	9
M	59	Beneficiary（受益人）	[/34x]（/34 個字）4*35x（4 行 × 35 個字）	10
M	32B	Currency Code, Amount（幣別代號，金額）	3!a15d（3 字母＋15 個數字）	11

O	39A	Percentage Credit Amount Tolerance（金額寬容（增／減）百分率）	2n/2n（2 位數字／2 位數字）	12
O	39B	Maximum Credit Amount（金額上限）	13x（13 個字）	13
O	39C	Additional Amounts Covered（附加金額，如外加運費、保險費、利息等）	4*35x（4 行 × 35 個字）	14
M	41a	Available with...by...（指定銀行及 L/C 之使用方式，如押匯、承兌、即期付款及延期付款等）	A or D	15
O	42C	Drafts at...（匯票期限）	3*35x（3 行 × 35 個字）	16
O	42a	Drawee（付款人）	A or D	17
O	42M	Mixed Payment Details（付款細節，如付款日期、金額、付款方法等）	4*35x（4 行 × 35 個字）	18
O	42P	Deferred Payment Details（延期付款細節，如付款日期或方法）	4*35x（4 行 × 35 個字）	19
O	43P	Partial Shipments（可否分批裝運）	1*35x（35 個字）	20
O	43T	Transhipment（可否轉運）	1*35x（35 個字）	21
O	44A	Place of Taking in Charge/Dispatch from.../Place of Receipt（接管地／發送地／接管地）	1*65x（65 個字）	22
O	44E	Port of Loading/Airport of Departure（裝載港／起運機場）	1*65x（65 個字）	23
O	44F	Port of Discharge/Airport of Destination（卸貨港／目的地機場）	1*65x（65 個字）	24
O	44B	Place of Final Destination/For Transportation to.../Place of Delivery（最終目的地／交付地）	1*65x（65 個字）	25
O	44C	Latest Date of Shipment（最後裝運期限）	6!n（6 個數字）	26
O	44D	Shipment Period（裝運期間）	6*65x（6 行 × 65 個字）	27
O	45A	Description of Goods and/or Services（貨物／勞務的明細）	100*65x（100 行 × 65 個字）	28
O	46A	Documents Required（所需提示的單據）	100*65x（100 行 × 65 個字）	29
O	47A	Additional Conditions（附加條件）	100*65x（100 行 × 65 個字）	30
O	71B	Charges（費用負擔）	6*35x（6 行 × 35 個字）	31
O	48	Period for Presentation（提示期間）	4*35x（4 行 × 35 個字）	32
M	49	Confirmation Instructions（保兌指示）	7!x（7 個指定字）	33
O	53a	Reimbursing Bank（補償銀行）	A or D	34

O	78	Instructions to the Paying/Accepting/ Negotiating Bank（對付款／承兌／讓購銀行的指示事項）	12*65x（12 行 × 65 個字）	35
O	57a	Advise Through' Bank（收訊銀行以外的通知銀行）	A, B or D	36
O	72	Sender to Receiver Information（發電銀行至收訊銀行的資訊）	6*35x（6 行 × 35 個字）	37

〔註〕M=Mandatory（必要項目）；O=Optional（任意項目）；"n", "d" 表示數字；"x" 表示文數字。

MT 700 說明：

1. 以 SWIFT 方式開狀時，其文尾有密碼，若密碼不符，則其拍發的信息就會自動被回絕。

2. 除非另有規定，以 SWIFT 發出的信用狀，適用 ICC 的信用狀統一慣例。故電文中沒有表明適用 UCP 600 的文字。

3. SWIFT L/C 省去開狀銀行的確定義務 (definite undertaking) 條款，但開狀銀行仍負確定義務。

4. SWIFT L/C 電文中的代號，請參閱上頁，即可瞭解其涵義。

5. 例示四 SWIFT 電文第一行 OELBATWWA 56789 係表示有關發訊銀行（開狀銀行）的地址（即 SWIFT address）。

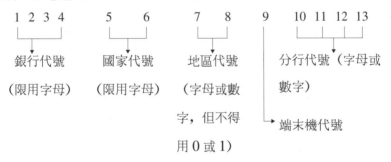

6. 第三行 AMRONL 2A 為收訊銀行（L/C 通知銀行）的 SWIFT address。

7. 常用幣別／國家 SWIFT 代號例示如下：

電　腦代　號	國　家代　號	幣　別	一　般　簡　號	SWIFT幣　別　代　號
00	TW	新　　臺　　幣	NT$	TWD
01	US	美　　　　元	US$	USD
02	HK	港　　　幣	HK$	HKD
03	MY	馬　來　幣	M$	MYR
04	GB	英　　　鎊	£	GBP
05	AU	澳　　　幣	A$	AUD
06	CA	加　拿　大　幣	Can$	CAD
07	SG	新（加　坡）幣	S$	SGD
08	CH	瑞　士　法　郎	S. Fr.	CHF
09	JP	日　　　圓	¥	JPY
10	ZA	南　　非　　幣	Rand	ZAR
11	SE	瑞　　典　　幣	Sw. Kr.	SEK
12	EU	歐　　　元	€	EUR

第四節　保兌信用狀的例示

例示五（參閱 89 頁）可予注意者有下列幾點：

1.本例示為芝加哥 The First National Bank of Chicago 所發出的信用狀通知書。該銀行受開狀銀行的委託，將其所開信用狀內容通知受益人，並予以保兌。因此 The First National Bank of Chicago 不僅為通知銀行，同時也是保兌銀行。

2.在信用狀金額不以出口地貨幣表示時，亦即信用狀為 negotiation credit 時，通常多以開狀銀行為付款人。反之，在信用狀金額以出口地貨幣表示時，亦即信用狀為 straight credit 時，通常則多指定通知銀行作為付款銀行。

3.本信用狀為不可撤銷信用狀，唯其如此，通知銀行才允為保兌。反之，如信用狀為可撤銷者，則通知銀行絕不願意保兌。因此所謂 "confirmed revocable credit" 實際上並不存在。

4. The First National Bank of Chicago 的保兌意思，以保兌條款 "We confirm this credit and hereby undertake that all draft(s)drawn and presented as specified above will be duly honored by us." 表示。

有些保兌銀行則在其信用狀通知伴書 (cover letter) 上載明保兌條款。

〈例示五〉保兌信用狀

The First National Bank of Chicago
INTERNATIONAL BANKING DEPARTMENT EXPORT LETTERS OF CREDIT UNIT
Two First National Plaza/Chicago, Illinois 60670
TELEPHONE (312) 732-5845/48

DATE NOV. 13,11

DOCUMENTARY LETTER OF CREDIT	ISSUING BANK'S NUMBER	OUR REFERENCE NUMBER
	7246	CE 20674

ISSUING BANK

BUYERS BANK LTD.

PARIS, FRANCE

APPLICANT

FOREIGN BUYERS LTD.

PARIS   FRANCE

BENEFICIARY

EXPORTER FOR PROFIT, INC.
111 N. NORTH
CHICAGO, ILLINOIS

AMOUNT

US$4,875.00 FOUR THOUSAND EIGHT
HUNDRED SEVENTY FIVE U.S. DOLLARS-----

EXPIRY DATE

FEBRUARY 9, 11

WE HAVE RECEIVED A ☐ CABLE ☒ LETTER FROM THE ISSUING BANK INFORMING US THAT THEY HAVE ISSUED THEIR ☒ IRRE-
VOCABLE ☐ REVOCABLE CREDIT IN YOUR FAVOR FOR THE ABOVE MENTIONED APPLICANT THIS CREDIT IS AVAILABLE FOR
PAYMENT/ACCEPTANCE, UNLESS OTHERWISE STIPULATED, AGAINST YOUR DRAFT(S) DRAWN AT   SIGHT
ON THE FIRST NATIONAL BANK OF CHICAGO, CHICAGO, ILLINOIS. DRAFT(S) MUST BE MARKED AS DRAWN UNDER THIS CREDIT,
ACCOMPANIED BY THE FOLLOWING DOCUMENTS:

1. DRAFT AT SIGHT IN DUPLICATE DRAWN ON THE FIRST NATIONAL BANK OF CHICAGO,
   CHICAGO, ILLINOIS.
2. COMMERCIAL INVOICE IN TRIPLICATE.
3. WEIGHT LIST IN TRIPLICATE
4. INSURANCE POLICY OR CERTIFICATE IN DUPLICATE COVERING MARINE AND WAR RISKS.
5. FULL SET OF CLEAN ON BOARD OCEAN BILLS OF LADING ISSUED TO ORDER OF
   SHIPPER, BLANK INDORSED, MARKED NOTIFY FOREIGN BUYERS LTD., PARIS, FRANCE
   AND FREIGHT PREPAID.

COVERING SHIPMENT OF: 250 ELECTRIC HAND DRILLS C.I.F. LE HAVRE.

*   *   *

SHIPMENT FROM NEW YORK	PARTIAL SHIPMENTS ARE NOT PERMITTED	
	TRANSSHIPMENTS PERMITTED	
TO LE HAVRE	INSURED BY ☐ BUYER ☒ SELLER	

SPECIAL CONDITION:

SPECIMEN

THE ISSUING BANK ENGAGES WITH YOU THAT ALL DRAFT(S) DRAWN UNDER AND IN COMPLIANCE WITH THE TERMS OF THIS CREDIT WILL BE DULY HONORED ON DUE PRESENTATION AGAINST DELIVERY OF DOCUMENTS AT OUR OFFICE AS SPECIFIED TOGETHER WITH THIS LETTER OF CREDIT ON OR BEFORE THE EXPIRATION DATE.	INDICATIONS OF ADVISING BANK
	☐ THIS LETTER OF CREDIT IS ADVISED TO YOU WITHOUT ENGAGEMENT ON OUR PART.
WHEN CREDITS HAVE BEEN ADVISED TO US BY CABLE PARTICULARS THEREOF ARE SUBJECT TO THE MAIL CONFIRMATION.	☒ WE CONFIRM THIS CREDIT AND HEREBY UNDERTAKE THAT ALL DRAFT(S) DRAWN AND PRESENTED AS SPECIFIED ABOVE WILL BE DULY HONORED BY US.
	THE FIRST NATIONAL BANK OF CHICAGO
	AUTHORIZED SIGNATURE

FORM 2640-1-AF (REV. 1-75)   ORIGINAL

第五節　遠期信用狀的例示

例示六：Buyer's Usance Credit（參閱 91 頁）

本例示遠期信用狀規定匯票期限為 180 days。信用狀中規定 "Drafts should be purchased at sight. Interest for drawee's account"，因此受益人所簽發的匯票雖然是遠期的，但可以即期方式押匯，兌取票面金額全額，利息歸匯票付款人 (drawee) 即信用狀申請人負擔。所以本信用狀係買方遠期信用狀。關於 Buyer's Usance Credit 的貼現息或利息條款，有時也以 "At ...days sight(payable at sight basis)" 的形式表示。Bank of New South Wales 開到此地的 Buyer's Usance Credit 則常以下列條款表示：

"Difference between negotiating bank's value for sight and specified after sight draft hereunder may be charged account buyer in addition to the credit amount."

例示七：Seller's Usance Credit（參閱 92 頁）

本遠期信用狀，匯票期限為 120 天，但並未說明此 120 天的貼現息或利息由那一方負擔。依一般慣例，遠期信用狀未載明貼現息由何方負擔者，則貼現息由賣方（受益人）負擔。因此本例示遠期信用狀，係賣方遠期信用狀，為避免誤解，賣方信用狀通常都載有類如："Discount charges for beneficiary's account" 字樣。

〈例示六〉買方遠期信用狀

FORM Nº 8ᵃ

US 1010

THE CHARTERED BANK
INCORPORATED IN ENGLAND WITH LIMITED LIABILITY BY ROYAL CHARTER 1853

HONG KONG 14th November, 2010

To M/s.　　　　Industry Corp.,

th Floor　　　　Bldg.,

,Taipei,Taiwan.

RECEIVED
9911.19
BY AIRMAIL BANK

Advising bank: Shanghai Commercial & Savings Bank Ltd.,Taipei.

LETTER OF CREDIT No.253/11041

IRREVOCABLE

上海商業儲蓄銀行信用狀通知書

Advice No. 76123

DEAR SIRS,

You are hereby authorised to draw on＿＿＿＿＿＿＿ Wool & FibreMill Ltd.,
Hong Kong＿＿＿＿＿＿＿＿＿＿＿＿＿＿＿＿＿＿＿＿＿ for a sum not
exceeding US$101,000.00　(say United States Dollars one hundred
and one thousand only.＿＿＿＿＿＿＿＿＿＿＿＿ Drafts should be purchased
available by your drafts, drawn in duplicate, on them at 180 days at sight
sight accompanied by the following documents: ① Interest for drawees account
Complete set of not less than two clean Ocean Bills of Lading to order and blank endorsed,
" Shipped on Board " Bills of Lading are essential and the statement " Freight paid "
must appear thereon The Bills of Lading must cover shipment as detailed below.
②

Insurance Policies (or Certificates) in duplicate covering Marine and War Risk for full c.i.f.
invoice value plus＿＿10＿%.　　　　　　F.E.W.F.M.
　　　　　　　　SHIPPING MARK: TM238/A320-4
　　　　　　　　　　　　　　　　Hong Kong
　　　　　　　　　　　　　　　　B/No.301/up.

Signed Invoices in sextuplicate.
Packing Lists in sextuplicate.
③　　　　All bank charges outside Hong Kong are for
account of beneficiaries.　　　　SEE REVERSE 4FREOR
　　　　　　　　　　　　　　FOR FURTHER CLAUSES
evidencing shipment from＿＿Taiwan＿＿＿＿＿
to＿＿＿＿Hong Kong by direct steamers only.＿
of the following merchandise:—
50,000 lbs.＿　Wool Top Type RK6466, Australian Drycombed
@US$2.02 per lb.　　　　Marine Insurance as per Institute Cargo
C.I.F. Hong Kong＿＿＿　Clauses 'All Risks' 1.1.1963 and perils
　　　　　　　　　　　　as per Institute Strikes, Riots and Civil
Condition of Shipment.　　Commotions Clauses 1.1.1963 War risks
Trans-shipment is prohibited.＿＿＿＿If goods are subject to trans-shipment, risks of
trans-shipment must be covered under the Marine Policy.

Shipment date. Shipment is to be effected ＿＿＿　During December, 2010

④ Partial/pro-rata shipments are prohibited.＿＿＿＿
Expiry Date. This Credit expires on 10th Jan., 2011 for negotiation in Taiwan.
Drafts should bear the following clause "drawn under The Chartered Bank, Hong Kong.
Credit No.＿＿253/11041＿＿dated＿＿＿14th November, 2010＿＿"
Purchasers are to note the amount of the drafts separately on the back hereof.

⑤ We hereby engage with the drawers, endorsers and bona fide holders of bills drawn and
presented in accordance with the terms of this credit that the bills shall be duly honoured
on presentation.
This credit is subject to the Uniform Customs & Practice for Commercial Documentary Credits
(2007 revision) except as otherwise expressly stated herein.

Yours faithfully

Manager
Accountant

10987

〈例示七〉 賣方遠期信用狀

maryland national bank

COPY FOR ADVISING BANK

International Division
P. O. Box 987
Baltimore, Maryland 21203

Cable Address: "BALTOBANK"
Telex Number: 87 - 705

CABLE CONFIRMATION   Date December 31. 11

IRREVOCABLE DOCUMENTARY CREDIT

of Issuing Bank CREDIT NO. of Advising Bank

MNB **15199**

——Advising Bank——   ——Applicant——

Taipei, 100 Taiwan

Maryland 21212

——Beneficiary——

Machinery Co., Ltd.
No.
     Road
Feng Uuan Town, TAIWAN

——Amount——

THIRTY-TWO THOUSAND FIVE HUNDRED
TWENTY AND 00/100USDOLLARS ($32,520.00)

——Expiry——
Date February 10, 11
In Taiwan   For Negotiation

Dear Sir(s)
We hereby issue in your favor this documentary credit
which is available by negotiation of your draft at 120 Days Sight for 100% Invoice Value
drawn on MARYLAND NATIONAL BANK

bearing the clause: "Drawn under documentary credit No. MNB **15199** of Maryland National Bank
accompanied by the following documents in duplicate unless otherwise specified:

[X] Commercial Invoice (additional copy for MNB)   [X] Packing List

[X] Insurance Policy or Certificate covering   [ ] Special Customs Invoice
     All Risks 130%

[X] Full set (if more than one original issued) clean "on board" Ocean Bills of Lading Issued or endorsed to the order of Maryland
National Bank, Baltimore, Maryland 21203, marked
" notify   Import, Zona Franca, Barranquilla, Colombia, S.A.

[ ] Other documents:

covering 15,300 pieces of TOHO cast Bronze Gates V Valves.

Despatch - Shipment from Keelung to C.I.F. Barranquilla, latest February 10,	Partial Shipments	Transhipments
	Prohibited	Permitted

Special conditions: Colombia, S.A.   11
Boxes marked A.B.C. ZONA FRANCA, BARRANQUILLA, Columbia, S.A.
Bill of Lading should show "Industrial Machinery Parts"

We hereby engage with drawers and/or bona fide holders that drafts drawn and
negotiated in conformity with the terms of this credit will be duly honoured on
presentation and that drafts accepted within the terms of this credit will be duly
honoured at maturity.

The amount of each draft must be endorsed on the reverse of this credit by the
negotiating bank.

The advising bank is requested to notify the beneficiary WITHOUT adding their
confirmation.

Advising Bank's Notification

Yours faithfully,
maryland national bank
NON-NEGOTIABLE

Authorized Signature	Date, name and signature of the advising bank

951 - 2 REV. 9/75   MULLER, JR.

第六節　可轉讓信用狀的例示

Southern National Bank Of Houston
International Department
Alam al McKinney
P.O. Box 2529
Houston, Texas
77001

Telex number 762-535　　　　ORIGINAL

Answer Back SOUNATLBKHOU

Place and date of issue HOUSTON, TEXAS ——June 18, 11

DOCUMENTARY CREDIT IRREVOCABLE —— Advising bank ——	Credit number of issuing bank —— of advising bank LC 1655 Applicant
A.B.C BANK Taipei, Taiwan	Rahm, Inc. P.O.Box 402463 Houston, Texas 77040
—— Beneficiary —— & Co. 2nd Floor 10 , Tun Hua S. Road P.O.Box 58006 Taipei, Taiwan	Amount US$ 55,890.00 (Fifty Five thousand Eight hundred Ninety and No/100 US Dollars Only)
	—— Expiry —— Date July 31, 11 in Taipei, Taiwan

Dear Sir(s).

We hereby issue in your favor this documentary credit

which is available by negotiation of beneficiary's sight draft

drawn on Southern National Bank of Houston

bearing the clause: "Drawn under documentary credit No. LC 1655 of SOUTHERN NATIONAL BANK OF HOUSTON

THIS IS A CONFIRMATION OF THE CREDIT OPENED BY CABLE TODAY'S DATE. IT IS ONLY AVAILABLE FOR SUCH AMOUNT AS HAS NOT ALREADY BEEN AVAILED OF UNDER SUCH CABLE ADVICE AND MAY NOT BE AVAILED OF AT ALL UNLESS ATTACHED TO AND AS PART OF OUR CORRESPONDENT'S NOTIFICATION OF SUCH CABLE ADVICE, THE TWO JOINTLY CONSTITUTING EVIDENCE OF THE OUTSTANDING AMOUNT OF THIS CREDIT.

accompanied by the following documents.

1. Commercial Invoice in Qaudruplicate
2. Special Customs Invoice in Qaudruplicate
3. Packing List in Quad., indicating that rolls are packed in wooden cases of 10 rolls per case and that rolls and cases are marked "MADE IN TAIWAN"
4. Certificate of Origin in Quadruplicate.
5. Marine Negotiable Insurance Policy or Certificate
6. Full set of On Board Ocean Bills of Lading: Issued to order of Southern National Bank of Houston, marked to notify Jerry Rojas Customs Brokers, 3100 Timmon Lane, Suite 170 Houston, Texas Attn: Jerry Rojas

covering

2300 - 10"x10" Brown Double Elephant Rolls, 89-91 Shore, 4 bolt holes per Drum, for use with Satake or Kyowa Shellers, @USD24.30 each CIF Houston Texas

Shipment from Taiwan Port to Houston, Texas	Partial shipments Prohibited	Transhipments Prohibited

Special conditions:

A. Documents must be presented for payment, acceptance or negotiation within 15 days after the date of shipment or dispatch or taking in charge but within validity of letter of credit.

B. This credit is transferable.

| We hereby engage with drawers and/or bona fide holders that drafts drawn and negotiated in conformity with the terms of this credit will be duly honoured on presentation and that drafts accepted within the terms of this credit will be duly honoured at maturity. The amount of each draft must be endorsed on the reverse of this credit by the negotiating bank.
The advising bank is requested to notify the beneficiary adding / without adding their confirmation.
Yours faithfully,
SOUTHERN NATIONAL BANK OF HOUSTON

David A. Buhr
—— Authorized Signature —— | Advising bank's notification

編號：IAL 716-4-C 00

電話3118911轉430

Place, date, name and signature of the advising bank. |

Except so far as otherwise expressly stated, this documentary credit is subject to the "Uniform Customs and Practice for Documentary Credit" (2007 Revision) International Chamber of Commerce (Publication No.600).

※第七節　轉開信用狀的例示

例示八（參閱 95 頁）是彰化銀行所使用的 back-to-back credit（即我國所稱的 local credit）格式。可予注意的是 special instructions 2）及 3）。2）規定 "This credit shall become operative only upon our receipt from applicant of the documents conforming to terms and conditions of Master Credit No ...."；3）規定 "This credit amount is payable subject to the final payment"。此兩條款對於開發 back-to-back credit 的銀行而言，固然可減輕風險，但對受益人而言，保障卻不足。因如 applicant 不於 master credit 有效期限內提示符合 master credit 所規定的單據，則受益人即不能獲得兌付（即該 back-to-back credit 不生效）。不僅如此，如根據 3）條款，applicant 即使提示符合 master credit 的單據，但因某種原因，遭 master credit 的開狀銀行拒付，back-to-back credit 的受益人仍不能獲得兌付（如已領得款項，仍須退還）。

國內銀行所開發的 back-to-back credit 使用類似條款者尚有：

1. The credit amount is payable to you upon our receipt from the accountee of the documents required under the Master(original)Credit No. ...issued by....

2. This L/C is payable to beneficiary only after receipt of documents presented by the opener, which is found to be acceptable to us.

3. This credit is payable to the beneficiary subject to the final payment of Master Credit No. ...issued by....

嚴格地說，謹慎的受益人收到含有這種條款的 back-to-back credit 時，多會提出異議，而要求刪除這種條款。然而，如要求開狀銀行刪除這種條款，則開狀銀行將會要求 applicant 繳交十足的保證金，或開狀銀行認可的其他擔保。

〈例示八〉轉開信用狀

轉 開 信 用 狀 申 請 書
APPLICATION FOR IRREVOCABLE LETTER OF CREDIT

致：彰化銀行　　　　　　　　電子檔案格式　　　申請日期 Date: _____

TO：CHANG HWA COMMERCIAL BANK, LTD.
茲請　貴行按下列條件以全文電報/簡略電報/航郵開發不可撤銷信用狀：　L/C No. _____
THE UNDERSIGNED HEREBY REQUESTS YOU TO OPEN BY ☐ DETAIL
CABLE ☐ BRIEF CABLE ☐ AIRMAIL YOUR IRREVOCABLE LETTER OF　Master L/C No. _____
CREDIT ON THE FOLLOWING TERMS AND CONDITIONS：
本信用狀適用之信用狀統一慣例，以開狀當時國際商會公佈之最新版本為準　加註Final Payment ☐是 ☐否
The credit opened under this application is subject to the prevailing
Uniform Customs and Practice for Documentary Credits published by the International Chamber of Commerce at time of
L/C issuance.

(57D) Advising Bank 通知銀行（如需指定通知銀行時請填列）：

	SWIFT Code:

(31D) 本信用狀單據提示期限(有效期限)為　　　年　　　月　　　日於 _____
This Credit is valid until _____ (YYYY) _____ (MM) _____ (DD)at

(50) Applicant申請人（Name, Address）：ID營利事業統一編號_____；☐申請人地址對外不加註"R.O.C."

(59) Beneficiary（Name, Address）　受益人

(32B) Amount Not Exceeding幣別☐USD☐JPY☐EUR☐其他(請註明)_____；金額（小寫）
金額（大寫）

以下中英文併到處，擇一填寫即可

(42C) 匯票期限：請洽兌受益人所簽發以　貴行或　貴行代理行為付款人之匯票 available by negotiation of draft drawn on you or your correspondent:
- ☐ 即期：☐即期無融資
- ☐ **Sight**：☐ sight without financing
- ☐ 遠期：對外開發受益人負擔☐見票日起/☐裝運日起/ ☐ _____ 起 _____天利息之遠期信用狀
- ☐ **Usance at** _____ days after ☐sight ☐shipment date ☐ _____
   承兌費用由　☐申請人(買方) ☐受益人(賣方)負擔(未加註Final Payment者適用)
   Acceptance commissions are for ☐ Applicant's ☐ Beneficiary's account

(43P) Partial Shipments 分批裝運☐Permitted 准許☐Prohibited不准許
(43T) Transshipment 貨物轉運☐Permitted 准許☐Prohibited 不准許
(44C) Latest shipment date最後裝船日期：_____年(YYYY) _____月(MM) _____日(DD)

申請人願遵守本申請書所列以及/或有關開發信用狀契約所訂各條款 The applicant duly abides by the terms and conditions hereof and, if any , those of the relative contract for letter of credit.	申請人簽章For and on behalf of the applicant (請蓋原留印鑑) Authorized Signature TEL: _____ 分機: _____ FAX: _____	印鑑核對訖	外匯指定單位：
			負責人：
			複　核：
		實績行：	繕　打：
			審　核：
		分機：	收　件：

(44A) Place of Receipt 收貨地_____
(44E) Port of Loading/Airport of Departure 裝運港/起運機場(請加註國別)_____
(44F) Port of Discharge/ Airport of Destination 卸貨港/目的地機場 _____
(44B) Place of Final Destination 最終目的地

(申請人加蓋騎縫章)　　　　　　　第 1 頁，共 3 頁　　　　　　　(轉開1)

L/C No. _____	Applicant:

(45A) 貨品內容Covering:

本貨品係：The goods are □簽發許可證貨品(請提示許可證) with Import Permit as attached.

　　　　　　　□准許免除簽發許可證貨品，嗣後進口通關概由本申請人完全負責，與 貴行無涉。
　　　　　　　allowed waiver of Import Permit. If there are any problems or disputes arising during customs declaration, the applicant shall assume full responsibility.

(如不敷使用，請另紙繕打並加蓋騎縫章)

請註明貿易條件 Please mark the trade term：□EXW □FOB (適用港對港船運) □FCA (適用各種運輸)
□CFR (適用港對港船運) □CIF (適用港對港船運) □CIP (適用各種運輸) □CPT (適用各種運輸) □ _____

(46A) 上述匯票須檢附下列各項單據 ACCOMPANIED BY THE FOLLOWING DOCUMENTS：

(47A) Additional Conditions 特別條款：(如要求提示證明文件時，請標明於前述46A欄所需文件中)

□ **(22)** 貨物須以貨櫃裝運Shipment must be containerized

□ **(23)** 貨櫃提單不接受Container B/L unacceptable

　　(□ **(194)** 加註ISM CODE 國際船舶安全管理章程)(海上運輸時如未註明，視為貨櫃提單可接受)

□ **(39)** ___% more or less in quantity and amount is acceptable.

□ **(51)** L/C issuing charges for _____ (由本行填寫) are for the account of beneficiary and will be deducted from proceeds on first presentation of documents.

其他特別條款Other additional conditions ：

(如不敷使用，請另紙繕打並加蓋騎縫章)

(71B) 所有國外費用均由□申請人(買方)／□受益人(賣方)負擔

All banking charges (including reimbursement charges) outside the issuing bank are for □Applicant's □Beneficiary's account.

All documents may be forwarded in one set by courier service. 貨運單據可以快遞一次寄發

(48) Drafts and documents must be presented for negotiation within ___ days after the date of shipment but within L/C expiry date.

匯票及單據應於裝船後____日內且須於信用狀規定之單據提示期限內辦理押匯

(49) 保兌指示 Confirmation Instructions：□保兌 Confirmed (**不須保兌時，請勿填列**)

所有保兌費用均由□申請人(買方) □受益人(賣方)負擔

Confirmation charges are for □Applicant's □Beneficiary's account.

L/C No. _____	Applicant:

上項開發信用狀之申請倘蒙　貴行核准，申請人自願遵守下列各條款：

IN CONSIDERATION of your granting my/our request. I/we hereby bind myself/ourselves duly to comply with the following terms：

一、 關於信用狀下之匯票及/或單據等，如經　貴行或　貴行之代理行認為在表面上正確無訛，申請人一經　貴行通知當即承認所負債務並依期照付，倘係遠期匯票，當即連同　貴行之代理行所扣取或　貴行所指定之利息及費用等依期照付。

I/We hereby bind myself/ourselves duly indebted upon your notification and pay at your offices at maturity under this CREDIT. if the drafts and/ or documents appear in the discretion of yourselves or your agents to be correct on their face . In case of usance drafts. the usance charges accrued thereon at the rate charged by your agents or designated by yourselves.

二、 上項匯票或單據等，縱或在事後證實其為非真實或屬偽造或有其他瑕疵，概與　貴行及　貴行之代理行無涉，其匯票仍應由申請人照付。

I/We agree to duly accept and pay such drafts.or documents even if such drafts and/or documents should in fact prove to be incorrect. forged or otherwise defective. in which case no responsibility shall rest with you and your agents.

三、 如　貴行認有需要時，申請人應於領取遠期信用項下貨運單據或申請簽發擔保提單書，或請　貴行於發貨人逕寄申請人之提單上背書時，預先將信託收據交與　貴行，又申請人為切實依期付款起見，應同時將扣除預繳保證金後之匯票本息，開具以　貴行為受款人之新台幣本票（匯率按本票發票日　貴行賣出匯率折算）交與　貴行存執，申請人最遲應於匯票到期之前一日將本息及其費用交付　貴行。倘因外匯匯率變動以致本票票款不足清償匯票本息及其費用時，申請人願立即補足其不足額。

In case of usance credit. prior to your delivery of shipping documents. or your issuing the guarantee for release of cargo without B/L. or your endorsing the relative B/L sent directly to us by shipper.I/We agree tosurrender the trust receipt to you deem it is necessary,meantime, in order to ensure our due payment. I/We agree to surrender the promissory note(s) drawn in New Taiwan Dollars (calculated at your Bank's selling rate on issuing date of promissory note) to you. for the amount equivalent to such draft amount less prepaid margin.if any. and its usance changes. to your Bank's order. and payable not later than one business day prior to the maturity date of such drafts. In the event. Insufficient amount or promissory note(s) for reimbursement of such drafts amount and its usance charges due to the fluctuation of foreign exchange rate. I/We will immediately supplement the insufficiency to you

四、 本信用狀之傳遞錯誤、遲延或其解釋上錯誤、及關於上述單據或單據所載貨物之品質、數量或價值等與信用狀或單據所載不符，或有全部或一部份減失或遲延或未經抵達交貨地，以及貨物無論因在海上或陸上運輸中或運抵後未經保險或保額不足且因任何第三者之阻滯或扣留及其他因素情形，以致喪失或受損時，均與　貴行或　貴行之代理行無涉，且在以上任何情形之下，該匯票仍應由申請人兌付。

I/We further agree that you or your agents are not responsible for any errors or delays in transmission or interpretation of said CREDIT or for the loss or late or non-arrival of part or of all the aforesaid documents. or the quality. quantity or value of the merchandise represented by same. or for any loss or damage which may happen to said merchandise. whether during its transit by sea or land. or after its arrival or by reason of the non-insurance or insufficient insurance thereof or by whatever cause or for the stoppage or detention thereof by any party whomsoever. engaging myself/ourselves duly to accept and pay such drafts in all like instances.

五、 上述匯票及/或單據及與其有關之各項應付款項，以及　貴行對於申請人因本信用狀項下所購運之貨物、單據及貨得價金連同申請人所有其他財產：包括存在　貴行及分支機構、或　貴行所營轄範圍內之保證金（存款餘額等，均係憑　貴行移作上述匯票之共同擔保，以備清償票款之用。

I/We further agree that the title to all property which shall be purchased and/or shipped under this CREDIT. The documents relating thereto and the whole of the proceeds thereof. shall be and remain in you until the payment of the drafts and/or documents or of all sums that may be due on said drafts and/or documents or otherwise until the payment of any all other indebtedness and liability. Now existing or hereafter created or incurred by me/us to you due or not due. It being understood that the said documents and the merchandise represented thereby and all my/our other property. Including securities and deposit balances which may now or hereafter be in your or your branches possession or otherwise subject to your control shall be deemed to be collateral security for the payment of the said drafts.

六、 如上述匯票到期而申請人不能照兌時，或　貴行因保障本身權益認為必要時，貴行得不經通知，有權決定將上述財產（包括貨物在內），以公開或其他方式自由變賣，就其賣得實金扣除費用後抵償債務并墊借各款，毋須另行通知申請人。

I/We hereby authorize you to dispose of the aforementioned property by public or private sale at your discretion without notice to me/us wherever I/We shall fail to accept or pay the said drafts and/or documents on due dates or whenever in your discretion. it is deemed necessary for the protection of yourselves and after deducting all your expenses to reimburse yourselves out of the proceeds.

七、 本信用狀如經展期或重開，或修改任何條件，申請人對於以上各款願絕對遵守，並無任何異議。

In case of extension or renewal of the CREDIT or modification of any kind in its items. I/We agree to be bound for the full term of such extension or renewal. And notwithstanding any such modification.

八、 本申請書內容如有錯誤或遺漏事項，貴行得不經申請人同意，逕依銀行作業規定，予以修正或補正，申請人願遵守此項修正或補正，一如其自行修正或補正者，貴行對於此項修正或補正縱有錯誤情事，亦對申請人概不負損失或不利後果，不負任何責任。

In the event that part or parts of this application contain errors or omission. You has the right to make. without obtaining my/our consent. proper corrections or additions on this application in accordance with the banking procedures. I/We will abide by such corrections or additions as if they were made by myself/ourselves. You shall not be responsible for and/or all losses. damages and/or other adverse consequence to me us even if such change has been erroneously made by you.

九、 本公司同意如由國外寄達　貴行之貨運單據，其內容與與信用狀條款不符時，經　貴行通知後三天內仍未向　貴行表示拒收該單據即視為同意接受，日後如有任何糾紛，均由申請人自負全責，與　貴行無涉。

It is agreed that in case the contents of the shipping documents received by you from abroad differ from the term of the said CREDIT and I/We failed to advise you our refusal to accept such documents within three days after receipt of your notice. It shall be deemed that such documents have been accepted by us. Should any dispute arise in the future. we shall assume full responsibility. being a matter of no concern to you.

十、 本申請書確與主信用狀內所載各項條款及有關當局所發給之輸入許可證內所載各項條件及細別相符，並已逐一遵守，倘因申請人對於以上任何各點之疏忽致信用狀未能如期開發，　貴行無須負責。又　貴行有權刪改申請書內之任何部份，俾與原信用狀所載者相符，此外申請人願遵守本筆信用狀電文本文所載明應適用之信用狀統一慣例版本與實務。

This application request is in strict accordance with the conditions , specifications etc , as set forth in the Master Credit in this connection and the Import Permit issued by the competent authorities. You shall not be held responsible for any delay in issuance of CREDIT due to the negligence on the part of myself/ourselves in conformity with this request. You reserve the right to alter or even delete any part or parts of this application so as to be consistent with the Permit. I/We am/are to observe the Uniform Customs and Practice for DOCUMENTARY CREDITS fixed by the International Chamber of Commerce latest revision.

十一、 本申請書之簽署人如為二人或二人以上時，對於本申請書所列各項條款自當共同連帶及個別負全部責任，並負責向　貴行辦理一切結匯手續。

In case this request is signed by two or more . all promises or agreements made hereunder shall be joint and several，I/We herewith bind myself/ourselves to settle exchange on drafts drawn under this CREDIT with your goodselves.

註： 本契約條款英譯部分僅供對照參考，若有任何出入概以中文為準。

Remark : The English translation of this contract is for reference only，if there was any inconsistency existed，the Chinese version will be applied.

(申請人加蓋騎縫章)　　　　　　　　　第 3 頁，共 3 頁　　　　　　　　(轉開 1)

第八節　循環信用狀的例示

例示九（參閱 99 頁）係 Revolving& Cumulative Credit 的一種，每次循環使用金額為 US$74,000，每個月至少須運出一批貨。每月未用罄 US$74,000 時，其餘額可滾入次月累積使用。

循環信用狀條款，尚有如下措詞：

・Cumulative Monthly Revolving Credit

We hereby open irrevocable revolving credit in your favor and authorize you to draw on us at sight up to the aggregate amount of US$20,000 per month accumulative commencing with September 1, 2011, revolving on the first business day of each successive month and ending with Dec. 31, 2011.

・Non-Cumulative Monthly Revolving Credit

This is a revolving letter of credit and the full amount become available on the first day of each succeeding calendar month up to end of December 2011. The unused portion of any month period is not cumulative to the succeeding month or months.

・Others

1. The amount paid under this credit becomes available to you again upon your receiving from us advice to this effect.（非自動式循環）

2. The amount paid under this credit is again available to you automatically until the total of the payments reaches$200,000.（自動式循環）

〈例示九〉 循環信用狀

HANG SENG BANK LTD.

KOWLOON MAIN BRANCH	618 NATHAN ROAD, KOWLOON	Cable Address
INWARD BILLS DEPARTMENT	HONG KONG	HASEBA HONGKONG

The XXX Trading Co. Ltd
No. 10, Section 1, Nan Chang Street
2nd floor, Taipei, Taiwan

Hong Kong September 24,11

This is the airmail confirmation
of our cable of even date.

Revolving & Cumulative

Irrevocable Letter of Credit advised through First Commercial Bank, Taipei

Gentlemen: Revolving & Cumulative

We hereby open our Irrevocable Letter of Credit No. KM-S605460 in the following terms in your favour for account of .... XXX Garment Co. Ltd., Hong Kong ....
(hereinafter referred to as "the accountee") to the extent of .... US$74,000.00 per calendar month ....
U.S. Dollars Seventy Four Thousand Only per calendar month ....
available by your draft(s) drawn on the accountee at .... days sight for 100% invoice value
covering shipment(s) as detailed below and subject to the conditions herein contained.

Drafts are to be drawn in duplicate to our order bearing the clauses: "Drawn under Hang Seng Bank Ltd., Kowloon Main Branch, Kowloon, Hongkong Irrevocable Letter of Credit No. (as above stated) dated (as above stated)" and "Documents against payment", accompanied by the following documents specifying shipment of goods indicated hereunder.

-1,200,000 (One Million Two Hundred Thousand) yards of Printed Cotton Flannel, Construction: 42 x 44, Yarn Counts: 24s x 13s, Width: 38/39″ after finish, @US$0.30 per yard.

C.I.F. HONGKONG

Signed invoices at least in quadruplicate

Insurance policies (or certificates) in negotiable form, in duplicate, endorsed to the order of Hang Seng Bank Ltd., Hong Kong, for full invoice value plus about 10% covering Marine Insurance as per Institute Cargo Clauses (All Risks) Perils as per Institute Strikes, Riots & Civil Commotions Clauses and War Risks as per Institute Clauses with claims payable in Hongkong in the currency of draft(s) irrespective of percentage.

In case of container shipment, Insurance to include the risks of jettison and/or washing overboard.

Clean "Shipped on Board" Ocean Bills of Lading showing beneficiaries as shipper, in complete set of at least three signed copies made out to order of shipper and endorsed to the order of Hang Seng Bank Ltd., Hongkong, marked with this L/C number, "Freight Prepaid/Collect" and Notify:

XXX Garment Co. Ltd., XX Road, Kowloon, Hong Kong ....
evidencing shipment from .... Taiwan .... to Hong Kong.
Shipment must be effected not later than .... March 31,11 .
Partial shipments at .... allowed .... Transhipment is .... forbidden ....
Draft(s) drawn under this credit must be negotiated in .... Taiwan .... on or before
.... April 15, 11 .... after which date this credit expires.

OTHER TERMS & CONDITIONS AND ADDITIONAL DOCUMENT(S) REQUIRED: –

−Unless otherwise explicitly stated usance draft(s) (if called for) under this credit are to be negotiated at sight basis, usance interest for account of drawees.

−All banking charges outside Hongkong are for account of beneficiaries.

  Negotiating bank is to forward all documents to us by one registered airmail.

−Beneficiaries certificate to the effect that one set of non-negotiable copies of shipping documents has been airmailed direct to the accountee immediately-after shipment required.

−This credit is restricted to the advising bank for negotiation, who holds the special reimbursement instruction.

− Continued as per attached sheet −

THE AMOUNT OF EACH DRAWING UNDER THIS CREDIT MUST BE
ENDORSED BY THE NEGOTIATING BANK ON THE REVERSE HEREOF.
WE HEREBY ENGAGE WITH THE DRAWERS, ENDORSERS AND BONA-
FIDE HOLDERS OF DRAFT(S) DRAWN UNDER AND IN COMPLIANCE
WITH THE TERMS OF THE CREDIT THAT SUCH DRAFT(S) SHALL
BE DULY HONOURED ON DUE PRESENTATION AND DELIVERY OF
DOCUMENTS AS SPECIFIED.
SUBJECT TO UNIFORM CUSTOMS AND PRACTICE FOR DOCUMEN-
TARY CREDITS (2007 REVISION). INTERNATIONAL CHAMBER
OF COMMERCE PUBLICATION NO.600.

Yours very truly,

For   HANG SENG BANK LTD.

AUTHORISED SIGNATURES

HANG SENG BANK LTD

KOWLOON MAIN BRANCH	**618 NATHAN ROAD KOWLOON**	**CABLE ADDRESS**
INWARD BILLS DEPARTMENT	**HONG KONG**	**HASEBA HONGKONG**

The XXX Trading Co. Ltd.
Taipei,Taiwan
September 24, 11   Hong Kong,September 24, 11

This attached sheet forms an integral part of our
Irrevocable Letter of Credit No.KM-S605460

Other Terms And Conditions (Continued):
-Draft(s) drawn without recourse acceptable.
-This credit is transferable to XXX Cotton Mill Ltd., Taipei, Taiwan.
 If transferred, the draft(s) and documents must be accompanied by a copy
 of the letter of transfer certified by the advising bank.
-Documents must be presented for negotiation within 15 days after on board
 bills of lading date.
-This credit is revolving at US$74,000.00 (US Dollars Seventy Four Thousand
 Only) covering 200,000 yards of the goods mentioned in the credit per
 calendar month cumulative operation from October, 2010 to March, 2011
 up-to a total of US$444,000.00 (US Dollars Four Hundred Forty Four Thousand
 Only) covering a total quantity of 1,200,000 yards.
-At least one shipment must be effected per calendar month.
We confirm this credit and thereby undertake that drafts drawn
and presented as above specified will be duly honored.

The First Commercial Bank of Taiwan

C. C. Hwang

HANG SENG BANK LTD.

AUTHORIZED SINGATURE(S)

第九節 擔保信用狀的例示

收受 stand-by credit 時應注意事項有：

1. 必須是 "irrevocable"。

2. 必須載明遵循現行「信用狀統一慣例」。

3. expiry date 的時間地點，應以受益人所在地時間為準。

4. 須由第一流銀行開出。

5. 受益人出具的 statement 或 certificate，不應要求須由別人副署 (countersign)。

6. 作為借款保證的信用狀，應注意匯率變動及應付利息問題。換言之，匯率變動風險，應載明由 applicant 負擔，並且信用狀金額應包括應付利息部分。

第十節 可預支信用狀的例示

例示十（參閱 104 頁）係 ABC Trust Co. 所開出的紅條款信用狀，即可預支信用狀。文中 "Credit subject to red clause advance up to...in the event of the beneficiary inform you..." 即所謂的 red clause。往昔的 "red clause" 係以紅色字體表示，但近年來，這種條款以紅色表示者，甚少見。

預支信用狀的預支條款尚有類如下面的：

The negotiating bank is hereby authorized to make advance to the beneficiary up to the aggregate amount of US$10,000 or the remaining unused balance of this credit(whichever is less)against the beneficiary's receipt stating that the advances are to be used to pay for the purchase and shipment of the merchandise for which this credit is opened and the beneficiary's undertaking to deliver to the negotiating bank the documents stipulated in the credit. The advances with interest are to be deducted from the proceeds of drafts drawn under this credit. We hereby undertake the payment of such advances with interest, should they not repaid by the beneficiary prior the expiration of this credit.

第十一節　延期付款信用狀的例示

例示十一（參閱 105 頁）係由 Bank of Spain 所開發而由 Morgan Guaranty Trust Company 轉知的 deferred payment credit。本信用狀中 "Payment to be effected to you 90 days after the date of the relative bills of lading, at which time you must present your clean drafts at sight on us. Therefore, when presenting documents hereunder please include your letter authorize us to forward documents to our principals prior to payment" 即為 deferred payment credit 的特有條款。

有的 deferred payment credit 則有類如下面的措詞：

1. Available with advising bank by deferred payment against presentation of the documents detailed herein at 180 days after B/L date.

2. Available with advising bank by deferred payment undertaking against presentation of the documents detailed herein at 180 days after B/L date.

擔保信用狀

American National Bank & Trust Company of Chicago
33 NORTH LA SALLE STREET, CHICAGO, ILLINOIS 60690

| | TELEX NUMBER | CABLE ADDRESS | |
| | 2-6229 | "ANBATCO" | G TR 01189 |

DATE December 19, 11

| [X] | THIS CREDIT IS FORWARDED TO THE ADVISING BANK BY AIRMAIL, WITH SHORT PRELIMINARY CABLE OR TELEX | | |
| [ ] | THIS CREDIT IS FORWARDED TO THE ADVISING BANK BY AIRMAIL | [ ] | THIS CONFIRMS OUR CABLE TO THE ADVISING BANK WHOSE NOTIFICATION OF SUCH CABLED ADVICE MUST BE ATTACHED HERETO. THE TWO JOINTLY CONSTITUTING EVIDENCE OF THE OUTSTANDING AMOUNT OF THE CREDIT |

Irrevocable Documentary Letter of Credit	ISSUING BANK'S NUMBER	ADVISING BANK'S NUMBER
─Advising Bank─	G C GTR 01189	

A.B.C Co.
Taipei, Taiwan

Applicant
375 East Joe Orr Road
Chicago Heights, Illinois 60411

─────── Beneficiary ───────

A.B.C BANK , Procurement Dept.
49 Wu Chang Road, Sec. 1
Taipei, Taiwan

Amount
US $38,575.06 (Thirty Eight Thousand Five
Hundred Seventy Five and 06/100 United
States Dollars)

EXPIRY DATE	March 31, 11	IN THE
COUNTRY OF THE BENEFICIARY UNLESS OTHERWISE INDICATED		

We hereby issue in your favor this documentary letter of credit which is available for payment ~~by negotiation~~ of your draft(s)
drawn at **sight** on **us** for %
Invoice value when accompanied by the following documents (at least in duplicate unless otherwise specified)

Your written and signed statement certifying that equipment is not in accordance with
specifications of CTC/PD Inv. #GF2-641149 Contract #75-GF2-3541.

~~Invoice Covering~~ covering Three complete units tobacco leaf humidifying equipment and one
lot spare parts.*

This credit is subject to the "Uniform Customs and Practice for Documentary
Credit (effective July 1, 07) International Chamber of Commerce Publication No.600

From		Partial shipments	permitted.
To		Transshipments	permitted.
		INSURED BY	[ ] Buyer [ ] Seller

Special conditions *Per Golden ~~Gate Enterprise~~ Co. (Industrial) Ltd. Order #641122 dated November
28, 11 . This letter of credit will be returned to American National Bank for cancel-
lation in accordance with items VII-1 and VII-2 of Order 641122 upon acceptance of
equipment by CTC/PD

We suggest negotiating bank forward us all documents in one mailing.

We hereby agree with the endorsers, drawers and bona fide holders of all drafts drawn under and in compliance with the terms of this credit that such drafts will be duly honored upon presentation and delivery of documents as specified at the drawee bank mentioned herein.

The amount of any draft drawn under this credit must be endorsed on the reverse side hereof and the presentation of each draft, if negotiated, shall be a warranty by the negotiating bank that such endorsement has been made and that documents have been forwarded as herein required.

Each draft must bear the clause: Drawn under American National Bank and Trust Company of Chicago L/C No. GTR 01189 dated Chicago Dec. 19, 11
The negotiating bank must forward by first air mail direct to **us all documents.**

Advising bank's notification

Very truly yours,

Authorized Signature   Countersignature

Place, date, name and signature of advising bank

2329

〈例示十〉 可預支信用狀

CABLE ADDRESS

A. B. C. TRUST COMPANY
NEW YORK, N. Y., 10015
EXHIBIT "J"

IRREVOCABLE CREDIT NO. 12345

DECEMBER 11, 11

☒ Forwarded through   ☐ Copy sent to

X.Y.Z. CORPORATION,
KERTOPATEN,
SOURABAYA, INDONESIA

BANK BLACK,
SOURABAYA,
INDONESIA

Gentlemen:

We hereby authorize you to value on us,
A.B.C. CORPORATION, NEW YORK, NEW YORK.
for account of

for a sum or sums in U. S. Dollars not exceeding a total of TWENTY FIVE THOUSAND SIX HUNDRED AND
00/100   **$25,600.--**
by your drafts at   SIGHT.
accompanied by:

1- COMMERCIAL INVOICE IN TRIPLICATE, COVERING 24,000 RAW GOATSKINS AVERAG
ING 48 KILOS.

2- COMPLETE SET OF CLEAN ON-BOARD OCEAN BILLS OF LADING, SHOWING SHIPPER
THE VENDOR FOR AND ON BEHALF OF NEGOTIATING BANK AND TO BE MADE OUT FO
DELIVERY TO THE ORDER OF SAID BANK, NEGOTIATING BANK FURTHER HAS TO
ENDORSE ALL BILLS OF LADING TO THE ORDER OF   TRUST COMPANY.

3- CERTIFICATE OF INDONESIAN ORIGIN.

4- YOUR STATEMENT THAT MERCHANDISE HAS NEVER BEEN LOCATED IN OR TRANSPORT
FROM OR THROUGH HONGKONG, MACAO, CUBA OR ANY COUNTRY NOT IN THE
AUTHORIZED TRADE TERRITORY.

CREDIT SUBJECT TO RED CLAUSE ADVANCE UP TO 30% OF THE CREDIT AMOUNT
$7,680.--

IN THE EVENT OF THE BENEFICIARY INFORMING YOU, (THE NEGOTIATING
BANK), THAT THEY REQUIRE TEMPORARY ADVANCES UP TO 30% NOT EXCEEDING
$7,680.-- TO ENABLE THEM TO PAY FOR THE MERCHANDISE FOR THE PURCHASE
AND SHIPMENT FOR WHICH THIS CREDIT IS OPENED YOU ARE HEREBY AUTHORIZED
TO MAKE SUCH ADVANCES WHICH ARE TO BE REPAID WITH INTEREST FROM THE
PAYMENTS TO BE MADE UNDER THIS CREDIT. WE UNDERTAKE THAT SHOULD THEY
NOT BE REPAID TO YOU BY THE BENEFICIARY IN TERMS OF AND DURING THE
CURRENCY OF THIS CREDIT, WE WILL REPAY THEM WITH INTEREST ACCRUED TO
DATE. PLEASE ADVISE US BY AIRMAIL OF EACH ADVANCE MADE BY YOU.

NEGOTIATIONS UNDER THIS CREDIT ARE RESTRICTED TO BANK BLACK,
SOURABAYA, INDONESIA.

Partial shipments ARE permitted.
Bills of lading must be dated not later than   MARCH 10, 11

Drafts must be negotiated or presented to the drawee not later than   APRIL 10, 11

Insurance to be effected by   BUYER.
All negotiation charges are for your account.
All drafts must be marked "Drawn under A.B.C. TRUST COMPANY Credit No. 12345   ." and all draw-
ings negotiated under this credit must be endorsed on the reverse hereof by the party so negotiating. If any draft is
not negotiated, this credit and all documents as specified must accompany the draft.
This credit is subject to the Uniform Customs and Practice for Documentary Credits (2007 Revision), International
Chamber of Commerce Publication No. 600
We hereby agree with you and negotiating banks or bankers that drafts drawn under and in compliance with the
terms of this credit shall be duly honored on due presentation to the drawee.

Very truly yours,

SPECIMEN

PER PRO.

F 3132
ABC

〈例示十一〉 延期付款信用狀

MORGAN GUARANTY TRUST COMPANY

OF NEW YORK
INTERNATIONAL BANKING DIVISION
23 WALL STREET, NEW YORK, N. Y. 10015　　May 2, 11

> On all communications please refer to
> Letter of Credit No. DIC-56798

General Tool Co.
450 Broadway
New York, N. Y. 10012

Dear Sirs:

　　We are instructed to advise you of the establishment by Bank of Spain, Madrid, Spain, of their Irrevocable Credit No. 1234, in your favor, for account of Ortega & Co., Madrid, Spain.

for MAXIMUM U.S.$5,000.00 (FIVE THOUSAND U.S. DOLLARS)

available as follows and after presentation to us not later than June 10, 11 of the following documents:

Signed commercial invoices in seven copies, quoting Spanish License No. 435237, And describing the merchandise as indicated below.

Cercificate of U.S.A. origin, visaed by the Spanish Chamber of Commerce.

Full set of on board ocean steamer bills of Lading to order of shipper, blank endorsed and marked "Notify: Ortega & Co., Madrid, Spain" and "Freight Collect".

evidencing shipment of MACHINE TOOLS, F.O.B. Vessel New York, from New York to Bilbao, not later than May 31, 11 .

Payment to be effected to you 90 days after the date of the relative bills of laging, at which time you must present your clean drafts at sight on us.
Therefore, when presenting documents hereunder please include your letter authorizing us to forward documents to our principals prior to payment.

　　Except as otherwise expressly stated herein, this credit is subject to the Uniform Customs and Practice for Documentary No. 600.

　　The above bank engages with you that all drafts drawn under and in compliance with the terms of this advice will be duly honored if presented to our Commercial Credits Department, 15 Broad Street, New York, N.Y. 10015, on or before August 29, 11   on which date this credit expires, however the documents must be presented not later than June 10, 11 .

　　We confirm the foregoing and undertake that all drafts drawn and presented in accordance with its terms will be duly honored.

　　　　　　　　　　　　　　　　　　　Yours very truly,

> Advice of irrevocable deferred payment letter of
> credit issued by foreign bank and confirmed by
> Morgan Guaranty. Bracketed paragraphs specify
> the deferred-payment feature.

　　　　　　　　　　　　　　　　　Authorized Signature

 習 題

一、問答題

1. 信用狀格式標準化的意義何在？

2. 用於商品買賣的信用狀，其內容包括那些重要項目？

3. 如何辨識一張電傳信用狀是否為可憑以使用的信用狀？

4. 以 SWIFT MT 700 開發的信用狀是否為可憑以使用的信用狀？

5. 擔保信用狀的內容與一般信用狀有何不同？

二、實 習

1. 試詳閱附件 1（395 頁），並答覆下列問題或予以填充。

　(1)本信用狀以何種方式傳遞？

　(2)誰是開狀銀行？

　(3)誰是通知銀行？

　(4)是不是可撤銷信用狀？

　(5)信用狀號碼為：＿＿＿＿＿＿＿＿＿＿

　(6)開狀日期為：＿＿＿＿＿＿＿＿＿＿

　(7)受益人為：＿＿＿＿＿＿＿＿＿＿

　(8)信用狀金額為：＿＿＿＿＿＿＿＿＿＿

　(9)信用狀有效期限為：＿＿＿＿＿＿＿＿＿＿

　(10)本信用狀是否是可讓購信用狀？

　(11)本信用狀是否是即期信用狀？

　(12)本信用狀有無限定押匯銀行？

　(13)匯票付款人為：＿＿＿＿＿＿＿＿＿＿

　(14)開狀申請人為：＿＿＿＿＿＿＿＿＿＿

　(15)押匯時應提出那些單據？

　(16)須提出幾份商業發票？

⒄提單上的受貨人應為：　＿＿＿＿＿＿＿＿＿＿＿

⒅可否提出備運提單？

⒆可否提出不清潔提單？

⒇最後裝船日為：　＿＿＿＿＿＿＿＿＿＿＿

(21)交易貨品為：　＿＿＿＿＿＿＿＿＿＿＿

(22)須提出幾份產地證明書？

(23)貿易條件為：　＿＿＿＿＿＿＿＿＿＿＿

(24)裝運港名稱為：　＿＿＿＿＿＿＿＿＿＿＿

(25)目的港名稱為：　＿＿＿＿＿＿＿＿＿＿＿

(26)可否分批裝運？

(27)可否轉運？

(28)單據應於提單簽發日後幾天以內提示押匯？

(29)T. T. reimbursement 的意義為何？

(30)押匯費用由何方負擔？

(31)押匯銀行應將單據分幾次寄送？寄給誰？

(32)押匯銀行應將匯票向誰提示？

(33)本信用狀遵守國際商會那一年修訂的信用狀統一慣例？

(34)本信用狀可否轉讓？

(35)B/L 上應以誰為 notify party？

2. 請詳閱附件 2（396 頁）之後，填答下列各項：

(1)本信用狀的傳遞方式為：　＿＿＿＿＿＿＿＿＿＿＿

(2)開狀銀行為：　＿＿＿＿＿＿＿＿＿＿＿

(3)通知銀行為：　＿＿＿＿＿＿＿＿＿＿＿

(4)開狀日期為：　＿＿＿＿＿＿＿＿＿＿＿

(5)受益人為：　＿＿＿＿＿＿＿＿＿＿＿

(6)開狀申請人為：　＿＿＿＿＿＿＿＿＿＿＿

(7)本信用狀是否可轉讓？

(8)信用狀金額為：　＿＿＿＿＿＿＿＿＿＿＿

(9)有無限押?

(10)可否分批裝運?

(11)可否轉運?

(12)裝運港為: ＿＿＿＿＿＿＿＿＿＿＿ ； 目的港為: ＿＿＿＿＿＿＿＿＿＿＿

(13)交易商品為: ＿＿＿＿＿＿＿＿＿＿

(14)貿易條件為: ＿＿＿＿＿＿＿＿＿＿

(15)押匯時應提出那些文件?

(16)最後裝運期限為: ＿＿＿＿＿＿＿＿＿

(17)提單上受貨人為: ＿＿＿＿＿＿＿＿＿

(18) notify party 為: ＿＿＿＿＿＿＿＿＿

(19)本信用狀規定須由出口商將全套提單逕寄 L/C opener 是否妥當? L/C opener 是指誰?

(20)本信用狀規定出口商須提出檢驗證明書,但未規定由何人簽發,究應由何人簽發? 又
規定該檢驗證明書須由 L/C opener 副署,是否妥當?

(21)本信用狀是否正本信用狀?

(22)本信用狀是否保兌信用狀?

(23)押匯銀行應將單據一次全部寄往: ＿＿＿＿＿＿＿＿＿

(24)補償銀行為: ＿＿＿＿＿＿＿＿＿

(25)匯票的 drawee 為: ＿＿＿＿＿＿＿＿＿

3.請詳閱附件 3（399 頁）之後,填答下列各項:

(1)本信用狀的傳遞方式為: ＿＿＿＿＿＿＿＿＿

(2)開狀日期為: ＿＿＿＿＿＿＿＿＿

(3)開狀銀行為: ＿＿＿＿＿＿＿＿＿

(4)是否不可撤銷信用狀?

(5)信用狀號碼為: ＿＿＿＿＿＿＿＿＿

(6)受益人為: ＿＿＿＿＿＿＿＿＿

(7)信用狀有限期限為: ＿＿＿＿＿＿＿＿＿

(8)開狀申請人為: ＿＿＿＿＿＿＿＿＿

(9)本信用狀是不是可讓購信用狀?

⑽本信用狀限向＿＿＿＿＿＿＿＿＿＿押匯。

⑾信用狀金額為：＿＿＿＿＿＿＿＿＿＿

⑿匯票上的 drawee 為：＿＿＿＿＿＿＿＿＿＿

⒀裝運港為：＿＿＿＿＿＿＿＿＿＿；目的港為：＿＿＿＿＿＿＿＿＿＿

⒁交易貨品為：＿＿＿＿＿＿＿＿＿＿

⒂可否分批裝運？

⒃可否轉運？

⒄貿易條件為：＿＿＿＿＿＿＿＿＿＿

⒅押匯時，出口商須提出那些單據？

⒆商業發票上須證明貨品符合 Proforma Invoice No. 20/6/88，請解釋 Proforma Invoice 的意義。

⒇信用狀要求的運送單據是那一種？該運送單據該由何人簽發？

(21)運送單據上的受貨人為：＿＿＿＿＿＿＿＿＿＿；notify party 為：＿＿＿＿＿＿＿＿＿＿

(22)貨物限由那一船隻裝載？

(23)請將 "BEN CERT STATING THAT ONE COMPLETE SET OF NEG DOCS HAS BEEN AIRMAILED DIRECT TO APPLICANT IMMEDIATELY AFTER SHIPMENT" 譯成中文。

(24) NEG BANK 作何解釋？

(25)本信用狀是否為保兌信用狀？

(26)本信用狀是否為正本信用狀？

4.請詳閱附件 4（400 頁）之後，填答下列各項：

⑴開狀銀行為：＿＿＿＿＿＿＿＿＿＿

⑵開狀日期為：＿＿＿＿＿＿＿＿＿＿

⑶開狀申請人為：＿＿＿＿＿＿＿＿＿＿

⑷受益人為：＿＿＿＿＿＿＿＿＿＿

⑸通知銀行為：＿＿＿＿＿＿＿＿＿＿

⑹ "You are authorized to value" 的中譯為：＿＿＿＿＿＿＿＿＿＿

⑺信用狀金額為：＿＿＿＿＿＿＿＿＿＿

(8)押匯時，出口商應提出那些單據？

(9)匯票的 drawee 為：＿＿＿＿＿＿＿＿＿＿

(10)本信用狀是否為保兌信用狀？如果是，其保兌費用由誰負擔？

(11)貿易條件為：＿＿＿＿＿＿＿＿＿＿。其含義為何？

(12)Special customs invoice 是怎樣的單據？

(13)裝運港為：＿＿＿＿＿＿＿＿＿＿；目的港為：＿＿＿＿＿＿＿＿＿＿

(14)Account party 作何解釋？

(15)最後裝運期限為：＿＿＿＿＿＿＿＿＿＿

(16)本信用狀要求提單但又以 Taipei 為裝運港，是否有問題？出口商應採何種措施？

(17)本信用狀貿易條件為 CIP，但又未要求提示保險單據，是否有問題？出口商應採何措施？

5. 請詳閱附件 5（401 頁）之後，填答下列各項：

(1)開狀銀行為：＿＿＿＿＿＿＿＿＿＿

(2)通知銀行為：＿＿＿＿＿＿＿＿＿＿

(3)開狀日期為：＿＿＿＿＿＿＿＿＿＿

(4)信用狀有效日期為：＿＿＿＿＿＿＿＿＿＿

(5)匯票的 drawee 為：＿＿＿＿＿＿＿＿＿＿

(6)最後裝運日期為：＿＿＿＿＿＿＿＿＿＿

(7)押匯銀行為：＿＿＿＿＿＿＿＿＿＿

(8)本信用狀是否為遠期信用狀？

(9)本信用狀項下遠期匯票貼現息由何人負擔？

(10)貿易條件為：＿＿＿＿＿＿＿＿＿＿

(11)裝運嘜頭為：＿＿＿＿＿＿＿＿＿＿

(12)DHL 做何解釋？

(13)押匯時，出口商應提出那些單據？

(14)檢驗報告須由 Mr. S. L. Law 簽發，是否可接受這種條件？為什麼？

(15)Non-negotiable bill of lading 作何解釋？

(16)出口商應於裝運日期後多少天以內，向銀行提示押匯？

6. 請詳閱附件 6（402 頁）之後，填答下列各項：

(1)開狀銀行為：＿＿＿＿＿＿＿＿＿＿＿

(2)開狀日期為：＿＿＿＿＿＿＿＿＿＿＿

(3)本信用狀類別為：＿＿＿＿＿＿＿＿＿＿＿

(4)信用狀金額為：＿＿＿＿＿＿＿＿＿＿＿

(5)開狀申請人為：＿＿＿＿＿＿＿＿＿＿＿

(6)受益人為：＿＿＿＿＿＿＿＿＿＿＿

(7) Master L/C 的開狀銀行為：＿＿＿＿＿＿＿＿＿＿＿

(8)提單上應以何人為託運人？

(9)信用狀有效期限為：＿＿＿＿＿＿＿＿＿＿＿

(10)最後裝運期限為：＿＿＿＿＿＿＿＿＿＿＿

(11)本信用狀規定： "This credit is operative only after we are in receipt of the openers documents conforming to the master credit No. RIND–29161 issued by Riyad Bank"，對受益人有何利害關係？受益人可否接受這種條件？為什麼？

(12) Openers 作何解釋？

(13)貨品數量為 abt 495 MT，受益人最多可裝運多少公噸？為什麼？

(14) Certificate of origin 應由何人簽發？

※第五章

信用狀統一慣例源由及運用

第一節　概　說

　　所謂信用狀的法律制度是指信用狀的法律性質、各當事人間的法律關係、信用狀法源等而言。

　　信用狀的起源固然可溯至古代羅馬，但有關信用狀法律問題的研究，則歷史尚淺，可說尚在萌芽階段。例如「信用狀的法律性質如何?」如此基本的問題，也學說紛歧，迄無定論。至於一般銀行家或實務界業者則對於這種過分學術性的問題更是冷淡而不感興趣。有關信用狀的法律問題所以未能引起早期學者的研究興趣，考其原因，殆由於下述各種理由所致。

　　1.信用狀一如匯票、支票及商品買賣等商業上的習慣，通常是先於法律而存在。在多數情形，法律不過是將已經社會大眾承認的商業習慣事實予以成文化而已。商場上既普遍應用，並且行之若素，學者自易忽略其學術性的研究。

　　2.信用狀制度在英美雖發展較早，但英美法律乃係由個個具體案件的判決所累集的判例所構成。因此，即使有重大的問題發生，如未向法院提起訴訟，仍無法成為判例。況且，英美早期從事信用狀交易的，多為信用卓著的殷商，即使發生爭論，亦鮮有對簿公堂，所以未能提供充分的資料供學者研究。

　　3.信用狀的廣泛使用乃是近幾十年來的事。現在使用的新式信用狀可說開始於本世紀初。迄第一次大戰及以後，由於通訊及運輸事業的發達及貿易量的增加，信用狀的使用已不限於若干殷商，而廣泛的為一般商人所應用。自1920年代後，因物價的暴跌以及匯率的變動不居，買方不顧信用，拒開信用狀或對已開信用狀拒付等等，致有關信用狀交易的糾紛劇增。於是有依法律解決的呼聲，使美國的法院及關係者遭遇了一次考驗。但這不過是第一次大戰後才發生之事，因此有關信用狀的法律問題，迄今還有許多待研究解決。

　　4.最後，至1952年才有美國統一商法就信用狀法加以規定外，絕大多數國家迄今猶無有關信用狀的成文法律。因此有關信用狀的糾紛，索性委諸銀行及業者間的信義，而有避免成文法化的傾向。就以目前論，即使被奉為處理信用狀業務經典的「信用狀統一慣例」亦非法律，並無成文法的地位。有關信用狀的法律，既沒有系統的成文法規，自難引起學者普遍研究的興趣。

　　如上所述，信用狀在法律上的研究雖尚有待繼續努力，但我們卻不可忽視第一次大戰以後美國法院的判決及其學者在法律上的研究成果。美國雖以第一次大戰為轉機，與英國並肩成為世界金融中心，然而當時他們對於信用狀制度之為何物殆一無所知。因此為期在短期間內使信用狀制度臻於完善起見，乃一方面努力於從事國內及國際信用狀統一慣例的研訂，他方面一反有長年使用信用狀傳統的英國解決糾紛方式，凡有糾紛則大多訴諸法庭，因此判決特多。因這些判決及研究成果可解明信用狀交易的若干問題，而且今後也仍將受其拘束之故也。

　　就我國而言，因國際貿易發展起步較遲，信用狀的應用，亦遠較歐美為遲。因此，有關信用狀法律問題的研究論文亦不多見。而在司法實務方面，則因以往很少有關信用狀的訴訟，加以無成文法律的制定，亦鮮有涉及信用狀法律地位的判例，以致信用狀在我國法律上的地位，迄未確定。然而近年來，我國對外貿易發展一日千里，國內廠商與國外貿易商的交易日趨頻繁，使用信用狀的情形日益普遍。今後有關信用狀交易的糾紛，勢必增多。因此，如何加強信用狀法律的研究，建立信用狀的法律制度，俾供信用狀交易當事人有所遵循，甚為重要。

　　所謂信用狀的法律問題，約有二，一為信用狀的法律性質如何；一為信用狀當事人間的法律關係如何。前者屬於純法律理論，從事信用狀實務者，對此學術性問題，或無詳加研究的必要，但對於後一問題——信用狀當事人間的法律關係——卻有加以研討的必要，否則行之無據，在處理信用狀業務時，不但無法防範糾紛於未然，且萬一發生爭端，亦將不知如何保護本身權益。關於信用狀的法律性質將於第三節介述，至於信用狀當事人間的法律關係則將於第六章介紹。

第二節　信用狀法統一運動

🔳 一、美國的信用狀法統一運動 🔳

　　如前所述，倫敦在一次大戰以前乃為國際貿易的金融的中心，英國銀行界對於國際貿易金融的操作技巧，遠較美國馴熟。因此，當時美國的信用狀業務，多操在英國人之手。戰後，英國經濟惡化幾乎崩潰，美國在國際貿易與金融的地位，取代了英國。由於其貿易量的劇增，信用狀的使用也隨之劇增。然而，因其缺乏處理信用狀的經驗與技能，致有關信用狀交易的糾紛訟案，層出不窮，使美國法院及關係人大為困擾。於是美國實務界、學術界及法曹界等各方，咸認有統一信用狀規格及統一解釋其內容的必要，於是展開了信用狀的國內統一運動。美國對於統一運動的經過約如下：

　　1. 1919 年 12 月間，The Consolidate Steel Corporation 的會計長，Mark M. Michael，於出席 The National Foreign Trade Convention 時，極力主張信用狀應予以統一，並提出具體方案。

　　2. 1920 年初，紐約市及波斯頓市二地區銀行為研討輸出信用狀，尤其有關提單問題，乃召開 New York Bankers' Commercial Credit Conference，邀請銀行界人士參加開會，就信用狀的用語及處理信用狀的細則，制定了 "Regulations Affecting Export Commercial Credits"。

　　3. 嗣於 1920 年 11 月間，New York Bankers' Commercial Credit Conference 成立商業信用狀標準格式起草委員會，負責草擬了商業信用狀的標準格式。

　　4. 上述標準格式，於 1922 年 5 月間，提經 American Acceptance Council 審議，經議會審議之後，予以批准，並建議美國各銀行自同年 7 月 1 日起一齊採用。但因各銀行法律顧問見解的未能一致，故多未能全盤加以採用。

　　5. 1926 年 6 月，New York Bankers' Commercial Credit Conference 又將 1920 年制定的 "Regulations Affecting Export Commercial Credits" 加以修訂，並改名為 "Provisions Adopted by New York Bankers' Commercial Credit

Conference"。

　　上述 "Regulations Affecting Export Commercial Credits" 或 "Provisions Adopted by New York Bankers' Commercial Credit Conference"，本質上只是紐約銀行界的一種協定，並不是法律，故並無強制力。事實上，為消除州際商業活動的障礙，美國各州早就有展開全國性統一商法的運動。自 1896 年至 1933 年間，先後制定了各種有關的統一商業法規。例如 1896 年的「統一流通證券法」(Uniform Negotiable Instrument Act)，1909 年的「統一提單法」(Uniform Bill of Lading Act) 及 1933 年的「統一信託收據法」(Uniform Trust Receipt Act) 等，多經各州採納。嗣又將上述各商事法規修訂合併為「統一商法」(Uniform Commercial Code)，於 1952 年正式公布。其中第五篇為有關信用狀交易的規定，是世界上規定信用狀交易的少數成文法典之一。

■ 二、歐洲各國的信用狀法統一運動 ■

　　歐洲各國對於信用狀法統一運動亦效法美國相繼展開。茲將其大概情形敘述於下：

　　1.德國於 1924 年制定 "Das Regulativ des Akkreditivge schafts der Berliner Stempelvereigung."

　　2.法國於 1924 年制定 "Clauses et medalités applicables aux ouvertures de crédits documentaires adoptees par L'union Syndicate des Banquiers de Paris."

　　3.挪威於 1924 年制定 "General Rules Concerning the Treatment of Documentary Credits."

　　4.捷克於 1925 年制定 "Conditions of the Association of Czechoslovak Bank in Opening Documentary Credits."

　　5.義大利於 1925 年也制定 "Norme Rerative ai Crediti Documentari."

■ 三、國際商會信用狀法統一運動 ■

　　美國在其國內發起信用狀法統一運動後，鑒於信用狀的具有國際性，僅靠國內的統一，難期有成效，乃透過於 1919 年在巴黎成立的國際商會發起國際性的信用狀法統一運動。

1926 年 3 月間，美國國際商會委員向國際商會提出制定信用狀法的國際統一規定建議，力說信用狀法統一規定的必要及其實益。於 1926 年 10 月間，該會舉行會議時，多數委員贊同美國提案，乃委由國際金融及法律專家組成委員會，擔任有關信用狀法統一規定的起草工作。該委員會於 1927 年 7 月間，在 Amsterdam 召開的會議中提出草案，經大會通過，定名為 "Uniform Regulations for Commercial Documentary Credits"，於 1930 年 2 月，國際商會以第 74 號小冊 (Brochure) 公布，預定於 1930 年 4 月 1 日起正式實施。

然而，在其實施的前夕，德國的委員又另提出一新案。並於 1931 年 3 月間在華盛頓舉行的會議中，加以討論。討論結果，乃議決由出席該會議的部分銀行公會代表組成「商業跟單信用狀銀行委員會」(Banking Committee on Commercial Documentary Credits)，負責草擬新規則。該委員會就原案及會議中所提出的修正意見加以檢討，終於 1933 年 5 月間完成新草案，並於同年在維也納召開的第七屆國際商會大會中提出。該會議經研究後議決採用，並定名為 "R'egles et Usance Relatives aux Credit Documentaires"，英譯為 "Uniform Customs and Practice for Commercial Documentary Credits"。同時以國際商會第 82 號小冊公布。於是具有歷史性的國際性信用狀統一慣例，乃告誕生。

此統一慣例，先後獲得法國、比利時、荷蘭、瑞士、義大利、羅馬尼亞及德國等歐洲大陸國家的銀行採用。美國銀行界也於 1938 年，有條件的加以採用。但是使用信用狀最具有歷史的英國，卻因以其與倫敦實務 (London Practice) 有出入為由，未予採用。

其後，國際商會為因應國際貿易的發展，以及鑒於信用狀交易內容日趨複雜，對此一慣例，先後於 1951 年、1962 年、1974 年、1983 年 1993 年及 2007 年作了六次修訂。現行統一慣例就是 2007 年修訂者。目前已有一百七十個國家及地區的銀行採行統一慣例，我國亦為採用信用狀統一慣例國家之一。

第三節 信用狀的法律性質

關於信用狀的法律性質，在英美及德法各國學說甚多，但如眾所知，英美法系與大陸法系，迥然不同，二者關於信用狀性質的學說，也有極大的差異。茲將其主要者介紹於下：

一、要約與承諾說 (offer and acceptance theory)

此說將信用狀的開發視為開狀銀行以信用狀所載內容為條件向受益人（賣方）發出的要約。於受益人依信用狀條件履行時，契約即告成立。具體的說，當賣方依信用狀規定提示匯票、提單等單據時，視為賣方對開狀銀行的要約的承諾，契約乃告成立。此說又可分為片務契約 (unilateral contract) 的要約說與雙務契約 (bilateral contract) 的要約說兩種。

（一）片務契約的要約說

此說認為信用狀的開發係開狀銀行對賣方所發出的片務契約的要約，賣方因履行該要約中所規定條件，而構成承諾，開狀銀行對賣方的債務，於焉發生。

評：如依此說，信用狀是一般契約構成要素——要約——的一種，則開狀銀行（要約人）在賣方（被要約人）未表示承諾（即未提示信用狀所規定匯票、提單等單據）前，按英美法契約原理，開狀銀行可隨時撤銷信用狀。這在 revocable L/C 的情形，尚無問題，但對於較通用的 irrevocable L/C 就格格不入了。因為 irrevocable L/C 一經開發，如無賣方的同意，開狀銀行不能隨意片面地撤銷信用狀。但如依大陸法契約原理，則此說尚可解釋得通。我國民法第 154 條第 1 項前段：「契約之要約人，因要約而受拘束。」適用於 irrevocable L/C；同法第 154 條第 1 項但書：「但要約當時預先聲明不受拘束，或依其情形或事件之性質，可認當事人無受其拘束之意思者，不在此限。」適用於 revocable L/C。

（二）雙務契約的要約說

此說為英國通說。此說將信用狀的開發視為開狀銀行對賣方表示將依一定條件兌付賣方所開出匯票的要約，賣方對此要約以匯票及單據轉讓予開狀銀行為約因，而構成賣方的承諾。但這種承諾不必以明示為之，只要收到信用狀的賣方不表示異議，即認為係默示的承諾。

　評：此說與前一說缺點相同。依此說，構成承諾的事實可能有兩種情形，一為賣方準備依信用狀規定提示匯票及單據的行為，一為賣方依信用狀規定提示匯票及單據的行為。就第一種情形而言，開狀銀行無法知悉賣方的承諾事實，而且將準備提示匯票及單據的行為視為承諾，與信用狀業務的實際處理不符。就第二種情形而言，在 revocable L/C 而言，或可適用，但在 irrevocable L/C 則無法適用。

■ 二、保證說 (guarantee theory) ■

　此說起源於美國，認為信用狀是一種開狀銀行為買方向賣方保證支付貨款的保證契約，故又稱為「買方債務的保證說」。申言之，認為信用狀在法律上是：就買方與賣方因買賣契約所生的付款義務，由銀行以保證人的身分向賣方提供的一種保證。此說在英美判決中並未被採用。

　評：此說頗能說明信用狀的功能所在，但究之實際：

　1.不管買方的償付能力如何，開狀銀行均須獨立負責對賣方履行付款義務，與民法上的保證，須待債務人無償付能力時，保證人才有履行債務責任者不同。換言之，開狀銀行對賣方所負的責任是一種主債務 (primary liability)，並非保證人的從債務性質 (secondary liability)。

　2.如開狀銀行為支付買賣契約價金的保證人，則買賣契約一旦修改，開狀銀行即可免除保證義務，此與信用狀的本質不符。

■ 三、禁反言說 (estoppel theory) ■

　禁反言 (estoppel) 為英美法上的一重要原則。所謂禁反言乃某人 (如開狀銀行) 以其陳述或行為故意使他人 (如賣方) 信賴一定事實狀態的存在，該他人 (賣方) 信賴其陳述或行為而有所作為致蒙受損失時，該某人 (開狀銀行) 不得否認前所表示的一定事實狀態存在的一種原則。將此原則應用於信用狀理論，即為禁反言說。依此說，銀行開發不可撤銷信用狀時，即表示開狀銀行已從買方取得足夠的資金以供償付賣方所開發的匯票（即代賣方保管了備付票款的資金）。如賣方信賴此一表示而有所行為，例如備貨裝船，則開狀銀行不能以該一表示並非事實為由，而予以否認。

評：此說的缺點為：

1.事實上，買方於申請開發信用狀時，通常未必繳足資金以供償付賣方所開發的匯票，只是繳納若干保證金 (margin money) 而已。又即使買方於申請開狀時已繳足資金，也與賣方無關係，也非賣方所知，故非為賣方而保管是項資金。

2.銀行開發信用狀，僅約定將來支付一定金額的款項，並不以一定狀態為事實而予以表示。而禁反言的原則則為有關現在事實的表示，並非有關未來的約定。故此說難謂允當。

3.此外，此說也不能說明 revocable L/C 的性質。因為 revocable L/C，原則上開狀銀行可隨時撤銷信用狀，此與禁反言的理論根本抵觸。

因為此說認為開狀銀行是代表賣方保管買方所提供充作票款的資金，相當於我國民法的信託行為，所以又稱為「信託行為說」(trustee theory)。

■ 四、商業特殊行為說 (mercantile specialty theory) ■

由於英美法的契約原理強調約因的不可或缺，以致否認了一切將信用狀視為契約的理論。在無法以既有的法律學說供作充分解釋信用狀法律性質的依據情形下，於是乃有「商業特殊行為說」的產生，以解釋信用狀是法律上認定為一種特別的不需要約因的要式契約，從而不受英美契約法傳統原則的拘束。此說先解釋信用狀交易的實情，並基於此，認為信用狀，尤其 irrevocable L/C 是與匯票、支票等流通證券一樣，應視為一種新型的商業特殊行為 (mercantile specialty)，並且是要式契約的一種，而不需要約因。並主張法律上予以承認。

正如一般實務家對於匯票、支票等票據在法律上的有關細節雖然未必知道得很清楚，但都認為匯票、支票等係獨特的契約，而有異於普通契約一樣，信用狀也可歸入此範疇。實際上，銀行開發信用狀時，都曉得其對於受益人負有獨立的債務，而接受信用狀的受益人，也都知道其對銀行享有與普通契約不同的權利。

評：此說相當健全，為美國多數學者及法庭所支持。

■ 五、委任說 ■

此說認為開狀銀行並不是買方的代理人，開狀銀行開發信用狀乃是根據買方的委任，並以受任人的身分，履行信用狀事務。1922 年 3 月 2 日巴黎控訴法院判決及 1925 年 11 月 17 日法國安奇爾法院即採用此見解，作為判決的根據。此說尚能說明可撤銷信用狀的性質，但無法說明不可撤銷信用狀的性質，故極少人支持此說。依此說，無法說明開狀銀行何以須對受益人負擔直接、獨立債務的理由，此外，也無法闡明開狀銀行的債務何以不能片面撤銷的理由。故此說難被採納。

■ 六、契約說 (contract theory) ■

廣義地說，契約說可列入「要約與承諾說」的一種，但契約說認為開狀銀行開發信用狀的同時即有承擔依信用狀契約兌付賣方所開發匯票的契約義務。換言之，不將開發信用狀的行為視為要約，而視為一種契約。此說又可分為三種，一為賣方的利益，開狀銀行與買方之間所成立的雙務契約利他契約說。二為開狀銀行與買方之間的雙務契約，於締結契約之同時，移轉給賣方──移轉說。三為開狀銀行與賣方之間的雙務契約，約因由買方提供──買方提供約因說。茲分述如下：

● （一）利他契約說 (The "contract for the benefit of a third party" theory)

此說認為信用狀係表示開狀銀行與買方為第三者（即賣方）的利益所訂立的雙務契約，而開狀銀行將信用狀寄交賣方是將契約通知賣方的行為。此說又稱為「第三人契約說」。

評：乍看之下，似頗合實際情形，但：

1.賣方對信用狀的權利如果認為係依據開狀銀行與買方之間契約所生，則與當事人的意思以及實務有所違反。

2.信用狀乃為開狀銀行直接向賣方所作的約定，並無與買方締約的意圖。

3.如係利他契約，則在法律上，開狀銀行如不履約，賣方不能以自己的名義向開狀銀行訴求。因為在美國各州及英國，利他契約的受益人不能以自己的名義訴求。因為在利他契約中，賣方並非契約當事人也。即使美國有些州可以自己的名義訴求，但開狀銀行得以其對買方所具有的抗辯對抗賣方。此與事實有出入。因為事實上，信用狀受益人（賣方）得以本身名義直接向開狀銀行提起訴訟。

● （二）移轉說 (assignment theory)

此說認為信用狀為開狀銀行與買方之間的雙務契約，而此雙務契約上的權利，於信用狀通知賣方的同時，立即移轉賣方。

評：此說雖可補救前說的缺點，而置賣方於契約當事人的地位，但：

1.買方請求銀行開發信用狀的用意係請求開狀銀行逕向賣方承諾依一定條件兌付匯票，而非在買方與開狀銀行之間成立契約，然後將此契約的權利由買方移轉給賣方。

2.在信用狀制度下，信用狀一經寄達賣方，賣方即獨立於買方與開狀銀行之間的關係，對開狀銀行取得獨立的權利。如採此說，則賣方勢必承受原開發信用狀契約所生的抗辯，致使其地位動搖，殊與信用狀的本質不符。

● （三）買方提供約因說

此說認為信用狀為存在於開狀銀行與賣方之間的雙務契約，而其約因則由買方提供。即買方對開狀銀行允諾的約因，為開狀銀行對賣方的允諾；開狀銀行對賣方允諾的約因，為買方對開狀銀行所支付的手續費及將來償還開狀銀行所支付票款的允諾。

評：此說以賣方與開狀銀行為當事人，頗為妥當，而且肯定約因由第三人提供，可彌補欠缺約因的缺陷。在美國，約因由契約當事人以外的第三人提供者，並不阻礙契約的成立。至於賣方與開狀銀行間契約的成立時期，則須視買賣契約成立於信用狀開發之前或開發之後（這種情形較少）而定。如買賣契約成立在先，其信用狀係由開狀銀行逕寄賣方（受益人）者，其契約於信用狀寄發 (on mailing) 時成立。信用狀由買方轉交賣方者，則其契約於信用狀交給買方時成立。如信用狀開發後才成立買賣契約者，則賣方享有「否認的契約權利」(contract right subject to disaffirmance)，據此，賣方於信用狀開發時即取得信用狀上的權利。此項權利不因買方的各種事由而受到影響。因此於信用狀契約成立後，不論買方破產、約因消滅、或開狀信用狀是由於買方的詐欺等等，開狀銀行均不得據以對抗賣方。此說的主倡者為 McCurdy。但：

　　1.在英國，契約的約因，不承認可由第三者提供。

　　2.信用狀並非雙務契約，因為賣方收到信用狀後，並無必須提供信用狀所規定單據的義務。又說於 on mailing 時成立契約乙節也不符事實。因信用狀條件不能接受時，賣方仍可要求修改。

■ 七、更改說 (novation theory) ■

　　更改又稱為債務更新，乃指變更債的要素，消滅舊債務，而成立新債務的契約之意。英美學者，將這種羅馬法上的 novatio 的觀念引入，謂：買賣契約中要求以 L/C 方式付款，無異暗示賣方同意買方給付價金的債務改由銀行負擔。因此原債務消滅，一切瑕疵及抗辯於新債務中均不繼續存在，開狀銀行不得以原債務而生的抗辯對抗賣方。

　　評：此說頗能說明 L/C 的特性，但：

　　1.依此說，新債務成立的同時，舊債務即消滅，則萬一銀行破產或拒絕給付時，賣方因原買賣契約債務已消滅，反而不能向買方為任何基於契約的請求，此與事實不符。

　　2.如採此說，則無形中使開狀銀行成為買賣交易的當事人，但此非銀行的業務，也非銀行所願擔任的角色。

■ 八、代理說 (agency theory) ■

　　此說認為：信用狀的特質，乃在以銀行的信用，代替買方的信用，藉以避免買方破產或不付款的風險。買賣契約約定以信用狀付款，無異表示買方已取得賣方默示的授權，代為安排開發信用狀事宜。因此，買方循賣方的請求，媒介銀行開發以賣方為受益人的信用狀，可視為是以賣方的代理人名義而行動。

於是產生了扮演買賣契約補助性角色的「信用狀契約」，而以賣方允諾向開狀銀行提供貨運單據為約因。

評：

1.此說認為賣方允諾向銀行提供單據，以為開狀申請契約的約因，則賣方應受該契約拘束，與實情不符。因賣方即使不願履行信用狀條件，對於銀行也無任何責任。

2.如將買方視為賣方的代理，則如買方有任何故意或過失致使開狀契約無效或可得撤銷，則此效力及於本人（即賣方）而直接影響 L/C 的效力，這種結論與 L/C 獨立於其他契約關係的特性完全牴觸。

關於信用狀法律性質的結論：在界定 (define) 信用狀的法律性質時，英美學者僅局限於狹義的 L/C 本身加以分析，而大陸法學者則不僅對於 L/C 此項文書的性質加以討論，並兼及買方與開狀銀行間的契約關係。究其原因係英美法就 L/C 本身的約因問題不易規範，以致爭辯甚為激烈，至於買方與銀行之間的關係，則可循一般契約法的原則予以解決，不必多加討論。然而，在大陸法國家，民商法律均屬成文的規定，且設有若干有名契約，以資規範，因此學者，很想將 L/C 制度納入有名契約的範疇，但問題很多。

鑒於信用狀交易的主要當事人為買方、開狀銀行及賣方，以下就其有關的法律關係加以分析：

（一）介於買方與開狀銀行間的開發信用狀申請書及約定書

買方與開狀銀行的關係為契約關係，開發信用狀申請書部分一般認為相當於指示，而約定書則類似委任。就我國民法第 528 條觀之，「稱委任者，謂當事人約定，一方委託他方處理事務，他方允為處理之契約。」因此，委任似尚能說明買方與開狀銀行之間的關係。我國民法的委任得為「有償」或「無償」，而申請開發 L/C 時，買方須付相當的手續費，因此應解為有償委任。我國銀行法對 L/C 的定義也首肯此旨趣。因此，L/C 除性質上不宜準用者外，關於買方與開狀銀行的關係，頗可準用委任的規定。

準用委任規定，在事實上可解釋許多 L/C 的現象，例如：

1.申請開發信用狀契約的成立即可適用我國民法第 530 條：「有承受委託處

理一定事務之公然表示者，如對於該事務之委託，不即為拒絕之通知時，視為允受委託。」

　2.關於銀行的權限應就申請書的內容決定，我國民法第 532 條前段的規定也可準用：「受任人之權限，依委任契約之訂定。」

　但部分委任的條文則似乎難以理解。

　1.我國民法第 549 條第 1 項：「當事人之任何一方得隨時終止委任契約。」此不論是 revocable L/C 或 irrevocable L/C 均不易圓滿解釋。但該條文並非強制規定，如為不可撤銷信用狀，可解釋為雙方均放棄終止權利；如為可撤銷信用狀，則僅限於買方放棄該項權利。不過在此須瞭解所謂準用，即原非此法律關係而適用此法律關係的規定。買方與開狀銀行的關係，僅為類似委任的性質，絕非真正的委任。因此關於民法債編委任的規定，可準用者準用之，性質不符者，則無須準用。

　2.對於委任契約即使自始無效或嗣後無效，買方仍須對 L/C 項下的給付補償乙節無法說明。

● （二）介於賣方與開狀銀行間的信用狀

　信用狀此一文書的法律性質究竟如何，關於這個問題，英美法學者，因約因問題而弄得焦頭爛額；而大陸法學者則套用有名契約唯恐不及，其結果，眾說紛紜，迄今尚無定論。

　儘管較多英美法學者，偏重「商業特殊行為說」的看法，然而該說仍存留不少懸而未決的問題。例如所謂「特殊行為」是否法律行為的一種？若是法律行為，究係單獨行為抑或雙方行為（契約）？所謂「商業」是否與一般買賣有異？否則何以唯獨 L/C 可視為「商業特殊行為」，而其他商業行為卻仍適用一般法律原理？這些疑問未澄清前，該說尚難使人完全悅服，尤其該說過分強調 L/C 實用上的重要性，從法律觀點著眼，未嘗不是其缺陷的所在。

　L/C 雖然在使用及方式上有其特殊性，其實許多文件如 B/L、倉單或保險單等也都有其各別的特性，可是 B/L 及倉單等同屬於有價證券，保險單也脫離不了與買賣行為共通的契約性質，正好比匯票、支票及本票三者，各有其特點而不容混淆，卻也同屬於流通證券的範圍。

因此，即使 L/C 在近代國際貿易方面是一種偉大的發明，從其特殊的應用情形中，仍不難發現某一種或多種共通的法律性質。何況，自其發生的基礎（買賣契約和開發信用狀約定書）權利義務的根據，乃至於開狀銀行破產，仍適用一般債權的法律規定的情形看來，在在均與既有的法律原理息息相關。因此，不必，也不宜率爾創出一套標新立異甚或背道而馳的法律理論。

前述諸說對於 L/C 法律性質的理論根據，除商業特殊行為說已如上述外，其他如要約承諾說、保證說、禁反言說、契約說等等皆莫非引用民法的規定及原理，各能說明 L/C 的若干特質，但均因以偏概全，終致不能自圓其說。

依筆者所見，L/C 如能適用有名契約的規定固然很好，如無既存的有名契約可資規範，則不必牽強附會，勉做解釋，以致戕害 L/C 制度的精神，有時或應面對事實，承認該制度的新穎性，不妨視其為一無名契約。

第四節　信用狀法源及法律的適用

從信用狀制度的歷史來看，信用狀主要係用於國際買賣的資金融通及價款支付的擔保。因此信用狀，本質上就具有國際性的性格。

雖然，信用狀在國際貿易界已使用多年，但迄今固然沒有信用狀的國際立法，大部分的國家也未將信用狀為國內的立法。執國際貿易牛耳的美國雖然在其統一商法中，就信用狀加以立法，但卻未為該國從事國際銀行業務的銀行所遵循。我國銀行法第 16 條雖也有信用狀定義的規定，但也僅此一條而已。面對世界各國所發簽大量的信用狀，處於欠缺信用狀國際、國內立法的環境，對信用狀的法律性質、法律根據、信用狀關係人間的法律關係、信用狀條款的解釋以及關係人間的爭論等等問題，又依據什麼來獲得一共同的答案或解決呢？

我國民法開宗明義於第 1 條規定：「民事，法律所未規定者，依習慣；無習慣者，依法理。」因此，我們探討有關信用狀的法律問題時，首先自應依我國法律為依據，但鑒於信用狀的國際性，我們又不能忽視有關信用狀的國際習慣及法理。因此，信用狀的法源有：(1)我國法律；(2)習慣；(3)法理：包括外國法律、外國法院判例及學說。茲說明如下。

■ 一、開狀銀行所在地法律 ■

除了澳洲於 1978 年的國際私法第 38 條規定，信用狀的準據法為開狀銀行營業地的法律外，似乎無其他國家有明文指定信用狀準據法的國際私法，而有關信用狀準據法的學說也各有不同。歸納起來，在無明示準據法時，以開狀銀行所在地的法律（若是保兌信用狀，則以保兌銀行所在地法律）為信用狀準據法的解釋較為妥當。

在我國，除銀行法第 16 條就信用狀予以定義外，尚無信用狀的特別立法，也無最高法院判例或司法院解釋係針對信用狀者。在此情形下，我們應探討的是：對信用狀的使用，在我國境內有無任何業經確立的習慣？就現況而言，我國銀行開發的信用狀均載明遵守「信用狀統一慣例」，因此，該統一慣例乃成為信用狀交易的依據。萬一統一慣例未曾明訂的事項，構成爭端而在我國法院進行訴訟時，有關法律的適用唯有以統一慣例為基本依據，並以我國法律如民法總則、債編、票據法、海商法、保險法以及法理等為輔。

■ 二、習慣或慣例──信用狀統一慣例 ■

國際商會制定的信用狀統一慣例並無法律上的效力。但現已經大多數從事國際銀行業的各國銀行採行，並為信用狀交易的各方當事人所遵循（在信用狀開發申請書、信用狀或信用狀通知書等文件上均載明遵守信用狀統一慣例），於是該統一慣例乃發生了法的拘束力（UCP 600 第 1 條）。

由於信用狀統一慣例 (UCP) 已經為大多數國家的銀行及進出口商所採行，我們認為：

1.信用狀上即使未載明遵守統一慣例，如該信用狀係由採行統一慣例的銀行所開發，其使用地又為採行統一慣例的國家，則應解為該信用狀有此統一慣例的適用。

2.採行統一慣例國家的銀行向非採行統一慣例國家開發信用狀時，採行國家既已在信用狀上載明遵守統一慣例，則非採行國家，也應以之為信用狀條件而予遵行。

3.非採行國家的銀行所開發的信用狀，自該尊重非採行國家的慣例。但現在統一慣例既已為世界大多數國家所採行，已具有國際統一基準的地位，非採行國家也不能完全忽視。

4.與既採行統一慣例又有國內信用狀法的美國交易時，兩者若發生競合，因信用狀已載有適用統一慣例的條款，故除強制規定不得違反外，應解為當事人間已有統一慣例優先於統一商法的合意。

三、法　理

（一）外國法律

美國統一商法第五編信用狀法：美國統一商法業經五十州立法通過正式成為法律。其中第五編為信用狀法。但由於統一商法允許在某些限度內以契約變更其規定 (UCC 5–102 (3))，故其法律的強制性並不充分，而其主要功能也僅及於美國國內交易而已。又紐約等州，於採用統一商法時，增列 5–102 (4)，略以：如依信用狀條款合意或交易習慣，應適用信用狀統一慣例時，則排除統一商法的適用。

統一商法中的信用狀法與統一慣例比較之下其優點為：對於信用狀交易各當事人間的義務及責任有較完整的規定，其缺點則對於有關單據方面的問題卻無詳細的規定。

因此，在審理信用狀糾紛案件時，統一慣例無規定者，法官當可將統一商法認做法理選擇採用。

（二）外國法院判例

判例雖無法的性質，但其為法源，當不容否認。因此外國法院判例自可當做法理選擇採用。

（三）學　說

學說固非法律，而學說經立法者或法官採用，即成為法源。

第五節　信用狀條件的解釋原則

一、信用狀條件的解釋原則

　　決定開狀銀行與賣方及居於其中間的押匯銀行間的法律上權義者，為信用狀上所規定的各種條件。因此，對於信用狀上所規定條件的解釋，自應與一般法律的解釋一樣，以公平及誠信的精神來解釋其真意，切勿偏袒某一方如——受益人、開狀銀行——作其所期望的解釋。因為信用狀不僅利用於受益人與開狀銀行之間，而且尚有居於第三者的押匯銀行介入。有時，更有付款銀行、承兌銀行或保兌銀行介入其間，故其解釋應力求其合乎「客觀性」。再者，信用狀交易的當事人，除受益人及開狀申請人之外，尚有銀行的介入，因此，應極力避免使用僅通行於開狀申請人與受益人之間的專門術語，故其解釋又應力求其合乎「普遍性」。

　　信用狀條件的解釋所以要求其合乎「客觀性」與「普遍性」，可謂與要求信用狀的條件本身必須完整且精確的意義相通。然而，為達成此目的，買方所填具開發信用狀申請書必須完整且精確才可奏功。因為信用狀乃根據此種申請書而開發者也。尤其在不可撤銷信用狀的場合，信用狀一經開出，除非獲得有關當事人全體的同意，不得隨意片面地撤銷或變更。所以開發信用狀申請書內容如有不完整情事，將來恐有蒙受損害之虞。但信用狀如作過分詳細的規定，未必即能增加其完整性及精確性，有時反而可能肇致混淆或誤解。因此國際標準銀行實務（international standard banking practice，簡稱 ISBP 681）預先應考量事項第 1 條規定：「信用狀之條款獨立於基礎交易，即使信用狀明示參照該等交易者亦然。唯為避免於審單時不必要之費用、遲延及爭議，申請人及受益人均應仔細考量應要求那些單據、應由何人製作及提示之期限」。又 ISBP 681 第 2 條規定：「申請人承擔其有關簽發或修改信用狀之指示因不明確而導致之風險。除非另有明確敘明，簽發或修改信用狀之請求即授權開狀銀行以必要或適當之方式補充或研訂信用狀之條款，以利信用狀之使用。」

又鑒於單據在信用狀交易中的重要性，在 UCP 600 第 3 條規定：「諸如『一流的』(first class)、『著名的』(well known)、『合格的』(qualified)、『獨立的』(independent)、『正式的或官方的』(official)、『有資格的』(competent) 或『本地的』(local) 之用語，用以說明單據之簽發人者，允許除受益人外之任何簽發人簽發該單據。除非要求在單據中使用，否則諸如『速即』(prompt)、『立即』(immediately) 或『儘快』(as soon as possible) 等用語將不予理會。」ISBP 681 第 4 條規定：「信用狀不應要求提示由簽發申請人或副署之單據。如信用狀簽發時含有這類條款，則受益人必須要求修改信用狀，或者遵循這類條款並承擔無法履行風險。」

信用狀固然早已成為國際貿易資金融通普遍應用的工具，但由於各國各地對於信用狀交易的處理方法未必完全一致，於是有些文字、用語的解釋，以及信用狀交易中各當事人應負的責任範圍，各國各地往往各行其是，以致常發生爭執。因此，為期爭執減少到最低限度，充分發揮信用狀制度的功能，國際商會乃制訂了「信用狀統一慣例」以及國際標準銀行實務 (ISBP 681) 以供統一解釋的準則。

二、一般性條件的解釋

信用狀上的各種條件，除有關單部分留待以後相關各章說明外，茲將一般性條件予以說明。

（一）有效期限及提示地點

信用狀均須訂明請求即期付款、延期付款、承兌或讓購而提示單據的有效期限及地點，但可自由讓購的信用狀，則不必訂明提示單據請求讓購的地點。請求付款、承兌或讓購的有效期限就是表示提示單據的有效期限（UCP 600 第 6 條(d)項）。

關於信用狀有效期限，通常多規定為「某年某月某日止」，但間有以「at New York 某年某月某日止」或「New York Time 某年某月某日止」表示的情形。在這種場合，應斟酌郵遞時間，提早將單據透過本地銀行，在該指定日期前向紐約的銀行提示。但就出口商而言，要求改以「出口地時間」為準較妥。

也有規定信用狀有效期限為「幾個月」者。然而，有效期限以「幾個月」方式規定者，如未訂明自何日起算，則難免令人困惑。因此 UCP 600 第 3 條(c)項規定：「『在或於其前後』(on or about) 或類似的用語，將解釋為規定事件應在特定期日前後 5 曆日之期間內（含首尾日）發生。

『至』(to)、『迄』(until)、『訖』(till)、『自』(from)、『在…之間』(between) 等用語用於確定裝運期間時，包括所提及之期日，但，『之前』(before) 及『之後』(after) 等用語則不包括所提及之期日。

『自』(from)、『之後』(after) 等用語用以確定到期日時，不包括所提及之期日。

『上半月』(first half)、『下半月』(second half) 等用語應分別解釋為該月之第 1 日至第 15 日及第 16 日至該月末日，並均含起迄期日在內。

『上旬』(beginning of a month)、『中旬』(middle of a month) 及『下旬』(end of a month) 等用語，應分別解釋為該月之第 1 日至第 10 日、第 11 日至第 20 日及第 21 日至該月末日，並均含起迄期日在內。」

● （二）有效期限的限制

又，雖然一切信用狀必須訂明提示單據的有效期限，但要求運送單據的信用狀，也應規定裝運日後依信用狀條件提示單據的特定期間。例如："Documents must be presented for negotiation within ××× days after B/L date"。如無此規定時，須自裝運日的次日起算 21 曆日內提示，否則銀行將拒絕受理。但仍以不逾信用狀有效期限為條件（UCP 600 第 14 條(c)項）。因此，受益人提示單據的期限受兩種期限的限制，一為信用狀所定提示單據的有效期限；一為 UCP 600 第 14 條(c)項所定自裝運日後特定期間或 21 曆日內提示的期限。

● （三）有效期限與銀行休業

如信用狀的有效期限，或依信用狀規定或依 UCP 600 第 29 條(a)項規定推算提示單據期間之末日，適逢應向其辦理提示的銀行因 UCP 600 第 36 條所示以外之理由而休業之日，則該有效期限或該裝運日後提示單據期限的末日，將順延至該銀行次一營業日（UCP 600 第 29 條(a)項）。於上開次一營業日所辦理的提示，銀行須在該單據附上「該單據係依信用狀統一慣例 2007 年修訂本，國際商會第 600 號出版物第 29 條(a)項所規定之展延期限提示」的聲明書（UCP 600 第 29 條(b)項）。

銀行因天災、暴動、內亂、叛變、戰爭、恐怖活動或因罷工或營業場所封閉，或任何其他非銀行所能控制之事由導致銀行營業中斷而生之後果不負義務或責任。銀行恢復營業時，對營業中斷期間過期之信用狀，將不受理兌付或讓購（UCP 600 第 36 條）。

（四）營業時間外提示的單據

UCP 600 第 33 條規定：「銀行無義務在其營業時間外受理單據提示。」

（五）裝運日期

信用狀如定有最後裝運日期 (latest date for shipment) 時，受益人應在此日期或此日期以前裝運貨物。至於裝運日期 (date of shipment)，依下列方式決定：

1. 要求涵蓋至少兩種不同運送方式之運送單據（複合運送單據）者：(UCP 600 第 19 條)

複式運送單據上載明發送、接管或裝載字樣者，以其發行日期視為裝運日期；若其以戳記或其他方式表明發送、接管或裝載日期者，以該日期視為裝運日期。

2. 要求提單 (bill of lading) 時：(UCP 600 第 20 條)

(1)提單上以事先印刷字句表示貨物已裝載或已裝運於標名船舶上者，以提單發行日期視為裝運日期。

(2)除上述情形外，提單上以註記方式加註裝船日期證明貨物已裝載於標名船舶者，以該裝載註記的日期 (the date of on board notation) 視為裝運日期。

3. 要求不可轉讓海運貨單 (non-negotiable sea waybill) 時：(UCP 600 第 21 條)

(1)non-negotiable sea waybill 上已事先印有貨物已裝載或已裝運於標名船舶上者，以該 non-negotiable sea waybill 的發行日期視為裝運日期。

(2)其他情形，(不可轉讓)海運貨單以註記方式加註裝船日期證明貨物已裝載於標名船舶者，以該裝載註記的日期視為裝運日期。

4. 要求傭船提單時：（UCP 600 第 22 條）

   ⑴傭船提單上事先即有貨物已裝載或已裝運於標名船舶上者，以其發行日期視為裝運日期。

   ⑵在其他情形，傭船提單上以註記方式加註裝載日期證明貨物已裝載於標名船舶者，以該裝載註記的日期視為裝運日期。

5. 要求航空運送單據者：（UCP 600 第 23 條）

若信用狀要求記載實際發送日期者，以航空運送單據上特別註記的實際發送日期視為裝運日期。在其他情形，則以航空運送單據的發行日期視為裝運日期。

6. 要求公路、鐵路或內陸水路運送單據者：（UCP 600 第 24 條）

以該等運送單據的發行日期視為裝運日期。但運送單據上有收貨戳記者，以該收貨戳記的日期視為裝運日期。

7. 要求快遞收據、郵政收據或投遞證明單據者：（UCP 600 第 25 條）

   ⑴快遞收據：以其上面載明的收取或收領貨物或此意旨的日期視為裝運（或發送）日期。

   ⑵郵政收據或投遞證明單據：以其上面載明信用狀所規定貨物裝運或發送地，經蓋上戳記或以其他方法確認並經註記的日期視為裝運（或發送）日期。

另 UCP 600 第 14 條(c)項規定：「含一份或以上依循第 19 條、第 20 條、第 21 條、第 22 條、第 23 條、第 24 條或第 25 條之正本運送單據者，須由受益人或其代表人於本慣例所述明之裝運日後 21 曆日內為提示，唯無論如何，提示不得遲於信用狀之有效期限。」

此外，UCP 600 第 29 條(c)項規定：「最遲裝運日不因第 29 條(a)項之結果而順延。」

● （六）裝運期間的用語（UCP 600 第 3 條規定）

除非要求在單據中使用，否則諸如「速即」(prompt)、「立即」(immediately) 或「儘快」(as soon as possible) 等用語將不予理會。

「在或於其前後」(on or about) 或類似之用語，將解釋為規定事件應在特定期日前後 5 曆日之期間內（含首尾日）發生。

「至」(to)、「迄」(until)、「訖」(till)、「自」(from)、「在…之間」(between)
等用語用於確定裝運期間時，包括所提及之期日，但，「之前」(before) 及「之
後」(after) 等用語則不包括所提及之期日。

「自」(from)、「之後」(after) 等用語用以確定到期日時，不包括所提及之
期日。

「上半月」(first half)、「下半月」(second half) 等用語應分別解釋為該月之
第 1 日至第 15 日及第 16 日至該月末日，並均含起迄期日在內。

「上旬」(beginning of a month)、「中旬」(middle of a month) 及「下旬」(end
of a month) 等用語，應分別解釋為該月之第 1 日至第 10 日、第 11 日至第 20 日
及第 21 日至該月末日，並均含起迄期日在內。

（七）about、circa 等用語的解釋

"about"、"approximately"、"circa" 等字或類似的用語，如用於有關信用狀
的金額或信用狀內所載的數量或單價時，應解釋為容許不逾該金額、數量或單
價 10% 上下的差額。如商品，因性質上不易按所規定的數量精確交付者──如
油、礦物、化學品──等信用狀雖規定重量或數量，亦容許在 5% 以內的增減，
但所開匯票金額則不得超過信用狀所定金額。當然，如規定不容許這種增減的，
自不在此限。又信用狀已就數量訂明包裝單位，或就各個品目有明確的記載時，
上述增減規定自不適用（UCP 600 第 30 條(a)項）。

（八）少支取金額的限制

即使部分裝運不被容許，信用狀未用餘額在不逾 5% 的差額係屬容許，但
以信用狀如敘明有貨物的數量而已全部裝運，且如信用狀敘明有單價而未減少，
或第 30 條(b)項未予適用為條件；如信用狀載有特定的寬容額，或使用第 33 條
(a)項有關用語者，本項差異則不適用。（UCP 600 第 30 條(c)項）。

（九）單據的份數

1.信用狀如未規定，則以提示一份正本及一份副本已足（UCP 600 第 17 條
(a)項）。

2.副本不必簽署（ISBP 681 第 32 條）。

3.信用狀關於單據份數的規定，通常使用下述拉丁語源的辭彙：

二份：in duplicate　　　五份：in quintuplicate　八份：in octuplicate

三份：in triplicate　　　六份：in sextuplicate　九份：in nonuplicate

四份：in quadruplicate　七份：in septuplicate　十份：in decuplicate

🌑（十）正本、副本之分（UCP 600 第 17 條）。

1. 下列單據視為正本：

(b)項：除單據本身表明其非正本外，載有單據簽發人的明顯原始簽字、標記、圖章、或標籤的任何單據，銀行應認為其為正本。

(c)項：除單據另有表明外，具有下列性質的單據，銀行亦將認其為正本而予接受：

ⅰ.顯示由單據簽發人親手書寫、打字、打孔或蓋章；或

ⅱ.顯示係製作在單據簽發人之原始用箋上；或

ⅲ.敘明其為正本,除非該正本性質的聲明顯示不適用於所提示的單據。

2. 副本：下列單據為副本。

(1)標示為「副本」。

(2)未標示為「正本」。

(3)未簽署。

🌑（十一）簽署 (Signature) 的方式（ISBP 681 第 39 條）

簽字無須手寫 (handwriting)、複製簽字 (facsimile signature)、打孔式簽字 (perforated signature)、圖章 (stamp)、符號如戳記 (symbol)、或以任何其他電子或機械確認的方法均無不可。但有簽署的單據的影本並不適格為有簽署的正本單據；同樣，有簽署的單據經傳真機傳送，如欠缺原始簽字，亦不視為有簽署的正本。如單據要求簽署且蓋章 (singed and stamped) 或類似者，則只要單據載有簽字並以打字、蓋章或手寫等方式顯示簽字人的名稱，均符合該項要求。

🌑（十二）部分動支／裝運

1.「部分動支或部分裝運係屬容許。」（UCP 600 第 31 條(a)項）

2.以郵遞或快遞方式裝運者：「含一份以上快遞收據、郵政收據或投遞證明之提示，倘該等快遞收據、郵政收據或投遞證明顯示由同一快遞或郵政業者於同一地點及日期經加蓋圖章或簽署，並寄往同一目的地者，不認為部分裝運。」

（UCP 600 第 31 條⒞項）

3.以其他方式裝運者：「含一套以上運送單據之提示，顯示自同一運輸工具起運且為同一航次，如表明同一目的地，將不認為部分裝運，即使該等運送單據表明不同之裝運日期或不同之裝載港、接管地或發送地；如含一套以上運送單據之提示，則以其中任一套運送單據中顯示之最遲裝運日期，認係裝運日期。

含一套或一套以上運送單據之提示，顯示在相同運送方式裝運於一個（或部、輛、架……）以上之運輸工具將認係部分裝運，縱該等運輸工具係於同日出發前往同一目的地。」（UCP 600 第 31 條⒝項）

4.未用餘額在 5% 以內者：依 UCP 600 第 30 條⒝項規定：「貨物之數量未逾 5% 上下差額係屬容許，但以信用狀未以包裝單位或個別件數規定數量，且動支之總金額未逾信用狀金額為條件。」又依 UCP 600 第 30 條⒞項規定：「即使部分裝運不被允許，信用狀未用餘額在不逾 5% 之差額係屬容許，但以信用狀如敘明有貨物之數量而已全部裝運，且如信用狀敘明有單價而未減少，或第 30 條⒝項未通適用為條件，如信用狀載有特定之寬容額，或使用第 30 條⒜項有關用語者，本項差異則不適用。」（UCP 600 第 30 條⒞項）。

（十三）分期動支／裝運

若信用狀規定，在所定各期間內辦理分期動支或裝運，而有任何一期未能按期動支或裝運時，信用狀對該期及其後各期均終止使用。（UCP 600 第 32 條）

例如信用狀總價為一萬美元，所訂購貨物為五千箱，規定全部貨物須於 1 月至 5 月每月各裝運一千箱，唯並未明文表明可容許分期裝運中的分批裝運。在 1 月間，受益人依規定辦妥第一批裝運並備妥所有單據，自得憑信用狀辦理提示請求動支當期貨款二千美元。但在 2 月間，其所辦理的第二批裝運卻因數量不足或其他原因，而無法如期裝運或動支，致未能符合信用狀規定。依本條，該信用狀對受益人 2 月間所為之裝運不但中止其效力，不得請求動支當期貨款，對於 3、4、5 月的裝運亦受影響而失其效力。

第六節　國際標準銀行實務簡介

所謂「符合之提示」，依 UCP 600 第 2 條規定：「意指依照信用狀條款、本慣例相關之規定及國際標準銀行實務所為之提示。」意即銀行審查押匯單據的依據規定優先順序，第一優先為信用狀；其次信用狀統一慣例；第三為國際標準銀行實務 (ISBP)。

國際商會所制定的 UCP，即信用狀統一慣例，向為全球國際貿易所敬重並遵循，唯各國因國情不同，對它各有不同的解讀，導致各地作法分歧，爭議時起，據調查顯示單據首次提示時，瑕疵率竟達六七成，因而遭受拒付者亦高達六成，花在審單的時間及金錢確實非常龐大，使業者對於以信用狀作為國際貿易上最為經濟、可靠且高效率的付款工具有所懷疑。

有鑑於此，國際商會於 1993 年修訂 UCP 500 時，在第 13 條(a)項內提出「所規定之單據表面與信用狀條款之相符性，應由本慣例所反映之國際標準銀行實務決定之……」，唯「國際標準銀行實務」(ISBP) 所指為何？當時並未具體推出，國際商會仍再接再厲於 1999 年成立「任務小組」，蒐集並整理世界各地的實務作法，去異存同，終於整理出業界期待已久的 200 條標準實務，並於 2002 年 10 月全體委員會一致通過確認此 ISBP 為國際商會的正式文件 (ISBP 645)。

所謂「國際標準銀行實務 (ISBP)」，乃指對國際商會 (ICC) 信用狀統一慣例 (UCP 500) 有關跟單信用狀全球性使用的規則作實務上的補充。ISBP 並非修改信用狀統一慣例，而是詳細地說明該規則如何應用在日常基礎上。藉此，用來彌補現行的一般規則及日常處理跟單信用狀業務間的差異。由於 UCP 600 從 2007 年 7 月開始實施，原國際商會 (ICC) 頒布的 ISBP 645 亦隨之作修改，現行為 ISBP 681，共計 188 條標準實務。

 習 題

一、問答題

1. 試述解釋信用狀條件的基本原則有那些?

2. 試述信用狀在法律上的研究現況。

3. 試簡介 UCP 600 的內容。

4. 試述信用狀的法律性質。

5. 試述信用狀的法源。

二、實 習

1. 某出口商接到一張可撤銷信用狀後,即積極備貨,並於 L/C 所定有效期限內向指定銀行押匯。銀行正審查單據中接獲開狀銀行來電撤銷該 L/C。請問出口商能否獲得押匯款? 為什麼?

2. 某出口商接到阿根廷一中小型銀行開來的不可撤銷信用狀後,即積極備貨。正在安排船期時,通知銀行轉來開狀銀行要求取消信用狀的電報。出口商如同意,則將因轉售貨物而遭受 5,000 美元損失;若不同意撤銷,則又恐怕開狀銀行故意挑剔單據瑕疵而拒付。我國與阿根廷無邦交,該國又外匯短絀,請問出口商怎麼做才好?

3. 某出口商收到一張 L/C,其有效期限為出口地時間某年 8 月 18 日,然而 8 月 18 日適逢颱風過境,所有銀行停止營業。出口商於颱風過境後 8 月 19 日才向銀行提示單據,請問銀行可否受理? 又若 8 月 18 日適逢星期假日,銀行休業,則出口商於 8 月 19 日提示單據時,銀行是否受理?

4. 信用狀規定裝運／接管／發送期限時,如何確定出口商係在裝運／接管／發送期限內裝運? 試就 L/C 要求提單、複合運送單據、空運提單及郵政包裹等情形,分別說明之。

5. 最後裝運日可否因 L/C 有效期限或裝運日後的提示單據期間因適逢銀行假期而順延至次日?

6. 信用狀未規定最後裝運日者,其最後裝運日期係那一天?

7. 信用狀未規定運送單據簽發日後為請求押匯而提示單據的期間時,出口商應自裝運日後

幾天內提示?

8. 某出口商收到一張 L/C,規定:"Shipment must be effected after Oct. 1, 2011",出口商所提示的提單顯示於 Oct. 1, 2011 裝船,請問該 B/L 是否符合 L/C 條件?又如該 L/C 規定 "Shipment must be effected from Oct. 1, 2011" 時,上述 B/L 是否符合 L/C 條件?

9. 信用狀開發日期為 Aug. 1, 2011;通知銀行通知 L/C 的日期為 Aug. 15, 2011,L/C 規定:"Shipment must be effected as soon as possible",請問出口商至遲應於何日以前將貨物運出?

10. 信用狀規定 "Shipment must be effected on or about Oct. 15, 2011",則出口商應於 Oct. 15, 2011 前後幾天內裝運才符合 L/C 條件?

11. 信用狀金額為 US$10,000,貨物數量為 about 1,000 pcs.,單價為 US$10,禁止分批裝運,請問出口商只裝運 900 pcs.,是否符合 L/C 條件?又如出口商裝運 1,100 pcs. 時,是否符合 L/C 條件?

信用狀當事人間的法律關係

信用狀交易流程

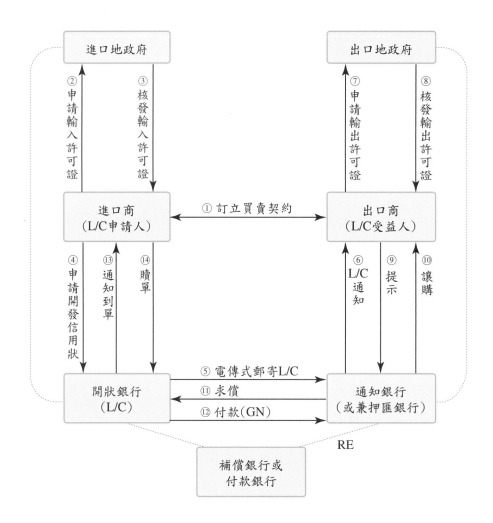

第一節 買方與賣方間的法律關係

在買賣行為中，買方與賣方間的法律關係，依買賣雙方所訂立買賣契約內容而定，與信用狀本身並無直接的關聯。但買賣契約中如果約定買方應提供信用狀以清償貨款，則買賣雙方應履行的義務如下：

■ 一、買方義務 ■

● （一）提供信用狀的義務

買賣契約中如約定買方應以信用狀方式清償貨款，則買方的提供信用狀即成為賣方履行交貨的先決條件 (condition precedent)。也就是說買方必須先履行提供信用狀的義務爾後才能要求賣方履行交貨的義務。因此，買方未提供信用狀之前，賣方無履行契約的義務（即無交貨義務）。在 1922 年 Dix 與 Grainger 對訟案中，買賣契約中規定買方須提供 irrevocable L/C 以支付貨款，但買方未提供信用狀，賣方也未履行交貨，買方卻以賣方違約為由訴諸於法。結果法院以買方未先提供信用狀為由判決買方敗訴。

● （二）開發信用狀的時期

1. 有約定時：

買賣契約中如訂有提供信用狀時期者，買方應如期提供信用狀，否則即為違約。在此情形下，賣方得定期催告，並請求因延遲提供 L/C 而生的損害賠償。如催告後仍未提供，賣方可解除契約，並得請求不履約的損害賠償。

2. 約定契約簽訂後立即 (immediately) 提供信用狀時：

買方應儘速提供信用狀，所謂「儘速」係指相當勤勉的人 (a person of reasonable diligence) 提供信用狀所需的時間而言。此說見於 Garcia v. Page Co. 訟案。在該訟案中，法官說："It was held that 'immediately' means that the buyer had to be allowed such time as was needed by a person of reasonable diligence to get the credit established."

3. 未約定提供信用狀時期時：

UCC 2–325 規定買方未能適時提供約定信用狀者，即為違反買賣契約。換言之，買方該在合理期間內 (within a reasonable time) 內提供信用狀。一般而言，決定合理期間時，須參考商品種類、市況、該契約環境及裝運時間等。其中尤以裝運時間最為重要。決定合理期間時，應以最初裝運日 (the first date of shipment) 作為衡量的基準，而非訂約日 (the date of the conclusion of contract)。因為(1)於裝運前賣方有權確知其貨價是否可獲得貨款；(2)賣方於收到信用狀後，往往須憑信用狀向銀行融資，以資備貨之需。所以信用狀應在最初裝運日之前的合理時間內提供 (within a reasonable time before the first date of shipment)。

● （三）信用狀與貨款的關係

買賣契約中約定以銀行信用狀為付款 (payment by bankers' credit) 方法時，買方給付貨款的義務是否因提供信用狀而免除呢？換言之，賣方接到買方所提供的信用狀，是否即可視為其貨款業已獲得清償呢？關於此，有二說：

　　1.絕對清償說 (absolute payment theory)：

主張此說者，認為以票據清償債務者 (payment by means of negotiable instruments)，如無相反（明示或默示）的約定，該票據債務未獲清償以前（即票據未獲兌現以前），舊債務仍未消滅（參照我國民法第 320 條），但信用狀並非票據，因此不能適用此一原則。因此嚴格解釋 "payment by bankers' credit"，認為只要買方請銀行開出約定的信用狀給賣方，即可謂已履行買方給付貨款的義務。依此說，如銀行宣告破產，致賣方無法憑信用狀取得貨款時，賣方僅得就破產銀行的財產，與其他債權人共同參加清算分配，不能另向買方請求給付貨款。

　　2.有條件清償說 (conditional payment theory)：

主張此說者認為買方給付貨款的義務，因提供信用狀而暫時免除。但如開狀銀行因宣告破產，致無法憑信用狀取得貨款時，賣方尚可向買方請求支付貨款。此派人士認為約定以信用狀付款，其目的在於以資力雄厚的銀行信用補強資力不顯著的買方信用，藉以確保貨款的獲付。現在居以補強地位的開狀銀行無力付款，其責任自應由買方負責。

通說均認為信用狀的提供僅是有條件的清償。其理由不外謂："payment by bankers' credit"，實為 "payment by means of drafts drawn under bankers' credit" 之意，從而，也就成為有條件清償的 "payment by means of negotiable instruments"。也就是說信用狀的提供，係一種間接給付。關於此，UCC 2–325 ⑵規定：「將適當之信用狀開給賣方時，買方之給付貨款義務暫時停止，如不能憑信用狀獲得承兌、付款，則賣方以適時通知買方為條件，可向買方要求逕行付款」，即認信用狀為有條件的清償。

●（四）信用狀的種類及其內容

信用狀種類繁多，買賣雙方應於買賣契約內訂明究應提供何種信用狀及其內容，以免引起糾紛。種類及內容既已約定，買方即有依約定申請開狀的義務，否則即構成違約。若買賣契約中未約定應提供何種信用狀時，一般認為應斟酌交易習慣及當事人的真意以判斷應該提供何種信用狀。關於此點，UCC 2–325 (3)規定：「除非另有約定，信用狀或銀行信用狀乃指由信用良好之金融機構所開發之不可撤銷信用狀」，可供參考。

■ 二、賣方義務 ■

●（一）協助買方，使其能如期提供信用狀

如買方基於本國的規定，須由賣方提供適當證明，才能提供信用狀者，賣方應適時提供該證明，否則買方不負遲延提供信用狀的責任。在 1952 年 Knotz 與 Fairclough，Dodd& Jones Ltd. 對訟案中，契約中規定賣方須提供 provisional invoice 給買方，以便其確定信用狀金額。由於賣方未提供 provisional invoice，買方也就未適時提供信用狀，於是發生糾紛。法院判決：在賣方未提供 provisional invoice 之前，買方無提供信用狀的義務。

●（二）賣方應依信用狀規定如期裝運並將完整的單據向開狀銀行提示請求付款

如賣方未履行此義務，致無法憑信用狀取得款項，則其後果應由賣方負責。賣方只能憑信用狀取得款項，不得直接或依其他方式逕向買方請求付款。如賣方不憑信用狀請求付款致買方受損時，賣方須負買方因此所受的損害（例如賣方不按期裝運，輸入許可證失效，買方無法進口該貨物，致貽誤商機）。當然，如賣方確曾依信用狀規定向開狀銀行請求付款而無結果時，自可依買賣契約直接向買方請求付款。

第二節　買方與開狀銀行間的法律關係

買方向銀行申請開發信用狀時，必須向銀行提出「開發信用狀約定書及開

發信用狀申請書」(letter of credit agreement and application for opening letter of credit)，買方與開狀銀行間的法律關係，主要即依此約定書及申請書內容而定。約定書或申請書未規定者，則依信用狀統一慣例或民法或習慣或法理加以判斷。一般而言，雙方的義務如下：

一、買方的義務

（一）應明確指示信用狀的內容

銀行所開發的信用狀係以買方所填具的開發信用狀申請書為依據。因此，申請書的內容應力求明確，既不可過於簡略，失諸疏漏或不清楚，也不可過於冗贅，肇致困惑或誤解。

（二）補償義務

開狀銀行依照信用狀條件兌付後，照開發信用狀約定書，買方應補償其所墊付的款項及利息。

（三）支付開狀手續費及其他費用義務

（四）提供擔保的義務

照開發信用狀約定書，開狀銀行依信用狀條件兌付票款後，買方有向銀行為補償的義務，唯如買方因破產或其他原因陷於給付不能，則銀行的補償權利即無保障。故銀行為維護自身的利益，通常都要求買方提供相當的擔保。銀行要求提供的擔保方式，約有下列幾種：

1. 提供相當的保證金 (margin money)。

2. 提供擔保品。

3. 提供保證人。

（五）迅速審查單據的義務

買方從開狀銀行領回單據後，應迅速審核該等單據是否與原指示相符。如發現有瑕疵，應迅速通知開狀銀行俾其能及時拒絕付款（UCP 600 第 14 條(b)項、第 16 條(b)、(c)、(d)項）。

■ 二、開狀銀行的義務 ■

● （一）切實遵守買方所指示開狀的義務

除另有約定（例如開發信用狀契約中規定開狀銀行有刪改開發信用狀申請書內的任何部分，俾與輸入許可證所載者相符之權），應切實按照買方所填具開發信用狀申請書中所指示的條件，開發信用狀。

● （二）合理迅速開狀的義務

買方向銀行提出開發信用狀申請書後，如買方已依照銀行規定辦妥有關手續時（包括繳妥保證金及手續費等），應即開狀。當然，銀行可要求給予相當的審查時間；如在該相當期間內銀行不表示意思時，應依我國民法第 530 條規定認為接受買方的開狀指示，並在合理時間內開出信用狀。如果銀行因可歸責於自己的事由延誤開狀，銀行應負因此所致的損害，包括賣方以違反契約為由的解除契約及損害賠償等在內。

● （三）審核單據的義務

信用狀交易係單據交易的一種，有關各方所處理者係單據，而非貨物。UCP 600 第 7 條(a)項規定：「若所規定之單據向指定銀行或開狀銀行提示且構成符合之提示，而信用狀使用方式為下列之一者，開狀銀行須為兌付：

i.由開狀銀行即期付款、延期付款或承兌；

ii.由指定銀行即期付款，但該指定銀行未予付款；

iii.由指定銀行延期付款，但該指定銀行未承擔延期付款承諾，或雖已承擔延期付款承諾，但於到期日未予付款；

iv.由指定銀行承兌，但該指定銀行未就以其為付款人之匯票承兌，或雖就以其為付款人之匯票承兌，但於到期日未予付款；

v.由指定銀行讓購，但該指定銀行未予讓購。」

又同條(c)項規定：「開狀銀行對已就符合之提示為兌付或讓購並向其遞送單據之指定銀行，負補償之義務。信用狀之使用方式為承兌或延期付款者，應於到期日就符合提示金額為補償，而不論指定銀行是否於到期日前已預付或買入。開狀銀行對指定銀行補償之義務，獨立於開狀銀行對受益人之義務。」

　　因此，開狀銀行必須嚴格審查賣方所提示的匯票及單據，須其符合買方所指示者方得兌付，從而取得對買方的請求補償之權。至於銀行審查單據，應持何種態度？其責任範圍如何？將於下節敘述，茲不贅述。

第三節　開狀銀行審查單據的責任

■ 一、銀行審查單據的重要性 ■

　　信用狀雖以買賣契約或其他契約為基礎，但信用狀一經開出，該信用狀即與這些契約分離，此即為信用狀獨立性的原則。如前所述，信用狀中通常均規定，受益人於請求銀行履行付款、承兌或讓購義務時，必須提示信用狀所規定的各種單據供銀行審查。銀行審查單據的目的在於確定所提示的單據是否符合信用狀所規定的條件，藉以決定是否付款、承兌或讓購。如所提示單據與信用狀條件不符，押匯銀行竟予押匯，則開狀銀行得拒絕補償 (reimburse)；另一方面，開狀銀行對於不符信用狀條件的單據，擅為付款或承兌，則不能向開狀申請人要求補償。

　　然而，銀行審查單據所負責任範圍如何？應採取何種態度？怎樣的單據才算是符合信用狀條件？這些問題常成為信用狀交易當事人爭執的焦點所在。以下就銀行審查單據一般原則及負責範圍予以論述。至於個別單據的審查原則，將在討論單據時說明。

■ 二、審查單據的一般原則 ■

● （一）以單據為準的原則

　　UCP 600 第 14 條(a)項規定：「依指定而行事之指定銀行、保兌銀行，如有者，及開狀銀行須僅以單據為本，審查提示藉以決定單據就表面所示是否構成符合之提示。」所謂「符合之提示」，UCP 600 第 2 條規定：「意指依照信用狀條款、本慣例相關之規定及國際標準銀行實務所為之提示。」

● （二）形式審查的原則

如前所述，信用狀交易為單據交易的一種，因此銀行審查單據時，僅就該等單據的表面審查。至於單據上所記載的貨物是否存在，其品質如何，單據的有效性或其法律上效力如何，銀行不負責任。UCP 600 第 34 條規定：「銀行對任何單據之格式、充分性、正確性、真實性、偽造或法律效力，或對單據上所規定或加註之一般或特別條款，既不負義務或責任；對任何單據所表彰貨物、勞務或其他履約行為之說明、數量、重量、品質、狀況、包裝、交貨、價值或存在，或對貨物之發貨人、運送人、運送承攬人、受貨人、保險人或其他任何人之善意或作為或不作為、償債能力、履行能力或信用狀況，亦不負任何義務或責任。」簡言之，銀行僅就單據作形式上的審核即為已足，而不作實質的審查。又，UCP 600 第 5 條(b)項規定：「銀行所處理者為單據，而非與該單據可能有關之貨物、勞務或履約行為。」即屬此精神的表現。

（三）符合的提示原則

UCP 600 第 2 條規定：「意指依照信用狀條款、本慣例相關之規定及國際標準銀行實務所為之提示。」所謂單據表面上必須與信用狀條件相符合，係指單據在文字上與信用狀所規定的條件在外觀上相符合而言。但是單據在文字上與信用狀條件究應如何才算「相符合」？以商業發票為例，如信用狀上規定的貨品是「糖」，但商業發票上卻另外加註糖的廠牌，是否與 UCP 600 第 18 條(c)項規定有所牴觸？

國際商會認為：商業發票上多加的說明如不損及信用狀上的說明，應可接受，而且「符合」(correspond) 一詞並非意味「完全相同」(identical)(ICC Doc 470/371 471/373 1980–12–9)。ISBP 681 第 58 條也有相同的論述——無須如鏡子影像般一致，上述二種文件之說明，只要相符合不相互矛盾即可。

（四）各單據表面上彼此不矛盾的原則

UCP 600 第 14 條(d)項規定：「當依信用狀本文、單據本身及國際標準銀行實務審閱時，單據中之資料無須與該單據之資料，任何其他規定之單據或信用狀中之資料完全一致，但不得互相牴觸。」這就是說，銀行審查受益人提示的單據，不僅應注意個別單據是否與信用狀條件相符，且須確定該等單據在表面上是否彼此牴觸，否則個別單據雖然都符合信用狀條件，但諸單據間在表面上彼此矛盾（或有歧異）時，也視為單據在表面上與信用狀條件不符合。例如各種單據對於貨物說明 (description of goods)，雖因單據性質的不同，其內容詳簡不一，但彼此之間，仍應在表面上不得有矛盾或牴觸，否則銀行得拒絕接受。例如信用狀規定的貨物說明為「水泥 10,000 M/T」，賣方提示的提單記載貨物為「洋房牌水泥 10,000 M/T」，而檢驗證明書上卻記載為「嘉新牌水泥 10,000 M/T」，則兩者的記載就彼此不一致而有所矛盾，依 UCP 600 第 16 條(a)項規定：「若依指定而行事之指定銀行，保兌銀行，如有者，或開狀銀行決定提示係不符合時，該等銀行得拒絕兌付或讓購。」銀行不會接受這些單據，而拒絕兌付。

● （五）合理時間內審查的原則

UCP 600 第 14 條(b)項規定：「依指定而行事之指定銀行、保兌銀行，如有者，及開狀銀行應各有自提示日之次日起最長 5 個銀行營業日，以決定提示是否符合。此一期間不因提示之當日或之後適逢任何有效期限或提示期間末日而須縮短或受其他影響。」開狀銀行的審查單據，係其對買方（開狀申請人）應盡的責任，對賣方（受益人）而言，則為銀行的權利。所謂「合理的時間」(reasonable time，又譯為「相當的時間」) 究應多久，早期因信用狀統一慣例未作進一步的具體規定，頗易引起爭議；UCP 500 規定其拒付時間不超過收到單據之日後 7 個銀行營業日，糾紛爭議必可減少很多；因郵遞快速便捷，UCP 600 規定其拒付時間不超過收到單據之日後 5 個銀行營業日。然而，必須強調的是：並不是不超過 5 個銀行營業日就無問題。假如所提示單據只是一份簡單的單據（例如擔保信用狀項下的 statement)，則開狀銀行似不宜拖延到第 5 個營業日才拒付，因其已超過合理時間也。

■ 三、銀行審查單據的免責範圍 ■

UCP 600 第 34 條規定：「銀行對任何單據之格式、充分性、正確性、真實性、偽造或法律效力，或對單據上所規定或加註之一般或特別條款，既不負義務或責任；對任何單據所表彰貨物，勞務或其他履約行為之說明、數量、重量、品質、狀況、包裝、交貨、價值或存在，或對貨物之發貨人、運送人、運送承攬人、受貨人、保險人或其他任何人之善意或作為或不作為、償債能力、履行能力或信用狀況，亦不負任何義務或責任。」茲進一步分析於下：

（一）單據的格式

各項單據可有其特殊格式，或各國規定的法律要件，但開狀銀行僅對通常習慣上該單據應有的要件審查，除非信用狀另有要求，否則對格式上的欠缺或瑕疵不負責任。

（二）單據的充分性

銀行審核單據的種類與份數，完全依照信用狀規定，而不須考慮進口商實際需要。UCP 600 第 14 條(g)項規定：「提示之單據係信用狀未要求者，將不予理會並可退還提示人。」例如進口商進口某些產品，進口國政府要求提示產地證明書，但信用狀上卻沒有規定出口商須提示產地證明書，則押匯銀行不負責審查未規定的單據是否欠缺產地證明書。

（三）單據的正確性

銀行對於單據所記載事項或其計算有無錯誤，不負責任。依 ISBP 681 第 24 條規定：「銀行不查核單據上數學計算的明細。銀行僅負責就總金額與信用狀及其他要求的單據相核對。」貨運單據 (shipping documents) 中，諸如商業發票 (commercial invoice)、裝箱單 (packing list) 等內容如算術計算有錯誤是否可以拒付 (unpaid)? 依國際商會銀行技術委員會 1984 年 1 月 17 日會議，意見如下：國際商會認為：「銀行須依據 UCP1974 290 第 7 條 (UCP1983 400) 比相當的注意審查單據，而不須核算詳細的算術計算；除非單據上有明顯的錯誤。」意即：銀行不查核單據上數學計算的明細，銀行僅負責就總金額與信用狀及其他要求的單據相核對。若買方在銀行收到單據之日後 5 個銀行營業日，發現單據上有明顯的錯誤，還是可以拒付 (unpaid) 的。

（四）單據的真實性、偽造 (falsification)、法律效力

英文的 Falsification 包括偽造、變造及虛偽的記載等多種意義。銀行對於所提示的單據，如經以合理的注意力審查並認為無不符合信用狀條件之處，即不再負任何責任。對於單據的真實性或是否被偽造、變造、其記載是否與實際情形相符，以及法律效力如何等，銀行不負進一步探究或作實地調查的義務與責任（參閱 UCP 600 第 34 條）。

◗（五）單據上所規定或加註的一般或特別條款

例如提單與保險單，均載有很詳細複雜的印刷條款或附註條款，這些一般或特殊的條件中如開狀銀行認為有不利於進口商的記載者，開狀銀行固得以拒絕兌付，但是開狀銀行的拒絕是權利而非義務，亦即開狀銀行如對這種情形不予拒絕時，亦不負責任。以保險單為例，UCP 600 第 28 條(i)項規定：「保險單據得包含任何不承保條款之附註。」同條(j)項規定：「保險單據得表明其承保範圍適用免賠額或僅賠超額（扣除免賠額）。」即是。

◗（六）單據發行人的行為

開狀銀行對運送單據的發行人（運送人）、承攬運送人、保險單的發行人（保險人）或其他單據的發行人或關係人的作為或不作為、履行能力（如運送人是否能如期將貨物順利運抵提單記載的目的地）、償債能力（如保險人於貨物出險後是否有能力賠償）、信用狀況（如公證報告是否由公證行經確實檢驗後才發行）等，均不負責任（參閱 UCP 600 第 34 條）。

◗（七）單據所記載貨物的實際狀況

銀行對於單據上所記載有關貨物的各種事項與其實際狀況是否相符，不負責任。換言之，單據所記載的貨物說明、數量、品質、狀況、包裝等是否正確地表示貨物的實際情況，該項貨物是否確實存在、是否已交付運送人，以及其價值的記載是否真實，銀行概不負責（參閱 UCP 600 第 34 條）。

第四節　賣方與開狀銀行間的法律關係

賣方與開狀銀行間的法律關係，源於開狀銀行的開狀行為，其權利義務以其所開發的信用狀為依據。賣方固然不能主張信用狀所許以外的權利，也不負額外的義務。由於銀行所開發的信用狀為不可撤銷信用狀，賣方與開狀銀行的法律關係，茲說明如下：

■ 不可撤銷信用狀 ■

不可撤銷信用狀的開狀銀行，於賣方履行信用狀條件時，就其所簽發的匯票或所提示的單據負有承兌、付款或讓購的確定義務 (definite undertaking)。此項確定義務，非經賣方的同意，不得任意撤銷或修改。因此，賣方對開狀銀行享有絕對不可撤銷 (irrevocable) 的權利。

　　至於賣方對開狀銀行的權利內容，則視信用狀中的條件而定。通常不可撤銷信用狀都載有類如「開狀銀行對於合乎本信用狀條件而簽發的匯票，於其提示時，當予以兌付」(We hereby engage with drawers...that drafts drawn in conformity with the terms and conditions of this credit will be duly honored on presentation) 等的條款。因此，賣方權利的內容，主要是忠實履行信用狀條件，即可簽發匯票或提示單據要求銀行兌付。賣方對於開狀銀行所得主張的兌付請求權，與買方、賣方間的對價關係（即買賣契約），及買方、開狀銀行間的資金關係（開狀契約）抽象分離，而成為一種獨立的權利。UCP 600 第 4 條 (a) 項也規定：「信用狀在本質上與買賣契約或其他契約係屬分立之交易，信用狀或以該等契約為基礎，但銀行與該等契約全然無關，也決不受該等契約之拘束，縱該信用狀內含有參照該等契約之任何註記者亦然。因此，銀行在信用狀下所為兌付、讓購或履行其他任何義務之承諾，不因申請人以其與開狀銀行或其與受益人之關係所衍生之主張或抗辯而受影響。受益人決不得援用存在於銀行間，或申請人與開狀銀行間之契約關係。」即充分表明這個意旨。其目的係在於保護信用狀交易當事人的安全，以促進交易的迅速敏活。以下就不可撤銷信用狀項下賣方與開狀銀行的法律關係，加以說明。

● （一）賣方的權利（也即開狀銀行的義務）

　　如上所述賣方的權利是一種抽象獨立的（不要因性的）權利，因此：

　　1.開狀銀行不能以其與買方間的開狀契約有瑕疵或開狀有誤等理由而拒絕兌付賣方依信用狀條件所提示的匯票或單據。買方與開狀銀行間的開狀契約有瑕疵，或因銀行的錯誤所開發的信用狀條件與開狀契約不符的情形，並非絕無僅有。發生似此情形時銀行究應採何種態度呢？關於此，美國法院的見解都認為銀行不得以開狀契約所生的事由為抗辯。例如 1956 年法國 Vernadat 與 Banque Populaire 對訟一案，被控告的開狀銀行，因政府外匯政策的改變致信用狀所載貨幣種類無法自買方取償，開狀銀行遂以此為由而拒絕依信用狀條件兌付。但法院認為該銀行的拒絕兌付有違其對賣方的義務，應負賠償之責。

2.開狀銀行不能以其信用狀的開發係由於買方的詐欺，或以買方未曾提供對價（即償付匯票的資金），或以買方已無力贖票等理由，拒絕兌付賣方依信用狀條件簽發的匯票。關於此，在 1920 年 American Steel 與 Irving National Bank 及同年 Ernesto Foglino& Co. 與 Webster 兩對訟案中，其判決書均認為「開狀銀行不得以其對顧客（即買方）間的契約關係為由，拒絕履行兌付的義務」，在在說明此一旨趣。但若賣方事先知悉銀行對於買方有可得抗辯的事由時，不在此限，換言之，賣方如屬惡意時，銀行仍得拒絕履行付款的義務。

3.開狀銀行不得以其對賣方的債權主張抵銷權：假如開狀銀行與賣方間有借貸關係時，開狀銀行是否可以其對賣方的債權與賣方憑信用狀而享有的請求權互為抵銷呢？關於此，一般多認為銀行不得主張抵銷。因為信用狀交易係一封閉式的行為，受益人與開狀銀行間的關係並非建立在其與銀行間所存在的一般銀行契約，而是建立於買方的開狀申請（委託），銀行應履行此項委任的事務，而不應追求信用狀以外的其他利益。

● **（二）賣方的義務（也即開狀銀行的權利）**

• 賣方主張上述強有力的權利，有一個前提，即必須完全而忠實履行信用狀條件，否則不能要求開狀銀行履行兌付的義務。所謂履行信用狀條件，主要為提供與信用狀條件完全相符的單據而言。賣方所提示的單據是否符合信用狀條件，必須就信用狀條件的文義從嚴解釋。在 1931 年 South African Reserve Bank 與 Samuel 對訟案中，Rowlatt 法官曾說：「賣方如確實瞭解信用狀的意義，即應嚴格按照其文義行事，絕不能作『結果還不是一樣』或『我本來就這樣想，當初如作此要求，諒不致反對』等等的推論。」

在 1925 年 Lamborn 與 National Bank of Commerce 對訟案中，信用狀規定貨物須由爪哇駛往費城的輪船裝運。但事實上卻以從爪哇開往塞得港或紐約 (Port Said or New York) 的輪船裝運。嗣因變更航線，該輪船卻駛往費城。法官認為該輪船雖然駛往費城，但賣方未履行信用狀的條件。換言之，信用狀規定貨物在起運地時，即應明白確定其卸貨港，事實上賣方並未如此做，後來即使因偶然的事件，致與信用狀條件相符的情形，嚴格而言，仍不能認為賣方已履行信用狀條件。

　　由以上所述，可知賣方必須嚴格履行信用狀條件，對所提示證明履行信用狀條件的單據，在文字上必須作嚴格的解釋，絕不可以「所差無幾」或「極為類似」為理由，主張已履行信用狀條件。

第五節　通知銀行與相關當事人間的法律關係

一、通知銀行與買方間的法律關係

　　買方與通知銀行間無契約關係的存在，因此不發生直接的法律關係，即使買方指定某一銀行為通知銀行時，買方與該指定通知銀行之間也不發生代理關係或委任關係（參閱 1926 年 Equitable Trust Company of New York 與 Dawson Partners Ltd. 對訟案）。所以，通知銀行的通知行為即使有過失，對買方不負任何責任。

二、通知銀行與開狀銀行間的法律關係

　　依 UCP 600 第 2 條規定：「通知銀行意指依開狀銀行之委託，通知信用狀之銀行。」據此通知銀行與開狀銀行間的法律關係如下：

（一）委任或代理關係

　　通常通知銀行與開狀銀行之間，有委任或代理關係存在。通知銀行處於委任或代理人的地位，自應適用有關民法委任或代理的規定。因此依我國民法第 535 條的規定，通知銀行如未受有報酬，應與處理自己事務同一的注意，如受有報酬，則應以善良管理人的注意為之。如未盡到注意的義務而有過失，對於開狀銀行應負損害賠償責任。

（二）補償請求權

　　通知銀行依開狀銀行的指示，代為兌付時，有權請求開狀銀行償還所墊付的款項。UCP 600 第 7 條(a)項明文規定：「若所規定之單據向指定銀行或開狀銀行提示且構成符合之提示，而信用狀使用方式為下列之一者，開狀銀行須為兌

付：

     ⅰ.由開狀銀行即期付款、延期付款或承兌；

     ⅱ.由指定銀行即期付款，但該指定銀行未予付款；

     ⅲ.由指定銀行延期付款，但該指定銀行未承擔延期付款承諾，或雖已承擔延期付款承諾，但於到期日未予付款；

     ⅳ.由指定銀行承兌，但該指定銀行未就以其為付款人之匯票承兌，或雖就以其為付款人之匯票承兌，但於到期日未予付款；

     ⅴ.由指定銀行讓購，但該指定銀行未予讓購。」

●（三）保兌義務

　　開狀銀行若授權或委託通知銀行就其所開發的信用狀加以保兌時，除非雙方對此一事宜事先已有約定者外，通知銀行並無必須予以保兌的義務。但依 UCP 600 第 8 條(d)項規定：「若銀行經開狀銀行之授權或委託對信用狀保兌，但卻無意照辦時，其須儘速告知開狀銀行，並得將該信用狀通知而不加保兌。」在此情形下，除開狀銀行於其附加保兌的授權或委託另有規定外，通知銀行得逕就該信用狀通知受益人而不加保兌。

■ 三、通知銀行與賣方間的法律關係 ■

●（一）通知義務

　　通知銀行只負通知信用狀的義務，不受信用狀的拘束，依 UCP 600 第 9 條(a)項規定：「信用狀及任何修改書得經通知銀行通知受益人。通知銀行非保兌銀行時，其通知信用狀及任何修改書不負任何兌付或讓購之義務。」即使開狀銀行授權或委託通知銀行付款、承兌匯票或讓購時，通知銀行也得不負該等義務。

●（二）保兌時

　　通知銀行對其所通知的信用狀加以保兌者，就其保兌範圍內，猶如開狀銀行直接對受益人負責，此項保兌構成通知銀行方面的確定義務，擔保該信用狀下有關付款、承擔延期付款義務、承兌匯票或讓購的規定將如約履行。並且在信用狀規定讓購方式時，保兌銀行讓購該項匯票或單據後，對於發票人或善意持有人並無追索權。此與仍保有追索權的普通讓購迥然不同。

● （三）負有迅速通知信用狀的義務

通知銀行接到開狀銀行所開發信用狀之後，應迅速將該信用狀轉知受益人，不得有不當延誤，否則可能要負擔因不當延誤而生的責任。當然，銀行如選擇不通知信用狀，也應將此意旨儘速告知開狀銀行（UCP 600 第 9 條(e)項）。

● （四）負有正確通知的義務

如上所述，通知銀行雖然對開狀銀行在信用狀所作的約定不負任何責任，但仍應負正確通知的義務。依 UCP 600 第 9 條(b)項規定：「通知銀行於通知信用狀或修改書時，即表示其確信信用狀或修改書外觀之真實性，且該通知書正確反映所收到之信用狀或修改書之條款。」自法律觀點而言，通知銀行是開狀銀行的受任人或代理人，自應以善良管理人的立場履行信用狀的通知。關於此種通知銀行的義務，UCC 5–107 (1)明確規定：「除另有規定外，通知銀行不因就他銀行之信用狀為通知而負兌付依照該信用狀所開之匯票或所製作之付款要求書之任何責任；但通知銀行就其通知之正確性負有義務。」又依照本條的註解，通知銀行對其本身的錯誤應負責任。

● （五）不負翻譯之責

通知銀行有權將信用狀術語不經翻譯逕將信用狀遞送賣方，對於專門術語翻譯或解釋的錯誤，銀行也不負責任與義務（UCP 600 第 35 條）。

● （六）查對信用狀簽章或核對押碼的責任

通知銀行對其所通知的信用狀，應否負其真實性呢？關於此，UCP 600 第 9 條(b)項規定：「通知銀行於通知信用狀或修改書時，即表示其確信信用狀或修改書外觀之真實性，且該通知書正確反映所收到之信用狀或修改書之條款。」由此可知通知銀行對其所通知的信用狀，負有查對其簽字或押碼真實與否的義務。又，UCP 600 第 9 條(f)項規定：「若銀行受託通知信用狀或修改書，但無法確信該信用狀、修改書或通知書外觀之真實性時，則須將此意旨儘速告知外觀上顯示所由收受指示之銀行。若通知銀行或第二通知銀行仍選擇通知信用狀或修改書，則須告知受益人或第二通知銀行其無法確信該信用狀、修改書或通知書外觀之真實性。」

第六節　押匯銀行與相關當事人間的法律關係

一、押匯銀行與賣方間的法律關係

　　銀行除非就信用狀曾予以保兌者外，對於賣方所簽發的匯票並無必須受理押匯的義務，即使該信用狀指定該銀行為押匯銀行時，也然。因此，押匯銀行與賣方的法律關係，可依賣方向押匯銀行所簽具的「出口押匯總質權書」(general letter of hypothecation，簡稱 L/H)，出口押匯申請書及票據法來規範。

（一）押匯銀行的追索權

　　押匯銀行因受理押匯而從賣方受讓匯票後，即成為該匯票或單據的正當持有人。因此，如該匯票或單據遭受拒絕兌付時，押匯銀行得向發票人的賣方行使追索權，追回票款。

　　在此，順便說明押匯的法律性質。所謂押匯又稱為讓購，其英文為 "negotiation"，通常係指外匯銀行購買受益人憑信用狀所簽發匯票或所提示單據的行為而言。UCP 600 第 2 條規定：「讓購意指指定銀行在其應獲補償之銀行營業日當日或之前，以墊款或同意墊款予受益人之方式，買入符合提示項下之匯票（以指定銀行以外之銀行為付款人）或單據。」廣義的讓購或押匯則指銀行購買出口商的匯票或單據而言，不問其是否根據信用狀簽發或提示，承做押匯的銀行稱為押匯或讓購銀行。押匯銀行讓購受益人匯票或單據後，如遭開狀銀行拒絕兌付 (dishonor)，則是否可向受益人請求返還先前付出的款項呢？此涉及押匯的法律性質為何的問題。關於此，學者之間，聚訟紛云，各法院之間，也有不同的見解。歸納起來，可大致分為三說：

　　1.票據權利的買賣行為說：此說認為押匯係指押匯銀行買入受益人憑信用狀所簽發匯票或單據的買賣行為。因為，無論是質押權利總設定書抑或出口押匯申請書中，均將 negotiation 譯為「買入」、「承購」、「貼現」或「購買」，可見賣方（受益人）與押匯銀行之間，有關匯票的關係，為票據買賣的關係。在民國 65 年南元紡織公司與臺灣銀行對訟案中，臺灣高等法院臺南分院即肯定押匯為票據權利的買賣行為。

2.銀行融資墊款說（又稱為消費借貸說）：此說認為押匯銀行並非信用狀項下的付款人，也未擔保付款，而只是單純的匯票持有人，仍需將跟單匯票送往開狀銀行請其兌付，在未收妥款項之前，押匯銀行的讓購匯票，只是對受益人的一種墊款或融資。將來遭拒付不論拒付是由於單據的有瑕疵、開狀銀行破產或是無正當理由，押匯銀行皆可向受益人追回所墊出或融資的款項及因此而生的利息及費用。因此，押匯銀行因押匯而付給受益人的款項，應屬於墊款或融資，其與受益人的關係，實為消費借貸，我最高法院 66 年臺上字第五三五號，67 年臺上字第三一六〇號及 68 年臺上字第二九五九號判決即採此說。

3.附買回條件的票據貼現行為說：此說認為押匯是受益人以單據為票據權利的擔保，受益人與押匯銀行間僅成立票據貼現的權義關係。因為依賣方（受益人）所簽署的質押權利總設定書及出口押匯申請書，所謂 "negotiation" 係指賣方將單據及其為收取貨款所簽發的匯票的權利讓與銀行，或指銀行收購賣方的單據及其為收取貨款而簽發的匯票的行為。其與 discount（貼現）、purchase（承購）意義相似。質押權利總設定書中，所稱該匯票擔保品，顯以單據為票款的擔保。又因出口押匯申請書中記載「……上項票據如發生退票拒付情事，不論為該票金額全部或一部分，申請人於接獲貴行通知後，願立即如數以原幣加利息償還，並願負擔因此而支出之費用……。」因此，除權利買賣外，當事人間另有特約，貼現的票據發生退票或拒付等情事時，銀行得為買回的請求通知，以確保押匯銀行的利益。乃主張押匯為附買回條件的票據貼現行為。

以上各說，各具相當的道理。然而我們認為消費借貸說較合理，也較符事實。

● （二）押匯銀行對運送中貨物的擔保權

押匯銀行為擔保其基於讓購匯票或單據所生票據或單據買回權或消費借貸債權與票據債權（對發票人的追索權），賣方依背書方式交付或僅依交付，轉讓運送單據給押匯銀行時，銀行就運送中貨物取得擔保權。

我國外匯銀行所使用質押權利總設定書 (L/H) 均規定：「授權貴行之任何經理或代理人，或匯票現在持有人，於匯票提示而被承兌人拒絕承兌，或於匯票

到期而被付款人拒絕支付，或在清理步驟時，不論匯票是否已經承兌人或附有
條件承兌或絕對承兌，貴行均得將該匯票擔保品之全部或一部分按照貴行或票
據持有人認為適當之方法，將其變賣，並將所得票款，除去通常手續費及佣金
外，以之支付該票款及其匯票……」，則押匯銀行取得的擔保權係讓與擔保。

● （三）押匯銀行審查單據的責任

押匯銀行受理押匯案件後，通常均於審查單據後，認為與信用狀條件相符
時，才將押匯款撥給受益人（賣方）。然而，押匯銀行將單據送交開狀銀行後，
如開狀銀行發現單據有瑕疵而拒絕兌付時，受益人可否以押匯銀行未盡審查責
任為由，而拒絕退還押匯款或向押匯銀行請求損害賠償？關於此，我們須知押
匯銀行審查單據一方面固然是為服務受益人，協助其審查單據；他方面其審查
單據主要是為其本身利益著想。因為押匯銀行基於押匯而先墊款給受益人，押
匯銀行為求能順利收回押匯款不得不嚴格審查單據是否與信用狀條件相符，藉
以保障其授信的安全。但這種審查並非押匯銀行的義務。因此，經押匯銀行審
查的單據，雖其認為無瑕疵，事後且被開狀銀行發現瑕疵，遭拒付時，受益人
不能以押匯銀行未盡審查責任為由，拒絕退還押匯款或請求損害賠償。

■ 二、押匯銀行與開狀銀行間的法律關係 ■

押匯銀行與開狀銀行間的法律關係，與賣方一樣，依信用狀所規定條件，
對開狀銀行取得抽象獨立的權利。茲敘述如下：

● 不可撤銷信用狀的場合

開狀銀行與押匯銀行的關係，在 non-restricted L/C 情形下，只要押匯手續
符合信用狀條件，押匯銀行即有依該信用狀上的 undertaking clause，向開狀銀
行請求承兌或付款的權利。但是，該信用狀如屬限押信用狀 (restricted L/C)，則
因其已限定由某特定銀行押匯，其他銀行如貿然接受押匯，即屬違反信用狀條
件，不能以指定銀行的地位（即不是善意的第三者）向開狀銀行請求補償，自
不待言（UCP 600 第 7 條(a)項）。

三、押匯銀行與買方間的關係

　　押匯銀行與買方之間，如同通知銀行與買方之間，並無契約關係存在。因此，也無任何權利義務可言。但是，依信用狀的規定，匯票如係以買方為被發票人 (drawee)，並經其承兌，則買方應依照票據法的規定，對押匯銀行負清償票據責任。買方對押匯銀行所負這種票據法上的責任，只有在開狀銀行破產不能兌付匯票時，才顯出其重要性。因為，在一般情形，只要押匯銀行提示完全符合信用狀條件的匯票或單據，開狀銀行必須負兌付之責，開狀銀行既然兌付，押匯銀行即沒有再向買方提示匯票，請其付款的必要。

四、押匯銀行與償付銀行間的法律關係

　　償付銀行（歸償銀行、補償銀行）與押匯銀行之間並無直接的契約關係。償付銀行只不過受開狀銀行的委任，代開狀銀行補償押匯銀行應得的補償款而已，並非基於信用狀項下給付的直接權利義務當事人。因此，押匯銀行向償付銀行求償時，償付銀行並不必審查相關的信用狀項下的給付關係。償付銀行唯一的責任是審核押匯銀行的求償金額是否超過開狀銀行授權書中所規定授權範圍。

　　儘管某銀行被開狀銀行指示或授權為其所開信用狀的償付銀行，該被指定為償付銀行的某銀行是否願意接受其指示或授權，應有充分的自由。押匯銀行不得強制償付銀行償付。若補償銀行未能於一經請求即依照信用狀的條款予以補償時，開狀銀行應對任何利息損失及因此而產生的任何費用負責（UCP 600 第13 條(b)項(iii)款）。

　　押匯銀行向償付銀行求償時，除信用狀另有規定外，不必向償付銀行提出其求償係符合信用狀條件的聲明，也就是說，不必提示「符合聲明書」(certificate of compliance) （UCP 600 第 13 條(b)項(ii)款）。

　　最後須提及的是：由於償付銀行的清償付款只是單純付款，如開狀銀行收到押匯銀行送來的單據而發現與信用狀條件不符時，開狀銀行仍可拒絕接受該等單據，並要求押匯銀行退還已付款項。換言之，償付銀行對押匯銀行的償付

行為並非「終局性的付款」(final payment)。

第七節 信用狀轉讓後相關當事人間的法律關係

■ 一、買方與賣方（讓與人）間的法律關係 ■

　　信用狀的轉讓，是否構成買賣契約上賣方地位的轉讓呢？關於此，有兩種學說，一為付款請求權轉讓說（要約承諾權的轉讓），二為債務更改說 (theory of novation)。

　　1. 依第一說，賣方將其以受益人的地位所取得的信用狀，轉讓給第三人（即受讓人），僅係將其憑信用狀得開發匯票要求開狀銀行付款、承兌或讓購的權利，轉讓給該受讓人而已，受益人並未脫離原買賣契約的關係，其在買賣契約上的賣方地位並不移轉。換言之，受益人縱然將信用狀轉讓給受讓人，受益人仍應負履行其與買方所立買賣契約的義務。

　　2. 依第二說，信用狀一經轉讓，不僅受益人憑信用狀得開發匯票要求開狀銀行付款、承兌或讓購的權利轉讓給受讓人，而且受益人在買賣契約上的賣方地位也隨之移轉。也就是說受益人即從信用狀的基礎買賣契約退出，而將該基礎買賣契約上賣方的地位，由受讓人繼承。

　　以上兩說，以第一說較妥，因為依 UCP 600 第 4 條規定：「信用狀在本質上與買賣或其他契約係分立之交易，信用狀或以該契約為基礎，但銀行與該契約全然無關，亦決不受該契約之拘束，縱該信用狀含有參照該契約之任何註記者亦然。因此，銀行在信用狀下所為兌付、讓購或履行其他任何義務之承諾，不因申請人以其與開狀銀行或其與受益人之關係所衍生之主張或抗辯而受影響。受益人決不得援用存在於銀行間，或申請人與開狀銀行間之契約關係。」由此可知，信用狀係與信用狀基礎的買賣契約分立，且為不要因（獨立抽象）的文書。基於信用狀的法律關係構成了信用授受的特殊法律關係，其轉讓猶如票據的背書轉讓，並不構成原因行為法律地位的轉讓。再者，信用狀交易為單據交易，而買賣契約則為貨物交易，二者交易的性質迥然不同。因此，信用狀的轉讓，並不構成買賣契約上賣方地位的轉讓。

二、受讓人與開狀銀行間的法律關係

於受讓信用狀之後，受讓人依信用狀條件，在其受讓的範圍內，對該信用狀的開狀銀行，享有開發匯票請求付款或承兌的權利。受讓人對開狀銀行所得主張的權利，猶如受益人對開狀銀行所得主張的權利一樣，為一種獨立抽象的權利。因此，不受開狀銀行與買方間的開發信用狀契約的影響。

至於信用狀轉讓後，開狀銀行得對抗受益人的事由，是否也可以對抗受讓人呢？有些人以為應可對抗。這就英美契約法而言，固不無道理，但卻與信用狀的獨立抽象理論有所違背。因此，B. Kozolchyk 教授主張：可轉讓信用狀的受讓人於受讓時，就可對受益人抗辯的事由，如果因善意而未知悉者，開狀銀行即不得對受讓人主張。

三、買方與受讓人間的法律關係

買方與受讓人之間，無直接的契約關係，難課以受讓人直接對買方負起買賣契約的責任。如前所述，在信用狀轉讓的場合，買方、受益人及受讓人之間，存在著兩個獨立的買賣契約，即買方與受益人間的買賣契約及受益人與受讓人之間的買賣契約。通常買方與受讓人間互不認識，也無任何約定存在。因此，除非買方、受益人及受讓人三方之間以契約約定，彼此同意將買方與受益人間的買賣契約權利義務一併移轉給受讓人外，否則買方與受讓人之間，不發生任何契約關係。

第八節　保兌銀行與相關當事人間的法律關係

一、保兌銀行與賣方間的法律關係

凡信用狀由開狀銀行以外的另一銀行擔保承兌、讓購或付款之責者，該另一銀行即為保兌銀行。保兌銀行如對於開狀銀行所簽發的信用狀加以保兌，則保兌銀行就其保兌範圍承擔與開狀銀行同樣的責任。保兌銀行通常是賣方所在地的通知銀行，但有時為國際金融中心信譽卓著的銀行。

（一）就保兌銀行而言

1.責任範圍：

信用狀的保兌如係於原信用狀附加保兌條款者，保兌銀行的責任與開狀銀行同，以原信用狀的內容為準；如另立保兌書，則保兌銀行的責任，須依該文書的文義為準，以確定其責任範圍。

2.責任性質：

保兌責任與民法上的保證不同。民法上的保證人係於被保證人不履行債務時才代為履行債務，其間有主從之分。而保兌責任則自始對受益人負責，受益人非必先向開狀銀行要求兌付被拒，才得向保兌銀行請求。換言之，保兌責任為主債務 (primary liability)，非如保證係屬從債務 (secondary liability)。在這裡要特別注意的是：UCP 600 第 8 條(a)項(ii)款規定：「若信用狀之使用方式為由保兌銀行讓購，則為無追索權讓購。」換言之，信用狀經保兌後，保兌銀行讓購發票人所簽發匯票或單據時，對匯票的發票人或善意執有人係以無追索權的方式讓購，因此，萬一遭拒付時，保兌銀行不能向受益人行使追索權。

3.信用狀的修改與保兌：

信用狀經保兌後，如事後有修改情事，例如增加金額，而該修改並未要求原保兌銀行加以保兌，原保兌銀行也未表明是否就該修改部分加以保兌，即將修改通知受益人，則在此情形下，原保兌銀行對於該修改部分是否負保兌責任呢？受益人或許認為保兌銀行既無條件通知了修改，當然對該修改部分也應負保兌責任。但，事實上銀行方面可能未必同意這種看法。就所知，保兌銀行對於修改的通知採取的態度有三：

(1)將修改通知與追加保兌分開：即保兌銀行收到修改書時，以通知銀行的立場轉知。因此，其通知修改只是單純的通知。對修改部分，除非另表示追加保兌，否則不承認也予以保兌。這種態度，從實務上看，很容易引起受益人的誤會。

(2)將修改書通知受益人即認為已對修改部分也予以保兌。這種態度最為受益人所歡迎。

　　(3)將修改書通知受益人時，明確表示對修改部分是否也予以保兌。這種
　　　態度最明確也不致引起糾紛。

　　保兌銀行與通知銀行的地位不同，因此，開狀銀行將修改書委請保兌銀行
通知受益人時，開狀銀行對保兌銀行應明確表示是否就其修改部分予以保兌，
否則保兌銀行並無就其修改部分追加保兌的義務。依 UCP 600 第 10 條(b)項規
定：「開狀銀行自簽發修改書時起，即受該修改書不可撤銷之拘束。保兌銀行得
將其保兌延伸至修改書，並自其通知修改書時起受不可撤銷之拘束。但保兌銀
行亦得選擇通知修改書而不延伸其保兌。於此情形，該銀行須儘速告知開狀銀
行並於其通知書上告知受益人。」

● （二）就賣方而言

　　1.請求付款或承兌的權利：

　　憑保兌信用狀，賣方有權請求保兌銀行按信用狀條件就其所提示的匯票予
以付款或承兌；如不簽發匯票者，則有權請求其付款。

　　2.請求讓購的權利：

　　如為讓購信用狀，則有權要求保兌銀行讓購其所簽發的匯票或所提示的單
據，並免除對賣方的追索權。

　　3.受益人提示匯票或單據對象：

　　受益人憑保兌信用狀向自己的銀行提示押匯時，押匯銀行如將匯票或單據
逕送開狀銀行求償，湊巧因開狀銀行宣告破產致遭退單，押匯銀行可否改向保
兌銀行提示？在這情形，保兌銀行可否拒絕兌付呢？關於此，日本學者小峯登
認為：因開狀銀行破產而改向保兌銀行提示時，如其提示係在信用狀有效期限
內，則保兌銀行仍應負兌付之責。再者，即使未逾信用狀有效期限，但如已超
過 UCP 600 第 6 條(d)項(i)款所規定提示單據期限者，保兌銀行也將不負兌付之
責。由此可知，保兌只有由保兌銀行承兌、付款或讓購時才有意義，假如不向
保兌銀行提示匯票或單據，則其保兌失去意義。

■ 二、保兌銀行與買方間的法律關係 ■

保兌銀行通常是出口商所在地的通知銀行或國際金融中心信譽卓著的銀行，已如前述，其為「保兌」的行為，係受開狀銀行的委託，與買方似無直接關係。唯通常情形，賣方於買賣契約上即要求買方提供保兌信用狀，而買方則於信用狀申請書中指示須由保兌銀行加以保兌，有時甚至指明保兌銀行的名稱。買方有使用該行勞務的意思，已甚明顯，其間不無相當的關聯存在。如依我國民法第 539 條規定：「受任人使第三人代為處理委任事務者，委任人對於該第三人關於委任事務之履行，有直接請求權。」賣方對於保兌銀行可享有直接請求權，從而保兌銀行對於買方，似亦應肯定有直接求償權存在，始為公平。於是在實務上發生一個疑問，即當開狀銀行因破產或外匯管制致不能支付時，保兌銀行於付款後是否與開狀銀行一樣，對買方享有求償權？信用狀統一慣例對於此並無規定，依上述我國民法第 539 條規定，對買方似應有求償權，但就 UCP 600 第 4 條(a)項後段「……受益人決不得援用存在於銀行間，或申請人與開狀銀行間之契約關係。」規定推論，又似乎採否定解釋較允當。至少，保兌銀行未經合法途徑取得開狀銀行對買方的求償權，對該買方不能與開狀銀行同享有求償權，因保兌銀行的保兌係依開狀銀行的授權或委託，與買方並無直接的契約關係，且保兌銀行是否接受開狀銀行的要求保兌，具有絕對自由的權利。

■ 三、保兌銀行與開狀銀行間的法律關係 ■

保兌銀行之所以對開狀銀行所開信用狀加以保兌，通常係基於開狀銀行的授權或委任。在通常情形，買方依買賣契約規定，向銀行申請開發信用狀時，於申請同時要求開狀銀行請其通匯銀行就該信用狀予以保兌。開狀銀行則要求其通匯銀行除通知信用狀之外，並授權或委託其對該信用狀加以保兌。至於接到此授權或委託的銀行，是否有意照辦，當有選擇的自由，並無必須遵從的義務。UCP 600 第 8 條(b)項規定：「保兌銀行自信用狀加以保兌時起，即受其應為兌付或讓購之不可撤銷之拘束。」即指此而言。但同條(d)項又規定：「若銀行經開狀銀行之授權或委託對信用狀保兌，但卻無意照辦時，其須儘速告知開狀銀行，並得將該信用狀通知而不加保兌。除開狀銀行於其保兌授權或委託另有規定外，通知銀行得逕就該信用狀通知受益人而不加保兌。」所以銀行不願就他行信用狀予以保兌時，應將其意旨儘速 (without delay) 通知開狀銀行，以免誤事。

從上述說明可知，保兌銀行與開狀銀行間的法律關係應屬類似委任。其關係猶如開狀銀行與買方間的關係。保兌銀行憑表面所示符合信用狀條件的單據，為付款、承兌或讓購後，其所支出的款項及利息可向開狀銀行求償 (UCP 600 第7條(c)項)。此外，保兌費用，除另有約定外，也可向開狀銀行收取。所謂「另有約定」乃指開狀銀行指示保兌銀行向受益人收取保兌費用的情形。

有些場合，開狀銀行並未授權或委託另一銀行就其所開發的信用狀予以保兌，但該另一銀行卻應受益人的要求而加以保兌者，這種保兌乃為該另一銀行與受益人間的保兌約定，與開狀銀行無關，其保兌費用應由受益人負擔。

第九節　開狀銀行與償付銀行間的法律關係

押匯銀行承做押匯後、付款銀行或承兌銀行付款後（以下稱求償銀行 [claiming bank]）向開狀銀行請求補償的行為叫做求償或索償 (reimbursing)。開狀銀行對求償銀行予以補償，叫做償付 (reimbursement)。求償銀行求償的對象和方式視信用狀的規定而異。求償的對象可能是開狀銀行本身，但也可能是開狀銀行的分支行或其指定的第三銀行，這些求償對象即為償付銀行 (reimbursing bank)。因此，開狀銀行與償付銀行間的法律關係為委任關係。通常，開狀銀行意欲由某一銀行擔任償付銀行角色時，開狀銀行在償付銀行必定設有存款帳戶，而且須適時對償付銀行發出適當的指示或授權，以因應求償的請求。

償付銀行代開狀銀行償付信用狀項下款項時，固應有開狀銀行的指示或授權，但償付銀行通常只在開狀銀行的存款足以抵付求償款額時，才予以償付，但兩者之間，簽定有透支（信用）額度 (overdraft line of credit) 時，自不在此限。換言之，償付銀行並非在任何情況下，都對求償銀行保證一定償付。如開狀銀行已陷入無清償能力 (insolvent) 時，償付銀行可能拒絕求償銀行的求償要求。但如償付銀行拒絕求償銀行的求償要求時，開狀銀行對求償銀行應負補償之責。

不僅如此，開狀銀行對求償銀行尚須負擔因遲延補償所生的利息損失（UCP 600 第 13 條(b)項(ⅲ)、(ⅳ)款）。

償付銀行對於求償銀行的求償，只憑其求償函電（或求償匯票），通常不根據信用狀審查單據，單據也不經過償付銀行之手。所以，開狀銀行收到單據時，如發現與信用狀條件不符，而須追回已付的款項，則追償的對象為求償銀行，而非償付銀行。償付銀行償付之前，唯一要負責的是其代償付金額不能超過開狀銀行指示或授權範圍而已。而且不以向求償銀行提示符合信用狀條件的聲明書 (certificate of compliance) 為條件（UCP 600 第 13 條(b)項(ⅱ)款），但信用狀另有規定者不在此限。

償付銀行依開狀銀行的指示或授權償付求償銀行後，開狀銀行對償付銀行即負有無條件補償的責任，不得以其從求償銀行收到的單據不符信用狀條件為由，拒絕補償。

第十節　付款銀行與相關當事人間的法律關係

所謂付款銀行 (paying bank) 乃為信用狀上被指定就提示符合信用狀條件的單據予以付款 (effect payment) 的銀行。如信用狀規定須提示匯票，且以該銀行為匯票付款人 (drawee) 時，該銀行即為付款銀行。付款銀行可能由開狀銀行自行擔任，也可能指定第三銀行為付款銀行。這裡僅就以第三銀行為付款銀行時，該付款銀行與賣方、開狀銀行間的法律關係加以探討。

■ 一、付款銀行與賣方間的法律關係 ■

信用狀上雖指定某銀行為付款銀行，該被指定的銀行並無必須就賣方憑信用狀所提示的匯票或單據予以兌付的義務。除非該被指定的銀行已就該信用狀加以保兌。換言之，被指定為付款銀行的銀行有權拒絕充任付款銀行的角色。

付款銀行於審查賣方所提示單據後，認為符合信用狀條件而予以兌付時，其付款即構成終局性 (final)，再也不能向賣方行使追索權，除非該付款銀行與賣方約定保留追索權或係憑 letter of indemnity 付款。

付款銀行對於賣方的付款，並非押匯，因此，不應向賣方收取押匯費用，除另有約定，也不應向賣方收取付款費用。

■ 二、付款銀行與開狀銀行間的法律關係 ■

付款銀行與開狀銀行間的法律關係為代理或委任關係。換言之，付款銀行為開狀銀行的付款代理人。但開狀銀行在信用狀上單純地指定某銀行為付款銀行時，除非該指定行為獲得指定銀行的同意，該指定行為並不能拘束該指定銀行 (nominated bank)。

付款銀行按信用狀條件付款之後，有權向開狀銀行索償。而且除非另有規定，付款銀行一經向開狀銀行索償，開狀銀行有義務立即償付。償付金額除了支付給賣方的款項外，尚包括利息、付款手續費 (payment charges) 及其他因代付而生的費用。

付款銀行付款後將單據送往開狀銀行，而開狀銀行發現有瑕疵，與信用狀條件不符時，開狀銀行得予拒絕，其拒絕的後果，由付款銀行自行負責。在此情形下，付款銀行不能向賣方行使追索權，因此，只好憑單據提領貨物予以拍賣或轉售，盈虧由其自行負擔。當然，付款銀行於付款時，與賣方約定保有追索權或係憑保結書付款 (payment made under reserve or against indemnity) 者，可向賣方追回已付的款項。

第十一節 開狀銀行破產的問題

信用狀的功能，係以開狀銀行的信用替代買方的信用，藉以確保價款的獲付。所以萬一開狀銀行破產，則對於信用狀有關當事人將發生很大的影響。尤其在受益人所簽發匯票經銀行讓購及經開狀銀行承兌後，並將單據憑信託收據 (trust receipt) 交付買方，買方又已將貨物轉賣，而在匯票到期以前，開狀銀行宣告破產時，各當事人間的權利義務問題特別複雜。

茲根據上述假定的情形，說明各當事人間的法律問題。

1. 開狀銀行破產時，賣方（發票人）及匯票持有人（讓購銀行）與其他銀行債權人（如銀行存款戶、保付支票的持有人等）處於同等地位，只能就破產銀行的一般財產按其債權的比例受清償，並不能享有優先受償權。也就是說根據信用狀簽發匯票的發票人或匯票的持有人對於買方預先存在銀行以備支付票款的款項不能主張其為優先債權人 (preferred creditor)。

2.買方申請開狀時，預先已將全部款項繳交銀行以備償付票款，則開狀銀行宣告清算時，除非能證明銀行已將該款項指定用途，而以特別科目列帳，否則買方不能對於該款項主張優先於一般債權人受償。

3.買方因憑信託收據提貨，而於處分貨物後，將所得票款繳付銀行，如銀行主張其為該行的一般財產，而買方卻主張其為清償匯票所提存的信託資金，各執一詞時，勢必發生爭執。

4.就讓購銀行而言，於讓購匯票後，遇開狀銀行倒閉，因其對開狀銀行而言僅是普通債權人之一，向開狀銀行求償票款如有不足或遭拒付，則唯有依票據法的規定改向賣方（發票人）行使其償還請求權，以追還已付的押匯款（但押匯銀行如曾就該信用狀保兌，則另當別論）。

5.就保兌銀行所處地位而言：假使開狀銀行倒閉不能履行付款，保兌銀行仍應負匯票兌付之責。因既保兌在先，自應兌付票款在後。故開狀銀行破產時，保兌銀行僅可視為普通債權人之一。如開狀銀行在保兌銀行設有存款帳戶，保兌銀行自有以其存款抵償票款的權利。如存款充足，抵償票款有餘，當無損失可言。在此情形下，保兌銀行理論上雖為普通債權人之一，但實際上無異為優先債權人。

6.信用狀一經開出，是否即視為買方已付清貨款，有「絕對清償說」與「有條件清償說」兩種學說，前已述及，現在「有條件清償說」為一般所公認的學說，故當開狀銀行陷於無力償付時，買方對於賣方仍應負償付貨款的義務。

7.就開狀銀行與買方關係而言：開狀銀行倒閉，致不能兌付匯票時是否可以主張信用狀應與開發信用狀契約分離而為獨立的契約，從而不論開狀銀行有無履行其義務，買方應基於開發信用狀契約支付票款、利息、手續費及其他費用？關於此，判例大都支持買方的主張，即銀行因宣告倒閉致不能兌付信用狀項下票款時，不能要求買方給付該匯票的兌付資金。

習　題

一、問答題

1. 買賣契約中規定出口商應於 Dec. 31 以前裝船，付款條件為 L/C，但未規定進口商應於何時以前提供 L/C，在此情形下，進口商應於何時以前向出口商提供 L/C？

2. 德國進口商依買賣契約規定，委請德國甲銀行開給出口商一張 L/C，出口商收到 L/C 之後即備貨裝船，並依 L/C 規定向第一商銀押匯。一個月之後卻接到第一商銀通知告以開狀銀行已宣告破產。請問出口商可否轉向進口商求償？為什麼？

3. 某進口商向彰化銀行申請開出一張 L/C 給美國出口商。進口商已繳付開狀各項費用。嗣因某種原因買賣雙方同意取消買賣契約，出口商也退還 L/C。請問進口商可否因該 L/C 未經使用為由，要求開狀銀行退還其所繳開狀手續費？

4. 開狀銀行審查 L/C 項下單據的原則有那些？

5. 進口商自開狀銀行取得符合 L/C 條件的單據後，前往船公司提貨時，卻發生提單是偽造的。請問進口商可否要求開狀銀行拒付？或要求開狀銀行退還貨款？為什麼？

6. 某出口商持單據前往 L/C 通知銀行申請出口押匯，通知銀行答以開狀銀行信用情況惡化，拒絕受理押匯。出口商則以該 L/C 既由其通知，且已繳付信用狀通知費用，不得拒絕受理押匯。請問出口商的主張有理否？為什麼？

7. 某銀行承辦信用狀的職員，因疏忽耽誤了一個月之後才將國外開來的電傳信用狀通知出口商。出口商接到 L/C 時，發覺已超過了 L/C 裝船期限，出口商因此失去了一筆可觀的買賣。請問出口商可否向通知銀行請求損害賠償？為什麼？

8. 出口商收到本地甲銀行轉來的 L/C 之後，即積極備貨。俟裝船後即準備單據前往乙銀行申辦押匯。一個月之後，押匯銀行獲悉該 L/C 是假信用狀，因無法求償，乃請出口商退還押匯款本息。請問出口商可否以通知銀行通知假信用狀為由，要求通知銀行賠償其損失？

9. 押匯 (negotiation) 在法律上的性質為何？

10. 貿易商甲將可轉讓信用狀轉讓給工廠乙之後，工廠乙乃依信用狀規定提示單據辦理押匯取得貨款。工廠乙所運交貨物經進口商提領後，卻發覺跟貿易商甲與國外進口商之間所約定的不符，國外進口商乃向貿易商甲請求損害賠償。貿易商卻以 L/C 已轉讓出去為由拒絕賠償。請問貿易商有無賠償之責？工廠乙是否須向國外進口商負責？

二、實　習

1. 紐約的開狀銀行開出以本身為 drawee bank 的 L/C 一張，其 definite undertaking clause 如下：

We engage with you that drafts drawn under and in compliance with the terms of this credit will be duly honored，此外又規定：

This credit expires Oct. 7, 11.

信用狀中並未規定單據一次寄或分二次寄。

本地押匯銀行將單據分兩次寄出，第一次寄出者，在 Oct. 7 當天寄達開狀銀行，第二次寄出者，在 Oct. 15 寄達，開狀銀行於收到第一次寄出的單據後，立即以非 Full set 為由拒付。

〔討論〕

⑴開狀銀行的拒付，是否有理？

⑵L/C 中未規定 expiry 的地方者，以那一地方的時間為準？

2. 某進口商向本地甲外匯銀行提出開狀申請書。申請書中進口商品名稱為 "Artificial Pearls"，但開狀銀行所開出的 L/C 中卻打成 "Artifical Pearls"。裝船港在日本，因此押匯單據到臺灣之前，貨已運抵基隆。由於進口商對出口商無信心，乃先到海關倉庫看貨，結果發現品質低劣。於是，開狀銀行通知進口商贖單時，進口商嚴審單據，結果發現商業發票等單據上所載貨品名稱為 "Artifical Pearls"，與開狀申請書上所載貨品名稱 "Artificial Pearls" 不符，於是拒絕贖單。

〔討論〕

⑴進口商的拒絕贖單是否有理？

⑵開狀銀行以「開狀後已將 L/C Copy 乙份交給進口商，該 Copy 上面載明：請貴客戶審核有無錯誤，如於一日內未提出異議，則視為無誤……」為由，主張進口商不得拒付，但進口商則以未簽收該 L/C Copy 為由主張拒付！開狀銀行將如何處理此種案件？

⑶為防範類似糾紛的再發生，嗣後開狀銀行應採取何種措施？

⑷設 CBC 上面貨品名稱為 "Components for C400 Crossbar Telephone Exchange Equipment"，L/C application 上貨品名稱為 "Components for C400 Crossbar Tel² Exchange Eqp²t." 開狀銀行將 L/C application 上貨品改為 CBC 上的貨品名稱，並開出 L/C，國外寄來的單據上貨品名稱與 L/C 上者相同，但進口商卻以違反其 application 貨品為由拒付，您認為進口商拒付有無理由？開狀銀行如何抗辯？又本案，開狀銀行有何不當之處？

第七章

單據之一──運送單據

※第一節　單據的意義與重要性

一、單據的意義

在信用狀交易，所謂單據 (documents)，依現行信用狀統一慣例規定，主要包括下列三種：

1. 運送單據 (transport documents)：包括(1)涵蓋至少兩種不同運送方式的運送單據（又稱複合運送單據）(transport document covering at least two different modes of transport (multimodal transport document))；(2)提單 (bill of lading)；(3)不可轉讓海運貨單 (non-negotiable sea waybill)；(4)傭船提單 (charter party bill of lading)；(5)航空運送單據 (air transport document)；(6)公路、鐵路或內陸水路運送單據 (road, rail or inland waterway transport documents)；(7)快遞收據、郵政收據或投遞證明 (courier receipt, post receipt or Certificate of Posting)。

2. 保險單據 (insurance documents)。

3. 商業發票 (commercial invoice)。

但在實際交易中，除了上述三種單據之外，也常要求提供其他單據。因此，習慣上將上述三種單據稱為主要單據，而稱其他單據為補助單據（或稱為附屬單據）。

補助單據，因交易貨物種類、交易習慣或各國法令規定的不同而異，種類繁多，不勝枚舉。茲將常見者列文於下：

1. 領事發票 (consular invoice)。

2. 海關發票 (customs invoice)。

3. 產地證明書 (certificate of origin)。

4. 檢驗證明書 (certificate of inspection)。

5. 重量尺碼證明書 (weight/measurement certificate)。

6. 包裝單 (packing list)，又稱裝箱單。

二、單據的重要性

從押匯銀行的觀點而言，單據的重要性，可分述如下：

（一）單據與押匯銀行債權的擔保

本來跟單匯票 (documentary draft) 在性質上與通常的匯票並無任何不同之處，如遭拒付，押匯銀行得以執票人的地位，向前手背書人及發票人行使償還請求權（即追索權）。但因跟單匯票附有單據，其償還請求權較諸通常匯票多了一層保障，即除了發票人（賣方）的「人的信用」的保障外，尚有單據所表彰的貨物作為「物的擔保」。為具備擔保的條件，其附隨的單據，尤其提單，通常多採取以押匯銀行為受貨人的指示式 (to order of...bank) 提單，或採取以賣方為受貨人的指示式 (to order of shipper) 提單，再由其背書轉讓予押匯銀行（或作成空白背書）。據此，押匯銀行乃可取得貨物的信託所有權，在買方（或付款人）未承兌或付款之前，銀行有權拒絕交付單據。再者，如買方（或付款人）拒絕兌付匯票，賣方也拒絕償還票款時，押匯銀行尚可將單據所表彰的貨物予以處分，並以所得價款優先清償押匯銀行所墊付的票款。

然而，這種作為「物的擔保」的單據，其效用究竟有限。因為：

1.單據可能有瑕疵（如偽造、變造等）致無法達成預期的擔保效果。

2.即使單據所表彰的貨物確與單據所載者相符，但貨物的市價變動或因在異地處分不易或銀行對於貨物交易的不熟悉等等，致押匯銀行不一定能完全收回其所墊出的票款、各項費用及利息。

因此，就押匯銀行的觀點而言，作為「物的擔保」的單據只具有次要的意義，追根究底，仍以發票人的「人的信用」最為重要。

（二）單據與信用狀條件的關係

在信用狀交易，只要單據在表面上符合信用狀條件，押匯銀行即已具備請求開狀銀行付款的條件。因此，單據在表面上是否完備，對押匯銀行而言，有極其重要的意義。

第二節　製作單據的共同規定

信用狀統一慣例對於單據的製作，於 UCP 600 及國際標準銀行實務 (ISBP 681) 有如下的共同規定:

● （一）關於含糊的單據簽發人用語

UCP 600 第 3 條規定:「諸如『一流的』(first class)、『著名的』(well known)、『合格的』(qualified)、『獨立的』(independent)、『正式的或官方的』(official)、『有資格的』(competent) 或『本地的』(local) 之用語，用以說明單據之簽發人者，允許除受益人外之任何簽發人簽發該單據。」

● （二）可接受的單據製作方法

UCP 600 第 17 條(c)項規定:「除單據另有表明外，具有下列性質之單據，銀行亦將認其為正本而予接受:

ⅰ.顯示由單據簽發人親手書寫、打字、打孔或蓋章;

ⅱ.顯示係製作在單據簽發人之原始用箋上;

ⅲ.敘明其為正本，除非該正本性質之聲明顯示不適用於所提示之單據。」

● （三）單據的簽署方式

UCP 600 第 17 條(c)項(i)款規定:「顯示由單據簽發人親手書寫、打字、打孔或蓋章。」

● （四）正本與副本單據

UCP 600 第 17 條(b)項規定:「除單據本身表明其非正本外，載有單據簽發人之明顯原始簽字、標記、圖章、或標籤之任何單據，銀行應認為其為正本。」

UCP 600 第 17 條(c)項規定:「除單據另有表明外，具有下列性質之單據，銀行亦將認其為正本而予接受:

ⅰ.顯示由單據簽發人親手書寫、打字、打孔或蓋章;

ⅱ.顯示係製作在單據簽發人之原始用箋上;

ⅲ.敘明其為正本，除非該正本性質之聲明顯示不適用於所提示之單據。」

UCP 600 第 17 條(e)項規定:「除單據本身另有明示外，如信用狀要求提示複式單據，使用諸如『一式兩份』(in duplicate)、『兩份』(in two fold)、『兩份』(in two copies) 等類之用語，則以提示至少一份正本及其餘份數為副本者為已足。」

● （五）未規定簽發人或內容的單據

UCP 600 第 14 條(f)項規定：「除運送單據，保險單據及商業發票外，若信用狀要求單據之提示，而未規定該單據係由何人簽發或其資料內容，則銀行將就所提示者照單接受，但以其內容顯示符合所需單據之功能，且其他方面亦依照第 14 條(d)項之規定為條件。」

● （六）單據簽發日期與信用狀開發日期的關係

UCP 600 第 14 條(i)項規定：「單據之日期得早於信用狀之簽發日，但絕不可遲於提示日。」

● （七）各種單據上有關貨物的記述（或說明）

UCP 600 第 18 條(c)項規定：「商業發票上貨物、勞務或履約行為之說明，須與信用狀所顯示者相符合。」

UCP 600 第 14 條(e)項規定：「除商業發票外，其他單據上貨物、勞務或履約行為之說明，如有敘明者，得為不與信用狀之說明有所牴觸之統稱。」

※第三節　涵蓋至少兩種不同運送方式的運送單據（複合運送單據）

■ 一、複合運送的意義 ■

自 1960 年代以來，由於貨櫃運輸的興起，為實施「門到門」(door to door) 的一貫運輸 (intermodal transport)，利用貨櫃的複合運送 (combined transport, multimodal transport)，已代替傳統的單一運輸方式 (single mode of transport)，而成為目前國際貨運的主流。

國際商會有鑒於此，早於 1973 年即制訂「複合運送單據統一規則」(Uniform Rules for a Combined Transport Document)，嗣於 1975 年加以修訂，並於 1992

年，與 UNCTAD 合作，重新修訂，改稱 "UNCTAD/ICC Rules for Multimodal Transport Documents"（複合運送單據規則），以 ICC Publication No. 481 編號出版。1974 年修訂的信用狀統一慣例也針對複合運送單據，曾作專條規定，為複合運送的發展，奠定了基礎。迄 1980 年，聯合國又通過「國際貨物複合運送公約」(UN Convention on International Multi-modal Transport of Goods)，於是該公約頓成有關國際貨物多種方式聯合運送的最新、最具體的運送規範。

依據複合運送單據規則第 2 條(1)項規定，所謂「複合運送」係指「至少使用二種以上不同運輸方式之貨物運送。」依據聯合國國際貨物複合運送公約第 1 條第 1 項的規定，所謂「國際複合運送」，係指「依複合運送契約，以至少二種以上不同之運送方式，由複合運送人將貨物自一國境內接管貨物之地點運至另一國境內之指定交付貨物之地點。為履行單一方式運送契約而實施之該契約所規定之貨物接送業務，不視為國際複合運送。」

複 合 運 送 的 英 文 名 稱 有 combined transport, multi-modal transport 及 intermodal transport 等多種。

目前我國有關外銷貨品的複合運送包括 O.C.P.、landbridge、mini-landbridge 及 micro-bridge 等。

🌑（一）O.C.P. service

此係美國及加拿大西岸所特有的制度，適用於自臺灣運至美太平洋岸各港口卸貨而須經內陸運輸工具轉至美國中部 North Dakota、 South Dakota、 Nebraska、 Colorado、 New Mexico 地區及以東地區或加拿大 Manitoba 及以東各地的貨物。此項運輸形態是為配合美加地區內陸運輸系統而設，海洋運送人只負責至海運終點站。

🌑（二）landbridge service（陸橋運送作業）

陸橋運送作業為海運與橫越大陸鐵路的聯合運送，即利用大陸鐵路作為中間橋樑，將貨櫃以船運至大陸某一港口後，再以火車接運至另一海洋航線的起點，然後再以貨櫃船運至目的港。目前主要的陸橋運送有二，一為自臺灣運送貨物到歐洲時，先以海運運到美國西海岸的港口，卸下貨物以後，改以鐵路運輸到大西洋海岸的港口，然後再轉海運，直放歐洲。此種陸橋貨運，係美國聖

塔飛 (Santafe Pen Central) 鐵路公司為推展其業務所創。另一種為自臺灣運送貨物到歐洲時，先以船隻運到海參威 (Vladivostock) 後，由西伯利亞鐵路接運至波羅的海 (Baltic Sea) 沿岸港口，再以貨櫃船運往西歐、北歐及英國的各主要港。此種型態的聯運方式，比上述經過美國大陸的陸橋，或繞道印度洋到歐洲的傳統行程，既可節省時間，又可降低成本，故目前已成為熱門的運輸方式。

（三）mini-landbridge service（迷你陸橋運送作業，或小型陸橋運輸作業）

也是海運與橫越大陸鐵路的聯合作業，用以節省海運繞道的路程。即貨物先以貨櫃運輸由臺灣運至美國西岸卸下並轉交火車運至東岸港區的集散站或集散場，再經由內陸運輸公司分運內陸各地。

（四）micro-bridge service（微陸橋運送作業）

即貨物先以貨櫃輪自臺灣運至美國西海岸卸下後，即由火車或內陸運輸公司直接運至內陸各地，而不必如 mini-land-bridge service 先運至美國東岸港區的集散站或集散場之後，再經由內陸運輸公司分運至內陸各地。因此，如進口商係在美國中西部者，如利用 micro-bridge service，則可提早收到貨物。micro-bridge service 又稱為 thru service。

二、複合運送單據的意義

（一）國際複合運送 (international combined transport) 的定義

依據聯合國國際貨物複合運送公約 (UN Convention on International Multimodal Transport of Goods, 1980) 第 1 條規定：「按照複合運送契約，以至少兩種不同之運送方式，由複合運送人 (multimodal transport operator)，將貨物自一國境內接管貨物之地點運至另一國境內指定交付貨物之地點。為履行單一方式運送契約 (unimodal transport contract) 而進行之該契約所規定之貨物接送業務 (operations of pick-up and delivery of goods)，不視為國際複合運送。」

（二）複合運送單據（combined transport document; multimodal transport document，簡稱 MTD）的定義

依聯合國國際貨物複合運送公約第 1 條第 4 項規定，複合運送單據是證明

複合運送契約及證明複合運送人接管貨物並負責依契約條款交付貨物的單據；從而依照 1975 年國際商會所制定「複合運送單據統一規則」第 2 條 c 項規定，複合運送單據係指證明為履行貨物複合運送或促成其履行而成立契約的單據而言，單據表面必須標示其為「可轉讓複合運送單據」或「不可轉讓複合運送單據」。職是之故，複合運送單據的簽發人，可以是實際提供運送服務的人 (actual provider of the transport) 或至少提供一部分運送服務的人，也可以是安排運送服務的人。

根據上述定義，複合運送單據的法律性質可歸納如下：

1. 契約證據：複合運輸單據是證明複合運輸契約以及證明複合運送人已接管貨物並負責按照契約條款交付貨物的單據。

2. 備運式：因為複合運送人大多在內陸的收貨站或港區的貨櫃場接收託運的貨物，所以複合運輸單據一般只能是「收妥待運」(received for shipment) 性質的單據，與於貨物實際裝船後，才發行的「已裝船」(shipped) 性質提單不同，所以不能作為貨物已裝運的證據。

3. 可轉讓與不可轉讓：根據聯合國國際貨物複合運送公約第 5 條第 1 項規定，複合運送人接管貨物時，應簽發複合運輸單據，該單據應依託運人的選擇，或為可轉讓單據，或為不可轉讓單據。

4. 複式運送：複合運送單據承攬「全程始終一貫」(the whole journey from start to finish)，包括公路、鐵路、海運或空運等「複式運送」(multimodal transport)，與一般提單只承攬海運的「單一式運送」(single mode of transport) 者不同。

5. 簽發人：在複合運送方式下，簽發複合運送單據者，稱為「複合運送人」(combined transport operator，簡稱 CTO 或 multimodal transport operator，簡稱 MTO)。依 UCP 600 第 19 條規定，複合運送人僅以輪船公司、船長或其代理人為限，本身無船舶或其他運輸工具的貨運承攬人所簽發的複合運送單據則不可接受。

6. 全程單一責任制與分割責任制：複合運送人 (CTO, MTO) 應負責全部過程的複合運送圓滿達成，並對整個複合運送過程中任何區段所發生貨物的滅失或毀損負責。但一般提單的簽發人所負責的範圍，通常只以自己承運的運送區段所發生的滅失或毀損為限。

7.物權證券：依聯合國國際貨物複合運送公約第 5 條第 1 項規定，複合運送人可簽發可轉讓複合運送單據時，依公約第 6 條第 2 項規定受貨人(consignee) 僅只有交出可轉讓複合運送單據，並於必要時正式背書，才可以向複合運送人或其代理人要求提取貨物。由此可知，複合運送單據可以具有物權證券性質，亦可以不具有物權證券性質，則端賴其發行內容而定。

（三）複合運送單據的內容

依聯合國國際貨物複合運送公約第 8 條規定，複合運送單據應記載下列事項：

1.貨物的一般性質、識別貨物所需的主要標誌，如屬危險品，其危險性的明確聲明；包數或件數、貨物的毛重或以其他方式表示的數量。

2.貨物的外表情況。

3.複合運送人的名稱及主營業所。

4.託運人名稱。

5.如經託運人指定者，其受貨人名稱。

6.複合運送人接管貨物地點、日期。

7.交貨地點。

8.如經雙方明確協議，在交付地點交貨的日期或期間。

9.表示該複合運送單據為可轉讓或不可轉讓的聲明。

10.複合運送單據的簽發地點、日期。

11.複合運送人或經其授權之人的簽名。

12.如經雙方明確協議，各項運送方式的運費；或受貨人應付運費的數額，包括用以交付的貨幣；或應由受貨人支付運費的其他指示。

13.如發行複合運送單據時已確知，預期經過的路線、運送方式及轉運地點。

14.公約第 28 條第 3 項所指示的聲明(應載明國際複合運送必須遵守本公約規定，否則違反本約而使託運人或受貨人受到損害的任何規定，概屬無效)。

15.如不違反簽發複合運輸單據所在國的法律，雙方同意列入複合運輸單據的任何其他事項。

三、複合運送單據的種類

1.可轉讓複合運送單據 (negotiable combined transport documents)：這種運送單據上受貨人欄以 "to order" 或 "to bearer" 方式表示，前者可經背書而轉讓，後者則僅以交付即可轉讓。依聯合國國際貨物複合運送公約第 6 條第 3 項規定，複合運送人如已善意地憑其中一份正本交貨，複合運送人即已履行其交貨責任，由此可視為物權證券及繳回證券，殆無疑義。

2.不可轉讓複合運送單據 (non-negotiable combined transport documents)：這種運送單據上受貨人欄直接指明記名的受貨人對象，不能以背書轉讓。依聯合國國際貨物複合運送公約第 7 條第 2 項規定，複合運送人將貨物交給這種不可轉讓複合運送單據上所指明的受貨人 (consignee) 或經受貨人通常以書面正式指定的其他人後，該複合運送人即已履行其交貨責任。

在外匯實務上，銀行多不願意接受這種運送單據作為押匯融資的憑證，故僅在下列情形才使用：

1.買方已付清貨款，則以買方為受貨人。

2.在託收交易，以進口地代收銀行為受貨人時。

3.在信用狀交易，信用狀中另有授權得以受理時。

瞭解上述國際複合運送單據之法律性及其單據內容等說明，則開狀銀行要求開狀申請書內容加註特別條款「可轉讓運送單據始以受理」，乃在聲明在信用狀作業上有關當事人之權利與責任。

四、信用狀統一慣例對於複合運送單據的規定

UCP 600 第 19 條規定：「(a)涵蓋至少兩種不同運送方式之運送單據（複合運送單據），不論其名稱為何，須顯示：

i.表明運送人之名稱且由下列人員簽署：

＊運送人或代替或代表運送人之標明代理人，或

＊船長或代替或代表船長之標名代理人。

運送人、船長或代理人之任何簽字須表明其為運送人、船長或代理人。

代理人之任何簽字須表明其係代替或代表運送人、抑或代替或代表船長簽署。

ii.以下列方式表明貨物業已於信用狀敘明之地點發送、接管或裝船：

　＊預先印定措辭，或

　＊圖章或註記表明貨物業已發送、接管或裝船之日期。

運送單據之簽發日期將視為發送、接管或裝船之日期、及裝運日期。但若運送單據以圖章或註記表明發送、接管或裝船之日期，該日期將視為裝運日期。

iii.表明信用狀敘明之發送地、接管地或裝運地及最終目的地，即使：

　<a> 運送單據載明另一不同之發送地、接管地或裝運地或最終目的地，或

　<b> 運送單據有關船舶、裝載港或卸貨港之表示含有『預定』或類似保留用語。

iv.為唯一正本運送單據，或如簽發之正本超過一份，則為運送單據表明之全套正本。

v.包含運送條款或表明運送條款參照另一來源（簡式或背面空白之運送單據）。運送條款之內容無須審查。

vi.未含表明其係受傭船契約規範者。

(b)本條所稱之轉運，意指自信用狀敘明之發送地、接管地或裝運地至最終目的地之運送中，自一運輸工具卸下再重裝至另一運輸工具之行為（不論是否為不同之運送方式）。

(c)

　i.運送單據得表明貨物將轉運或可能轉運，但以運送全程係由同一運送單據所涵蓋者為條件。

　ii.即使信用狀禁止轉運，表明將轉運或可能發生轉運之運送單據，可以接受。」

複合運送單據

		(Forwarding Agent)
Shipper		
	Member of the Japan International Freight Forwarders Association, Inc. / JIFFA	B/L No.
	MULTIMODAL TRANSPORT BILL OF LADING	
Consignee		
		Received by the Carrier from the shipper in apparent good order and condition unless otherwise indicated herein, the Goods, or the container(s) or package(s) said to contain the cargo herein mentioned, to be carried subject to all the terms and conditions appearing on the face and back of this Bill of Lading by the vessel named herein or any substitute at the Carrier's option and/or other means of transport, from the place of receipt or the port of loading to the port of discharge or the place of delivery shown herein and there to be delivered unto order or assigns. This Bill of Lading duly endorsed must be surrendered in exchange for the Goods or delivery order. In accepting this Bill of Lading, the Merchant agrees to be bound by all the stipulations, exceptions, terms and conditions on the face and back hereof, whether written, typed, stamped or printed, as fully as if signed by the Merchant, any local custom or privilege to the contrary notwithstanding, and agrees that all agreements or freight engagements for and in connection with the carriage of the Goods are superseded by this Bill of Lading.
Notify Party		
		Party to contact for cargo release
Pre-carriage by	Place of Receipt	
Vessel Voy. No.	Port of Loading	
Port of Discharge	Place of Delivery	Final Destination (Merchant's reference only)

Container No. Seal No. Marks and Numbers	No. of Containers or Pkgs	Kind of Packages; Description of Goods	Gross Weight	Measurement
		SAMPLE		

Particulars furnished by Merchant. All descriptions contained herein considered unknown to the Carrier.

Total number of Containers or other Packages or Units (in words)				

Merchant's Declared Value (See Clauses 18 & 23):	Note: The Merchant's attention is called to the fact that according to Clauses 18 & 23 of this Bill of Lading the liability of the Carrier is, in most cases, limited in respect of loss of or damage to the Goods.			
Freight and Charges	Revenue Tons	Rate Per.	Prepaid	Collect

Exchange Rate	Prepaid at	Payable at	Place and Date of Issue
	Total Prepaid in Local Currency	No. of Original B(s)/L	In witness whereof, the undersigned has signed the number of Bill(s) of Lading stated herein, all of this tenor and date, one of which being accomplished, the others to stand void.
Date	Laden on Board the Vessel By		As Carrier

An enlarged copy of back clauses is available from the Carrier upon request.   (TERMS CONTINUED ON BACK HEREOF)

OCL Bill of Lading for Combined Transport

BILL OF LADING FOR COMBINED TRANSPORT SHIPMENT OR PORT TO PORT SHIPMENT

Shipper E. FISHANT CO. LTD., 1A, LLOYDS DRIVE, WEST BROMWICH, STAFFORDSHIRE.	**OVERSEAS** B/L No. 36292248 **CONTAINERS** Booking Ref 0633790 Shipper's Ref EF/321 **LIMITED**

Consignee

TO ORDER ── ⑪

Notify Party/Address INTERNATIONAL BOOK STALLS INC., 1, MAIN STREET, SINGAPORE.	Place of Receipt ① E. F. WAREHOUSE CO., NO. 7 INDUSTRIAL ESTATE, SMETWICK, WORCS.
Ocean Vessel and Voy No. BREMEN EXPRESS ③ 0444 Port of Loading SOUTHAMPTON ④	Place of Delivery ② P.S.A. CONTAINER PORT, EAST LAGOON, SINGAPORE.
Port of Discharge ⑤ SINGAPORE	

Marks and Nos: Container Nos:	Number and kind of Packages description of Goods	Gross Weight (hg)	Messurement (cbm)
OCLU 0463272 I.B.S. 321 1/800 SINGAPORE	1 CONTAINER X 20 FT S.T.C. 800 CARTONS PRINTED MATTER EACH CTN 20 VOLUMES	18060	28.000

ABOVE PARTICULARS DECLARED BY SHIPPER

*Total No. of Containers/Packages CONTAINERS 1 ⑦	Received by the Carrier from the Shipper in apparent good order and condition (unless otherwise noted herein) the total numbers or quantity of Containers or packages or units indicated*. Stated by the Shipper to comprise the Good specified above for Carriage subject to all the terms hereof (INCLUDING THE TERMS ON
Movement FCL DOOR / LCL DEPOT ⑥	THE REVERSE HEREOF AND THE TERMS OF THE CARRIER'S APPLICATE TARIFF) from the Place of Receipt or the Port of Loading, whichever is available to the Port of Discharge or the Place of Delivery, whichever is applicable. In accepting this Bill of Lading the Merchant expressly accepts and agrees to all its terms.

Freight and Charges (indicate whether prepaid or collect):

Origin Inland Haulage Charge	PAID ORIGIN
Origin Terminal Handling/LCL Service Charge ...	PAID ORIGIN
Ocean Freight	PAID ORIGIN
Destination Terminal Handling/LCL Service Charge	DUE DESTIN. ⑩
Destination Inland Haulage Charge	

conditions and exceptions, whether printed stamped or written or otherwise incorporated notwithstanding the non-signing of this Bill of Lading by the Merchant.

ICS
CT B/L
April 78

Number of Original Bills of Lading ⑨ ── ONE

Place and Date of Issue
LONDON 9,11, 11

IN WITNESS of the contract herein contained the number of original stated opposite has been issued one of which being to complished the other(s) to be void.

For the Carrier

⑧ ── Robert Chen

As Agent(s) only

☆第四節 提 單

一、提單的意義

所謂提單，我國海商法稱為載貨證券，乃為運送人 (carrier) 或船長或其代理人所發行交與託運人的運送貨物收據，同時為運送人與託運人所訂將貨物由一地方運至另一地方的契約憑證。所稱運送人乃指輪船公司而言。

二、提單的功用

1.提單可作為收據 (receipt)：

提單係運送人收到託運人所委託運送的貨物的書面收據。

2.提單可作為運送契約憑證：

提單係運送人與託運人間所訂運送契約的憑證，約定將所託運貨物運至另一他方交給指定的人。

3.提單可作為物權證券 (document of title)：

提單係有價證券的一種。提單持有人可享有提單上所載貨物的權利。因此它可作為質押借款的擔保品。

三、提單的法律性質

● （一）提單為有價證券

所謂有價證券，即表彰財產權的一種書據。書據上的權利與表彰其權利的書據化為一體，權利的移轉及行使，以占有書據為前提。提單為表彰運送貨物的所有權憑證，必須移轉提單，而後其權利才可移轉（我國民法第 629 條）。又請求運送人交付貨物時，也須提示提單，即提單上的權利的移轉及行使，與提單的占有，有不可分離的關係，故為有價證券。

● （二）提單為物權證券

所謂物權證券即證券經合法交付，即構成所有權的移轉，提單係代表運送物的所有權，其上所載貨物，必須移轉提單，而後貨物的所有權，才可移轉。提單的交付，和運送物的交付，在法律上有同一的效力，故為物權證券。

● （三）提單為流通證券

所謂流通證券，即證券得依背書或交付的方法，自由轉讓證券上的權利。提單除特別載明禁止背書者外，無論其為記名式或不記名式，均可因背書（記名式）或交付（不記名式）而移轉於他人，故為流通證券（我國海商法第56條準用民法第628條）。

● （四）提單為文義證券

所謂文義證券，即證券上的權利義務，悉依照證券上所記載的文義決定。提單簽發後，運送人與提單持有人間關於運送事項，全以提單的記載為準（我國海商法第60條準用民法第627條），故提單為文義證券。

● （五）提單為要式證券

所謂要式證券，即證券應具備法律所規定的記載事項，才生效力。提單必須記載船舶名稱、託運人姓名或名稱……，由運送人或船長簽名（我國海商法第54條），故為要式證券。提單如欠缺法定應記載事項之一者，則為不合法，不生提單的效力。

● （六）提單為交還證券

所謂交還證券，即行使證券上的權利時須交還證券。貨物受領權人請求交付貨物時，應將提單交還（參照我國民法第630條），因提單為有價證券，也即權利的化身，運送人交付貨物時，必須收回提單。

■ 四、提單的法定形式 ■

提單為要式證券，依我國海商法第54條規定，提單應記載下列事項：

1.船舶名稱。

2.託運人的姓名或名稱。

3.依照託運人書面通知的貨物種類、名稱、件數或重量，或其包裝的種類、個數及標誌。

4.裝載港及卸貨港。

5.運費交付。

6.載貨證券（提單）的份數。

7.填發的年、月、日。

8.運送人或船長的簽名。

上述各項雖謂為法定事項，但如上述第 5 項關於運費部分，習慣上常有 "freight prepaid as arranged" 字樣而不記載金額的。

■ 五、提單的種類 ■

● （一）裝運提單與備運提單

依簽發提單時，貨物是否已裝船為標準，可分為裝運提單 (shipped or on-board B/L) 與備運提單 (received-for-shipment B/L)。

裝運提單乃貨物實際完全裝上特定船隻後所簽發的提單，通常買方都要求賣方提供此種提單。這種提單的正面通常都載有類如下面的文句："Shipped on board in apparent good order and condition of the goods."

備運提單是於貨物交給輪船公司，但在尚未裝上船時即簽發的提單。這種提單正面開頭第一句常為 "Received from the shipper...the goods or packages said to contain goods...in good order and condition by...to be transported...by the Motor(Steam)Ship..." 字樣。當貨物實際裝入船後，備運提單可經批註改為裝運提單。其方法即在備運提單上面以印戳蓋上 "on board" 的字樣，另註明裝船日期及船名（如原提單未載明船名），再由輪船公司簽署（唯 UCP 600 未要求須由輪船公司簽署）。

● （二）清潔提單與不潔提單

依提單上有無批註，可分為清潔提單 (clean B/L) 與不潔提單 (unclean B/L, or foul B/L, or dirty B/L)。

清潔提單又稱為無瑕疵提單，乃指提單上表明裝載情況在外表上完好 (shipped in apparent good order and condition)，而未批註所裝載的貨物或其包裝有任何缺陷者而言。反之，提單上批註所承運貨物或其包裝有缺陷者，即為不潔提單，或稱為有瑕疵提單。例如提單上有下列任何一項批註，即為不潔提單：

1.記載裝船時有關運送物品的不良狀態：如註明貨物、數量或包裝有瑕疵或缺陷者。例如 "3 packages short in dispute"、"10 bags torn"、"one drum broken"、"some dirty"、"in second hand cases" 等是。

2.輪船公司於接受貨物時，貨物外表上雖無不正常的情形，但為推卸責任，就其受理加以限制的概括批註者。例如 "not responsible for breakage" 等是。

有上述二項中任何一項記載者，嚴格言之，即視為不潔提單。然而普通對於所謂不潔提單的意義並不一定作如此解釋。那麼不潔提單又作如何解釋？關於此，即使在英美的判例也迄未有明確的意義。在 1957 年 12 月 20 日，英國高院的 Salmon 法官在 British Imex Industries Ltd. 與 Midland Bank Ltd. 對訟案中曾說：「我贊成一種看法，所謂清潔提單乃指貨物或其包裝外表上情況良好而無任何保留條件的提單。」根據 Salmon 的看法，我們可知，只要提單上沒有否定裝載貨物或其包裝外良好狀態的記載，即可認為是清潔提單。反之，提單上有此批註者即應視為不潔提單。

UCP 600 第 27 條對於清潔提單有如下規定："A bank will only accept a clean transport document. A clean transport document is one bearing no clause or notation expressly declaring a defective condition of the goods or their packaging. The word 'clean' need not appear on a transport document, even if a credit has a requirement for that transport document to be 'clean on board'." (銀行僅接受清潔運送單據。清潔運送單據係指未載有明示貨物或其包裝有瑕疵狀況之條款或註記之運送單據。即使信用狀要求「清潔且已裝載」(clean on board) 之運送單據，此「清潔」(clean) 字樣無須顯示於運送單據上。)

現在的信用狀幾乎都要求清潔提單，不可不注意。

（三）可轉讓提單與不可轉讓提單

依提單可否背書轉讓為準，可分為可轉讓提單 (negotiable B/L) 與不可轉讓提單 (non-negotiable B/L)。前者又稱為指示提單 (order B/L)，後者則又稱為直接提單 (straight B/L)。提單上的權利，得依抬頭人（即受貨人）的背書而轉讓者，稱為可轉讓提單；反之，提單上的權利不能依抬頭人的背書而轉讓者，稱為不可轉讓提單。

　　提單可否以背書而轉讓，可從「受貨人」(consignee) 一欄內的表示方式而得知。凡在該欄內以 "to order..." 字樣表示者，即為可轉讓提單。這種提單經背書及交付，即有將貨物的所有權，移轉與被背書人的效力，該被背書人即可憑以向船公司提貨。國際貿易中，信用狀通常多要求這種提單。指示提單的受貨人欄，其表現形式有 "to order"、"to order of shipper"、"to order of negotiating bank"、"to order of issuing bank" 等多種。

　　不可轉讓（直接）提單，在受貨人欄內受貨人名稱前面無 "order" 字樣而以 "unto" 或 "consigned to" 字樣代替。直接提單在陸運方面較常見，在海運則較少見。根據有些國家的法律，託運人指定採用直接提單，而受貨人又非其本人時，則對於託運的貨物失去控制，也無法將提單背書轉讓於他人。貨物運抵目的地時，受貨人提領貨物時，運送人只要能確定其為受貨人，即可交貨。直接提單之所以被採用，乃是順應某些國家的習慣所致。例如航行拉丁美洲一些國家的輪船公司，對駛往該等國家的船舶，大都拒絕簽發可轉讓提單。

　　因為在南美一些國家，如 Venezuela 等，受貨人常不需憑提單即可提貨，輪船公司為杜絕糾紛，防止第三者出面主張權益，乃只肯簽發不可轉讓提單。

（四）轉船提單

　　有時裝貨港與目的港之間沒有直接航行的船隻，或在約定裝船期間沒有直達的船舶。在此場合，貨物的運送必須利用二艘或二艘以上的船舶，在中途的國際港口接續轉運才可到達目的港。因此，凡是提單載明裝運的貨物將於預定的中途港移裝另一船舶接續運至目的港者，稱為轉船提單 (transhipment B/L)。

（五）貨櫃提單

　　凡是貨物裝入貨櫃交由貨櫃船運送時所發行的提單稱為貨櫃提單 (container B/L)。自 1960 年代以來，為適應國際貿易的發展，節省裝卸時間及費用，減少貨物破損和盜竊，乃有將貨物從港口運至港口延長從門至門 (door to door) 的貨櫃運輸制度產生。迄目前，一般雜貨絕大多數係採用貨櫃運送。

　　在貨物經託運人（出口商）交給船公司裝入貨櫃然後裝載於貨櫃船 (containerized vessel) 時，船公司所發行的提單與通常的提單差別有限。如由託運人將貨物自行裝入貨櫃加以封閉後，交由船公司裝載於貨櫃船上，則因船公司無從知悉貨櫃中貨物內容，故發行的提單都加註下列批註：

"shipper's load and count"（託運人的裝貨點數）

"shipper's pack and seal"（託運人自行裝櫃、封閉）

"said by shipper to contain"（據託運人稱內裝）

貨櫃提單，除可能有上述批註外，往往還載有「任意裝載條款」(optional stowage clause)，例如："Containers whether stowed as aforesaid or received fully stowed may be carried on or under deck without notice..."，以致令人懷疑貨櫃提單是否可以接受。所幸，UCP 600 第 26 條(a)項規定：「運送單據不可表明貨物裝載或將裝載於甲板上。但，運送單據上敘明貨物可能裝載於甲板上之條款，可以接受。」此外，同條(b)項也規定：「運送單據載有諸如『託運人自行裝貨點數』及『據託運人稱內裝』之條款，可以接受。」

■ 六、提單的製作方法及其背書 ■

● (一) 提單製作方法

提單係由船公司根據託運人所填具的託運單 (booking note) 製作，故託運人填寫託運單時，應配合信用狀的規定，作明確的指示。一般信用狀有關運輸及提單的條款，大致如下：

Full set of clean on board ocean bills of lading made out to order of shipper and blank endorsed, marked"freight prepaid"and notify accountee.

Shipment to be effected not later than...evidencing shipment of...from...to...

由上述可知信用狀上有關提單記載事項，大致不外乎(1)提單的份數；(2)提單的種類；(3)受貨人；(4)提單的背書；(5)託運人；(6)被通知人；(7)運費；(8)裝運港；(9)目的地、目的港及卸貨港；(10)裝運貨物的記述等。

其中關於提單的種類，已於上一項說明外，茲就製作提單有關事項說明於下（參閱 197 頁提單上的編號）：

1. 提單名稱 (title of bill of lading)：

按提單為有價證券，而一般有價證券之所以為要式證券者，乃因注意其外觀，便於移轉授受之際，易於辨認，以強化其流通功能，因而證券的種類，即證券的名稱，必須確切標明。由於現行信用狀統一慣例將運送單據分為七大類，而提單為其中一類，所以提單名稱，在識別上更顯得重要。往昔常常引起爭執的提單名稱，諸如 combined transport bill of lading、combined transport document、combined transport bill of lading or port-to-port bill of lading 是否可受理一節，現在也因 UCP 600 第 20 條(a)項的規定，可迎刃而解矣！依該規定，如信用狀要求提單時，受益人提出的提單不論其名稱為何，只要該提單內容符合 UCP 600 第 20 條(a)項所規定提單的六要件，除信用狀另有規定外，銀行將接受。

2. 託運人 (shipper)：

託運人乃為運輸契約當事人的一方，也即委託運送人運輸貨物的人，託運人又稱為發貨人 (consignor)，在國際貨運，一般即指出口商而言。

在信用狀交易中，提單上的託運人通常多為受益人，然而，是否必須以受益人為託運人呢？關於此，UCP600 第 14 條(k)項乃規定：「任何單據上所敘明之貨物發貨人或託運人，無須為信用狀之受益人。」換言之，如不同意以受益人以外的人為託運人時，信用狀上應加上類如 "Third party B/L is not acceptable" 的字樣。

3. 受貨人 (consignee)：

受貨人或收貨人，乃指有權憑提單要求交付貨物的人。在國際貿易，由於涉及出口商的資金融通，提單上受貨人欄上的受貨人大都不是真正的進口商。以信用狀為付款方式，則受貨人究竟是何人，須視信用狀規定而定。如信用狀無規定時，習慣上以託運人為受貨人。

在實務上，信用狀上規定的受貨人約有下列幾種形式：

(1) B/L to be made out to order.

(2) B/L to be made out to order of shipper.

(3) B/L to be made out to order of opening bank.

(4) B/L to be made out to order of buyer.

(5) B/L to be made out to issuing bank or order.

(6) B/L to be made out to issuing bank.

(7) B/L to be made out to buyer.

4.被通知人 (notify party)：

又稱為受通知人或到貨聯絡人。現代國際貿易，提單通常均採指示式，提單上並不記載真正的受貨人（即進口商）姓名、地址，以致貨物運抵目的港後，輪船公司無法通知受貨人前來提貨，至感不便。因此在提單上有 "notify party" 一欄，以便貨到時聯絡。notify party 雖無權提貨，但大多是真正的受貨人（即進口商）或為受貨人所指定的報關行。提單上列有 Notify Party，則貨物運抵目的港，輪船公司可通知其辦理提貨。尤其當正本提單未寄到時，真正的受貨人，接獲輪船公司通知，可提前辦理提貨，從而減少倉租負擔。

信用狀通常均規定提單上的被通知人，因此，應依信用狀規定在提單上 "notify party" 欄中，將被通知人名稱載明，若信用狀未規定，則該欄可免記載。

5.船名、船籍及航次：

船名乃是裝運提單上必須記載事項，如欠缺船名，則將有使提單變成無效之虞。依 UCP 600 第 20 條(a)項(ii)款規定：「提單上必須表示貨物業已裝載或裝運於標名之船舶。」然而在備運提單的場合，基於其性質，船名卻非必要記載事項。

一般多認為提單上即使欠缺船籍的記載亦不致使其變成無效。然而，有些國家基於政治、軍事、經濟上等原因，常規定進口商在信用狀上須規定貨物限裝某國輪船，在此種情形，提單上船籍非載明不可。

至於航次 (voyage)，在定期輪的場合，均有記載，但即使沒記載也不構成瑕疵。若提單有記載航次，其他單據亦必須記載航次，才不會構成單據與單據之間不一致（瑕疵）。

6.裝運（載）港 (loading port)：

裝運港雖為法定記載事項，但也有認為即使不記載亦不影響提單的效力。實務上，則都載明裝運港。尤其信用狀上都規定 "from...port to...port" 時，為符合信用狀條件，必須載明裝運港。

UCP 600 第 20 條(a)項(iii)款規定：「除非信用狀另有規定外，提單上之裝運港如含有『預定』(intended) 或類似保留語者，應加註『已裝載』(on board) 字樣並註明日期及實際裝運港名稱。」

7. 目的地、目的港及卸貨港：

提單上的交貨地點，可分為下列幾種不同方式：

(1)目的地 (place of destination)：即為貨物最後運達的地點 (place of ultimate or final destination of the goods)，也即最後交貨地，也稱為 point of destination 或 final destination 或逕稱為 destination。貨物運至卸貨港以後，可能須轉載其他運輸工具，運往內陸最後的交貨地，故目的地不一定是港口，但通常與目的港為同一地點。

由東方國家運往美加地區的貨物，往往採 O.C.P. 方式的運輸，所謂 O.C.P. 即 overland common points 的簡稱，姑譯為陸路共同地點或內陸轉運地點。一般而言，進口商所在地與貨物運送目的地相同，但由東方國家輸往美、加等大陸國家內地的貨物，在太平洋沿岸海港卸貨後，尚須以火車或卡車等轉運內陸目的地。例如，有數批貨物，進口商雖係同一人，但其目的地有數處者，得將此數批貨物合併於一張提單。此時，提單上的目的地即可以 O.C.P. 表示。例如，紐約進口商從我國進口一批貨物，將分成三批分別運往美國內陸的 Chicago, Dallas 及 Denver 時，出口商將貨物合併於一張提單，提單上目的地則以 O.C.P. 表示。因為此提單所代表的貨物，要分送內陸三個地點，故不能僅填一個地點，但又不是 optional cargo（任意卸貨港貨物），故也不可將全部地點填上，於是，以 O.C.P. 方式表示。

採用 O.C.P. 方式運輸的目的，在於避免分裝，以免負擔數批最低運費 (minimum freight)，同時利用 O.C.P. service 可適用較優惠的運費率，即適用較優惠的 O.C.P. rate，而非適用較昂貴的本地費率 (local rate)。

如信用狀規定 O.C.P. shipment 者，提單上應註明卸貨港，例如卸貨港一欄載明："O.C.P. Via Seattle" 或 "Seattle O.C.P."。

(2)目的港 (port of destination)：即為交貨或轉運，而由載貨船卸貨的最終港埠。因此該港埠可能是該船在該航線的最終港，也可能僅是該船的停靠港 (a port of call or calling port)。在國際貿易，目的港與輸入港同義。

提 單

Shipper	INTERASIA LINES, LTD.	B/L NO
Marubeni Corporation, London Branch, New London Bridge House, London Bridge Street, London SE1 9SW, United Kingdom. ②	① *Interasia Lines* BILL OF LADING	PNTA-901

RECEIVED by the Carrier from the Shipper in apparent good order and condition unless otherwise indicated herein, the Goods, or the container(s) or package(s) said to contain the cargo herein mentioned, to be carried subject to all the terms and conditions provided for on the face and back of this Bill of Lading by the vessel named herein or any substitute at the Carrier's option and/or other means of transport, from the place of receipt or the port of loading to the port of discharge or the place of delivery shown herein and there to be delivered unto order or assigns.

If required by the Carrier, this Bill of Lading duly endorsed must be surrendered in exchange for the Goods or delivery order.

In accepting this Bill of Lading, the Merchant (as defined by Article 1 on the back hereof) agrees to be bound by all the stipulations, exceptions, terms and conditions, whether written, typed, stamped or printed, as fully as if signed by the Merchant, any local custom or privilege to the contrary notwithstanding, and agrees that all agreements or freight engagements for and in connection with the carriage of the Goods are superseded by this Bill of Lading.

In witness whereof, the undersigned, on behalf of INTERASIA LINES, LTD. the Master and the owner of the Vessel, has signed the number of Bill(s) of Lading stated above, all of this tenor and date, one of which being accomplished, the others to stand void.

(Liner Vessel)

Consignee

Order of Central Trust of China, Banking & Trust Department, 49, Wu Chang Street, Sec. 1, Taipei, Taiwan 100. ③

Notify party

Taiwan Machinery Mfg. Corpn/ Ministry of Economic Affairs 15, Foo-Chow Street, Taipei, Taiwan. ④

Ocean vessel	Voy. No	Pre-Carriage by
Asian Princess	84 ⑤	
Port of loading Penang ⑥		Port of discharge Kaohsiung ⑦
Place of receipt Penang CFS		Place of delivery Kaohsiung CY
Final destination (for the Merchant Reference)		

ORIGINAL

FIRST

Marks and Numbers	No. of Containers or Pkgs. Kind of pkg	Contents Container No. & Seal No.	Gross weight & Measurement
C ◇ T GF4-671400 78-GF4-1739 MOEA (249) ⑧ P D KAOHSIUNG BUNDLE NOS: 1-35. (S.T.C.) 36-115 (Escoy) 116-150 (Escoy) 151-180 (Escoy) 326-340 (S.T.C.) 181-250 (S.T.C.) 341-415 (S.T.C.) 251-325 (S.T.C.)	9,130 Ingots	Straits Refined Tin (In Bundles of 22 Ingots each bundle) ⑨ Letter of Credit No. 8DH1/02141/01 CTC Invitation No. GF4-671400 Contract No. 78-GF4-1739 Import Licence No. 67RA1-002393 (Kaohsiung) 67RA1-002391 (Kaohsiung) "Freight Prepaid"	415,000 Kgs.

TOTAL NO. OF CONTAINER OR PACKAGES	Nine Thousand, One Hundred & Thirty Ingots Only. (Four Hundred & Fifteen Bundles only).

FREIGHT & CHARGES	Revenue tons	Rate	Per	Prepaid	Collect

Ex rate	Prepaid at ⑩	Payable at	Dated Kuala Lumpur 28.10.79 ⑫
	No. of original Bs/l. signed Three (3) ⑪	Place of Bs/l. issue Kuala Lumpur.	INTERASIA LINES, LTD. For and on behalf of INTERASIA LINES ⑬ (INTEGRATED FORWARDING & SHIPPING SDN. BHD)
Total prepaid	DULY ON BOARD DATE. SIGNATURE 28 OCT 19—		by As Agents. ⑭

⑶卸貨港 (port of discharge)：亦稱 "discharging port" 即從船上卸下貨物的港埠。通常與目的港相同。但在聯運時，因須轉船，其提單所示的卸貨港同時就是轉運港。例如由基隆港運貨至倫敦，如該貨物須在香港轉船，則在基隆簽發的提單上所載的目的港為倫敦，而卸貨港則為香港，此時在提單上以 "from Keelung to London with transhipment at Hong Kong" 方式表示。又如貨物以海陸聯運者，例如由基隆運往紐約，貨物由船運至西雅圖 (Seattle) 卸下後，再以鐵路或卡車橫過大陸 (overland) 運至紐約時，目的地是紐約，提單所示的運輸區間應為 "From Keelung to New York"，而目的港與卸貨港則同為 Seattle。

8. 嘜頭 (mark)：

嘜頭的主要作用在於搬運貨物時，易於識別，以免誤裝誤卸。因此，除了散裝貨（如碎砂石、煤炭、穀類、石油等）或無法包裝的不定形物品（如廢鐵、解體品）之外，都刷上嘜頭。如嘜頭過多無法全部記入提單上所定欄內時，可記載於提單背面，或另記載於紙片貼在提單正（或背）面，並由輪船公司加蓋騎縫章。

9. 貨物記述 (description of goods)：

所謂貨物的記述，除了貨物名稱，尚且包括其品質、數量及體積等有關的記載在內。提單上對於貨物的記載，應如何記載？是否應與信用狀所載作同一精確的記載？關於此，實務上常有爭議，茲綜合英美法院的慣例、學說及實務上的慣例，分別就貨物名稱、品質、數量、體積等分述如下：

⑴貨物名稱及品質：

①提單上只能記載信用狀所規定的貨物。如有非信用狀所規定的其他貨物也記載於提單上，不僅將成為爭執的原因，且可能遭拒付。

②船公司對於貨物的詳細記述 (detailed description) 向來不管，故提單上貨物的記述當比商業發票上所記載者簡略，或以統稱 (general terms) 記載，美國法院判決及信用狀統一慣例均採取這種態度。（UCP 600 第 14 條⒠項規定：「除商業發票外，其他單據上貨物、勞務或履約行為之說明，如有敘明者，得為不與信用狀之說明有所牴觸之統稱。」）

⑵貨物數量、體積：信用狀規定提單必須記載貨物數量及體積者，提單上固應照記，即使信用狀僅規定商業發票須載明數量及體積者，判例上認為提單上亦應載明其數量及體積。

10. 運費 (freight)：

提單上運費為法定記載事項。通常提單上有 "freight prepaid" 與 "freight collect" 兩欄，如運費預付者，將運費金額填在 "freight prepaid" 一欄，如運費到付者，將運費金額填在 "freight collect" 一欄。預付運費時，應在提單上加蓋 "freight prepaid" 或 "freight paid" 戳記或以其方法表示運費已付或先付。如無此類字句，視為運費尚未付清。又提單上以加蓋戳記或其他方法載明 "freight payable" 或 "freight to be paid" 或其他類似旨趣的文字，不能構成運費已付訖的證明 (ISBP 681 第 111、112 條)，運費既未付訖，收貨人提貨時必須付清運費後才能提貨。通常如運費到付，則在提單上加蓋 "freight collect" 字樣。

在信用狀交易，如貿易條件為 CIF 或 CFR 時，除另有規定外，運費應由賣方支付，故信用狀中通常要求提單上須註明 "freight prepaid" 或 "freight paid" 等字樣。若貿易條件為 FOB 或 FAS，則除另有規定外，運費應由買方支付，故信用狀上都要求提單上須註明 "freight collect" 或其他類似字樣，如 "freight payable"、"freight to be paid at destination"。

在預付運費的場合，有時貨主不願將其所支付的運費及費率記載於提單，此時可以 "freight paid as arranged" 或 "as arranged, freight prepaid" 代替。

由於運輸方式的改變，裝卸費用所占比例日趨增加，運費除基本運費外，尚有其他費用，運費分段收取，運費加收的情形日趨普遍。因此提單上已無法以「運費已付」(freight paid) 一詞表明全程運費支付情形。因此，UCP 600 第 26 條(c)項規定：「運送單據得以圖章或其他方式加註運費以外之費用。」

11. 提單份數 (number of B/L)：

在海運習慣上，通常多就同一批運送貨物發行數份提單，而每份均具有同一效力。在貨物到達目的港，僅憑其中一份即可要求運送人交付貨物。其中一份一經用作提貨，其餘各份立即失效而作廢。

信用狀通常規定受益人於提示押匯、承兌或付款時，須提出全套提單 (full

set of B/L, complete set of B/L 或 B/L in full set)。如信用狀無此規定，受益人是否應提出全套提單？關於此，UCP 600 第 20 條(a)項(iv)款規定：「為唯一正本提單，或如簽發之正本超過一份，則為提單上表明之全套正本。」所以，即使信用狀未規定，受益人仍應提出全套正本提單。

對於各種單據應提供份數，信用狀中通常均有明確規定，例如 "Commercial Invoice in duplicate" 等，獨對提單通常只要求 "Full Set of Bill of Lading"，則其要求者究竟幾份才算全套？關於此一點，提單上通常有 "In witness whereof the master or agent of the said ship has signed...Bills of Lading" 字樣，在 "..." 處通常載有 "two" 或 "three" 的字樣，此 "two" 或 "three" 即表明全套應有的份數。因此只要留意提單上述地方，即可知悉所稱「全套」究竟有幾份。

12.裝運日 (date of shipment) 及提單發行日期 (issuing date)：

提單上的日期可分為發行日期與裝載（運）日期兩種，在裝運提單 (shipped B/L) 上，如未註明裝載日期 (on board date)，則以提單的發行日 (issuing date) 為裝載日期，UCP 600 第 20 條(a)項(ii)款規定：「以下列方式表明貨物已於信用狀敘明之裝載港裝運於標名之船舶：

＊預先印定措辭，或

＊裝載註記表明貨物已裝運上船之日期。

提單之簽發日期將視為裝運日期，除非提單含裝載註記表明裝運日期。於此情形，該裝載註記敘明之日期將視為裝運日期。

若提單有關船舶名稱含『預定之船舶』或類似保留用語之表述，則須以裝載註記表明裝運日期及實際船舶之名稱。」

由此可知，提單的發行日期，依信用狀統一慣例，在裝運提單的場合，以其發行日期為發行日期；在備運提單的場合，於提單上加註已裝船事實時所批註日期為發行日期。

13.運送人 (carrier)：

運送人乃為運輸契約的當事人。因此提單上應載明運送人名稱。其名稱通常都載於提單的上端，假如提單上端無運送人名稱時，至少在簽名欄應有運送人的名稱。有些信用狀規定貨物均須裝運某船公司的船隻，例如 "Shipment must be effected per U.S. Line's vessel"，在此場合，運送人的名稱即成為審核的對象。

14.提單的簽名 (signature)：

提單應有運送人、船長或其代理人的簽名，否則無效。依 UCP 600 第 20 條 (a)項(i)款，合格的簽名人員有下列六種人：(1) carrier；(2) agent for the carrier；(3) agent on behalf of the carrier；(4) master；(5) agent for the master；(6) agent on behalf of the carrier，又代理運送人或船長簽字者，須表明被代理人的名稱。

● （二）提單的背書

如前所述，提單是貨物的化身，是代表該貨物的物權證券。因此，除美國及南美部分國家，直接提單不能以背書方式轉讓而須另附「讓與書」(letter of assignment) 讓與外，不論直接提單或指示提單，均可以背書方式將提單轉讓給他人。

1.提單背書的種類：

(1)記名式背書 (special endorsement, full endorsement, endorsement in full)：凡須在提單上記明被背書人 (endorsee) 或受讓人的姓名，並由背書人 (endorser) 簽名的背書方式，稱為記名式背書，其背書列示如下：

Deliver to

ABC Company

For Taiwan Trading Company

_____
(Signature)

Manager

ABC Company 於取得提單後，可以同樣方式背書轉讓給他人。這種記名式背書，如背書不連續 (continuous chain of endorsement) 者，持單人不能主張其權利。

(2)空白式背書 (blank endorsement, endorsement in blank)：背書時只由背書人簽名，而不須記載被背書人姓名的背書方式，稱為空白背書，又稱略式背書，其形式如下：

For Taiwan Trading Company

(Signature)
_____

Manager

提單經空白背書後，其持有人即可主張權利，如持有人擬將其再轉讓，則無背書的必要。今日一般開狀銀行，多要求提單的收貨人及其背書以 "to order of shipper, blank endorsed" 或 "to order, endorsed in blank" 方式發行，因在記名式背書的情形，一旦持有人不能實現其權利，所有背書人均須連帶負責，今如採空白背書方式，則進出口兩地銀行並未在提單簽字背書，自無連帶責任的問題發生。

(3)指示式背書 (endorsement to order)：在背書時由背書人在提單背面記載「交給某某所指定的人」(deliver to the order of ...) 的字樣者，稱為指示式背書，其背書形式如下：

Deliver to the order of

ABC Company

For Taiwan Trading Company

(Signature)
_____

Manager

(4)選擇不記名式背書：即背書人背書轉讓時記明「憑單交給某人或持單人」(deliver to ×× or bearer) 字樣的背書方式。其背書形式如下：

Deliver to

ABC Company or bearer

For Taiwan Trading Company

(Signature)
_____

Manager

(5)選擇指示式背書：即背書人於背書轉讓時，記明「憑單交給某人或其指定的人」(deliver to ×× or order) 字樣的背書方式。其背書形式如下：

Deliver to

ABC Company or order

For Taiwan Trading Company

(Signature)

Manager

2.信用狀項下提單背書實例：

在信用狀交易中，提單是否應由託運人背書，如需背書時，應採哪一種背書方式，視信用狀規定而異，茲分述於下：

(1)當信用狀作如下規定時：

B/L to be issued to order and	① endorsed to ×××
	② endorsed to order of ×××
	③ endorsed to ××× or order
	④ endorsed to ××× or bearer
	⑤ blank endorsed

第①種須由託運人採記名式背書；第②種須由託運人採指示式背書；第③種須由託運人採選擇指示式背書；第④種須由託運人採選擇不記名式背書；第⑤種須由託運人採空白背書。

(2)當信用狀作如下規定時：

B/L to be issued to order of shipper and	① endorsed to ×××
	② endorsed to order of ×××
	③ endorsed to ××× or order
	④ endorsed to ××× or bearer
	⑤ blank endorsed

其背書方式同上。

(3)當信用狀作如下規定時：

① B/L to be issued to order of opening bank(or buyer).

② B/L to be issued to opening bank or order.

③ B/L to be issued to opening bank(or buyer).

④ B/L to be issued to opening bank or bearer.

⑤ B/L to be issued to bearer.

　　託運人不必在提單上背書。

⑷當信用狀作如下規定時：

① B/L must indicate accountee as shipper and issued to order.

　　託運人不必在提單上背書。

② B/L must indicate neutral(third) party as shipper and issued to order.

　　由託運人以該 Third Party 的名義，在提單上背書。

第五節　（不可轉讓）海運貨單

一、（不可轉讓）海運貨單的定義與性質

　　（不可轉讓）海運貨單 (non-negotiable sea waybill) 係由運送人簽發的海運貨物收據及運送契約憑證，它既不具物權證券 (document of title) 性質，也不是可轉讓的單據。聯合國歐洲經濟委員會 (UN Economic Commission for Europe) 將（不可轉讓）海運貨單（sea waybill，簡稱 SWB）定義為：「證明海上貨物運送契約及運送人之受領或裝載貨物之不可轉讓單據，基於此一單據，運送人負有交付貨物予單據上所載受貨人之義務」，1977 年國際海運協會 (International Chamber of Shipping) 則將其定義為「係不可轉讓之單據，為海上貨物運送契約與接收、裝載貨物之證明，運送人負有將貨物交付其上所載受貨人之義務。」（不可轉讓）海運貨單自 1970 年問世以來，廣受歡迎。國際商會鑒於近年來，在歐洲、北歐、北美洲及亞洲，使用此運送單據有日益增加的趨勢，為配合實際作業的需要與實務上的發展，乃於 UCP 500 增訂第 24 條（現為 UCP 600 第 21 條）以適應時代的潮流。

　　茲根據上述定義分析（不可轉讓）海運貨單的性質如下：

（一）（不可轉讓）海運貨單係海上貨物運送契約的證明

　　運送契約的成立不以書面為限，即以口頭、電話等方式為之均可，（不可轉讓）海運貨單係將其具體呈現，故僅為運送契約的證明。

●（二）（不可轉讓）海運貨單係運送人受領或裝載貨物的收據

運送人收受或裝載託運人所託運的貨物之後，因託運人的請求而簽發（不可轉讓）海運貨單，所以（不可轉讓）海運貨單為運送人或其代理人簽發給託運人以表明收到該貨的收據。

●（三）（不可轉讓）海運貨單係不可轉讓單據

（不可轉讓）海運貨單因其為記名式，又有禁止背書轉讓的記載，故為不可自由流通轉讓。事實上，航運界之所以樂於採用（不可轉讓）海運貨單，即係著眼於其不可轉讓性，也由於其不具轉讓性，使得這種單據更加安全而無虞被偷或遺失。

●（四）（不可轉讓）海運貨單為非物權證券

（不可轉讓）海運貨單並非貨物所有權的證明，無法用背書及交付證券方式處分貨物，證券（即（不可轉讓）海運貨單）並不代表貨物，故非物權證券。

●（五）（不可轉讓）海運貨單為非文義性證券

因為（不可轉讓）海運貨單並非可自由流通轉讓的證券，不得背書轉讓，自無保護善意持有人的問題，（不可轉讓）海運貨單僅為運送契約的證明而已。

●（六）（不可轉讓）海運貨單為非繳還證券

（不可轉讓）海運貨單採記名式，運送人只負責將貨物交給（不可轉讓）海運貨單上所記載收貨人即可，而無需要求繳回該單據。

■ 二、（不可轉讓）海運貨單的種類 ■

（不可轉讓）海運貨單依其簽發時，貨物是否已裝上船加以區分，可分為：

●（一）已裝運（不可轉讓）海運貨單 (shipped non-negotiable sea waybill)

於貨物業已裝載於船舶上之後，才簽發的，稱為已裝運（不可轉讓）海運貨單，此種（不可轉讓）海運貨單即為證明運送人裝載貨物的收據。

●（二）備運（不可轉讓）海運貨單 (received for shipment non-negotiable sea waybill)

運送人於收受貨物之後，但在裝載於船舶之前，所簽發的（不可轉讓）海運貨單，稱為備運（不可轉讓）海運貨單。

現行海運實務上，無論係一般貨物運送抑貨櫃運送，通常均使用備運（不可轉讓）海運貨單。但可以裝載註記 (on board notation) 方式，將之轉換為已裝運（不可轉讓）海運貨單。

■ 三、（不可轉讓）海運貨單的製作方法 ■

（不可轉讓）海運貨單的格式與提單類似，其製作方法與提單類似，其應記載的事項，計有下開各項：

1. （不可轉讓）海運貨單名稱、運送人名稱、船名及裝卸載港。

2. 託運人、受貨人名稱。受貨人欄內也可另加「不得另行指定 (do not indicate "to order")」字樣，受貨人地址必須詳盡標明。

3. 載明 "non-negotiable" 或 "not negotiable" 字樣。

4. 載明受通知人名稱及地址。

5. 簽發人、地點、日期。

（不可轉讓）海運貨單通常只簽發一份正本，但是，如經請求，也可簽發兩份或兩份以上的正本。關於（不可轉讓）海運貨單，國際海事委員會 (CMI) 於 1990 年制定了一套規則稱為 "CMI uniform Rules for sea waybills"，有興趣者，可參閱。

第六節　傭船提單

■ 一、海上貨物運送的類型及其契約 ■

海上貨物運送依契約性質的不同，可大別為「件貨運送」與「傭船運送」二大類（參閱我國海商法第 38 條）。

● （一）件貨運送與其契約

件貨運送契約又稱搭載契約 (freight contract for parcel shipment)，為運送人與託運人約定代為運送貨物的契約。當事人間通常對件貨運送無書面的契約，

（不可轉讓）海運貨單

Shipper

NON-NEGOTIABLE

Sea WAYBILL

W/B No.
Ref.

Consignee (if 'To Order' so indicate)

Notify Party (No claim shall attach for failure to notify)

Place of Receipt		Port of Loading	F/Agent Name & Ref.
Vessel	Voy. No.	Port of Discharge	Place of Delivery

Marks & Numbers	No. of P'kgs. or Shipping Units	Description of Goods & P'kgs.	Gross Weight	Measurement

specimen

Particulars Furnished by Shipper

Freight and Charges	Prepaid	Collect	RECEIVED for carriage as above in apparent good order and condition, unless otherwise stated hereon, the goods described on the above particulars.

Delivery of the goods will be made to the Consignee or his authorised representative upon proper proof of identity and authorization without the need of producing or surrendering a copy of this waybill.

For particulars of delivery apply to:

Place and date of issue

Shipped on board the Vessel

Date

by

件貨運送即為海運經營上的定期船運送，於貨物裝上船舶後，由運送人發給託運人提單，而提單為運送契約的證明，並非契約本身。因此定期船的件貨運送契約具有「諾成契約」性質。

● （二）傭船運送與其契約

在貿易實務上，傭船契約 (charter party contract) 通常係指論程傭船契約 (voyage charter party)，乃船東（通常為經營不定期船航運的 tramp operator）以收取運費為目的，按照事先約定的運費率及條件，將船舶的全部或一部供傭船人 (charterer) 使用，而將貨物從某一港口運到另一港口所簽訂的運送契約。這種傭船契約的傭船人為需要運送大宗物資的進口商（即 L/C 中的 applicant）或出口商（即 L/C 中的 beneficiary）。按 FOB 條件交易時，傭船人即為進口商，與船東訂立傭船契約乃進口商之事。反之，如按 CFR 或 CIF 條件交易時，傭船人即為出口商，所以由出口商與船東訂立傭船契約。傭船契約大多採用國際間公認的標準格式，某類貨物宜適用何種契約格式，已大致一定。

■ 二、件貨運送契約與傭船契約的比較 ■

1.件貨運送契約係指運送人與託運人約定代為運送貨物的契約；而傭船契約則為船舶所有人（船東、運送人）以船舶的全部或一部供傭船人（託運人）運送貨物的契約。

2.件貨運送契約，船艙如有空餘艙位，運送人對任何人均得自由攬載貨物；於傭船契約，就傭船人所包定的部分即使有空間可裝其他貨物，船舶所有人（運送人）非經傭船人的同意，不得再任意與第三人訂約裝載。

3.件貨運送契約多屬定期船業務；傭船契約則屬不定期船業務的範疇。

■ 三、傭船提單的意義及其特質 ■

● （一）傭船提單的意義

根據傭船契約，由運送人（包括船東、傭船船東、船長或運送人所授權的代理人）所簽發的提單，稱為傭船提單 (charter party B/L)，傭船提單大都載有 "All other terms, conditions and exceptions as per charter party No... dated..." 或類

似條款，表明所有其他條件及例外事項以傭船契約為準。以 CFR 或 CIF 條件交易時，假如出口商所提示的提單為傭船提單，則對進口商可能較為不利。例如，出口商應付給運送人（船東）的裝船、卸貨費用或延滯費 (demurrage) 未付清時，運送人可憑傭船契約對所承運的貨儎行使留置權。在此情形，作為提單持有人的進口商，除非代替出口商清償欠債，無法只憑傭船提單要求運送人交付貨物。

● （二）傭船提單的特質

傭船契約提單與一般提單（定期輪提單）比較，有其特性和共同性。作為共同性，其作用一般是相同的，尤其是船舶所有人（或運送人）與受貨人（即提單持有人）之間的關係，應以提單為依據；作為特性，主要有：⑴傭船契約提單（尤其是航次傭船契約）的受貨人往往就是傭船人，因此提單就不能發生運送契約的作用，而完全以傭船契約為準。在此情形下，提單僅具貨物收據的作用；⑵由於船舶所有人要保護自己的權益，往往在提單上加上一切按傭船契約的條款；⑶為符合傭船契約要求，提單可能使用簡式或短式 (short form) 或特殊的格式。

根據傭船契約簽發的提單，關係人可能非常複雜。例如傭船人本身可能並非貨主；提單也可能轉入第三人手中，船方所簽發的提單既可能是傭船人的提單，也可能是船舶所有人的提單等等。

■ 四、傭船提單與傭船契約的關係 ■

在傭船情形下，因另有傭船契約，運送人所簽發的提單，如與傭船契約內容不同，則提單的效力，因各種情況的不同而有別。茲說明於下：

● （一）傭船提單為論程傭船契約下的提單時

1.如船方（運送人）簽發提單給傭船人，傭船人本身就是提單持有人時，船方與傭船人間權益以傭船契約為準，提單的效力僅作為貨物收據之用，而無契約效力。因提單在傭船人手中，提單內容並未包括傭船契約全部條件或含有傭船契約內所無的條件，提單條款自不能改變傭船契約。

2.如船方（運送人）簽發提單給傭船人，傭船人又將提單轉讓給善意第三人時，如果發生糾紛，提單受讓人可依據提單條款直接與船方交涉，這時解決船方與提單持有人之間糾紛的依據應該是該提單，而不是傭船契約。但是如果提單上船方的責任高於傭船契約的責任時，雖然船方可以在賠付給提單持有人之後，再依傭船契約向傭船人追償。不過，這對船方來說畢竟是很麻煩的事。所以船方在簽發提單時，在提單上加上「一切條件與免責條款的規定，包括疏忽條款在內，依傭船契約為準」(all conditions and exceptions including negligence clause as per charter party) 的條款。但是在一般情況下，提單持有人不願意接受附有這種條款的提單。信用狀統一慣例也規定，除另有規定，銀行將拒絕受理這種提單。

◉（二）傭船提單為論時傭船契約 (time charter party) 下的提單時

在論時傭船契約，其契約中多列明船長可代表傭船人簽發提單，契約中訂明貨物短損與船東無涉，應由傭船人負責，並註明「本提單不得損害傭船契約」(as presented without prejudice to the charter) 或註明「依照傭船契約所訂條件辦理」(subject to all terms and conditions contained in the charter party) 以保障船東根據契約應享有的權益。但如使用船東提單，即構成船東與提單持有人間的契約關係，船東須負責貨物短損責任，而船東與傭船人的關係仍應受原訂傭船契約的約束。若傭船人請求船長簽發提單，使船東較原契約負更多責任時，對船東至為不利，故論時傭船的傭船人多更改標誌，更換公司旗幟，視同傭船者自有船舶營運，並以傭船人自印的提單自行簽發，該項提單對原船東自無約束。通常由船長或代理人簽發的提單，均須取得船東的授權，並注意所簽發的提單條款不得與船東授權範圍或傭船契約相違背，以免發生不利後果。

◉（三）光船租傭 (bare boat charter party) 下的提單時

租船人成為運送人時，船長為租船人所僱傭，由船長或租船人或租船人的代理人所簽發的租船人自印的提單，其效力應構成租船人與託運人或再傭船契約人間的契約，而與船舶所有人無涉。但是，貨物是由船舶所有人的船舶運輸的，因此提單持有人仍有權對船舶所有人起訴，船舶所有人當然也不能免除責任。不過，在這種情形下，船舶所有人可立即通知傭船人，請其與提單持有人解決，船舶所有人應負的責任，仍以傭船契約規定為準。

五、傭船提單的製作方法

原則上與提單相同，但應注意下列幾點：

1.不表明運送人名稱，依 UCP 600 第 22 條(a)項(i)款規定：「提單，不論其名稱為何，表明其係受傭船契約規範（傭船提單）者，須顯示：

由下列人員簽署：

　＊船長或代替或代表船長之標名代理人，或

　＊船東或代替或代表船東之標名代理人，或

　＊傭船人或代替或代表傭船人之標名代理人。

船長、船東、傭船人或代理人之任何簽字，須表明其為船長、船東、傭船人或代理人。

代理人之任何簽字須表明其係代替或代表船長、船東抑或傭船人簽署。

代理人代替或代表船東或傭船人簽署者，須表明船東或傭船人之名稱。」

2.傭船提單的合格簽發人員為(1)船長或代替或代表船長的標明代理人；(2)船東或代替或代表船東的標明代理人。

船長或船東的任何簽字或確認須依各該情形表明其為船長或船東。為船長或船東簽字或確認的代理人也須表明被代理者，即船長或船東的名稱及身分（UCP 600 第 22 條(a)項(i)款）。

第七節　航空運送單據

一、航空運送單據的意義與種類

航空運送單 (air transport document) 即空運提單（air waybill, airway bill 或 air consignment note），係運送人於收到承運貨物後，發給託運人的證明文件。實務上，空運提單具有下列作用：

1.為航空公司收受承運貨物的收據。

2.為航空公司與託運人間的運送契約憑證。

備船提單

BIMCO 'CONGENBILL' for use with charter parties.
CODE NAME "CONGENBILL" EDITION 02*

Shipper

BILL OF LADING   B/L No.

Reference No.

Consignee

Notify address

Vessel	Port of loading

Port of discharge

Shipper's description of goods	Gross weight

(of which   on deck at Shipper's risk; the Carrier not
being responsible for loss or damage howsoever arising)

Freight payable as per	SHIPPED at the Port of Loading in apparent good order and condition on board the Vessel for carriage to the Port of Discharge or so near thereto as she may safely get the goods specified above.
CHARTER-PARTY dated..	Weight, measure, quality, condition, contents and value unknown.
FREIGHT ADVANCE	IN WITNESS whereof the Master or Agent of the said Vessel has signed the number of Bills of Lading indicates below all of this tenor
Received on account of freight:	and date any one of which being accomplished the others shall be void
Time used for loading .... Days .... hours.	FOR CONDITIONS OF CARRIAGE SEE OVERLEAF

Freight payable at	Place and date of issue
Number of original B/L	Signature

By Authority of the Baltic & International Maritime Conference
Copenhagen

3.代表運費單據 (freight bill) 的證明。

4.應託運人要求，為貨物的保險證明單 (certificate of insurance)。

5.為通關文件。

6.為航空公司貨運人員處理貨物的裝卸、運送及交貨的依據。

空運提單依簽發人的不同，可分為空運主提單 (master air waybill) 與空運分提單 (house air waybill)。由航空公司或其代理直接簽發者為空運主提單，由航空貨運承攬業者或併裝業者 (consolidator) 簽發者為空運分提單。依照規定，後者不得逕行發給託運人空運主提單。

■ 二、空運提單的特性 ■

空運提單如同提單具有收據及契約憑證的作用，但不具流通性 (not negotiable)，且為記名式及直接式 (straight)，所以並非物權證券 (document of title)，也不能流通，雖一般航空公司多規定受貨人須憑空運提單才可提貨，但實際上國外許多航空公司並不要求受貨人出示提單，而只要提貨人能證明其為受貨人即可提貨。因此，在實務上，如貨物以航空運輸交運，信用狀多規定以開狀銀行為受貨人，以確保開狀銀行對該項貨物的控制權。俟進口商兌付票款後，才將空運提單交給進口商辦理提貨。由於空運提單的特性，出口商亦應特別注意，以空運託運時不宜以進口商為空運提單上的受貨人，否則可能發生進口商一方面提走貨物，他方面卻假藉單據有瑕疵而拒付的情形。

■ 三、空運提單的製作方法 ■

航空公司或其代理填發提單係根據貨主所填 shipper's letter of instruction 資料而製發，故應力求正確，如因填寫不實而造成任何糾紛或損失，概由貨主自行負責。

茲以所附地中海航空公司的提單為例 (參閱 214 頁)，說明空運提單的製作要領：(注意：加方框的號碼欄，表示該欄應特別注意其正確性，並應承擔其正確性的法律責任。)

0　提單號碼 (air waybill number)：提單號碼為提單的主要部分，位於提

空運提單

AIR WAYBILL NUMBER		AIRPORT OF DEPARTURE	EXECUTION DATE DAY/MTH/YR	TC	CHRS CODE	CURCY CODE	FOR CARRIER USE ONLY		270-
AIRLINE PREFIX	SERIAL NO.						FLIGHT/DAY	FLIGHT/DAY	
270-	0	01	02	02	02	02			

AIRLINE OF DEPARTURE (ADDRESS OF FIRST CARRIER) AND REQUESTED ROUTING	AIRPORT OF DESTINATION	FLIGHT/DAY	FLIGHT/DAY
1	2		

ROUTING AND DESTINATION

TO 3	BY FIRST CARRIER 4	TO 3	BY 5	TO 3	BY 5	TO 3	BY 5

BOOKED

NOT NEGOTIABLE

AIR WAYBILL
(AIR CONSIGNMENT NOTE)
ISSUED BY

TRANS MEDITERRANEAN AIRWAYS S. A. L.
P. O. BOX ROTA, RUE HAMRA, DEMUT LESAMON

MEMBER OF INTERNATIONAL
AIR TRANSPORT ASSOCIATION

IMA

CONSIGNEE'S ACCOUNT NUMBER 6	CONSIGNEE'S NAME AND ADDRESS
	7

If the carriage involves an ultimate destination or stop in a country other than the country of departure, the Warsaw Convention may be applicable and the Convention governs and in most cases limits the liability of carriers in respect of loss of or damage to cargo. Agreed stopping places are those places (other than the places of departure and destination) shown under requests routing and/or those places shown in carriers timetables as schedules stopping places for the route. Address of first carrier is the airport of departure.
SEE CONDITIONS ON REVERSE HEREOF

SHIPPER'S NAME AND ADDRESS 8	SHIPPER'S ACCOUNT NUMBER
	9

The shipper certifiesthat the particulars on the face hereof are collect and agrees to the CONDITIONS ON REVERSE HEREOF.

SIGNATURE OF SHIPPER 41

BY BROKER/AGENT

Carrier certifies goods described below were received for carriage subject to the CONDITIONS ON REVERSE HEREOF, the goods then being in apparent good order and condition except as noted hereon.

42   43

EXECUTED ON (Date) AT (Place)
44

ISSUING CARRIER'S AGENT ACCOUNT NO. 10	ISSUING CARRIER'S AGENT, NAME AND CITY
	11

SIGNATURE OF ISSUING CARRIER OR ITS AGENT

AGENT'S IATA CODE 12	

Copies 1,2 and 3 of this Air Waybill are originals and have the same validity.

CURRENCY 13	DECLARED VALUE FOR CARRIAGE 14	DECLARED VALUE FOR CUSTOMS 15	AMOUNT OF INSURANCE 16

INSURANCE—A shipper requests insurance in accordance with conditions on reverse hereof indicate amount to be insured in Figures in box marked 'amount of insurance'

WEIGHT CHARGE AND VALUATION CHARGE		ALL OTHER CHARGES AT ORIGIN		ACCOUNTING INFORMATION
PREPAID 17	COLLECT 17	PREPAID 18	COLLECT 18	19

NO. OF PACKAGES PCP	ACTUAL GROSS WEIGHT	Kg/lb 22	RATE CLASS 23	COMMODITY ITEM NO.	CHARGEABLE WEIGHT	RATE/CHARGE	TOTAL	NATURE AND QUANTITY OF GOODS (INCL DIMENSIONS OR VOLUME)
20a	21	22	23	23a/24	25	26	26Q	27
20b								

PRE-PAID	PREPAID WEIGHT CHARGE 28	PREPAID VALUVTION CHARGE 29	TOTAL OTHER PREPAID CHARGES		TOTAL PREPAID 32	FOR CARRIER'S USE ONLY AT DESTINATION
			DUE CARRIER 30	DUE AGENT 31		

OTHER CHARGES (EXCEPT WEIGHT CHARGE AND VALUATION CHARGE) 33	COLLECT CHARGES IN DESTINATION CURRENCY
	COD AMOUNT 39
	TOTAL CHARGES 39

COL-LECT	COLLECT VALUATION CHARGE 34	COLLECT WEIGHT CHARGE 35	TOTAL OTHER COLLECT CHARGES		COD AMOUNT 38	TOTAL COLLECT 39
			DUE CARRIER 36	DUE AGENT 37		

40

HANDLING INFORMATION

270-

單左上及右上角。

01 起運地機場地名 (airport of departure)：應填入該一城市的 IATA 地名英文字母代號（三個字母）。如 Taipei 代號為 TPE。

02 通常不必填入，僅適用於電子作業資料傳送時始由運送人加填。

1 起運地機場名 (airport of departure)：通常即為起運地地名，亦即第一運送人 (first carrier) 所在地，如 Taipei，並得依託運人之請，將要求的特別航路註明。

2 最終目的地地名 (airport of destination)：應將英文全名拼出，為避免同名的困擾，應將可資區別的地區或國名加註，如 West-Berlin。如目的地有兩個以上機場時，應列出機場名，如 New York JFK。

3 用於轉機時，將轉運機場地名三個英文縮寫字母填入，如超過一個轉運點時，可依先後次序填入。如係同一架飛機，而僅航次號碼 (flight No.) 變更時，不得填入。

4 第一承運人 (first carrier) 的英文簡稱。

5 用於轉機時，隨前欄 3 將轉機的航空公司名稱兩個英文字縮寫填入。

6 受貨人帳號 (consignee's account number)：便於由交貨的航空公司查檔，如無，可免填。

7 受貨人的名址 (consignee's name& address)：應詳填，如有電話，亦應填入，以便儘速聯絡提貨。不可僅填信箱號碼，否則極易延誤提貨。如貨物係運交銀行或受貨人的代理人，應將該銀行或代理人的名址填入本欄，因為對航空公司言，該銀行或代理人為直接受貨人。但可將最終受貨人的名址填入 40 欄並冠以 also notify 字樣，但後者與前者以在同一城市或附近地區為限。

8 託運人帳號 (shipper's account number)：如無，可免填。

9 託運人名址 (shipper's name& address)：並儘量將聯絡電話填入。

10 航空公司貨運代理店帳號 (issuing carrier's agent account number)。

11 代發提單的貨運代理店名稱及其所在地地址 (issuing carrier's agent, name& city)。

下方的方格內，注意如係高價值貨品，重量應計至 0.1 公斤或 4 兩。

12　前項代理店的 IATA 編號 (agent's IATA code)。

13　交付的運費貨幣名稱簡寫，一般而言，皆係起運地的當地貨幣，如臺灣為 NT$。但如係運費到付者，本欄雖填入起運地貨幣，34 至 39 欄可填交貨地的當地貨幣名。

14　按前項的貨幣申報貨物價值 (declared value for carriage)：如不申報，可填 NVD(no. value declared) 但不可填 no. value 字眼，或留空白。如貨價每公斤超過 US$20.00 時，航空公司將按 29 欄加收超值費。

15　申報通關價值 (declared value for customs)：為進口地徵收進口稅的依據，通常為貨物的發票價 (invoice value)。

16　保險金額 (amount of insurance)。

17　運費 (weight charge and valuation charge)：在 prepaid（預付）或 collect（到付）欄以×記號表示運費及超值係預付或到付。

18　同上標明起運地發生的其他費用係屬預付或到付。請注意在中途轉運所發生的費用，除已預知，可以要求託運人預付外，其餘一概應到付 (collect)。

19　帳目資料欄 (accounting information)：如付款方式：cash、credit 或 cheque 等。亦可填入保險費率等資料，如 rate for normal risks（一般險費率）或 rate for war risks（戰爭險費率）等。如無，可免填。

20a　包裝件數 (number of package)：按下述方式填入：

　　⑴如全屬同一運費率者，僅填件數，並將同一數字填入本欄下方的方格內。

　　⑵如其中有適用不同費率者,按各不同費率的包裝件數數量分別自上而下列出，並將總件數計入本欄下方的方格內。

　　⑶高價值物品 (valuables) 如係相同的包裝，填法如上⑴及⑵。如包裝不同，雖係同一費率，亦應分別列出。

20b　如因轉機而適用聯運費率時，應將各轉接點的地名縮寫（三個英文字母）列出。

21. 實際毛重 (actual gross weight) 依照 20a 欄各包裝件數，依次將其毛重量 (gross weight) 填入（如使用貨櫃時，將貨櫃的空重 (tare weight) 在本欄內註明），注意僅填數字，而將重量單位填入 22 欄。並將總毛重量填入本欄上及右上角，由航空公司填列。

22. 為以上 2 欄各包裝件數使用的重量單位。

K──表示公斤。L──表示磅。

23. 費率等級欄 (rate class)。

23a. 如適用特別商品費率 (SCR) 而有附加費 (surcharge) 或折讓 (discount) 時，將其百分率列出，譬如 50% Surcharge 應以 150% 表示。

24. 如 23 欄以代號 C 表示時，應將 IATA 商品編號列出。如為其他代號，可免填。

25. 收費重量欄 (chargeable weight)：即基本運費根據本欄的重量乘以費率而算出。如係使用 IATA 標準貨櫃而係按櫃收費者，本欄不填。又本欄應與 21 欄對應。

26. 與 25 欄相對應的費率 (rate)，僅填數字，其使用的貨幣則與 13 欄同。如係商品分級費率（即 23 欄以 R 或 S 表示者），則須將其正常費率列出後將適用的百分數列於第二行；或逕將計算的結果列出。

27. 貨品名稱、數量、體積等描述 (nature and quantity of goods)：如係按體積重量計算者，應將其體積列出；如係高價值貨品，應將包裝的長、寬、高列出；如係危險貨品，應將品名寫出；如使用 IATA 標準貨櫃時，應將貨櫃識別號碼列出。

28. 預付運費數額 (prepaid weight charge)。

29. 預付超值費（參考 14 欄）。

30. 根據 33 欄應預付航空公司的其他費用。

31. 為應預付予航空貨運代理店的費用。

32. 為 28 至 31 欄各項預付費用總和。

33. 為 28 及 29 欄以外的其他有關費用名稱及數額，費用名稱多以英文代號表示。

34　運費到付 (collect) 時應向受貨人收取的運費數。

35　向受貨人收取的超值費。

36　根據 33 欄應由航空公司向受貨人收取的其他費用。

37　根據 33 欄應由航空貨運代理店向受貨人收受的其他費用。

38　如為代受貨款 (C.O.D.)，其代收總數。

39　共三欄，由航空公司在目的地視收取有關費用情形加填。

40　貨物處理補充資料 (handling information)：諸如

　　a. 嘜頭及識別號碼以及包裝特點等。

　　b. 除 7 欄外的第二通知人名址。

　　c. 隨同空運提單的其他文件名稱及號碼，如產地證明書、危險品證明書或商業發票等。

　　d. 其他貨物處理指示，但應冠以 Request 字眼。

　　e. 如貨物無法投遞而需運返時的回程提單號碼及原提單號碼。

41　本欄由託運人或其代表人（航空貨運代理店）簽字，證明提單各欄所填皆為正確無誤，並同意提單背面所印的各條款。

42　為製發提單日期，月份不可以數字表示，應填其英文全稱或縮寫，如 Jan. Feb. 等。

43　為製發提單地點。

44　製發提單的航空公司或其代理店簽章。

以上 42 至 44 各欄經簽章後，即表示航空公司已依空運提單各欄資料所示承運託運人的貨物。

四、空運分提單

目前在航空運輸中，有專門承攬貨物運送者，他們自兩個以上的託運人收集航空運送貨物，予以併裝之後，交給航空運送人 (air carrier) 運送，貨物運抵目的地後，再予拆裝，交給指定的各別受貨人。經營這種承攬業的人，因不自備飛機，故非實際的航空運送人 (actual air carrier)，而是一種貨運承攬商 (forwarding agent, freight forwarder)、併裝業者 (consolidator)，我國業者稱為航空

貨運公司 (air cargo company) 或空運承攬業者。自航空運送的便捷而言，這種行業自有其存在的價值。

　　航空貨運公司自託運人收到託運貨物後即簽發 air bill 給託運人，但有些航空貨運公司所發行的提單也標明為 air waybill，與航空公司所發行的 air waybill，形式雷同。因此，航空公司為避免兩者混淆，將航空公司所發行的空運提單稱為「空運主提單」(master air waybill, MAWB)；而將航空貨運公司所發行者，稱為「空運分提單」或「空運子提單」(house air waybill, HAWB 或 forwarder's air waybill)（參閱 220 頁）。航空貨運公司發行的提單雖與航空公司發行者雷同，但稍有經驗者，仍可從其提單號碼予以識別。航空公司發行的主提單，其提單號碼係由 3 位阿拉伯數字起頭，為航空公司的代號或 IATA 統一編號，例如中華航空公司的代號為 297，地中海航空公司為 270，其後跟著不超過 8 位數字的流水號碼，為航空公司自編的貨號及帳號。由航空貨運公司發行的分提單則起首為該公司的英文代號，而非阿拉伯數字，其後面為該公司自編的流水號碼，故極易與主提單區別。由於空運分提單係由貨運承攬商所簽發，所以除信用狀另行授權外，必須具備 UCP 600 第 23 條所規定的條件，銀行才會接受。

■ 五、信用狀統一慣例對於航空運送單據的規定 ■

　　UCP 600 第 23 條規定：「⒜航空運送單據，不論其名稱為何，須顯示：
　ⅰ.表明運送人之名稱且由下列人員簽署：
　　＊運送人，或
　　＊代替或代表運送人之標名代理人。
運送人或代理人之任何簽字必須表明其為運送人或代理人。
代理人之任何簽字須表明其係代替或代表運送人簽署。
　ⅱ.表明貨物業已接受待運。
　ⅲ.表明簽發日期。此簽發日期將視為裝運日期，除非航空運送單據含實際裝運日期之特別註記。於此情形，該註記敘明之日期將視為裝運日期。
　ⅳ.表明信用狀敘明之起運機場及目的機場。

空運分提單

Master Air Way Bill No. 160-47538352		Not negotiable **Air Waybill** (Air Consignment note)	House Air Way Bill No. UEC- D0984709847

Shipper's Name and Address COMMERCIAL COMPANY	Shipper's Account Number	Issued By **U** 搴天通運有限公司 UNIQUE EXPRESS CO., LTD. 中華民國台北市復興南路1段135巷15號之三 P. O. BOX 81-164 TAIPEI TAIWAN

Consignee's Name and Address TO BANK LEUMI LE ISRAEL B.M. TEL-AVIV NOTIFY:　　　　AND IMPORT 　　　　ST. TEL-AVIV FOR OZAI　　7012 ISRAEL	Consignee's account number	Copies 1, 2 and 3 of this Air Waybill are originals and have the same validity
		IF THE CARRIAGE INVOLVES AND ULTIMATE DESTINATION OR STOP IN A COUNTRY OTHER THAN THE COUNTRY OF DEPARTURE, THE WARSAW CONVENTION MAY BE APPLICABLE AND THE CONVENTION GOVERNS AND IN MOST CASES LIMITS THE LIABILITY OF CARRIERS IN RESPECT OF LOSS OF OR DAMAGE TO CARGO. Agreed stopping places are those places (other than the places of departure and destination) shown under requested routing and/or those places shown in carriers' timetables as scheduled stopping places for the route. Address of first carrier is the airport of departure. SEE CONDITIONS ON REVERSE HEREOF

Issuing Carrier's Agent Name and City EXPRESS CO., LTD.	AIRFREIGHT PAYABLE AT DESTINATION

Agent's IATA Code	Account No.	

Airport of Departure (Addr. of first Carrier) and requested Routing TAIPEI AIRPORT											

to TLV	By first Carrier Routing and Destination OA301/APR.29, 11	to	by	to	by	Currency US$	CHGS Code CC	WT/VAL PPD COLL	Other PPD COLL	Declared Value for Carriage N.V.D.	Declared Value for Customs

Airport of Destination TEL AVIV AIRPORT	Flight/Date	For Carrier Use only	Flight/Date	Amount of Insurance NIL	INSURANCE — If shipper requests insurance in accordance with conditions on reverse hereof, indicate amount to be insured in figures in box marked amount of insurance

Handling Information
INV, P/L & C/O ATT'D.

No of Pieces RCP	Gross Weight	kg	Rate Class Commodity Item No.	Chargeable Weight	Rate / Charge	Total	Nature and Quantity of Goods (incl. Dimensions or Volume)
3CTNS	102	K	Q OZAT TEL-AVIV C/NO.1-3 MADE IN TAIWAN	102K	AS ARRANGED		IMPACT ADAPTOR 3/4 INCH F X 1/2 INCH M. Q'TY: 300 PCS L/C NO. WE HEREBY SPECIFYING THAT IN VIEW OF THE DANGER OF CONFISCATION WARRANTED AIRCRAFT IS NOT TO CALL AT AIRPORTS AND NOT TO ENTER THE TERRITORIAL AIRSPACE OF SYRIA LEBANON JORDAN IRAQ SAUDI-ARABIA YEMEN SUDAN LIBYA OR OTHER ARAB COUNTRIES EXCEPT EGYPT PRIOR TO UNLOADING IN ISRAEL UNLESS IN DISTRESS OR SUBJECT TO FORCE MAJEURE.

Prepaid	Weight Charge AS ARRANGED	Collect	Other Charges
	Valuation Charge		
	Tax		
	Total other Charges Due Agent		The shipper certifies that the particulars on the face hereof are correct and agrees to the CONDITIONS ON REVERSE HEREOF COMMERCIAL COMPANY
	Total other Charges Due Carrier		SIGNATURE OF SHIPPER Annabel Che
Total prepaid	Total collect AS ARRANGED (4)		...certifies goods described...CONDITIONS ON REVERSE HEREOF... 搴天通運有限公司 UNIQUE EXPRESS CO., LTD.
Currency Conversion Rates	cc charges in Dest Currency		APR. 23, 11　　TPE　　C.
For Carrier Use only at Destination	Charges at Destination	Total collect Charges	Executed on (Date)　(Place)　Signature of Issuing Carrier or its Agent

(stamp: YSB 704387 TAIPEI TAIWAN / HAN COMMERCIAL BANK)

ⅴ.係給發貨人或託運人之正本，即使信用狀規定全套正本亦然。

ⅵ.包含運送條款或表明運送條款參照另一來源。

運送條款之內容無須審查。

(b)本條所稱之轉運，意指自信用狀敘明之起運機場至目的地機場之運送中，自一飛機卸下再重裝至另一飛機之行為。

(c)

ⅰ.航空運送單據得表明貨物將轉運或可能轉運，但以運送全程係由同一之航空運送單據所涵蓋者為條件。

ⅱ.即使信用狀禁止轉運，表明將轉運或可能發生轉運之航空運送單據，可以接受。」

第八節 公路、鐵路或內陸水路運送單據

■ 一、公路、鐵路或內陸水路運送（又稱內路運送）的意義 ■

所謂內陸運送 (inland transport) 乃指公路 (road)、鐵路 (rail) 或內陸水路 (inland waterway) 運送而言。由於國際貿易的日趨自由化，大陸性國家之間（例如歐市各國間或美加墨間的貿易）的邊境或跨國貿易也日益增加，隨之而生的跨國性公路、鐵路及內陸水路運送也普遍應用，從而產生的國際性內陸運送單據 (inland transport documents) 也告增多。

■ 二、內陸運送單據的特性及種類 ■

內陸運送單據基本上是屬於貨運單系統 (waybill system) 的範疇，其特性為: (1) 非物權證券; (2) 採記名式; (3) 不可轉讓 (non-negotiable)，受貨人提貨時毋須出示貨運單，只要證明其為受貨人即可。至於內陸運送單據的種類約有下列幾種:

1. 鐵路提貨單 (railway bill of lading)：

由鐵路機關依鐵路貨運規定，於貨主託運時所發行的運送貨物提單。

2. 鐵路發貨通知單 (railway consignment note)：

鐵路機關於受理貨物後，發給貨主以證明貨物經受領而依委託內容發貨的單據。

3. 內陸水運提單 (inland waterway B/L)：

以航行於河川的船舶運送貨物時，由運送人發行的提單。

4. 內陸水運發貨通知單 (inland waterway consignment note)：

以航行於河川的船舶運送時，由運送人對貨主所發以示貨物的受領及發送的單據。

5. 雙聯式貨運單 (counterfoil way bill)：

相當於法文的 "duplicate de letter de voiture" 或英文的 "duplicate consignment note"，又稱貨運存根單或公路貨運單，由運送人留存，正聯交貨主存執。

6. 卡車公司提單 (trucking company B/L)：

由卡車公司於收到貨時所發行的提單。

7. 其他類似單據 (any other similar documents)：

凡能表示貨物運送的各種單據，不論其名稱如何，均屬之。

三、信用狀統一慣例對於公路、鐵路或內陸水路運送單據的規定

UCP 600 第 24 條規定：「(a)公路、鐵路或內陸水路運送單據，不論其名稱為何，須顯示：

ⅰ.表明運送人之名稱，且：

＊運送人或代替或代表運送人之標名代理人簽署，或

＊由運送人或代替或代表運送人之標名代理人以簽字、圖章或註記之方式，表明收受貨物。

運送人或代理人收受貨物所為之任何簽字、圖章或註記，須表明其係運送人或代理人之身分。

代理人收受貨物所為之任何簽字、圖章或註記，須表明該代理人係基於代理運送人之意旨代替或代表運送人簽署或行事。

ⅱ.表明信用狀敘明地點之裝運日期或貨物已收受待運、發送或運送之日期。

除運送單據含有收受日期之圖章、收受日期或裝運日期之表示外，運送單據之簽發日將視為裝運日。

若鐵路運送單據未表明運送人，則鐵路公司之任何簽字或圖章，認係運送人簽署單據之證明而予接受。

ⅲ.表明信用狀敘明之裝運地及目的地。

(b)

ⅰ.公路運送單據須顯示係給發貨人或託運人之正本，或未載有標示表明單據係為何者製作。

ⅱ.鐵路運送單據標示『第二聯』(duplicate)，將認係正本而予接受。

ⅲ.鐵路或內陸水路運送單據不論是否標示為正本，將認係正本而予接受。

(c)運送單據上未表明所簽發正本之份數時，所提示之份數將視為構成全套正本。

(d)本條所稱之轉運，意指自信用狀敘明之裝運地、發送地或運送地至目的地之運送中，在同一運送方式下，從一種運輸工具卸下再重裝至另一種運輸工具之行為。

(e)

ⅰ.公路、鐵路或內陸水路運送單據得表明貨物將轉運或可能轉運，但以運送全程係由同一運送單據所涵蓋者為條件。

ⅱ.即使信用狀禁止轉運，表明將轉運或可能發生轉運之公路、鐵路或內陸水路運送單據，可以接受。」

第九節 快遞收據、郵政收據或投遞證明

一、快遞收據

近二、三十年來，隨著國際貿易的快速發展，國際航空快遞服務 (courier service) 業務也大幅成長。目前在我國已有 DHL（洋基通運）、UPS（優比速）、Federal Express（聯邦快遞）等加入經營。這些業者在國內大城市設有分支機構或代辦處（例如 DHL 和統一超商合作，利用統一超商在全臺各地的營業點收件），接受外匯銀行、貿易廠商的委託，從事國際間的航空快遞業務。

由於快遞業者大多能在很短的時間（3～4 天）內將受託的商品或商業文件送達世界各地城市，效率之高遠非郵遞所能比擬，因此，其收費雖較郵費高出 3～4 倍，卻仍為貿易廠商所樂於利用。

鑒於國際航空快遞費用高出郵費很多，所以受託遞送的物件大多屬趕時間的商業文件（例如押匯文件）及體積小、重量輕、數量少的樣品等。

目前在我國的國際快遞業者，由於競爭劇烈，服務效率很高，只要一通電話，即派人前來取件 (pick up)，可說是真正的「服務到家」。

鑒於國際快遞業務的重要性越來越大，UCP 600 第 25 條 (a) 項也針對 courier service 的運送作了如下的規定：「(a)證明貨物收受待運之快遞收據，不論其名稱為何，須顯示：

ⅰ.表明快遞業者之名稱，並由該標名之快遞業者於信用狀敘明之貨物裝運地加蓋圖章或簽署；且

ⅱ.表明收取或收受或具此旨趣措辭之日期，該日期將視為裝運日期。」

二、郵政收據或投遞證明

郵購業務最發達的國家首推美國。現在已發展成國際性的業務。郵政包裹 (post parcel) 是由郵局承辦運送手續，郵局即為運送人。按國際間郵政包裹的收受與遞送，均根據國際郵政聯盟 (Universal Postal Union) 的統一辦法辦理，但各

國郵局出口包裹訂有單行規定。

包裹交給郵局後，郵局即發給寄件人收據，此收據稱為郵政收據 (post receipt) 或投遞證明 (certificate of posting)。郵政收據或投遞證明僅作為收到包裹並將予以寄出的證明文件，並非表彰貨物所有權的物權證券 (document of title)，也非領取包裹時必須提示的文件。對銀行而言，這種收據或證明書並不能充作融資的擔保品，因此，開狀銀行為掌握包裹，多於信用狀中規定以開狀銀行為包裹的收件人。

郵政包裹由航空寄運者，稱為航空郵政包裹 (air post parcel)。此種 air post parcel 也由郵局發給收據，稱為 receipt for air post parcel。以航空郵政包裹發貨時，應特別注意有關重量、尺寸、限度的規定。

貨物以郵政包裹方式遞送，如需保險，亦可向郵政機構投保，但通常僅承保平安險。投保時有關每件包裹的保險金額須在報稅單上載明，這種由郵政機構保險的郵政包裹稱為 "insured post parcel"。

郵政收據或投遞證明上的收件人、名稱、地址、貨物名稱及信用狀號碼應與信用狀所規定者相符，且應蓋有郵戳，或以其他方法驗證 (authenticated) 並註明日期。UCP 600 第 25 條(c)項規定：「證明貨物收受待運之郵政收據或投遞證明，不論其名稱如何，須顯示於信用狀敘明之貨物裝運地加蓋圖章或簽署並註明日期者，該日期將視為裝運日期。」

 習　題

一、問答題

1. 何謂單據 (documents)？何謂運送單據 (transport documents)？依 UCP 600 規定貨運單據 (shipping documents) 與單據及運送單據有何不同？

2. 試述單據在信用狀交易中的重要性。

3. 何謂提單 (marine bill of lading)？其在法律上的性質如何？其作用為何？有那些關係人？

4. 依我國海商法，提單應記載那些事項？

5. 何謂裝運提單 (shipped B/L)？備運提單 (received B/L)？在實務上，兩者如何辨別？

6.何謂清潔提單 (clean B/L)？ 不潔提單 (unclean B/L)？ 在實務上，兩者如何辨別？

7.何謂可轉讓提單 (negotiable B/L)？ 不可轉讓提單 (non-negotiable B/L)？ 在實務上，兩者如何辨別？

8.何謂貨櫃提單 (container B/L)？ UCP 對於貨櫃提單有何特別規定？

9.何謂運輸承攬商提單 (forwarder's B/L)？ FBL？

10.何謂複合運送單據 (multi-modal transport documents)？

11.何謂 O.C.P. Service？ land-bridge service？ mini-landbridge service？ micro-bridge service？

12.試述空運提單的特性及其與提單的異同。

13. HAWB 與 MAWB 如何辨別？

14.何謂 non-negotiable sea waybill？ 與 B/L 有何不同？

二、實 習

1.詳閱附件 7（403 頁）之後，填答下列各項：

　(1)託運人為： ＿＿＿＿＿＿＿＿＿＿＿

　(2)受貨人為： ＿＿＿＿＿＿＿＿＿＿＿

　(3)被通知人為： ＿＿＿＿＿＿＿＿＿＿＿

　(4)裝運港為： ＿＿＿＿＿＿＿＿＿＿＿ ；卸貨港為： ＿＿＿＿＿＿＿＿＿＿＿

　(5)承運船名為： ＿＿＿＿＿＿＿＿＿＿＿

　(6)運費是否已付訖？

　(7)裝船日期為： ＿＿＿＿＿＿＿＿＿＿＿

　(8)發行幾份正本提單？

　(9)一共多少件貨物？

　(10) shipping mark 為： ＿＿＿＿＿＿＿＿＿＿＿

　(11) S/O No. 37 作何解釋？

　(12) M3 作何解釋？

　(13) C.S. 作何解釋？

　(14) P.S. 作何解釋？

　(15) B.S. 作何解釋？

2.試根據附件 8（404 頁）及下列補充資料，製作提單（使用附件 9（405 頁）的空白提單格式）。

補充資料：

(1) Shipper 為 L/C beneficiary

(2) Consignee：依 L/C 規定

(3) Notify party：依 L/C 規定

(4)裝運船名為 Showa Maru

(5)裝船日為 2011 年 6 月 10 日

(6)裝運港為高雄

(7)卸貨港：依 L/C 規定

(8) Packing No. 2001–6000

(9)裝運數量：100 M/tons，共 4,000 袋

(10)淨重：100,000 kgs；毛重：120,000 kgs；體積：90 CBM

(11)貨品名稱：依 L/C 規定

(12)運費在高雄付訖

(13)共發行正本提單三份，在高雄於 2011 年 6 月 10 日發行

(14) vogage No. 為：123

(15) shipping mark：

Hong Kong

2001–6000

Made in Taiwan

3.試根據附件 10（406 頁），填答下列各項：

(1)該空運提單是主提單抑分提單?

(2)託運人名稱為： _____

(3)受貨人名稱為： _____

(4)運費是否已付訖? 運費多少?

(5)起飛機場為: ＿＿＿＿＿＿＿＿＿＿＿

(6)目的地機場為: ＿＿＿＿＿＿＿＿＿＿＿

(7)空運提單簽發日為: ＿＿＿＿＿＿＿＿＿＿＿

(8)裝運貨物名稱為: ＿＿＿＿＿＿＿＿＿＿＿

(9) Shipping mark 為: ＿＿＿＿＿＿＿＿＿＿＿

(10)貨物一共有多少件?

4.試根據附件 11 （407 頁），填答下列各項:

(1)該空運提單是主提單抑分提單?

(2)託運人名稱為: ＿＿＿＿＿＿＿＿＿＿＿

(3)受貨人名稱為: ＿＿＿＿＿＿＿＿＿＿＿

(4)運費是否已付訖? 運費多少?

(5)起飛機場為: ＿＿＿＿＿＿＿＿＿＿＿

(6)目的地機場為: ＿＿＿＿＿＿＿＿＿＿＿

(7)裝運貨物名稱為: ＿＿＿＿＿＿＿＿＿＿＿

(8) case mark 為: ＿＿＿＿＿＿＿＿＿＿＿

(9)空運提單簽發日為: ＿＿＿＿＿＿＿＿＿＿＿

(10)貨物一共有多少件? 毛重有多少?

(11) AWB fee 是什麼意思?

第八章

單據之二──保險單據

☆第一節 保險單據的意義

保險單據 (insurance document) 為保險人（insurer，以下稱保險公司）與被保險人 (assured) 所訂立保險契約的證明文件。在國際貨運，運送人對於運送中貨物因遭遇風險而生的滅失或毀損，大部分得以契約加以限制或免除。因此，對於運送中貨物，貨主都需要投保適當的貨物運輸保險。

貨物運輸保險契約與一般保險契約一樣，為一種諾成契約，其成立並不以一定的形式為必要，保險單據，只不過是證明此項保險契約已成立的書面憑證而已。保險單並不是有價證券，故其法律性質，與提單頗有不同，但也有類似之處：(1)原則上也可以背書方式轉讓；(2)也可發行有效本一式數份，效力相同，但其中一份一經獲得賠償，其餘多份即歸無效；(3)也是一種交還證券，保險公司於給付保險金時，得要求被保險人交還。

第二節 海上貨物保險單據的種類

■ 一、保險單 (insurance policy) ■

海上貨物保險單 (marine cargo insurance policy) 為保險公司對於投保貨物名稱、數量、裝載船名及投保金額已確定的保險契約所簽發的保險單。因此，它是一張完整獨立的保險文件，通常列有保險契約的全部條款。

■ 二、預約保險單項下保險證明書或聲明書 ■

貿易廠商為避免就每筆交易逐次向保險公司投保並請其簽發正式保險單的煩雜手續，可申請投保預約保險，保險公司則據此預約保險發行預約保險單（簡稱預保單 (open cover)，又稱統保單 (open policy)）。投保時，概括表示今後在一定期間，將由某一特定港口分批裝運一定總金額的貨物至另一特定港口。然後，於每次裝運時，將每批裝運貨物的種類、投保金額、險類、船名等具體細節向保險公司通知。保險公司則根據此項通知發行保險證明書 (insurance certificate) 或聲明書 (declaration)。保險證明書或聲明書內容簡略，不成為一張完整的獨立文件。第三者無法從其記載獲悉預約保險契約的全貌，但因可節省投保的時間及手續，效力相同在國際貿易中已被廣泛使用。

■ 三、投保通知書 (cover note) ■

此為保險經紀人 (insurance broker) 所簽發者，但因尚未經保險公司確認，故 UCP 600 第 28 條(c)項規定不予接受。

第三節　海上貨物保險的險類

保險公司對於運送中貨物所遭受的損害，其應賠償的程度，因其承保條件而異，茲分別說明於下：

■ 一、基本險 ■

● (一) 協會貨物條款 A 條款 (Institute Cargo Clauses Ⓐ，2009.1.1, ICC Ⓐ)

為倫敦保險市場自 2009 年 1 月 1 日起使用的新海上貨物保險條款。

A 條款承保保險標的毀損或滅失的一切危險，但下列各條所列者除外：

1. 不適航與不適運。

2. 兵險。

3. 罷工暴動險。

4. (1)可諉因於被保險人故意不當行為所致的毀損、滅失或費用。

　(2)保險標的的正常滲漏、正常重量或體積減少，或正常耗損。

　(3)由於保險標的包裝或配備不足或不當所致的毀損、滅失或費用。

　(4)由於保險標的的固有瑕疵或本質所致的毀損、滅失或費用。

　(5)由遲延所直接導致的毀損、滅失或費用，雖該遲延係由承保危險所致者亦同（但因共同海損所生的費用例外）。

(6)由於船舶所有人、經理人、傭船人或營運人破產或財務不良所致的毀損、滅失或費用，而於保險標的裝載上船時，被保險人已知曉或於通常商業過程中理應知曉該破產或財務不良可能阻礙航程進行者。

(7)由於使用原子或核子武器或其他類似武器所致的毀損、滅失或費用。

● （二）協會貨物條款 B 條款 (Institute Cargo Clauses Ⓑ，2009.1.1, ICC Ⓑ)

為新海上貨物保險條款，其承保範圍較 A 條款的承保範圍小，茲將其承保範圍概述如下：

1.可合理誘因於下列事故所致保險標的的毀損或滅失：

(1)火災或爆炸。

(2)船舶或駁船的擱淺、觸礁、沉沒或傾覆。

(3)陸上運輸工具的傾覆或出軌。

(4)船舶或駁船或運輸工具與除水以外的任何外在物體的碰撞或觸撞。

(5)在避難港卸貨。

(6)地震、火山爆發或閃電。

2.因下列事故所致的保險標的的毀損或滅失：

(1)共同海損犧牲。

(2)投棄或海浪沖落。

(3)海水、湖水或河水進入船舶、駁船、船艙或運輸工具、貨箱或儲存處所。

(4)在船舶、駁船裝卸貨物時任一包裝貨物自船上落海或掉落的整件滅失。

本條款的不保危險事故除了增加「由於任何人的不法行為對保險標的的全部或部分的蓄意性損毀或破壞」一項之外，其餘與前述 A 條款完全相同，故不贅述。

● （三）協會貨物條款 C 條款 (Institute Cargo Clauses Ⓒ，2009.1.1, ICC Ⓒ)

為新海上貨物保險條款，其承保範圍較 B 條款的承保範圍小，茲將其承保範圍略述如下：

1.同 ICC ⒝的 1 之(1)～(5)。

2.因下列事故所致的保險標的的毀損或滅失:

　(1)共同海損犧牲。

　(2)投棄。

本條款的不保危險事故與上述 B 條款完全相同，故不贅述。

協會貨物保險條款 ICC 2009〔A〕、〔B〕、〔C〕承保範圍

貨物的滅失、毀損或費用可合理諉因於:	〔A〕	〔B〕	〔C〕
1.火災或爆炸	○	○	○
2.船舶或駁船的擱淺、觸礁、沉沒或翻覆	○	○	○
3.陸上運輸工具的傾覆或出軌	○	○	○
4.碰撞 (collision) 或觸撞	○	○	○
5.在避難港卸貨	○	○	○
6.共同海損犧牲 (general average sacrifice)	○	○	○
7.投棄 (jettison)	○	○	○
8.海浪捲落 (washing overboard)	○	○	×
9.地震、火山爆發、雷擊	○	○	×
10.水入侵船舶、運送工具或儲貨處所	○	○	×
11.任何一件貨物於裝卸船舶或駁船時落海或掉落的整件滅失	○	○	×
12.偷竊、未送達 (theft、pilferage、non-delivery)	○	×	×

除外不保事項:	〔A〕	〔B〕	〔C〕
1.被保險人的故意或過失（不當行為）	×	×	×
2.標的物正常滲漏 (leakage)、失重、失量、自然的耗損	×	×	×
3.標的物包裝或配備（安置）不良或不當	×	×	×
4.標的物本質或固有的瑕疵 (inherent vice)	×	×	×
5.遲延（延滯）為主因	×	×	×
6.船舶所有人、經理人、傭船人、營運人的財務糾紛	×	×	×
7.任何核子或類似核子戰爭武器的使用致標的物損害	×	×	×
8.戰爭險（兵險）〔內戰革命、叛亂、兩國交戰；捕獲扣押、拘留禁止；遺棄水雷、魚雷、炸彈」	×	×	×
9.罷工險〔罷工、停工、工潮、暴動、民變〕〔因任何恐怖主義或任何人的政治動機引起者〕（上述戰爭險及罷工險二項目可另予加保）	×	×	×

🔲 二、附加險 🔳

要保人於投保海上貨物運輸保險時，可就前述基本險類中任選一種投保，如要保人需要加保特殊的危險，則可多付保費另加保附加險，以獲充分的保障。茲將常見的附加險介紹如下：

◉（一）協會貨物兵險條款 (Institute War Clauses(Cargo), 2009.1.1)

為倫敦國際保險人協會 (IUA) 與勞依茲市場協會 (LMA) 共同制定的兵險條款，前述的 ICC(A)、(B)、(C) 的 A 均不承保兵險（war risk，簡稱 WR），被保險人如有需要，可多付保費增列本條款於保險單上。

本條款承保因下列危險事故引起保險標的的毀損或滅失：

　1.因戰爭、內亂、革命、叛亂、顛覆，或其引起的內爭，或任何由於交戰或對抗交戰國武力的敵對行為。

　2.因上述危險引起的捕獲、扣押、拘管、禁制或扣留。

　3.水雷、魚雷、炸彈或其他兵器。

　4.為避免上述各項危險或與危險有關的損失所產生的共同海損及施救費用。

◉（二）協會貨物罷工險條款 (Institute Strikes Clauses(Cargo), 2009.1.1)

前述各類基本險均不承保罷工險，被保險人如有需要，可多付保費添附本條款於保險單上。

本條款承保因下列危險事故引起保險標的的毀損或滅失：

　1.罷工者、閉廠的工人、參與勞工擾亂、暴動或民眾騷擾。

　2.因任何恐怖分子或任何人的政治動機引起者。

　3.為避免上述各項危險或與危險有關的損失所產生的共同海損及施救費用。

◉（三）協會貨物偷竊挖竊遺失險條款 (Institute Theft, Pilferage and Non-Delivery Clauses, 2009.1.1)

上述基本險中，ICC (A)已承保此危險，故不必加保，但 ICC (B)、ICC (C)均不承保，被保險人如欲加保，必須另付保險費。

偷竊挖竊遺失險簡稱 TPND，偷竊 (theft) 是指不使用暴力的暗中竊取，將整件的貨物偷走，只剩下外箱而言；挖竊 (pilferage) 則指不使用暴力的暗中挖取，從包裝完好的整件貨物中竊取一部分而言；而遺失 (non-delivery) 則為貨物整件在運送過程中不知去向，以致運送工具抵目的地時，運送人無法交付貨物給貨主。

上述各項基本險及附加險協會條款只能與新海上保險單格式（即 MAR Form）一起使用 (for use only with the current MAR policy Form)。

第四節　投保時應注意事項

■ 一、投保日 ■

UCP 600 第 28 條(e)項規定：「除保險單據顯示其承保自不遲於裝運日之當日起生效外，保險單據日期須不遲於裝運日期。」

因為貨物交運後，隨時都有發生危險的可能，如保險契約成立於貨物交運後，而危險適發生於交運日與契約成立日之間，保險公司自不負責任，則銀行及買方將蒙受損失，故信用狀統一慣例有此規定。

■ 二、保險金額與幣別 ■

關於保險金額，如信用狀中未規定，依 UCP 600 第 28 條(f)項(ii)款的規定，其最低投保額應為投保貨物的 CIF 或 CIP 價值加計 10%。如銀行對貨物的 CIF 或 CIP 價值無從由單據的表面認定時，銀行將就信用狀下所要求辦理付款、承兌或讓購金額的 110% 或商業發票總額的 110%，以較高者認定為最低保額。

又，保險的目的，在於補償貨主的危險，故為規避由匯率變動所引起的風險，依 UCP 600 第 28 條(f)項(i)款的規定，投保幣別應與信用狀的幣別相同，但信用狀另有規定者，從其規定。

◼ 三、投保貨物與航程 ◼

保險單據上所記載貨物的名稱，必須與運送單據及商業發票所記載者不牴觸，其數量也必須一致。

保險單上的航程起迄應與提單上所示者一致。UCP 600 第 28 條(f)項(iii)款規定：「保險單據須表明所承保之危險至少涵蓋自信用狀所敘明之接管地或裝運地與卸貨地或最終目的地之範圍。」又如貨物須在中途港轉運者，應註明轉運港名稱。例如須在 Kobe 轉運，則註明 "At and from Keelung to New York, with transhipment at Kobe" 是。

◼ 四、投保險類 ◼

保險的種類不一，投保何種險類與買方及銀行的權益息息相關。故 UCP 600 第 28 條(g)項規定：「信用狀應敘明所需保險之種類及，如有另須加保之危險。如信用狀使用諸如『通常危險』(usual risks) 或『習慣上之危險』(customary risks) 等不明確之用語，則該保險單據將予接受，而對其未保之任何危險不予理會。」至於全險，如信用狀中只規定 "insurance against all risks" 者，依 UCP 600 第 28 條(h)項規定：「若信用狀要求投保『全險』(all risks) 且提示之保險單據含有任何『全險』之註記或條款，不論其有無冠以『全險』之標題，該保險單據將予接受，而對敘明其所不承保之任何危險不予理會。」此外，同條(j)項規定：「保險單據得表明其承保範圍適用免賠額或僅賠超額（扣除免賠額）。」

◼ 五、可接受的保險單據 ◼

可接受的保險單據的種類，UCP 600 第 28 條(a)項規定：「保險單據，諸如保險單、統保單項下之保險證明書或聲明書，須顯示由保險公司、保險人或其代理人 (agent or proxy) 所出具並簽署。代理人之任何簽字須表明是否代理人代替或代表保險公司，抑或保險人簽署。」UCP 600 第 28 條(b)項規定：「若保險單據表明簽發之正本超過一份時，所有正本均須提示。」UCP 600 第 28 條(d)項又規定：「保險單代替統保單項下之保險證明書或聲明書可以接受。」換言之，信用狀要求提示統保單 (open cover) 項下的保險證明書 (insurance certificate) 或聲明書 (declaration) 時，可以保險單 (insurance policy) 代替。

至於保險經紀人所簽發的投保通知書 (cover note)，依 UCP 600 第 28 條(c)項規定：「投保通知書將不予接受。」

第五節　保險單據的製作方法

茲就所附保險單（參閱 239 頁）按該保險單上編號，說明保險單的製作方法。

(1)保險人(公司)名稱：填上保險人名稱，例如 Malayan Overseas Insurance Corporation 是。如信用狀指定保險公司時，受益人（出口商）應提示該保險公司簽發的保險單。

(2)保險單號碼：由保險人編列。

(3)被保險人：填上被保險人名稱。在 CIF 交易，通常以受益人為被保險人。

(4)商業發票號碼：填上受益人商業發票號碼。

(5)保險金額：即投保金額。保險金額的多寡，視信用狀規定而異。通常為 110% of invoice value（商業發票金額的 110%），假如信用狀未規定保險金額，則依 UCP 600 第 28 條(f)項(ii)款規定，其最低保險金額為投保貨物的 CIF 或 CIP 金額另加 10%。

(6)理賠地點：即發生保險事故後，保險公司理賠的地點。通常信用狀都規定應以貨物目的港（或目的地）為理賠地點，故應依信用狀規定填上理賠地點及理賠代理人名稱，並填上支付保險金幣別。例如在 payable at/in 後面填上 in New York in US dollar 是。若信用狀未規定理賠地點及幣別，則以貨物目的港（地）為理賠地點，並以信用狀幣別作為保險幣別。

(7)船名：填上載運船舶名稱。應與提單上船舶名稱相同。

(8)裝運港：填上出口港名稱，須與信用狀規定相符。

(9)目的港（地）：填上提單上的目的港（地）名稱。

(10)啟航日期：填上提單上的裝船日期 (on-board date)。

(11)轉運港：如預定在某港轉船，則填上該轉船港名稱。是否將在某港轉船，可從提單上查出。

(12)保險標的物：填上投保貨物名稱、數量及信用狀號碼。

(13)投保險類：在 Institute Cargo Clauses 後面填上所投保險類，例如填上 (A) 或 (B) 或 (C) 字樣，悉以信用狀規定為準。如須加保其他附加險者，則一併填上加保險類。

(14)投保地點及簽單日期：填上投保地點及簽發保險單日期。例如 Taipei, on Aug. 18, 11 是。簽單日期通常即為保險人承擔危險的開始日期，UCP 600 第 28 條(e)項規定：「除保險單據顯示其承保自不遲於裝運日之當日起生效外，保險單據日期須不遲於裝運日期。」所以，簽單日期不得遲於運送單據上所示貨物裝載、發送或接管之日。

(15)保險單份數：填上發行保險單份數，通常為二份。

(16)副署：應由保險公司有關人員簽署。

保險單

(1) MALAYAN OVERSEAS INSURANCE CORPORATION
華僑產物保險股份有限公司

HEAD OFFICE: 6th~10th Floor, MOIC Building
No. 19, Chungsuan West Road, Section 1, Taipei, Taiwan, Republic of China (100)
TELEX: 11122 MICOINC Cable Address: MICOINC Taipei FAX: 886-2-3111473
Tel: 3612001 (30 Lines), 3619486, 3716167 (Marine CARGO Section)

---

(2) POLICY
次(備)　7XE000002568

經濟部核准股份有限公司登記第字第 0064 號　財政部核准(保)台保字第11號

Claim, if any, payable at/in

ANTWERP, BELGIUM **(6)**
IN US DOLLARS
CLAIM AGENT:
INS. CO., OF NORTH
AMERICA/ESIS INT'L
PRESIDENT BUILDING
FRANKLIN ROOSEVELTP LAATS
12 2000 ANTWERP, BELGIUM
TEL:2327638 2326222312622

MARINE CARGO POLICY

ASSURED **(3)**
MESSRS. SELLERS CO. LTD.

Invoice No. **(4)**
123/88
Amount insured **(5)**
US$4,200.00
US DOLLARS FOUR THOUSAND TWO HUNDRED ONLY.

Ship or Vessel **(7)**	From **(8)**	To/ Thence to **(9)**
SS"EVER GOVERN"V-	XXKEELUNG, TAIWAN	ANTWERP
Sailing on or about **(10)**	Transhipment at **(11)**	
27 APR.11		

SUBJECT-MATTER INSURED
VICE PARTS
　　64 CTNS **(12)**
　　vvvvvvv

'TY:100000 pes in 64 ctns

L/C NO. 321/789
Conditions
　Subject to the following clauses as per back hereof
　　Institute Cargo Clauses (A) MARINE
(13)　Institute War Clauses (CARGO)
　　Institute Strikes Clauses (CARGO)

INCL. ALL RISKS　　CLAIMS PAYABLE IRRESPECTIVE OF PERCENTAGE (IOP)
EXTENDED COVER FROM TAIWAN TO ANTWERP
Marks and Numbers as per Invoice No. specified above.　　valued at the same as Amount insured.

Place and Date signed in **(14)** TAIPEI 25 APR.11	Number of Policies issued IN DUPLICATE **(15)**

The Insured is requested to read this policy and if it is incorrect return it immediately for alteration.

INSTITUTE REPLACEMENT CLAUSE (applying to machinery)

In the event of loss of or damage to any part or parts of an insured machine caused by a peril covered by the Policy the sum recoverable shall not exceed the cost of replacement or repair of such part or parts plus charges for forwarding and fitting, if incurred, but excluding duty unless the full duty is included in the amount insured, in which case loss, if any, sustained by payment of additional duty shall also be recoverable.

Provided always that in no case shall the liability of Underwriters exceed the insured value of the complete machine.

LABEL CLAUSE (applying to labelled goods)

In case of damage from perils insured against affecting labels only, loss to be limited to an amount sufficient to pay the cost of reconditioning, cost of new labels and relabelling the goods.

CO-INSURANCE CLAUSE (applicable in case of Co-insurance)

It is hereby understood and agreed that this Policy is issued by MALAYAN OVERSEAS INSURANCE CORPORATION on behalf of the co-insurers who, each for itself and not one for the others, are severally and independently liable for their respective subscriptions specified in the policy.

Notwithstanding anything contained herein or attached hereto to the contrary, this insurance is understood and agreed to be subject to English law and practice only as to liability for and settlement of any and all claims.

This insurance does not cover any loss or damage to the property which at the time of the happening of such loss or damage is insured by or would but for the existence of this policy be insured by any fire or other insurance policy or policies except in respect of any excess beyond the amount which would have been payable under the fire or other insurance policy or policies had this insurance not been effected.

We, MALAYAN OVERSEAS INSURANCE CORPORATION hereby agree, in consideration of the payment to us by or on behalf of the Assured of the premium as arranged, to insure against loss damage liability or expense to the extent and in the manner herein provided.

In witness whereof, I the Undersigned of MALAYAN OVERSEAS INSURANCE CORPORATION on behalf of the said Company have subscribed My Name in the number of the policies specified, to witness the insured numbers thereof being specified as above, of the same tenor and date, one of which being accomplished the others to be void, as of the date specified above.

For MALAYAN OVERSEAS INSURANCE CORPORATION

(16)

Not valid unless Countersigned by ....

President

保險證明書（正面）

CERTIFICATE OF MARINE CARGO INSURANCE

HD OFFICE:
MARUNOUCHI
-CHOME
HIYODAKU,
TOKYO

CABLE ADDRESS:
STILWATER
TOKYO
TELEX:
J24858

CERTIFICATE OF MARINE CARGO INSURANCE

THE TOKIO MARINE & FIRE INSURANCE COMPANY, LIMITED

sured(s), etc.

Invoice No.

RTIFICATE
No.

Assured Code

Amount insured

aim, if any, payable at/in

Conditions

al Vessel or Conveyance	From(interior port or place of loading)	
or Vessel	From	Sailing on or about
Transhipped at	Thence to	
ect-matter Insured		

ks and Numbers as per Invoice No. specified above.   Valued at the same as Amount insured.

and Date signed in   Numbers of Certificates Issued

Including risks of War, Strikes, Riots and Civil Commotions.

Transit Clause (Clause 8 of the Institute Cargo Clauses)

otwithstanding anything contained herein or attached hereto to the contrary, this nce is understood and agreed to be subject to English law and practice only as to ty for and settlement of any and all claims.

is Insurance does not cover any loss or damage to the property which at the time happening of such loss or damage is insured by or would but for the existence of Certificate be insured by any fire or other insurance policy or policies except in t of any excess beyond the amount which would have been payable under the fire ier insurance policy or policies had this insurance not been effected.

Transit Clause (Clause 8 of the Institute Cargo Clauses)
ATION

1   This insurance attaches from the time the goods leave the warehouse or place of storage at the place named herein for the commencement of the transit, continues during the ordinary course of transit and terminates either

1.1   on delivery to the Consignees' or other final warehouse or place of storage at the destination named herein,

1.2   on delivery to any other warehouse or place of storage, whether prior to or at the destination named herein, which the Assured elect to use either

1.2.1   for storage other than in the ordinary course of transit or

1.2.2   for allocation or distribution,
or

1.3   on the expiry of 60 days after completion of discharge overside of the goods hereby insured from the oversea vessel at the final port of discharge,
whichever shall first occur.

2   If, after discharge overside from the oversea vessel at the final port of discharge, but prior to termination of this insurance, the goods are to be forwarded to a destination other than that to which they are insured hereunder, this insurance, whilst remaining subject to termination as provided for above, shall not extend beyond the commencement of transit to such other destination.

3   This insurance shall remain in force (subject to termination as provided for above and to the provisions of Clause 9 below) during delay beyond the control of the Assured, any deviation, forced discharge, reshipment or transhipment and during any variation of the adventure arising from the exercise of a liberty granted to shipowners or charterers under the contract of affreightment.

se of loss or damage, please follow IMPORTANT instructions on reverse side of this Certificate.

This insurance is subject to the following Clauses current at time of shipment
Institute Cargo Clauses specified above.
Institute War Clauses (Cargo)   Institute Strikes Clauses (Cargo)
Institute Malicious Damage Clause (applicable only when this clause is specifically stated above)
Institute Replacement Clause (applying to machinery)
Label Clause (applying to labelled goods) printed on the back hereof.
Duty Clause applicable only when import duty is separately insured under this Certificate) printed on the back hereof.
Co-Insurance Clause (applicable in case of co-insurance) printed on the back hereof.
Also subject to special terms and conditions of the Open Policy
(For carriage by Air please refer to the clauses printed on the back hereof)

THIS IS TO CERTIFY that this Company has insured as above, subject to the terms and conditions of this Company's Standard Marine Cargo Policy Form to the extent of the same not being ir consistent with anything contained herein. Loss, if any, payable to the Assured or order upon surrender of this Certificate which conveys the right of collecting any such loss as fully as if the subject-matter insured were covered by a Marine Cargo Policy direct to the holder hereof.

When Certificates are issued pluralistically, settlement under one of them shall render all others null and void.

This Certificate is not valid unless properly signed by a duly authorized representative or agent of the Company.

THE TOKIO MARINE & FIRE INSURANCE CO., LTD.

AUTHORIZED SIGNATORY

保險證明書（背面）

LABEL CLAUSE

se of damage from perils insured against affecting labels only,
e limited to an amount sufficient to pay the cost of reconditioning
of new labels and relabelling the goods.

DUTY CLAUSE

ay partial loss sustained on duty imposed on the goods insured
er, by reason of the perils insured against, but subject to the
erms of average; also to pay total loss if the goods are totally
ccordance with the policy terms after the duty is paid.
se of the insured amount of duty stated herein being in excess
full amount of duty imposed on the goods insured hereunder
g to the relevant regulations when they arrive at the final port
arge named herein in sound condition, this Company's liability
exceed the amount of actual loss of duty.
se of the insured amount of duty stated herein being less than
amount of duty mentioned above, this Company's liability
t exceed such proportion of the loss sustained on duty as the
bears to the latter.
Assured shall, when this Company so elects, surrender the
the Customs Authorities and avoid duty payment, and in case
reduction in duty the amount so reduced shall be deducted in
any loss for which this Company may be liable.

CO-INSURANCE CLAUSE

hereby understood and agreed that this Certificate is issued by
kio Marine and Fire Insurance Co., Ltd. on behalf of the co-
who, each for itself and not one for the others, are severally
ependently liable for their respective subscriptions specified in
tificate.

For carriage by Air following clauses shall supersede Institute Cargo
Clauses, Institute War Clauses (Cargo) and Institute Strikes Clauses
(Cargo)
　　Institute Cargo Clauses (Air) (excluding sendings by Post).
　　Institute War Clauses (Air Cargo) (excluding sendings by Post)
　　Institute Strikes Clauses (Air Cargo)

Transit Clause (Clause 5 of the Institute Cargo Clauses (Air) (excluding sendings by Post))

DURATION

5. 5.1 This insurance attaches from the time the subject-matter insured
leaves the warehouse, premises or place of storage at the place
named herein for the commencement of the transit, continues
during the ordinary course of transit and terminates either

5.1.1 on delivery to the Consignees' or other final warehouse, pre-
mises or place of storage at the destination named herein,

5.1.2 on delivery to any other warehouse, premises or place of
storage, whether prior to or at the destination named herein,
which the Assured elect to use either

5.1.2.1 for storage other than in the ordinary course of transit or
5.1.2.2 for allocation or distribution
　　　　or
5.1.3 on the expiry of 30 days after unloading the subject-matter
insured from the aircraft at the final place of discharge,
whichever shall first occur.

5.2 If, after unloading from the aircraft at the final place of dis-
charge, but prior to termination of this insurance, the subject-
matter insured is forwarded to a destination other than that to
which it is insured hereunder, this insurance, whilst remaining
subject to termination as provided for above, shall not extend
beyond the commencement of transit to such other destination.

5.3 This insurance shall remain in force (subject to termination as
provided for above and to the provisions of Clause 6 below)
during delay beyond the control of the Assured, any deviation,
forced discharge, reshipment or transhipment and during any
variation of the adventure arising from the exercise of a liberty
granted to the air carriers under the contract of carriage.

IMPORTANT

PROCEDURE IN THE EVENT OF LOSS OR DAMAGE FOR WHICH UNDERWRITERS MAY BE LIABLE:

LIABILITY OF CARRIERS, BAILEES OR OTHER THIRD PARTIES

It is the duty of the Assured and their Agents, in all cases, to take such
es as may be reasonable for the purpose of averting or minimising a loss
ensure that all rights against Carriers, Bailees or other third parties are
ly preserved and exercised. In particular, the Assured or their Agents are
d:-
To claim immediately on the Carriers, Port Authorities or other Bailees for
any missing packages.
In no circumstances, except under written protest, to give clean receipts where
goods are in doubtful condition.
When delivery is made by Container, to ensure that the Container and its seals
are examined immediately by their responsible official.
If the Container is delivered damaged or with seals broken or missing or with
seals other than as stated in the shipping documents, to clause the delivery
receipt accordingly and retain all defective or irregular seals for subsequent
identification.
To apply immediately for survey by Carriers' or other Bailees' Representatives
f any loss or damage be apparent and claim on the Carriers or other Bailees
for any actual loss or damage found at such survey.
To give notice in writing to the Carriers or other Bailees within 3 days of
delivery if the loss or damage was not apparent at the time of taking delivery.

NOTE: The Consignees or their Agents are recommended to make themselves
familiar with the Regulations of the Port Authorities at the port of dis-
charge.

INSTRUCTIONS FOR SURVEY

In the event of loss or damage which may involve a claim under this
insurance, immediate notice of such loss or damage should be given to and
a Survey Report obtained from this Company's Office or Agents specified in
this Certificate.

DOCUMENTATION OF CLAIMS

To enable claims to be dealt with promptly, the Assured or their Agents
are advised to submit all available supporting documents without delay, including
when applicable:
1. Original policy or certificate of insurance.
2. Original or certified copy of shipping invoices, together with shipping specifi-
cation and/or weight notes.
3. Original or certified copy of Bill of Lading and/or other contract of carriage.
4. Survey report or other documentary evidence to show the extent of the loss
or damage.
5. Landing account and weight notes at port of discharge and final destination.
6. Correspondence exchanged with the Carriers and other Parties regarding their
liability for the loss or damage.

claim for loss by theft &/or pilferage shall be paid hereunder unless notice of survey has been given to this Company's
agents, Lloyd's agents or other duly constituted surveyor at destination, within 10 days of expiry of this insurance.

PRINTED IN JAPAN

習　題

一、問答題

1. 何謂保險單據？包括那些種類？

2. 保險單 (insurance policy) 與保險證明書 (insurance certificate) 有何不同？

3. 試述海上貨物保險的基本險類有那幾種？

4. 假設某出口商按 CIF 條件外銷一批貨物至美國。於 2011 年 10 月 24 日將貨物運至南港貨櫃場準備裝櫃後，在基隆港裝船，並依約投保了 ICC(A) 款險，保單上載明 "From Keelung to Los Angeles"，10 月 25 日臺北地區發生大水災，存放在貨櫃場的貨物全部浸水，造成全損。請問保險公司應否予以賠償？如果是，為什麼？如果不是，又為什麼？在本批交易中，出口商在保險方面是否有錯失？如果有，以後應採取何種措施，以防類似情形再度發生？

5. A 款險、B 款險、C 款險的承保範圍為何？

6. 試述投保時應注意事項。

7. 信用狀未規定保險金額時，應投保多少？

8. 信用狀要求保險證明書時，受益人可否以保險單替代？

二、實　習

1. 請詳閱附件 12（408 頁）之後，填答下列各項：

　(1)該保險單據是保險單抑保險證明書？

　(2)保險人名稱為：＿＿＿＿＿＿＿＿＿＿

　(3)被保險人名稱為：＿＿＿＿＿＿＿＿＿＿

　(4)投保貨物名稱為：＿＿＿＿＿＿＿＿＿＿，共有＿＿＿＿＿＿＿＿＿＿包

　(5)投保金額為：＿＿＿＿＿＿＿＿＿＿

　(6)載運貨船名稱為：＿＿＿＿＿＿＿＿＿＿

　(7)開航日期為：＿＿＿＿＿＿＿＿＿＿

　(8)投保日期為：＿＿＿＿＿＿＿＿＿＿

(9)承保區間為：自 _____ 至 _____

(10) Shipping mark 為：_____

(11)承保險類為：_____

(12)一共發行正本保險單幾份？

2. 試根據附件 8（404 頁）及下列補充資料，製作保險單（使用附件 13（409 頁）空白保險
單格式）。

(1)保險單號碼為 22206000331

(2)索賠地點及理賠人名稱為 ABC Co. Ltd. Hong Kong

(3)保險區間：依 L/C 規定

(4)商業發票金額為 US$49,000

(5)貨品名稱：依 L/C 規定

(6)貨品數量：100M/tons，共 4,000 袋

(7) Shipping mark：

P.C.T.C.

Hong Kong

2001–6000

Made in Taiwan

(8)商業發票號碼：94/123

(9)保險金額：依 L/C 規定

(10)船名：Showa Maru

(11)裝船日為：2011 年 6 月 10 日

(12)裝運港：高雄；卸貨港：依 L/C 規定

(13)貨物名稱：依 L/C 規定

(14)投保險類：依 L/C 規定

(15)投保地點、日期為：2011 年 6 月 9 日，於臺北

(16)共發行三份保險單

第九章

單據之三──商業發票

※第一節　發票在實務上的概念

就實務上來說，所謂發票 (invoice) 乃指商業發票 (commercial invoice) 而言，而所謂商業發票乃為買賣雙方於交易成立後，在運出貨物時，由賣方開給買方作為貨物清單及帳單的文件。因此，可予注意者，交易成立前，賣方開出的預期發票 (proforma invoice)，並不在一般實務上所稱發票的概念範圍內。

商業發票為整套單據的中心。信用狀項下的匯票所指付的貨物，即以商業發票所載者為根據。商業發票雖非如提單具有物權證券的性質，但其重要性卻可與之等量齊觀。因此一般信用狀均訂明賣方應提供商業發票。商業發票除具有貨物清單及帳單的性質外，同時亦是出口商對進口商所發的一種債務通知 (notice of debt)。

作為貨物清單來觀察，不妨與運送單據作一對照。運送單據上的貨名，通常極籠統，詳細記載的不多。運送單據上的貨物數量，多以包裝為單位，只記明為若干箱、若干件，而實際上的成交數量可能是若干碼或若干方呎。再者運送單據上的毛重或尺碼，亦僅供作計算運費而記載。例如以夾板為例，在運送單據上往往看不出其是否即為柳安夾板 (lauan plywood)，而且亦無從知悉其每塊有 18 方呎，每箱有 40 塊，屬於 first quality 的若干，屬於 second quality 的又若干，全部共有若干方呎，以及其總價究有幾何。凡此種種，實際上均記載於商業發票中。所以說商業發票具有貨物清單性質。

至於商業發票同時亦為債務通知這一點，卻可從另一事實證明。出口商在貨物運出之後，一面準備信用狀所規定的單據，向銀行提示，一面將商業發票、運送單據及保險單等的副本，逕寄進口商，進口商從商業發票上，可以獲知由此筆交易而發生的債務。這種債務通知對於進口商的意義，其主要的有二：(1)進口商可由此推知贖取單據及繳稅所需的金額，從而積極籌款；(2)進口貨的成本幾可確定，利潤及售價的計算，已能相當正確，於是銷售活動就可積極展開。

帳單乃記載及計算價款的文件，商業發票之所以具有帳單性質，不但因其載有發票金額 (invoice value) 及其細目，而且亦因其記明各項金額的計算關係。

商業發票的帳單性質，就進口商言，亦頗具意義。其中主要者，亦有兩點：(1)
進口商不能單以獲知債務金額為滿足，他對於此項債務的內容自有詳加審核的
必要，如發現有錯誤或不妥之處，即可向出口商提出交涉；(2)各國海關在徵課
進口稅時，均以商業發票作為重要的參考資料，商業發票既載明各項金額的計
算關係，則在進口報關時，自可避免若干不必要的手續。

　　除上述以外，在不必簽發匯票的情形，商業發票即可代替匯票作為付款的
依據。

第二節　商業發票的製作方法

　　商業發票並非要式文件，因此在國際貿易上使用的商業發票並無統一的格
式及內容。但經由長久的演變，在實務上已漸有固定的格式及內容。一般而言，
商業發票由首文、本文及結文構成。

　　1.首文：

　　首文 (heading) 部分包括：(1)發票號碼；(2)發票製作地；(3)發票製作日期；
(4)貨物名稱及數量；(5)承運運送工具及裝運日期；(6)裝運地與目的地；(7)買方
名稱；(8)契約或定單號碼。

　　2.本文：

　　本文 (body) 部分包括：(1)嘜頭及件號；(2)貨物記述；(3)數量；(4)單價與總
價；(5)其他應由買方負擔的費用；(6)發票總金額；(7)淨產與毛重等。

　　3.結文：

　　結文 (complementary close) 部分包括：(1)保險情形；(2)押匯情形；(3)發票人
姓名（出口商）及簽字。

　　茲舉一實例說明製作商業發票時應注意事項：（參閱 249 頁格式）

　　(1)發票號碼：不問客戶為何人，宜以繕製順序記載號碼，此謂之順序號
　　　碼或流水號碼 (running number)。雖有部分人主張以每一客戶順序編
　　　號，但實務上，如會計的記錄及整理，均以繕製發票順序整理。故為
　　　便於日後查閱，以 running number 編號較佳。

2)製作發票日期：其日期原則上與運送單據日期或押匯日期一致，但最遲不得超過信用狀的有效日期或最後提示押匯日期。發票日期不可漏填。

(3)貨物名稱及數量：在 "invoice of" 之後的空白處簡單地記述貨物名稱及其數量，且須與(13)欄貨物記述及(14)欄的數量一致。當然貨物名稱須與信用狀所規定者相符合（UCP 600 第 18 條(c)項：「商業發票上貨物、勞務或履約行為的說明，須與信用狀所顯示者相符合。」）。

(4)抬頭人：商業發票的抬頭人，依 UCP 600 第 18 條(a)項(ii)款所規定：「須以開狀申請人為抬頭人（UCP 600 第 38 條(g)項所規定者除外）。」

(5)發貨人 (shipper)：通常為信用狀的受益人，但如為可轉讓信用狀，且已轉讓者，則以受讓人為發貨人。

(6)船名或其他運送工具名稱：船舶由裝貨港直駛目的港者，在 "per" 之後記入船名，如 "per S. S. Hai Tai"；空運時，將 "airlift" 或 "airfreight" 字樣填入 "per" 之後；如以郵政包裹發貨時，則將 "parcel post" 字樣填在 "per" 之後。

(7)啟航日期 (sailing date)：其日期原則上固然宜與提單日期一致，但因有 "about" 字樣，不一定必須與提單日期一致。最好與提單上的 "on board date" 一致，最多相差不要超過 5 天。

(8)裝運地：在貨櫃運輸，裝運地有裝運港 (port of loading) 及收貨地 (place of receipt) 之分，在信用狀要求提單時，提單上的裝運港必須與信用狀所規定者相符。因此商業發票上的裝運地也應與信用狀所規定者相符。

(9)卸貨地：即進口地及港埠或目的地，在貨櫃運輸，卸貨地也有卸貨港與交貨地之分，在信用狀要求提單時，須與提單及信用狀規定一致。但如有轉運時，也必須在此註明，如 "to be transhipped at Hong Kong into S. S. Hupeh"。但如只知其轉運港，不知船名時，可僅記轉運港，如 "to be transhipped at Hong Kong"。

(10)信用狀號碼：填入信用狀號碼，但須與信用狀上所示者一致。

(11)契約號碼：填上契約或訂單號碼，也可免填。

商業發票

A B C CO. LTD.

P. O. box 123, Taipei, Taiwan

INVOICE

No. _____ (1)123   Date: Oct. 30, (2) 11

INVOICE of _10 sets (3) Spare Parts fo K Car's Bogie Truck_

For account and risk of Messrs. _X Y Z (4) Co. Ltd, Sydney_

Shipped by A. B. C. Co., (5) Ltd. .... Per S.S. Bai Tai (6) ....

sailing on or about Oct. 30, (7) 11 ...... From Keelung (8) Taiwan to (9) Sydney ....

L/C No. 567 (10)   Contract No. (11) 456

Marks & Nos.	Description of Goods	Quantity	Unit Price	Amount
(12) 456 SYDNEY PKG 1--10 MADE IN TAIWAN	(13) Spare parts fo K car's bogie truck Item No. 17 roller bearing 　　　　　　BT23 Item No. 18 ball bearing 　　　　　　BT30	(14) 4 sets 6 sets	(15) FOB Keelung US$ 1,000.– 120.–	(16) 4,000.– 720.– US$4,720.–

Say USDOLLARS (17) Four Thousand Seven Hundred and Twenty Only.
Drawn under: L/C (18) No.567 issued by ANZ Bank, Sydney, dated Oct.
  15, 11   (19)
Insurance : buyer's care

A B C CO., (20) LTD

[signature]

Export Manager

(21)

(12)嘜頭及件號 (marks & numbers)：原則上須按照信用狀的規定表示。如未規定，則由受益人自行填載，發票上的嘜頭與件號應與運送單據及其他單據上所示者一致。

(13)貨物記述 (description of the goods)：依 UCP 600 第 18 條(c)項規定：「商業發票上貨物、勞務或履約行為之說明，須與信用狀所顯示者相符合。」商業發票上有關貨物的記述（或說明）必須與信用狀上所載者相符，此為強行規定，所有信用狀當事人均須嚴格遵守。所謂「貨物記述」，不僅指貨物的名稱 (the name of the goods)，而且包括其品質、規格及其他附帶說明。所謂「相符」(correspond with) 又作如何解釋呢？關於此，有絕對說與相對說之分。絕對說認為 "correspond with" 應解釋為「絕對一致」，換言之，商業發票上的貨物記述必須與信用狀貨物記述一字不差，毫無彈性，即必須逐字 (word for word) 相同；相對說則認為商業發票上的貨物記述與信用狀上的貨物記述，在程度上，不必完全相同 (same as) 或是同一的 (identical)。換言之，少一個字或多一個字或少一個字母或多一個字母，並不能遽認為構成瑕疵。例如 artificial pearls 寫成 artifical pearls，雖然 artifical 一字中 "c" 後面少了一個 "i" 字母，也不致使人誤會，只是打字有誤 (typographical error)，不應構成瑕疵。上述兩說究竟那一說較妥，迄無定論，但我們以為採取絕對說或許較安全，也可避免無謂的糾紛。

(14)數量 (quantity)：商業發票上所載貨物數量應與其他單據上所載者相符。

(15)單價 (unit price)：除單價外尚須將貿易條件如 FOB Keelung, CIF London 等表示在單價欄上面。並將幣類如 US Dollar, Sterling Pound 等標明。

(16)商業發票金額（總金額）：商業發票的總金額乃貨物單價與裝運數量的相乘積，表示受益人請求開狀申請人付款的金額，通稱為發票金額（invoice amount 或 invoice value），也稱發票毛額，亦即依信用狀的規定由押匯銀行於信用狀背面背書的金額。依 UCP 600 第 30 條(b)項規定:「貨物之數量未逾 5% 上下之差額係屬容許，但以信用狀未以包裝單位或個別件數規定數量，且動支之總金額未逾信用狀金額為條件。」換言之，如發票金額超過信用狀金額時，銀行有拒絕或不拒絕的選擇權。例如，信用狀規定 "available by your draft...for 90%of invoice value" 時，信用狀金額可能只按 90% 開出，此時，受益人提出的發票金額卻為 100%，在此場合，銀行仍可受理。此外在分期付款或買方已預付若干定金的場合，發票金額都有超過信用狀金額的情形，在這些場合，銀行無拒絕的理由。

(17)大寫金額 (amount in words): 商業發票上大寫金額應與小寫金額 (amount in figures) 一致。

(18)簽發匯票或發票所依據的信用狀: 寫明開狀銀行、開狀日期及信用狀號碼。

(19)保險情形: 在 FAS、FOB 及 CFR 等情形保險例由買方付保，此處，註明 "insurance buyer's care" 或 "insurance to be effected by buyer"; 在 CIF 或 C&I 的場合，則可記明保險公司、保險金額及保險單號碼等。但保險情形可免記載。

(20)發行人 (issuer) 名字: 商業發票的簽發人，除信用狀另有規定外，必須為信用狀標名的受益人（但 UCP 600 第 38 條所規定者除外）。但依 UCP 600 第 18 條(a)項(iv)款規定，除信用狀另有規定外，發票無須簽署。至於簽署方式，有手簽式 (manual signature)、圖章式 (stamped signature)、打孔式 (perforated signature) 等。（參閱 UCP 600 第 17 條(b)項）

(21)其他信用狀所規定的記載: 有些信用狀，在其 "commercial invoice" 前面加上 "sworn"、"certified"、"legalized"、"detailed" 或 "paid" 等字樣。在 "sworn commercial invoice"（宣誓商業發票）的場合，受益人所作的發票，應加上 "sworn" 字樣，另外在發票下端加註下列條款:"We（或 The undersigned）swear that the contents and value of this invoice are true and correct in every respect."

Certified Commercial Invoice 可譯為簽證發票或證實發票。所謂簽證發票即在商業發票下端添註證明文句或宣誓文句的商業發票。此項文句的內容通常包括兩點：(1)聲明發票的內容確實無訛；(2)貨品確為某一地區所出產。此項文句如為宣誓性質，通常由出口商填註。如為證明性質，則由第三者填註。所謂「第三者」，視情形而定，或為駐在出口地的輸入國領事，或為輸出國的外匯貿易管理機構，或為出口地的商會或同業公會。然而，實際上有若干常用的文句既可作為證明文句，亦可作為宣誓文句，視發票上有無第三者的簽署而定。茲就此種常用的文句舉例如下：

① "We certify the above merchandise to be genuine and of Taiwan origin and the prices to be true and correct."

② "We certify that above is true and correct and to be products of the soil and industry of Taiwan ."

簽證發票乃進口商因有特殊需要而要求出口商提供者。例如進口商需向當地顧客出示進貨發票，證明其價屬實且未包含其他任何佣金，或進口地海關要求提供此類發票藉以證明出口商並未另供給第二張內容不同的發票。在此場合，通常不另要求領事發票，例如向巴拿馬 Colon Free Zone 輸出時，即只要求經其領事簽證的發票，不必提供領事發票，這種商業發票又稱為 visaed commercial invoice（領事簽證商業發票）。有時候，由於出口商對於進口地的情形不熟悉，不論進口地是否有簽證發票的需要，概於商業發票上填註上述說明或宣誓文句，此乃所謂有備無患也。

在 "legalized commercial invoice" 的場合，究應由何人簽證，依信用狀規定辦理。

至於 "paid" 或 "detailed" 的情形，只要在 "commercial invoice" 前面加上 "paid" 或 "detailed" 字樣即可。

 習 題

一、問答題

1.何謂商業發票？具有何種作用？

2.解釋下列用語：

  ⑴ sworn commercial invoice

  ⑵ certified commercial invoice

  ⑶ legalized commercial invoice

  ⑷ visaed commercial invoice

3.商業發票上的貨物記述是否應與信用狀所記載者相符 (correspond with)？如信用狀載明貨物記述為 "Sugar"，而出口商所提示商業發票上貨物記述為 "Sugar, Taisuco Brand" 則是否不相符？

二、實 習

1.詳閱附件 14（410 頁）之後，填答下列各項：

  ⑴出口商名稱為：＿＿＿＿＿＿＿＿＿＿

  ⑵進口商名稱為：＿＿＿＿＿＿＿＿＿＿

  ⑶買賣商品名稱為：＿＿＿＿＿＿＿＿；數量為：＿＿＿＿＿＿＿＿

  ⑷裝載船名為：＿＿＿＿＿＿＿＿＿

  ⑸裝運日期為：＿＿＿＿＿＿＿＿＿

  ⑹裝船港為：＿＿＿＿＿＿＿＿；目的港為：＿＿＿＿＿＿＿＿

  ⑺開狀銀行為：＿＿＿＿＿＿＿＿；開狀日期為：＿＿＿＿＿＿＿＿；信用狀號

    碼為：＿＿＿＿＿＿＿＿

  ⑻As per P/O No. J–015 作何解釋？

  ⑼Shipping mark 為：＿＿＿＿＿＿＿＿

  ⑽發票金額為：＿＿＿＿＿＿＿＿

  ⑾發票製作日期為：＿＿＿＿＿＿＿＿

2.試根據附件 8（404 頁）及下列補充資料，製作商業發票（使用附件 15（411 頁）空白發
　票格式）。

　⑴出口商及進口商名稱：依 L/C 規定

　⑵裝運數量：100 M/Tons，共 4,000 袋

　⑶裝載船名：Showa Maru

　⑷裝船港：高雄；目的港：依 L/C 規定

　⑸貨品金額：US$49,000

　⑹裝船日期：2011 年 6 月 10 日

　⑺ Shipping mark：

```
          △
       P. C. T. C.
       Hong Kong
        2001-6000
      Made in Taiwan
```

　⑻發票號碼 94/123，製作發票日期：2011 年 6 月 10 日

3.試參考下列資料，繕製商業發票（使用附件 16（412 頁）空白發票格式）。

　Seller: Assurance Trading Corp.

　Commodity: 10,000 pcs Toys (Clown Skins)

　Buyer: ABC Toy Mfg. Co. P. O. Box 298 Skokie, IL. 60622

Toys: (Clown Skins)	C. I. F. Chicago
25" Special (Red & White Nylon Taffeta)	@US$1.25/pc
Clown Skins, packed in 30 cartons.	US$12,500.00
10,000 pcs vvvvvvvvvv	vvvvvvvvvvvv
vvvvvvvvvv	

　Shipped from Keelung, Taiwan to Chicago, IL. USA.

　　　　　　　　　　　per S. S. "PRES. MADISON" V-93⑵　　　date: Feb. 5, 11

　SAY TOTAL: US DOLLARS TWELVE THOUSAND & FIVE HUNDRED ONLY.

"DRAWN UNDER L/C NO. 123 ISSUED BY AMERICAN NATIONAL BANK & TRUST COMPANY OF CHICAGO."

Date of Invoice: Feb. 5, 11

No. of Invoice: #121/02

Shipping Marks: G. P. T. C.

                  CHICAGO

                  C/NO.: 1–30

                  MADE IN TAIWAN

                  R. O. C.

Item No. #SCL–25

Remarks: We hereby certify that "ALL MATERIALS ARE FLAME RETARDANT."

第十章

單據之四——其他單據

第一節　包裝單

一、包裝單的意義與內容

包裝單 (packing list) 又稱為包裝清單、花色碼單、裝箱單或內容明細表 (specification of contents)，是記載每批貨物各件內容的文件，也是商業發票的補充文件。

買賣的貨物，如有不同花色（或內容），而以包件（如木箱裝、紙箱裝）方式裝運時，商業發票上雖載有貨物數量或件數，但只有籠統數目，至於每包件內容如何（花色、尺寸、大小），只有靠包裝單來表示。所以包裝貨物 (packed cargo)，除了全批貨物各包件內容相同（如袋裝水泥），可在發票中寫明包數或箱數，每箱中所裝商品的重量或數量，而不必另製包裝單外，都需要提供包裝單，否則進口商將茫然不知每包件貨物品的內容。有些國家實施進口驗貨，因此規定包裝貨物必須提出包裝單，以便核驗。如包裝單的記載與包裝內貨物不符，海關將按情節論處進口商，甚至可按故意矇蔽或企圖走私進口處分。因此編製包裝單不可不慎重。

有時全批貨品的花色相同，而各件重量不同時，則多以重量碼單 (weight memo、 weight list、 weight note) 代替。

包裝單上的總箱（包）數及總重量，必須與發票、運送單據等的記載一致，不可有矛盾的情形。

包裝單的內容可分為兩大部分：(1)第一部分與商業發票的上半段大致相同，除記載買方名稱、承運運輸工具名稱、裝運日期、起迄港口（地）名稱之外，還列有商業發票號碼以便互相對照；(2)第二部分為包裝單的主體部分，須按件號順序，記載每包件內所裝貨物的花色、數量、每件淨重、毛重或皮重、每件體積或尺寸等，然後再列出總淨重、總毛重及總體積，最後由出口商簽名。

此外，有所謂 neutral packing list 者，這種包裝單乃出口商的名稱不可在包裝單上出現，所以通常用無出口商信頭 (letter-head) 的白紙製成，而且出口商（受益人）不簽名蓋章。如果進口商預期將單據轉讓他人時（例如在三角貿易），為防止次購貨人 (sub-purchaser) 直接與出口商接觸，即常要求出口商提供 neutral packing list。當然在此場合，亦多同時要求提供 neutral B/L。

■ 二、包裝單的製作方法 ■

以下就包裝單的製作方法及應注意事項加以說明：（參閱 260 頁格式）

(1)標題：如信用狀要求 packing list 時，賣方自應提示標有 "packing list" 字樣的包裝單，有時要求 "packing specification"，則應將 "packing list" 字樣改為 "packing specification"。

(2)包裝單編號：原則上與商業發票的流水號碼一致，但也可免標示。

(3)製作日期：須與商業發票製作日期一致。

(4)簡單記述貨物名稱及其數量，且須與(13)欄記述相符合。

(5)填上信用狀上的開狀申請人名稱、地址，但另有規定者，從其規定。

(6)發貨人：通常填上信用狀受益人名稱、地址。但另有規定者，從其規定。如信用狀已轉讓者，由受讓人替代。

(7)運送工具：船運時，填上船名，此船名必須與提單上所示者一致。如為空運，則將 "S. S." 字樣刪除，另填上 "airlift" 或 "airfreight" 等類似字樣，郵遞時，則將 "S. S." 刪除，另填上 "air parcel post" 或 "surface parcel post" 等字樣。

(8)填上啟航或投遞日期。

(9)填上裝運港口、機場或投遞地名稱，須與信用狀規定相符。

(10)填上卸貨地名稱，須與信用狀規定相符。

(11)填上裝運嘜頭 (shipping marks)，如信用狀有特別指定者，從其指示，散裝貨物無嘜頭者，免填。

(12)填上包裝號碼及其件數。

(13)填上信用狀所規定貨物的記述，貨物的記述雖可使用不與信用狀上貨物的記述（說明）有所牴觸的統稱 (general terms)，但照信用狀所示者記述最安全。

包裝單

PACKING   LIST (1)

No. GL0309871 (2)   Date (3) MAR 09 11

PACKING LIST of <u>GARDENPRODUCTS</u> (4)   <u>MARKS & NOS</u>

For account and risk of Messrs. <u>S.A. GOOD GUY</u> (5)   (11)

<u>PAULINASTRAAT 5 2595 GG S GRAVENHAGE</u>

Shipped by <u>GARDEN PRODUCTS CO.</u> (6)

Per S.S. <u>"NORASIA SUSAN V-87023"</u> (7)

Sailing on or about (8) MAR 12 11

From <u>KEELUNG, TAIWAN</u> (9) to <u>ROTTERDAM</u> (10)

Packing No.	Description	Quantity	Net Weight	Gross Weight	Measurement
(12)	(13)	(14)	(15) KGS	(16) KGS	(17)
1-10	GARDENPRODUCTS M-7D GROVE KNIFE	@100PCS	@10.00	@11.00	
		1,000PCS	100.00	110.00	
1-20	420 DELUXE STYLE PRUNER	@100PCS	@28.00	@29.00	
		2,000PCS	560.00	580.00	
1-20	604 3PC GARDEN TOOL SET	@30PCS	@11.00	@12.00	
		600PCS	220.00	240.00	
1-22	10050 LEVEL SET	@72PCS	@11.00	@14.00	
		1,584PCS	242.00	308.00	
23	10050 LEVEL SET	16PCS	2.60	3.00	
CTNS vvvvvv		5,200PCS vvvvvvvv	1,124.60 vvvvvvvv	1,241.00 vvvvvvvv	

(18)
SAY TOTAL SEVENTY THREE (73) CTNS ONLY.

G ◇ RISHO L

(19)

ROTTERDAM
ITEM NO.M-7D
(NO.1-10
MADE IN TAIWAN

-DO-
ITEM NO. 420
C/NO.1-20
-DO-
ITEM NO.604
C/NO.1-20
-DO-
ITEM NO.10050

(20)
GARDEN PRODUCTS CO.

(14)填上貨物數量。

(15)填上貨物總淨重。

(16)填上貨物總毛重，其總毛重應與運送單據上所示者一致。

(17)填上貨物總才積（體積），其總才積應與運送單據上所示者一致。

(18)填上裝運貨物總件數或總重量，須與運送單據上所示者一致。

(19)填寫信用狀所要求的附加條款。

(20)填上受益人名稱及其簽字。

第二節　重量尺碼證明書

■ 一、重量尺碼證明書的作用 ■

　　按裝運重量 (shipping weight) 買賣時，出口商例需向進口商提出重量證明書，證明所裝重量與約定者相符，日後如有缺量，出口商不負責任。又按卸貨重量 (delivered weight) 買賣的場合，貨品如有缺量，進口商也必須提出重量證明書，才能向出口商、輪船公司或保險公司索賠。又船公司計算運費時或依重量或依尺碼計算費用時，也必須提供重量尺碼證明書。此項證明書或在出口地製成或在進口地製作，視情形而定。

　　重量尺碼證明書 (weight / measurement certificate) 的簽發人通常有 superintendent、superintendent company、surveyor、weigher 以及 authorized sworn measurer 等，依次相當於一般所稱的公證人、公證行、重量檢定人以及公認丈量人。

　　但如信用狀只要求提供 weight / measurement List（或 certificate），而未進一步規定由何人簽發時，銀行將就所提示者，照單接受，但以其資料內容與所提示的任何其他規定單據彼此不相牴觸為條件（UCP 600 第 14 條(e)項）。

　　繕製重量尺碼單（證明書）時，須注意下列事項：

　　1.重量尺碼單上的重量通常包括毛重與淨重兩種，但有些國家（如美國）對於某些貨品（如纖維製品）的進口，尚規定須載明 net net weight（即貨物本身的重量)，在這種場合，自應詳細載明。

2.重量尺碼單上的度量衡究應使用公制 (metric system) 抑英制 (British system) 或其他制度? 除另有規定外，應使用信用狀上所用的度量衡。

3.重量尺碼單上的毛重尺碼宜與運送單據上所載者相同。

二、重量尺碼證明書例示

(參閱 263 頁)

第三節　產地證明書

產地證明書的意義及作用

產地證明書 (certificate of origin) 乃證明貨物係在某地製造或生產的憑證。目前部分國家規定某些貨物進口時必須檢附產地證明書。通常信用狀規定要提出領事發票或海關發票者，大多不再要求提出產地證明書，因該類發票中已含有產地證明書的內容。

產地證明書的作用，約有四:

(一) 供作享受優惠稅率的憑證

若干國家的進口稅率，有國定稅率 (national or general tariff) 與協定稅率 (conventional tariff) 或優惠稅率 (prettential tariff) 之分。協定稅率較國定稅率為低，但其適用範圍僅限於與輸入國訂有關稅協定的國家所製造或生產的貨品，欲享受協定稅率，即須提出產地證明書。

(二) 防止貨物來自敵對國家

有些國家因政治、軍事關係，禁止從某些地區輸入貨物，或僅准許輸入若干特定的貨物。在此情形，輸入國海關亦往往要求提出產地證明書，證明貨物的來源。例如在有些國家為防止貨品來自敵國地區，即要求提出產地證明書，以證明其貨品確是來自非敵對國家。為享受優惠稅率，進口貨品應附產地證明書，而未附者充其量照一般稅率納稅即可報關進口。為防止來自敵對地區，進

重量尺碼證明書

Shipper KAISEI SANGYO CO., LTD.	**NIPPON KAIJI KENTEL KYOKAI**
	(JAPAN MARINE SURVEYORS & SWORN MEASURERS ASSOCIATION)

OKAMOTO FREIGHTERS LTD.

Certificate No. 1300-10420-0005386 (03)	FOUNDED IN 1913 & LICENSED BY THE JAPANESE GOVERNMENT
Sheet 1	**CERTIFICATE AND LIST**
Certificate issued YOKOHAMA NOV 4,11	**OF**
Ref. No. (For our reference) M2090-1538 004 (0339) 0239	**MEASUREMENT AND/OR WEIGHT**

Ocean Vessel VIRGINIA	Port of Loading YOKOHAMA
Port of Discharge Kaohsiung	Date & Place of Measuring and/or Weighting NOV. 3,11, YOKOHAMA

Marks & Nos.	No. of P'kgs	Kind of P'kgs,	Description	G. W.	Meast.
T F M C ------- KAOHSIUNG KSCL-F116 MADE IN TAIWAN C/NO. 1-2					
	2 CASES ٩●●●●●●	"GOLD" VENEER ROTARY KNIFE		KG 680	CU. METER 0.265

DETAILS:

CASE	M CM L	M CM W	M CM H	KG	CU. METER
1	2 89	0 27	0 18	360	0.140
2	2 58	0 27	0 18	320	0.125

We hereby certify that the above measurements
and/or weights of the goods were taken by our
measurers solely for reasonable ocean freight
in accordance with the provisions of recognized
rules concerned.

口貨品應附產地證明書而未附者，縱使願按較高稅率納稅，仍未必能報關進口。

● （三）防止外貨傾銷

輸入國為防止外國產品的傾銷，除實施配額制度外，又規定須提出產地證明書，供作管制的參考。

● （四）供作海關統計

輸入國為瞭解貨物從那些國家進口，往往亦要求提出產地證明書，供作統計與管理上的參考。

產地證明書的簽發人，視情形而定，通常約有下列幾種情形：

1. 由輸入國派駐輸出國領事簽發。

2. 由商會簽發。

3. 由同業公會簽發。

4. 由出口商自行簽發。

5. 由輸出國政府機構簽發。

若信用狀未規定由何人簽發時，銀行將就所示者照單接受，而不問由何人簽發（UCP 600 第 14 條(1)項）。

第四節　檢驗證明書

一、檢驗證明書的作用

為防止出口商裝運不符合標準品質或契約規格的貨品，進口商常常要求出口商須提出檢驗證明書 (inspection certificate)。此外，為符合輸入國海關的規定，進口商也要求出口商提出檢驗證明書。

檢驗證明書除為保障出口品質，維護國家信譽或依輸入國海關的規定須由輸出國政府機構簽發外，其餘各種場合，大多由下列機構簽發：

1. 製造廠商或同業公會的檢驗機構。

2. 公證人、公證行、鑑定人。

3. 進口商的分店或指定代理人。

產地證明書

1. Exporter's Name and Address	CERTIFICATE NO.
	Page
2. Importer's Name and Address	**CERTIFICATE OF ORIGIN** (Issued in Taiwan) **ORIGINAL**
3. On Board Date 4. Vessel/Flight No. 5. Port of Loading	6. Port of Discharge 7. Country of Destination

8. Description of Goods; Packaging Marks and Numbers	9. Quantity/Unit

This certificate shall be considered null and void in case of any alteration.

Certification
It is hereby certified that the goods described in this certificate originate in Taiwan.

Authorized signature

4.政府機構。

由製造廠商簽發的檢驗證明書稱為 "manufacturer's inspection certificate"。具規模的大廠商均有完善的檢驗設備及技術，出廠的貨品均經嚴格檢驗，以保證品質標準化與契約規格相符，其所出具檢驗證明書亦多為進口商所接受。

由公證行（公司）簽發的檢驗證明書稱為獨立檢驗證明書 (independent inspection certificate)。進口商為期出口商履約計，得要求提出獨立公證行所出具的檢驗證明書。此類證明書並無一定格式，繁簡視交易貨品性質而定。

至於相當於檢驗證明書的英文名稱尚有 certificate of quality、report of inspection、survey report 以及 certificate of analysis 等。檢驗證明的項目，除了品質、規格外，通常尚包括數量、包裝等等。唯究應包括那些項目，應依信用狀的規定。

■ 二、檢驗證明書例示 ■

（參閱 267 頁）

第五節　領事發票

■ 一、領事發票的意義及作用 ■

有些國家於進口貨物時，除應向海關提出商業發票外，尚須提出領事發票（consular invoice，又稱領事簽證貨單）。領事發票係由出口商向駐在輸出國的輸入國領事請求簽發的特定格式的官用發票，出口商可向輸出港附近的輸入國領事館索取或購買領事發票空白格式，依格式內容各欄填寫，然後送請領事館簽證。有些國家規定由領事在普通商業發票上簽證 (consular visa)。有些國家規定，不僅要領事發票，而且還要在提單上簽證（如巴拿馬是），甚至要在全部單據簽證。簽證費用，各國不一致，有的每筆收固定金額，有的按貨價收若干成。

輸出檢驗合格證書

中華民國經濟部標準檢驗局

不得轉填
Non-Transferable

BUREAU OF STANDARDS METROLOGY AND INSPECTION
MINISTRY OF ECONOMIC AFFAIRS

輸 出 檢 驗 合 格 證 書
CERTIFICATE OF EXPORT INSPECTION

日 期
Date_____(1)_____

證 書 號 碼
Certificate No._____(2)_____

1. 申請人 (商號)
   Applicant_____(3)_____

   地　址
   Address
   Tel. No._____(4)_____

2. 品　名
   Commodity_____(5)_____

   中國商品標準號列
   C. C. C. Code_____(18)_____

3. 規　格
   Specification_____(6)_____

   Mark

4. 數　量
   Quantity_____(7)_____

5. 每件平均淨重或每件裝數
   Average net weight/no.
   of pieces per package_____(8)_____

6. 總　淨　重
   Total net weight_____(9)_____

   (19)

7. 生　產　者
   Producer_____(10)_____

8. 輸　出　者
   Exporter_____(11)_____

9. 到　達　地
   Destination_____(12)_____

10. 檢 驗 標 識 號 碼
    Inspection Label Nos._____(13)_____

11. 檢　驗　日　期
    Date of inspection_____(14)_____

12. 檢　驗　記　錄
    Inspection results:

(15)

13. 備　註
    Remarks:

(16)

14. 本證所載商品經檢驗合格限於　　　　年　　　　月　　　　日以前出口,逾期本證無效.
    It is hereby certified that the commodity listed above has been inspected and passed. This certificate is valid only when the commodity is exported before_____

經濟部標準檢驗局

授權　檢　驗　處
　　　　　　分局

(17)

Signature of Authorized Officer

領事發票的作用。大抵上有以下幾項：

1.與下述海關發票一樣，作為進口國的海關和貿易管理當局課徵關稅或統計的參考。

2.代替產地證明書之用，以便瞭解貨物的原產地，從而供作對不同國家商品的差別待遇政策。

3.作為防止或確定有無傾銷情事的參考。

4.限制或禁止某些非必需品或未經批准的商品隨便進口。有些國家對沒有領事發票作證明的進口貨課以高稅率，或完全禁止進口，甚至處以罰款或沒收貨物。

5.藉簽證課徵一筆規費，作為領事辦公費。

要求領事發票的國家以拉丁美洲各國居多，歐洲各國要求這種領事發票者甚少。拉丁美洲有些國家要求的領事發票 (factura consular) 內容不僅繁雜，且往往須使用西班牙文填寫。

二、領事發票例示

（參閱 269 頁）

第六節　海關發票

一、海關發票的意義及作用

向美國、加拿大、澳洲、紐西蘭及南非聯邦等地出口貨品，除須提供商業發票之外，尚須提出各該國進口報關所需的發票，這種發票各該國均有其規定的格式，須填具的內容亦各有不同。這種使用進口國海關當局所規定的特定格式製作的發票，稱為「海關發票」(customs invoice)。

海關發票的作用與領事發票大致相同，即：

巴拿馬領事發票

REPUBLICA DE PANAMA
MINISTERIO DE HACIENDA Y TESORO
DIRECCION GENERAL DE CONSULAR Y DE NAVES

№ 00338　E

DISTRIBUCION

VALOR B/.3.00 EL JUEGO
LEY 52, ENERO 4. DE 1963
F. C. 77 (50,000)

FACTURA CONSULAR
CONSULAR INVOICE

ORIGINAL　　: DESERA SER PRESENTADO A LAS AU-
　　　　　　　TORIDADES ADUANERAS
DUPLICADO　 : DIRECCION GENERAL DE CONSULAR
　　　　　　　Y DE NAVES
TRIPLICADO　: CONTRALORIA GENERAL
CUADRUPLICADO: ARCHIVO CONSULADO

POR EFECTOS EMBARCADOS EN:

PAIS DE ORIGEN: COUNTRY OF ORIGIN	Taiwan	VENDEDOR (ES): SELLERS OR SHIPPERS MAIN TAI ENTERPRISE CO.,LTD.	NO. CONOCIMIENTO DE EMBARQUE Y FECHA: BILL OF LADING & DATE
PUERTO DE EMBARQUE: PORT OF SHIPMENT	KEELUNG	CONSIGNADO: CONSIGNEE RODIVAN S.A.	JAN. 5,11
PUERTO DE LLEGADA: PORT OF ARRIVAL	CRISTOBAL　FECHA DE ZARPE: DATE OF SHIPMENT		NO. DE MANIFIESTO Y FECHA NO. OF MANIFIEST & DATE
VAPOR: NAME OF VESSEL	N.DLLOYD ELDE　JAN. 5,11	LUGAR DE DESTINO: FINAL DESTINATION	

IDENTIFICACION NUMBER	BULTOS NUMBER OF PACKAGES	CLASE DE BULTOS KIND OF PACKAGES	CAPACID EN LITROS CAPACITY IN LITRES	PESO EN KILOS NETO NET WEIGHT	BRUTO GROSS WEIGHT	DESCRIPCION DE LAS MERCADERIAS DESCRIPTION OF THE MERCHANDISE	VALOR PARCIAL	TOTAL
C/No.		W/case	doz.	Kgs.	Kgs.	Cosmetics: "EXOTICA" BRAND	US$ (per doz)	US$
1–16	16		64	82	96	NP-900/F Make-up Kits	9 00	564 00
17–50	34		136	177	224	NP-555/B Make-up Kits	10 00	1,360 00
51–80	30		120	148	180	MSA-124 Mascara	7 64	916 80
81–92	12		48	73	102	M-108 Mascara	5 20	145 60
93–100	8		40	60	79	NP-252/B Make-up Kits	4 50	180 00
101–108	8		48	84	127	M-173/C Mascara	6 70	321 60
	108	W/cases	456	624	808	TOTAL		3,488 00
	vvvvv	vvvvvvv	vvv	vvv	vvvv			vvvvvvvv

SAY: US DOLLARS THREE THOUSAND FOUR HUNDRED EIGHTY EIGHT ONLY.

SAY: TOTAL ONE HUNDRED AND EIGHT WOODEN CASES ONLY.

SAY: TOTAL FOUR HUNDRED FIFTY SIX DOZEN ONLY.

TOTAL	108 w/cases		VALOR TOTAL DE LA MERCANCIA	US$3,488.00

MARCAS MARKS	FLETE INTERNO INLAND FREIGHT		TOTAL F.O.B.	US$3,488.00	USO DE ADUANAS FOR CUSTOM ONLY
RODIVAN CRISTOBAL PANAMA 0307 1-106 TAIWAN CHINA	MUELLAJE Y MANEJO HANDLING CHARGES				NO. DE LIQUIDACION
	DEMORAS ZARPE DELAY IN SHIPMENT		FLETE FREIGHT	536.00	
	OTROS GASTOS OTHER CHARGES		SEGURO INSURANCE	Nil	OFICIAL DE ADUANAS
	DESCUENTO DISCOUNT				AUDITOR:
	COMISION COMISSION		TOTAL CIF:	(C&F) US$4,024.00	

NOTA:　LAS FACTURAS CONSULARES Y DEMAS DOCUMENTOS QUE SE PRESENTEN PARA LA CERTIFICACION CONSULAR 8 DIAS
　　　　HABILES DESPUES DE LA FECHA DE EXPEDICION DEL CONOCIMIENTO DE EMBARQUE, PAGARAN UN RECARGO DEL 1%
　　　　ANTE EL CONSUL RESPECTIVO. (ART 447 DEL CODIGO FISCAL)

IMP. CERVANTES 92431

1.供作進口國海關統計之用。

2.供作進口國海關查核貨物原產地，並作為進口國對不同國家的差別政策課以不同進口稅的根據。

3.供作進口國海關查核出口商有無傾銷或虛報價格串通進口商逃稅情事。

海關發票與領事發票不同之處在於前者不必送請各該國領事簽證，因此不必支付簽證費用。

二、海關發票的製作方法

（一）美國海關發票

凡基於買賣向美國輸出貨物而其價格超過五百美元者（從價計徵時）即需提出特種海關發票（special customs invoice, form 5515，簡稱為 SCI），價值未超過五百美元或非由於買賣者，固然不必提供這種發票，但如能提供這種發票則可優先通關。茲將其填寫方法略述於下：（所用項目號碼為該專用發票內的項目號碼，參閱 272 頁）

1.填上出口商名稱及其地址，即信用狀的受益人或受讓人。

2.免填。

3.填上商業發票號碼及日期。

4.免填。

5.填上受貨人名稱，並應與運送單據上受貨人相同。

6.填上進口商名稱及其地址。

7.填上原產地國名稱，例如：Taiwan。

8.填上運送單據上所載 Notify Party 的名稱，也可免填。

9.填上貿易條件（如 CIF、FOB），付款方式（如 L/C、D/P 等）。

10.填上運輸情況，例如：per S. S. President from Keelung to New York , sailing on or about May 10, 2011，也可免填。

11.填上交易所使用貨幣，例如：US Dollar。

12.填上匯率，例如：US$1=NT$34.00。

13.填上成交日期。

14.填上嘜頭，可照運送單據上所示者填寫。

15.填上貨品件數。

16.照商業發票填上貨品名稱及規格等。

17.填上裝運數量。

18.填上依出口國貨幣表示的國內批發單價。

19.填上商業發票上所載單價，所列單價宜與第 18 欄所列者相同。

20.填上商業發票上所載總金額及貿易條件。

21.如生產這些貨品有鑄型、工具、工程的補助，而這些補助的金額未包括在發票金額時，在此方框填上"×"並在下面（即第 28 欄）加以說明。

22.填上外銷包裝費用金額。

23.按 CIF、CFR 成交時，填上海（空）運費或郵資。

24.填上國內運費。

25.按 CIF、CIP 成交時，填上保險費。

26.如尚有其他費用，在此欄做記號，並在第 28 欄說明。

27.如有出口回扣、退稅、津貼，則在 (A) 的方框填上"×"，並在第 28 欄說明；如非基於買賣者（如寄售）在 (B) 的方框填上"×"，在 (C) 下面填上出口商名稱並簽名。

28.供作第 21、26、27 等欄補充說明之用。

● （二）加拿大海關發票

外銷加拿大使用的海關發票稱為「加拿大海關發票」(Canada Customs Invoice)。其格式內容分為正反兩面，正面部分與一般商業發票類似；反面部分就原產地規則及公平市價問題加以解釋說明。

以下就 Canada Customs Invoice 製作方法加以說明：（參閱 274 頁格式）

1.填上出口商名稱（即信用狀受益人）、地址。

2.填上運送單據上的裝運日。

3.填上商業發票的流水號碼及製作日期。

4.填上信用狀上的訂單號碼，如無，則免填。

5.填上受貨人（即信用狀申請人）名稱及地址，但信用狀另有規定者，從

美國海關發票

DEPARTMENT OF THE TREASURY
UNITED STATES CUSTOMS SERVICE
19 U.S.C. 1481, 1482, 1484

SPECIAL CUSTOMS INVOICE

(Use separate invoice for purchased and non-purchased goods)

Form Approved.
O.M.B. No. 48-R0342

1.SELLER	2.DOCUMENT NR.	3.INVOICE NR. AND DATE
Burda Enterprises Inc. 1 Shingshen S. Road, Sec. 1 Taipei, Taiwan	4.REFERENCES	No. 123, May 10,11

5.CONSIGNEE	6.BUYER (*if other than consignee*)
The L. P. Henryson Company, Inc. 18W, 33rd St., New York, N. Y. 10001	same as consigneo

7.ORIGIN OF GOODS
Taiwan, Rep. of China

8.NOTIFY PARTY	9.TERMS OF SALE, PAYMENT, AND DISCOUNT
Same as consignee	CIF, By Sight L/C

10.ADDITIONAL TRANSPORTATION INFORMATION*

11.CURRENCY USED	12.EXCH. RATE (if fixed or agreed)	13.DATE ORDER ACCEPTED
US Dollar	US$1=NT$34	April 10,—

14. MARKS AND NUMBERS ON SHIPPING PACKAGES	15. NUMBER OF PACKAGES	16. FULL DESCRIPTION OF GOODS	17. QUANTITY	UNIT PRICE 18.HOME MARKET	19.INVOICE	20. INVOICE TOTALS
L. P. NEW YORK C/1-100 MADE IN TAIWAN	100	STRETCH NYLON YARN DYED 100/24/2 100 ctns. Each contains 60 1bs.	6,000 1bsper 1b.	C. I. F. New York US$1.50 per 1b.	US$1.50 per 1b.	US$9,000.-

21. ☐ If the production of these goods involved furnishing goods or services to the seller (e.g., assists each as dieo, moldo, tools, engineering work) and the value is not include in the invoice price, check box (21) and explain below.	22.PACKING COSTS	US$100.

27.DECLARATION OF SELLER/SHIPPER (OR AGENT)

I declare:

(A) ☐ If there are any rebates, drawbacks or bounties allowed upon the exportation of goods, I have checked box (A) and itemized separately below.

(B) ☐ If the goods were not sold or agreed to be sold, I have checked box (B) and have indicated in column 19 the price I would be willing to receive.

I further declare that there is no other invoice differing from this one (unless otherwise described below) and that all statements contained in this invoice and declaration are true and correct.

(C) SIGNATURE OF SELLER/SHIPPER (OR AGENT)
➤ Burda Enterprises Inc.

23.OCEAN OR INTERNATIONAL FREIGHT	US$400.-
24.DOMESTIC FREIGHT CHARGES	US$10.-
25. INSURANCE COSTS	US$90
26. OTHER COSTS (*Specify Below*)	

28.THIS SPACE FOR CONTINUING ANSWERS

THIS FORM OF INVOICE REQUIRED GENERALLY IF RATE OF DUTY BASED UPON OR REGULATED BY VALUE OF GOODS AND PURCHASE PRICE OR VALUE OF SHIPMENT EXCEEDS $500 OTHERWISE USE COMMERCIAL INVOICE.
*Not necessary for U.S. Customs purposes.

Customs Form 5515 (12-20-76)

其規定。實務上，填上運送單據所示受貨人名稱、地址也可。

6.填上信用狀申請人名稱。

7.填上貨物產地，例如 Taiwan。

8.填上進口商名稱、地址，通常即為信用狀申請人。

9.填上買賣條件（即貿易條件，如 FOB、CFR）及付款條件（如 L/C、D/P、D/A）。

10.填上運輸航程，例如 per S. S. President from Keelung to Toronto, Ontario, Canada。

11.填上交易所使用貨幣，例如 US Dollar。

12.填上裝運嘜頭，須與其他單據所示者相同。

13.填上包裝件數及種類，例如 4 cases。

14.填上貨物名稱（一般名稱即可）。

15.填上淨重與毛重。

16.填上貨物記述，須與信用狀及商業發票所示者一致。

17.填上貨物數量，須與包裝單及商業發票所示者一致。

18.填上裝運時及地方的公正市價：公正市價 (fair market value) 為直接向加拿大輸出時在輸出國的該商品市價，換言之，就是輸出當時在輸出國主要市場，以同量、同條件，售出時的價格。公正市價須以輸出國貨幣表示。其換算標準是以 FOB 價按當時匯率折合輸出國貨幣，而以所得的輸出國貨幣表示。

19.填上貨物單價。

20.填上貿易條件（如 FOB、CIF 等）及貨物總金額。

21.本欄為聲明條款，填上出口商代表人名字、職銜、簽發地點、日期，以及代表人簽字，日期以裝運單據日期為準。

22.～26.填上實際支付成本，但也可免填。

加拿大海關發票（正面）

REVE NUE CANADA CUSTOMS AND EXCISE	REVENU CANADA DOUANES ET ACCISE	CANADA CUSTOMS INVOICE

1 VENDOR (NAME & ADDRESS)	2 DATE OF DIRECT SHIPMENT TO CANADA	3. INVOICE NO. AND DATE
A. B. C. Co., Ltd. P. O. BOX 123 Taipei. Taiwan **(1)**	**(2)**	INV NO:PO-80619
	(3)	
	4 OTHER REFERENCES (INCLUDE PURCHASER'S ORDER NO.) **(4)**	DATED: JULY 3,11

5. CONSIGNEE(NAME & ADDRESS)	6 PURCHASER IF OTHER THAN CONSIGNEE AND/OR IMPORTER
X. Y. Z. Co., Ltd.　JARBOW AVENUE MISSISSAUGA ONTARIO **(5)**	X. Y. Z. Co., Ltd.　JARBOW AVENUE MISSISSAUGA ONTARIO **(6)**

8 IMPORTER (NAME & ADDRESS) **(8)**	
X. Y. Z. Co., Ltd.　JARBOW AVENUE MISSISSAUGA ONTARIO	7 COUNTRY OF ORIGIN OF GOODS **(7)** TAIWAN	8 SHIPMENT INCLUDES GOODS OF DIFFERENT ORIGINS ENTER ORIGINS AGAINST ITEMS IN 16

10 TRANSPORTATION GIVE MODE AND PLACE OF DIRECT SHIPMENT TO CANADA	9 CONDITIONS OF SALE & TERMS OF PAYMENT
PER S. S. "PERS. MADISON" FROM KEELUNG TO TORONTO ONTARIO CANADA **(10)**	**(9)** POB.............KEELUNG L/C.................US$8,450.00 N　ISCOUNT
	16 SALE CONSIGNMENT SHIPMENT LEASED GOODS ETC WHETHER PRICES ARE FOB CIF DUTY PAID ETC DETAILS OF DISCOUNTS AND OTHER SPECIAL ARRANGEMENTS
	11 CURRENCY OF SETTLEMENT **(11)**　US DOLLAR

12 MARKS AND NUMBERS	13 NO. & KIND OF PACKAGES	14 GENERAL DESCRIPTION OF CONTENTS	15 TOTAL WEIGHT	
			NET	GROSS
(12) CML TORONTO C/No. 1-4 MADE IN TAIWAN	**(13)** 4 Cases	**(14)** MACHINERY	**(15)** 1,810.0 kgs	2,120.0kgs

16 SPECIFICATION OF COMMODITIES (CHARACTERISTICS E.G. GRADE QUALITY SIZE ETC)	17. QUANTITY (STATE UNIT)	18. FAIR MARKET VALUE/AMOUNT	SELLING PRICE TO PURCHASER IN CANADA (IF ANY)	
			19. UNIT PRICE	20 AMOUNT
FEELKR SECOND OPERATION MACHINE COMPLETE WITH STANDARD AND SPECIAL ACCESSORIES & MOTOR 575V/3/60 **(16)**	EX-FACTORY **(17)** 2 set	per set PC POB Keelung **(18)** ONT$108,810.00 NT$217,620.00	**(19)** OUS$3,100.00 US$6,200.00	**(20)**
WITH 3-JAW CHUCK	2 po	5,265.00 10,530.00	150.00	300.00
KING DRILL PRESSES COMPLETE WITH STANDARD AND SPECIAL ACCESSORIES WITH SRIL CHUCK MODEL: KSD-34K BENCH TYPE SERIAL NO. 3101-3110	10 sets	4,738.32 47,383.20	135.00 1,350.00	
KSD-34D BENCH TYPE SERIAL NO. 3111-3115 PACKED & CRATED	5　M	4,212.00 21,060.00 NT$296,583.20	120.00 600.00 US$8,450.00	

SAY TOTAL US DOLLARS EIGHT THOUSAND FOUR HUNDRED FIFTY ONLY.

21 WE CERTIFY THIS INVOICE TO BE TRUE AND CORRECT AND TO THE BEST OF OUR KNOWLEDGE IN CONFORMITY WITH CANADIAN CUSTOMS LAWS	CHARGES	SPECIFY CURRENCY	STATE IF INCLUDED IN 18	STATE IF INCLUDED IN 19	AMOUNT
NAME OF SIGNATORY (PRINT) **(21)** A. B. C. Co., Ltd.	22 Export Packing	US **(22)**	NO	NO	US$35.60
	23 Freight from place of direct placement to Canada	US	NO	NO	NIL
TITLE MANAGER	24 Foreign and insurance in place of direct shipment to Canada	US **(26)**	NO	NO	US$47.20
PLACE AND DATE OF ISSUER A. B. C. CO., LTD.	25 Insurance from place of direct shipment to Can	US	NO	NO	NIL
SIGNATURE	26 Royalties				
(27) A. B. C. Co., Ltd.	Comm. export and brokler charges				
	Other charges (specify)				
	28 VALUATION RULING - DEPARTMENTAL FILE REFERENCE AND DATE (IF APPLICABLE) **(28)** ~ **(29)**				
	29 IF CONTINUATION SHEETS ARE USED ENTER TOTAL FIGURES HERE →	FAIR MARKET VALUE		SELLING PRICE

一、問答題

1. 何謂 Packing List？ Neutral Packing List？

2. 何謂 Weight/Measurement List？

3. 產地證明書的用途為何？

4. 檢驗證明書的用途為何？

5. 領事發票的用途為何？

6. 海關發票的用途為何？

7. 信用狀要求產地證明書及檢驗證明書，而未規定由何人簽發時，應由何人簽發？

二、實 習

1. 試根據附件 8（404 頁）及下列補充資料，繕製包裝單（使用附件 17（413 頁）空白包裝單格式）。

補充資料：

(1)包裝單號碼：02/123

(2)出口商及進口商：依 L/C 規定

(3)裝運數量：100 M/Tons，共 4,000 袋

(4)繕製包裝單日期：2011 年 6 月 10 日

(5)船名：Showa Maru

(6)商品名稱：依 L/C 規定

(7)裝船港：高雄，目的港：依 L/C 規定

(8) Packing NO.： 2001–6000

(9)淨重： 100,000 kgs，毛重： 120,000 kgs，體積： 90 CBM

(10) Shipping Mark：

```
          ╱‾‾‾‾‾‾‾╲
         ╱ P. C. T. C. ╲
        ╱───────────────╲
```

P. C. T. C.

Hong Kong

2001–6000

Made in Taiwan

2. 試根據下列資料，繕製產地證明書（使用附件 18（414 頁）空白產地證明書格式）。

臺灣紡織公司 (Taiwan Textiles Co. Ltd.) 外銷一批貨物，資料如下：

Exporter: Taiwan Textiles Co. Ltd. 123 Nanhai Road, Taipei, Taiwan

Importer: Bangkok Import Co. Ltd. Bangkok, Thailand

Commodity: Dyed Polyester Textured yarn 150D/1

Carrier: S. S. Tung Hai V–105

Shipped from Keelung to Bangkok

Quantity: 9,000 lbs.

B/L No.: AL 35678, Date: Feb. 20, 2011

L/C No.: FAK–1245 issued by ICBC, Bangkok, dated Jan. 5, 2011

```
          ╱‾‾‾‾‾╲
         ╱ O. K. ╲
        ╱─────────╲
```

O. K.

Bangkok

C/No. 1–30

Made in Taiwan

Packing: packed in 30 cartons

Amount: US$10,800 CIF Bangkok

Shipping Company: Taiwan Swire Limited

3. 試根據附件 19（415 頁）資料，填寫產地證明書（使用附件 20（416 頁）空白產地證明書格式。簽發日期為 July 22, 2011，證明書號碼為 No. 1234。

第十一章

匯票的簽發與出口押匯

第一節　匯票的簽發

一、匯票的意義

匯票 (bill of exchange; draft) 是票據的一種，依我國票據法第 2 條規定，乃指：「發票人簽發一定之金額，委託付款人於指定之到期日，無條件支付與受款人或執票人之票據。」

二、匯票的簽發

國際貿易上使用的匯票，經長期的演變，其格式已大致固定，各外匯銀行也備有空白格，供出口商使用。茲以彰化銀行所供應的匯票格式為例，說明匯票的簽發要領。

```
ORIGINAL                                        (圖表 13) 67. 1. 50,000  1

No.  123    (1)                    TAIPEI, TAIWAN    (2)  SEPT. 10      20-

EXCHANGE FOR US$6,211.88   (3)

AT _____(4)_____ SIGHT OF THIS FIRST OF EXCHANGE (SECOND OF THE SAME TENOR
AND DATE UNPAID) PAY TO THE ORDER OF

        The Chang Hwa Commercial Bank, Ltd.

THE SUM OF US DOLLARS SIX THOUSAND TWO HUNDRED ELEVEN AND CENTS EIGHTY EIGHT ONLY.
           (5)
                                                  VALUE RECEIVED

DRAWN UNDER    BNP CANADA INC.
               (6)
IRREVOCABLE L/C NO.  051918 CD          DATED     24 07 20-

TO    BNP CANADA INC.   (7)          (8)   MEI JA ENITTING CO., LTD
```

(1)匯票編號：此為出口商（受益人）自己的編號，通常與商業發票的流水號碼一致，以便日後查考之用。但出口商也有不編號者。

(2)發票地及發票日期：填上出口商發票地名稱以及發票日期。發票日期原則上宜與裝船日、發送日或接管日一致，最遲不得遲於信用狀所規定信用狀有效期限及最後提示期限。

(3)匯票金額：以阿拉伯數字填上實際押匯金額，例如：US$10,000.–。此金額原則上應與商業發票金額一致，除非信用狀另有特別規定。

(4)匯票期限 (tenor, usance)：即到期日，須與信用狀規定一致，如為即期信用狀，則 at 與 sight 之間填上橫線或 "..." 字樣；倘係遠期信用狀，則依信用狀規定期限填寫；倘係 90 days' sight，則在 at 與 sight 之間填上 "90 days after" 字樣；若信用狀規定 90 days after B/L date，則須算出到期日 (due date)，然後在 at 後面填上 "90 days after B/L date due on..."（填上到期日）字樣，並將已印的 sight 一詞刪除。

(5)匯票金額：填上大寫金額，並在末尾加上 only 字樣。例如 US Dollars Ten Thousand only。依 ISBP 681 第 50 條規定解釋：「若同時有大寫金額與小寫金額，則兩者必須精確相符，且表明信用狀所敘明之貨幣。」

(6)開發匯票依據：即發票條款 (drawn clause)，填上開狀銀行名稱，L/C No. 後面填上該信用狀號碼，並在 dated 後面填上該信用狀的開發日期。

(7)被發票人 (drawee)：即付款人。依 ISBP 681 第 52 條規定解釋：「匯票必須由信用狀敘明之人為付款人，依信用狀規定填寫。」通常信用狀項下匯票的被發票人有三種可能：(1)為開狀銀行；(2)為開狀申請人（即進口商）；(3)為開狀銀行所指定的某一銀行。如信用狀要求提示匯票卻未規定被發票人，則以開狀銀行為被發票人。

(8)發票人 (drawer)：依 ISBP 681 第 53 條規定解釋：「匯票必須由受益人簽發。」填上受益人（即出口商）名稱，並由受益人的有權簽字人簽署，如可轉讓信用狀經轉讓者，則填上受讓人名稱，並由受讓人的有權簽字人簽署。

第二節　出口押匯

所謂出口押匯，在歐美又稱買單（bill purchased，簡稱 B/P），乃指出口商於貨物裝運出口後，簽發以買方或其代理人（即開狀銀行等）為付款人的匯票並以代表貨物的單據作為擔保，請求出口地外匯銀行以墊款、貼現或讓售方式，墊付其貨款，外匯銀行（即押匯銀行）則轉向買方或其代理人收回其所墊付款項的一種保留追索權的資金融通方式。財政部 71 年頒訂的「銀行對企業授信規範」稱「出口押匯」係銀行墊付出口信用狀項下的即期跟單匯票款，並取得概括性取償權的票據融通方式。因此，目前我國所指出口押匯，僅限憑信用狀辦理的押匯，至於無信用狀的出口押匯（即 D/P、D/A 項下的押匯）則不在其範疇內。銀行的押匯行為在本質上是對於出口商的一種授信行為。

一、出口商申請出口押匯的手續

（一）初次申請出口押匯的手續

出口商向外匯銀行申請押匯，如係初次往來，一般都須依照銀行規定辦妥各項手續，銀行才願受理。通常初次往來時，應辦的手續有：

1.提供出口押匯額度申請書及信用資料。

2.提供擔保品或保證人。

3.簽具出口押匯總質權書（general letter of hypothecation，簡稱 L/H，參閱 300 頁）：這種文件由銀行提供，其內容雖各銀行略有不同，但主要內容不外約定出口商與押匯銀行因押匯所發生的權利義務，此項文件具有長期的效力，出口商日後申請押匯時，不必再簽具。

4.提供印鑑登記卡。

出口商將其與銀行往來的印鑑或簽名簽蓋於印鑑登記卡交存銀行。

5.提出出口押匯約定書。

（二）每次申請押匯時的手續

出口商每次向銀行申請押匯時，應提出的文件如下：

1.信用狀正本及修改書。

2.信用狀所規定的單據。

3.匯票：除「憑收據付款信用狀」及「憑單據付款信用狀」不需簽發匯票外，出口商於申請押匯時，應依信用狀規定簽發匯票。

4.出口押匯申請書：每次申請押匯時，出口商均需簽具「出口押匯申請書」

（application for negotiation of drafts under L/C，參閱 304 頁），這種申請書銀行均備有格式，供出口商索取。申請人（負責人）簽章須與原留印鑑相符，申請書內容雖因銀行而異，但通常包括三部分：

　　⑴匯票號碼、金額、信用狀號碼、開狀銀行、有關單據名稱及份數。

　　⑵押匯款支付方法。（例如：請將押匯款悉數存入貴行○○號××公司帳戶）

　　⑶如押匯銀行無法收到款項，出口商負責償還押匯款及一切因此而支付的費用之聲明。

　5.出口佣金匯款申請書。

　　⑴出口佣金以押匯款項原幣扣抵者，僅徵提匯出匯款申請書，匯出金額不受限制。

　　⑵佣金匯出如果以新臺幣結購時，金額不受限制，除填寫匯出匯款申請書外，另需填報民間匯出款項結購外匯申報書。

　　詳細請參閱中央銀行外匯局頒布修訂的「民間匯出款項結匯辦法」。

　6.其他文件。

二、銀行受理出口押匯的手續

（一）對出口商的徵信

　　銀行承做押匯係一種授信行為，因此，如同開發信用狀或一般融資，銀行於受理出口押匯之前，必須對出口商的信用加以調查。固然出口商所提示的單據只要符合信用狀條件，開狀銀行就必須付款，似可不必考慮出口商的信用情況，但單據是否與信用狀條件符合，實際上銀行間常發生歧異──押匯銀行認為無瑕疵者，開狀銀行卻認為有瑕疵；再者，單據即使與信用狀條件相符，開狀銀行破產宣告倒閉，或進口國家突然改變外匯政策，禁止對外付款時，押匯銀行即有無法收回所墊付押匯款，而蒙受損失之虞。基於此，押匯銀行必須調查出口商的信用，信用良好才受理押匯。

（二）徵提擔保品或保證人

　　經信用調查後，發覺出口商的財務狀況並不十分良好，本不宜受理押匯，但基於銀行營業政策及服務客戶的立場，如出口商能提供適當的擔保品或覓得適當的保證人，銀行也可考慮受理押匯。因此，押匯銀行於必要時，也要求出口商提供擔保品或覓妥保證人。

● （三）授與信用額度

每一種授信，對於每一客戶都有一定的授信限度，出口押匯也不例外。當銀行調查出口商信用後，即可視其信用情形，所提供擔保品性質以及保證人的財務狀況，確定應授與出口商的信用額度。出口商未收受的押匯金額不得超過此信用額度，否則銀行融資安全性可虞。

● （四）單據的審查與支付押匯款

銀行付出押匯款後，固然可依信用狀規定向開狀銀行請求償還其所墊付的款項，但是押匯銀行此一請求權，有一前提，即出口商所提出的單據必須與信用狀條件相符。如有不符，押匯銀行即無法向開狀銀行請求償還其所墊出的款項。所以押匯銀行承做出口押匯時，必須就出口商所提出的單據作嚴格的審查。

押匯銀行於審查出口商所提示匯票或單據後，認為與信用狀條件相符，銀行即可支付押匯款。銀行實際付給出口商的押匯款並不是匯票金額，而是扣除銀行押匯手續費、押匯貼現息及郵電費等後的餘額。目前銀行押匯手續費大約按匯票金額 0.01% 計算，郵電費則按開狀銀行所屬地區的費率計收。

■ 三、單據的審查要領 ■

● （一）匯票的審核要領

1.匯票日期應在信用狀有效期限內，且必須在信用狀所規定裝運日後單據提示期間內。

2.匯票期限應與信用狀規定相符。

3.匯票金額應與商業發票金額相符。

4.大小寫金額應一致。

5.發票人名稱應與信用狀所載受益人名稱相符，並由有權簽字人親筆簽字。信用狀已轉讓者，則由受讓人簽發。

6.須填上 "drawn clause"，且與信用狀規定相符。

7.有利息條款者，須填上。

8.被發票人名稱、地址應與信用狀規定相符。如未規定者，以開狀銀行為被發票人。

9.如信用狀上金額前面有 "about" 字樣者，匯票金額不得超過該金額 10%。

10.匯票金額不得超過信用狀未用餘額。

11.匯票份數應按信用狀規定製作。

12.必須表明其為匯票 (bill of exchange)。

13.有時規定以收據 (receipt) 代替匯票，其格式大致如下：

```
                          Receipt

    To（付款人）_____            Taipei，（日期）

    For（金額小寫）_____

    Say US Dollars_____ （金額大寫）_____only

    received under Credit No.          （信用狀號碼）

    dated（日期）_____

    issued by（開狀銀行）_____       出口商名稱及簽字
```

（二）商業發票的審核要領

1.發票日期不宜遲於匯票簽發日，也不得遲於信用狀有效日及提示押匯期限。

2.除 UCP 600 第 38 條及信用狀另有規定外，商業發票的簽發人應為信用狀受益人。除信用狀另有規定外，發票不需要簽署。

3.所用紙張是應為受益人的用紙，不可使用他人的用紙。

4.份數應與信用狀規定者相符。

5.除 UCP 600 第 38 條(g)項規定外，發票的抬頭人應為開狀申請人。

6.發票上所載嘜頭應與運送單據及其他單據所載者一致。

7.貨物的記述，例如名稱、規格、品質須與信用狀所規定者相符。

8.數量、單位應具體表示，並與信用狀所規定者一致。

9.信用狀規定的數量、單價，總金額前有 "about" 字樣者，得有 10% 的伸縮性。

10.須填明信用狀規定貿易條件，如 FOB、CFR、CIF 等。

11.運輸工具名稱、裝運日期、起運地、目的地，均須與運送單據所載者相符。

12.除非信用狀另有規定外，不得開列額外費用，如電報費、倉租、佣金等。

13.商業發票金額不得超過信用狀未用餘額，除另有規定外，且須與匯票金額相符。

14.貨物有單價且准分批裝運者，所支貨款應與信用狀金額成比例。

15.有更改處，除蓋更正章外宜由發票人加簽。

16.有些進口國家因外匯管制，信用狀上規定在商業發票上須載明輸入許可證號碼。有此要求者，須載明其號碼。

17.如須由發票人自行證明 (certify) 者，應加註 "We hereby certify that the contents herein are true and correct" 一類的句子，並將發票上的 "E.&O.E." 字樣刪除。

18.如信用狀規定發票須經有關機關證明 (certify) 或公證 (no-tarize) 者,應照辦。

19.信用狀規定須經商會或指定國家領事副署者，應由其副署。

20. "Drawn Clause" 須載明。

（三）運送單據的審核要領

1.提單的審核要領：

⑴提單應具備的六要件：

①表明運送人 (carrier) 的名稱並經運送人或其代理人或船長或其代理人簽署，或以其他方式確認。

②表明貨物業已裝載或裝運於標名的船舶。

⒜裝運提單 (shipped B/L)，有簽發日者。

⒝備運提單 (received for shipment B/L)，必須有裝載註記 (on board notation) 表明貨物業已裝載的日期。

(c)含有「預定船舶」(intended vessel) 者，on board notation 必須含有裝載日期及船名。

(d)如提單表明不同於裝載港的收貨地或接管地，on board notation 必須含有信用狀規定的裝載港、裝載日期及船名。

③表明裝載港及卸貨港。

④全套正本。

⑤表面顯示包含全部運送條款或全部或部分該等條款係參照該提單（即簡式提單）以外的來源或單據。

⑥未表明其係以傭船契約為準，也未表明承運船舶係僅用風帆推動。

其他事項悉符合信用狀規定。

(2)發貨人 (consignor)，除信用狀另有規定外，得由受益人以外的人擔任（即 third party 也可受理）（UCP 600 第 14 條(k)項）。

(3)在提單上 "description" 欄須填明商業發票所載貨物的名稱或其概括性名稱 (general name)；不得包含額外貨物，即使不另要求支付貨款（例如註明包含樣品，或備用零件，不另收費）。

(4)數量、嘜頭、體積、重量、件數須與其他單據所載者一致。

(5)受貨人與受通知人 (notify party) 地址應與信用狀規定者相同。

(6)信用狀所規定貿易條件為 CFR、CIF 者，除另有規定外，提單上須註明 "freight prepaid" 或其他表示運費已付訖字樣。FOB、FAS、FCA 等貿易條件者，除非另有規定，應註明 "freight collect" 字樣。

(7)除非信用狀特別禁止，提單上得註明裝貨、卸貨或類似作業所生的費用或代墊款項未付字樣。

(8)應為清潔提單。

(9)除非信用狀明文規定可接受外，裝載艙面提單 (on-deck B/L) 不能接受。即使保險單上已加保艙面險也不能接受（UCP 600 第 26 條）。

(10)除信用狀另有規定外，提單上得含有 "shipper's load and count" 或 "said by shipper to contain" 等字樣。

(11)更正處，應由原船公司或其代理人加簽。（見 ISBP 681 第 109 條）

⑿提單簽發日期不得遲於信用狀規定的最後裝運日期。

⒀除另有規定，提單份數與信用狀規定相符且是全套。

⒁貨物由啟運地到達目的地所經航程應符合信用狀的規定，例如 "O.C.P.,–; Option–／–／–, In transit to–; Via– 等。

⒂除非信用狀另有規定，提單簽發日期早於信用狀開發日期者，得接受但以該提單係於信用狀及信用狀統一慣例所定期限內提示者為限（UCP 600 第 14 條(i)項）。

⒃提單必須自裝船日後一特定期間內提示（依信用狀的規定），如信用狀未規定者，應在 21 曆日內提示（UCP 600 第 14 條(c)項）。

⒄信用狀未規定最後裝船日者，其裝運日期不得遲於信用狀有效日期。

⒅兩張以上信用狀合併裝船時須信用狀有明文規定方能接受，且須同一受貨人及同一開狀銀行。例如：Goods may be shipped with other goods not covered by this Credit for the same consignee under L/C established by ourselves for these accreditors.

⒆除非禁止轉運，提單上顯示貨物將於中途轉運者，可接受，但以運送全程係由同一提單涵蓋為條件。

⒇提單上受貨人以 "to order of shipper" 或 "to order" 表示者，須由出口商作成背書，至於受貨人為國外進口商或其代理人或開狀銀行者，不必背書，如受貨人為 to order of negotiating bank 者，押匯銀行應背書。

2. 不可轉讓海運貨單的審核要領：

UCP 600 第 21 條所稱「不可轉讓海運貨單」與 UCP 600 第 20 條所稱「提單」，本屬相同運送方式下的提單，所不同者僅單據的形式而已。因此，UCP 600 第 21 條所規定「不可轉讓海運貨單」所應具備的要件，與 UCP 600 第 20 條所規定「提單」所應具備者完全相同，所以其審核要領不再贅述。

3. 傭船提單的審核要領：

若信用狀要求或允許提供傭船提單，除非信用狀另有規定，其所提供的傭船提單須符合下列各條件：

⑴含有以傭船契約為準的文句。

⑵外觀上顯示經由下列人員簽字或以其他方法確認。

①船長或代替或代表船長的標名的代理人。

②船東或代替或代表船東的標名的代理人。

⑶表明或未表明運送人名稱。

⑷載明承運船舶名稱。

⑸表明貨物已裝載或已裝運於標名的船上。

⑹表明信用狀所規定的裝貨港及卸貨港。

⑺不得含有表明承運船舶是僅由風帆推動的文字。

⑻必須提示全套提單。

⑼信用狀所規定貿易條件為 CFR、CIF 者，除信用狀另有規定外，提單
　上必須註明運費付訖。

⑽得以信用狀受益人以外的人為發貨人。

⑾提單上以戳記或其他方式加註運費以外的附加費用，諸如有關裝卸或
　類似作業所引起的費用或墊付款者，除非信用狀中禁止，可接受。

⑿提單上須載明信用狀所規定貨物名稱或其概括名稱。

⒀受貨人、受通知人名稱應與信用狀所規定者相符。

⒁必須為清潔提單。

⒂更正處宜有船公司或其代理人加簽。

⒃提單簽發日不得遲於信用狀所規定最後裝運日期。

⒄除非另有規定，提單簽發日期早於信用狀開發日期者，得接受，但以
　該提單係於信用狀及 UCP 600 所定期限內提示者為限。

⒅提單必須自裝運日後一特定期間內提示（依 L/C 規定），若信用狀未規
　定者，應在裝運日後 21 曆日內提示（UCP 600 第 14 條⒞項）。

4.涵蓋至少兩種不同運送方式的運送單據（複合運送單據）的審核要領：

⑴複合運送單據應具備的要件：

①必須表明運送人或複合運送人名稱，並由運送人或複合運送人或其代
　理人簽署，或以其他方式確認。

②必須表明貨物業已發送、接管或裝載。

③必須表明信用狀規定的接管地，但該接管地得不同於裝載港、機場或裝載地。

表明信用狀規定的最終目的地，但該最終目的地得不同於卸貨港、機場或卸貨地。

船舶、裝載港、卸貨港可以含有表明「預定」或類似保留用語。

④全套正本。

⑤含有全部運送條款，或全部或部分該等條款係參照該複合運送單據（簡式複合運送單據）以外的來源或單據者。

⑥未表明係以傭船契約為準。

(2)即使禁止轉運，銀行將接受顯示將轉運或得轉運的複合運送單據，但以運送全程係由同一複合運送單據涵蓋者為條件。

(3)其他請參閱提單部分。

5.航空運送單據的審查要領：

(1)航空運送單據應具備的要件：

①必須表明運送人名稱，並由運送人或代替或代表運送人的標名代理人簽字或以其他方式確認。

②必須表明貨物已被接受待運。

③若信用狀要求表明實際發送日期必須明確記載此日期，在所有其他情形，空運提單的發行日將被視為裝運日。

④表明信用狀規定的起飛機場及目的地機場名稱。

⑤必須顯示其為發給發貨人／託運人的正本。

⑥必須涵蓋運送條件的全部或一部分係參照提單以外的來源或單據。

⑦其他事項悉符合信用狀的規定。

(2)即使信用狀禁止轉運，銀行將接受表明將轉運或可能轉運的航空提單，但以運送全程係由同一航空提單涵蓋者為限。

(3)其他審核事項，可參閱提單部分。

6.公路、鐵路或內陸水路運送單據（又稱內陸運送單據）的審核要領：

(1)內陸運送單據應具備的要件：

①必須表明運送人名稱，並由運送人或其代理人簽署，或以其他方式確認，也可以運送人或其代理人所為之收受圖章或其他收受表示代替簽署。

②表明已收受貨物待運、發送或運送或具該旨趣的措辭。

③表明信用狀規定的裝運地及目的地。

④其他事項悉符合信用狀規定。

⑵運送單據上未表明所簽發的份數時，銀行將以所提示的運送單據為已構成全套而予以接受。不論運送單據是否標示為正本，銀行將認係正本而予以接受。

⑶縱信用狀禁止轉運，銀行將接受表明將轉運或得轉運的公路、鐵路或內陸水路的運送單據，但以運送全程係在同一運送方式下且由同一運送單據涵蓋者為條件。

⑷其他事項參閱提單部分。

7.郵政收據的審核要領：

⑴表面顯示經於信用狀規定的貨物裝運地或發送地加蓋圖章或以其他方式驗證並註明日期。

⑵收件人及其地址須與信用狀所規定者相符。

⑶貨物記述須與發票及信用狀所規定者相符。

⑷同一貨物發送地（郵局）、同一日期的郵戳（須經簽署或以其他方式確認），收據雖有數張，不視為分批裝運。

⑸郵政收據上宜載明信用狀號碼。

● （四）保險單據的審核要領

1.保險單據應由保險公司或保險人某代理人發行及簽署。如發行一份以上正本時，須提示全套。

2.除另有規定，保險經紀人所發行的 cover note（投保通知書）不能接受。

3.保險單據的種類須與信用狀規定者符合。

4.投保幣別，除另有規定外，須與信用狀的幣別同。

5.投保金額，應按信用狀的規定，如未規定時，不得低於貨物的 CIF 或 CIP

金額加 10%。

　6.投保金額大小寫金額須一致。

　7.除信用狀另有規定或除保險單據顯示其承保最遲自裝船、發送或接管日起生效外，保險單據日期不得遲於運送單據上所示裝船、發送或接管日期。

　8.被保險人名稱應與信用狀所規定者相符。

　9.保險單上所載貨物名稱、數量、嘜頭等應與提單及其他單據所載者相符。

　10.承運船名或其他運送工具，應與運送單據上所示者相符。

　11.航程、航線、啟運日期應填明，且與運送單據上所載者相符。

　12.投保的險類須按信用狀規定。

　13.賠款地點、支付賠款代理行應載明。如信用狀未規定者，應以貨運目的地為賠款地點。

　14.所有附加條款 (rider) 皆應有戳記或簽章或直接引註等證明其與本單為一體。

　15.如投保的貨物需轉運者，應加保轉運險。並加註 "with transhipment at..." 或僅註 "with transhipment" 字樣。

　16.除非信用狀另有規定，保險單據應為可流通形式 (in negotiable form)，如以出口商為被保險人者，出口商應作成背書。

　17.倘信用狀允許貨裝艙面，且提單已載明 "on deck" 者，保險單據應註明 "on deck"。

　18.除信用狀另有規定外，銀行將接受保險證明書或由保險公司、保險人或其代理人預簽的預保單聲明書 (declaration under open policy)。如信用狀特別要求提供統保單下的保險證明書或聲明書時，可以保險單代替。

● （五）包裝單重量尺碼單的審核要領

　1.進口商名稱須與其他單據一致。

　2.貨物記述須與發票相符或不矛盾。

　3.數量的小計與合計須加以核算，其小計與合計須與商業發票所示相符。

　4.毛重、材積須與運送單據上所示者相符。

　5.嘜頭須與其他單據所示者相符。

6.須由出口商簽名。

7.繕製日期不得遲於運送單據發行日期。

8.信用狀要求 neutral packing list 或 packing list in plain paper 者，包裝單應以無籤頭 (letterhead) 的白紙繕製，出口商的名稱與簽章，不得出現於包裝單上。

9.如果信用狀要求 sworn weight / measurement certificate 者，如無特別規定，宜由公證行發行。

10.單據名稱應與信用狀所規定者相符。例如信用狀規定 "packing specification" 不宜以 "packing list" 代替；又如信用狀規定 "sworn weight / measurement certificate"，不宜以 "sworn weight / measurement list" 代替；也不可以 "weight list" 代替 "weight certificate"。

● （六）產地證明書的審核要領

這種證明書通常由商會簽發，或由領事簽發，或由出口商自行簽發，視信用狀規定而異。我國則有時由標檢局簽發。注意事項如下：

1.所載貨物名稱數量應與商業發票所載相符。

2.格式應符合進口國家的要求。

3.須經信用狀所規定機構簽署者，應注意有無其簽證。

4.應提出的份數須與信用狀的規定相符。

5.須證明裝運貨物為本國產品。

6.進口商或受貨人名稱、地址須與信用狀規定相符。

7.簽發日期不得遲於裝運日期。

● （七）領事發票的審核要領

1.託運人、受貨人名稱須與信用狀規定相符，如信用狀規定受貨人為 "to order" 或開狀銀行時，領事發票上的受貨人為開狀申請人。

2.貨物記述、價格、數量應與商業發票上所示者相符。

3.應由信用狀指定國家駐華領事發行。

4.發行日期不得遲於信用狀有效日期或提示押匯期限。

5.必須是正本。如信用狀要求 verified copy 時，副本應由領事簽署。

● （八）檢驗證明書的審核要領

1. 文件名稱須與信用狀所規定者相符。

2. 應由信用狀指定機構檢驗並發行。

3. 檢驗日期應在裝運日期之前，但不得距離裝運日之前過久。

4. 檢驗的貨物應為商業發票上所示貨物，其規格、嘜頭等應與其他單據相符。

5. 內容有修改之處，應有適當的加簽。

6. 檢驗項目及其內容須符合信用狀的規定，其檢驗結果是否合格？例如：

"We certify that the following material has been inspected and in accordance with our opinion based upon the report of our inspectors and our experience and judgement has been accepted under the instructions provided."

如批註有瑕疵者，不能接受。

7. 檢驗人為減輕自己的責任，有時出具證明效力較弱的檢驗證明書。例如：

"Our obligation in making the inspection and for forwarding this certificate limits only to our client and represents our opinions on the date of inspection only."

倘檢驗報告無記載不合格事項，仍可接受。

（九）其他單據的審核要領

1. 各單據的發行日期不宜遲於運送單據發行日。

2. 應由發行人簽署。

3. 資料內容或措辭應與信用狀所規定者相符。信用狀未規定者，銀行將就所提示者，照單接受，但以其資料內容與所提示的任何其他規定單據彼此不相牴觸（UCP 600 第 14 條(e)項）。

四、計費與付款

1. 手續費：

依出口押匯金額千分之一計收，最低費用為新臺幣五百元正。

2. 郵費：

按地區別加收，如由開狀銀行以外的銀行償付者，另外加收郵費。

3. 匯款費用 (remittance fee)：

出口商支付國外佣金時加收匯費。

　4.電報費實收：

視實際開支收取。

　5.付款：

押匯銀行付款，根據當天銀行的買入匯率扣除下列費用後，再依押匯申請書上出口商指定的銀行轉存其帳戶內。

　　⑴手續費。

　　⑵郵電費。

　　⑶匯費。

　　⑷出口押匯墊款利息：外匯銀行墊付出口押匯款，在國外銀行付款前對押匯廠商收取墊付新臺幣的利息，其利息的計算日數視付款地為亞洲地區或其他地區而異，若為前者，計息日數為 7 天，後者則按 12 天計息。

　　⑸出口押匯貼現息：在遠期信用狀時使用。

　　⑹出口押匯瑕疵息：如單據交予押匯銀行時有瑕疵，致收帳較慢而銀行墊款時間較長，故通常就加收一星期左右的瑕疵息。

　　⑺轉押匯息：如有轉押匯，銀行收帳時間較長，因此酌收利息。

　6.發結匯證實書：

事實上它的性質是一張帳單。從此單出口商將很明顯可瞭解自己所得到的貨款有多少。

■ 五、押匯單據瑕疵的處理 ■

依 UCP 600 第 14 條⒜項規定：「依指定而行事之指定銀行，保兌銀行，如有者，及開狀銀行須僅以單據為本，審查提示藉以決定單據就表面所示是否構成符合之提示。」

又依 UCP 600 第 16 條⒜項規定：「若依指定而行事之指定銀行，保兌銀行，如有者，或開狀銀行決定提示係不符合時，該等銀行得拒絕兌付或讓購。」故押匯銀行發覺押匯單據有瑕疵時其處理的方式有下列：

　　1.建議修改信用狀：

建議出口商要求進口商修改信用狀。

　　2.更正、補全單據：

在信用狀有效期間內及單據提示期間內，要求出口商將瑕疵或短少的單據更正補齊。

　　3.改採託收 (collection)：

如果單據的瑕疵甚為嚴重，開狀銀行拒絕付款的可能性就會很大。因此，押匯銀行得取得出口商的同意改用託收方式來辦理，也就是改按 D/P、D/A 方式處理。

　　4.電報押匯 (cable negotiation)：

押匯銀行將單據不符的內容以電報告知開狀銀行，請示可否受理。

　　5.保結押匯 (under reserve, against a guarantee)：

押匯銀行准予承做押匯，但出口商須提出保結書或損害賠償約定書（letter of indemnity，簡稱 L/I），當然，於必要時還需提出擔保品。如開狀銀行接受單據並付款則解除出口商擔保責任。反之，開狀銀行拒絕接受則出口商須將原先從押匯銀行處所得的押匯貨款連同利息一併償還押匯銀行。此種作法可達到銀行發揮融通的功能。保結書的格式由各押匯銀行印製，出口商（即立保結書人）在保結書上填寫即可。

六、單據的背書及編號

（一）匯票的背書

匯票上的受款人通常係押匯銀行，因此，在寄出之前，押匯銀行須做適當的背書。除非另有規定，通常以付款銀行為被背書人。

例如：

> Pay to the order of
> Bank of Tokyo（付款銀行）
> for ABC Bank（押匯銀行）
> Signature

如須轉押匯時，以指定押匯銀行為被背書人。

● （二）提單的背書

如果信用狀規定提單上的受貨人為押匯銀行時，押匯銀行應在提單背面背書，至於究竟是空白背書抑或需背書給開狀銀行，視信用狀規定而異。

例如：

　　　　　Deliver to the order of

　　　　　XYZ Bank（開狀銀行）

　　　　　for CTC Bank（押匯銀行）

　　　　　　　Signature

● （三）保險單的背書

如果信用狀規定保險單的被保險人為押匯銀行時，押匯銀行應在保險單背面背書，至於空白背書抑或記名背書，依信用狀規定。

例如：

　　　　　Claims, if any, pay to the order of

　　　　　XYZ Bank（開狀銀行）

　　　　　for ABC Bank（押匯銀行）

　　　　　　　Signature

● （四）單據的編號

為了便於辨認單據係由某一銀行寄發，以及該單據係屬於某一押匯案號，習慣上，押匯銀行在寄發之前，多在單據上加蓋押匯銀行的押匯案號。

■ 七、押匯款的求償 ■

押匯銀行於付出押匯款後，即可依信用狀規定求償收回墊出的押匯款。至於求償方式可分為四種：

● （一）扣帳方式

如開狀銀行在押匯銀行設有存款帳戶，且信用狀中又授權押匯銀行逕自其存款扣帳時，押匯銀行於墊出押匯款後，即可逕自其存款扣帳。

● （二）信函求償 (mail reimbursement)

信用狀規定押匯銀行於付出押匯款後，可以信函或簽發匯票向指定的補償銀行 (reimbursing bank) 求償者，押匯銀行可於付出押匯款後，依信用狀規定以信函或簽發匯票向指定的補償銀行求償。

（三）電報求償 (T/T reimbursement)

如信用狀規定押匯銀行得以電報方式向指定的銀行求償者，押匯銀行於付出押匯款後，即可發出求償電報。茲例示一求償電報供參考：

> YOUR CREDIT NO. 123 OUR BP NO. 321 DRAFT FOR USD 12,500 PRESENTED AND NEGOTIATED TODAY WE CONFIRM THAT ALL TERMS AND CONDITIONS OF THE CREDIT HAVE BEEN COMPLIED WITH STOP PLS CREDIT THE PROCEEDS TO OUR ACCOUNT WITH YOURSELVES UNDER CABLE TO US

（四）交單求償

有些信用狀規定，開狀銀行於收到與信用狀相符的單據後，即將依寄單（押匯）銀行的指示，將押匯款匯付至所指定的地方。在此場合，押匯銀行可在單據的伴書 (covering letter) 上註明類如：“Please remit the proceeds to our A/C with Chemical Bank under advice to us.” 的條款。

八、拒付的處理

（一）押匯銀行接獲拒付通知時的處理

1. 根據拒付理由採取下列措施：
   (1)押匯銀行應將拒付理由立即以書面通知出口商。
   (2)向出口商追回押匯款本息，或徵提擔保品以確保債權。
   (3)單據欠缺或漏打、誤打應記載事項時，應請出口商補正或補足，並立即補送開狀銀行，因提示期間受 UCP 600 第 29 條(a)項的限制，出口商應儘速在提示期間內再提示補正後的單據 (revised documents)。
   (4)促出口商與進口商交涉，請其贖單。
2. 向開狀銀行交涉或指示：

(1)如拒付理由不當或牽強，應即予反駁，據理力爭，必要時請國際商會解釋。

(2)貨物的保全措施：必要時循出口商要求指示開狀銀行辦理提貨存倉、保險事宜。

（二）出口商的因應措施

1.以電話、電傳迅速聯絡進口商尋求解決辦法。如以折價方式補償解決。

2.設法將貨物轉售。倘若轉售不成，唯有辦理復運進口或放棄。

3.如已投保輸出保險，而拒付的原因非可歸責於出口商，則可向承保公司索賠。

4.請求國際貿易局協調，透過對方政府交涉。

第三節　轉押匯

一、轉押匯的意義

所謂轉押匯，乃為限押信用狀 (special credit) 下的一種產物。在限押信用狀，受益人本來應逕向信用狀所指定的押匯銀行申請押匯事宜，但往往因受益人與該指定押匯銀行無往來關係，或因與其往來關係不密切，或因其他原因，而不能或不願逕向該指定押匯銀行申請押匯。在此情形下，受益人乃向往來關係密切的銀行（第一押匯銀行）申請押匯。然後，由該第一押匯銀行，依照信用狀規定將單據轉向指定押匯銀行（稱為再押匯銀行或第二押匯銀行）提示申請轉押匯 (re-negotiation) 事宜，這種做法，從押匯銀行而言，稱為轉押匯，從再押匯銀行而言，稱為再押匯。茲將轉押匯流程圖示於下：

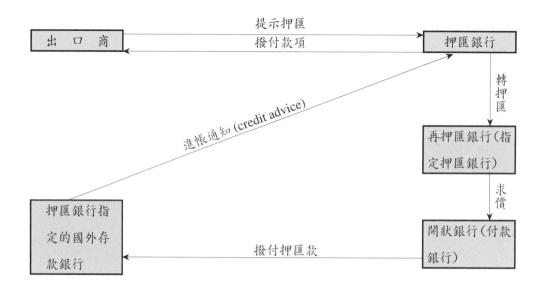

■ 二、出口商對轉押匯的認識 ■

　　轉押匯對出口商而言，與一般押匯並無實質上的差異，所不同點是出口商須負擔較多的費用，以及須提早申請押匯而已。以下就須辦理轉押匯時，出口商應注意事項加以說明：

● （一）提早提示單據申請押匯

　　在限押信用狀，其有效期限，通常係以該指定押匯銀行為準。換言之，押匯銀行必須於信用狀有效期限內，將單據向再押匯銀行（指定押匯銀行）提示。在此情形下，由於押匯銀行處理押匯需若干時間，故受益人必須在信用狀有效期限到期前幾天，將單據送到押匯銀行，以便其能在有效期限內，將單據向再押匯銀行提示。

● （二）押匯手續費

　　受益人除須負擔一般押匯手續費（目前為千分之一）外，尚須負擔轉押匯費用（目前為千分之一）。

● （三）轉押匯息

　　受益人除須負擔一般押匯貼現息（一般押匯貼現息，按 12 天或 7 天計算）外，尚須負擔 7 天的轉押息。

由上述可知，須辦理轉押匯者，受益人須多負擔費用，受益人最好不接受限押信用狀，以免負擔不必要的費用。

■ 三、押匯銀行對轉押匯的認識 ■

是否須辦理轉押匯，對銀行審單人員至為重要。如信用狀規定限由他行押匯，而審單人員未予以注意，將單據逕寄國外開狀銀行，則有遭拒付的可能。萬一遭拒付，將無法獲得押匯申請人（出口商）的諒解。此外，由於轉押匯，多出一家銀行（再押匯銀行）的介入，以致常常發生收帳的延誤，影響資金的運用。

至於信用狀是否限定某銀行押匯，應從信用狀內容加以判斷，限押條款措詞千變萬化，茲就常見者加以說明：

1. Negotiation under this L/C is restricted to the advising bank：如押匯銀行非該 L/C 的通知銀行，則須辦理轉押匯。

2. Draft drawn under this credit is negotiable thru Bank of Taiwan：如押匯銀行不是臺灣銀行，則須辦理轉押匯。

3. Available by beneficiary's draft(s)thru Bank of Taiwan：限由臺灣銀行押匯。

4. The advising bank holds special instructions regarding reimbursement：如何求償，只有通知銀行才曉得，因此其他銀行承做押匯後，只好向通知銀行辦理轉押匯。

5. All documents are to be transmitted by CTC, Taipei to us in one cover：單據須由 CTC 轉交開狀銀行，因此其他銀行承做押匯後，須向 CTC 辦理押匯。

6. For advising bank only:please airmail all documents to us in one cover：限由通知銀行押匯。

7. For all your payments, please draw on/or debit our US$ account, under copy to us, with your New York office：限由通知銀行押匯。（文中 your 係指通知銀行）

8. This credit remain valid until Oct. 30, 2011 for negotiation with yourselves only：限由通知銀行押匯。（文中 yourselves 係指通知銀行）

出口押匯總質權書

出 口 押 匯 總 質 權 書
GENERAL LETTER OF HYPOTHECATION

本總質權書於中華民國　　年　　月　　日經立押匯總質權書人及連帶保證人攜回審閱並瞭解其內容(總質權書審閱期間至少五日)

高雄銀行 台鑒

TO：　BANK OF KAOHSIUNG

(一) 茲因立押匯總質權書人(下稱我方)為便　貴行隨時可能承購或貼現我方所發出之押匯匯票(國內或國外)、或經我方背書之押匯匯票，爰經雙方協議：凡本書中所載各條款，均應認為永久繼續有效，隨時適用；凡我方所發出或背書之押匯匯票，無論其為直接或經手他人售與　貴行、或向　貴行貼現，均一律視同為每次承購或貼現，並與重新簽訂本書，有同一效力。

1. As you may from time to time purchase from or negotiate for me/us Bill(s) of Exchange (Inland or Foreign) drawn or endorsed by me/us with collateral securities, it is hereby agreed between us that the stipulations contained in this Memorandum shall be deemed to be continuing and ambulatory, and shall apply to all cases in which such Bill(s) of Exchange may at any time, either directly or through other persons, be negotiated with or sold to you by me/us as if this Memorandum were signed by me/us on each occasion of such purchase or negotiation.

(二) 茲授權　貴行或　貴行之任何經理、或代理人、或上述匯票持有人，得將(但非必需之行為)該匯票擔保品投保所有水險，並包括搶劫擄掠及岸上火災等險，所有保險費及有關費用均歸我方負擔。　貴行對擔保品享有優先受償權並得逕行處分擔保品以抵償　貴行之債權及其他有關費用或其他第三人所代付之保險等有關費用，並且不影響　貴行對其他票據債務人之請求權，同時　貴行得照普通商家代理人之事例，代我方辦理一切應辦事件，收手續費，倘　貴行對於該指定之碼頭或倉庫並無反對之表示，我方當依照付款人或承兌人之指示，將貨物移放於公家或私人之碼頭或倉庫。

2. We authorize you, or any of your Managers, or Agents, or the Holders for the time being of any such Bill or Bills as aforesaid (but not so as to make it imperative) to insure any goods forming the collateral security for any such Bill or Bills of Exchange against sea risk, including loss by capture, and also against loss by fire on shore, and to add the premiums and expense of such insurances to the amount chargeable to us in respect of such Bill or Bills, and to take recourse upon such goods in priority to any other claims thereon, or against us, without prejudice to any claim against any endorser or endorser of the said Bills, for the purpose of reimbursing yourselves, or other person or persons paying the same, the amount of such premiums and expenses, and generally to take such measures and make such charges for commission and to be accountable in such manner, but not further or otherwise than as in ordinary cases between a merchant and his correspondent. And we consent to the goods being warehoused at any public or private wharf or warehouse selected by the Drawees or Acceptors of the Bills, unless you offer any objection to such wharf or warehouse.

(三) 茲授權　貴行或　貴行之任何經理或代理人或上述匯票持有人，均可接受付款人附有條件之承兌；於票據到期日票款付清後，　貴行得將隨同匯票作為擔保之附帶單據，交與付款人或承兌人。此種授權亦可適用於參加承兌，惟付款人於付款或承兌前已停止付款、或承兌前已停止支付、或宣告破產、或清理時，則應按照以下所載各款辦理。

3. We hereby also authorize you, or any of your Managers, or Agents, or the Holders for the time being of any Bill(s) of Exchange as aforesaid, to take conditional acceptances to all or any of such Bill, to the effect that on payment thereof at maturity, the Documents handed to you as collateral security for the due payment of any such Bill(s) shall be delivered to the Drawees or Acceptors thereof, and such authorization shall be taken to extend to cases of acceptance for honor, subject nevertheless to the power next hereinafter given, in case the Drawee shall suspend payment become bankrupt, or go into liquidation during the currency of any such Bill(s).

(四) 茲授權　貴行：凡經　貴行或匯票承兌人或其代表人認為適當，在匯票到期以前無論何時，　貴行可將貨物分批交付與任何人(但非必需之行為)，惟交付貨物之全部或一部份時，須收取相當金額，其金額應與發票上所開列之貨價、或與所擔保之票據所載金額成合理之比例；上述相當金額之解釋，由　貴行認定之。

4. We further authorize you (but not so as to make it imperative) at any time or times before the maturity of any Bills of Exchange as aforesaid, to grant a partial delivery or partial deliveries of such goods, in such manners as you or the Acceptors of such Bill or Bills of Exchange or their representatives may think desirable to any person or persons on payment of a proportionate amount of the invoice cost of such goods, or of the Bill or Bills of Exchange drawn against same. The meaning of the above-mentioned "proportionate amount" will be defined by you.

(五) 押匯匯票經　貴行承購後，倘因匯票或附屬單據與信用狀所規定條件不符、或其他理由遭　貴行之貼現行或通匯行拒絕處理，或受開證銀行拒付、或貨物在交付或其他場合被發覺貨之品質、數量等有差異等情事、或其他任何理由致遭對方拒收時，我方願意負全責；一經　貴行通知，隨時償付　貴行匯票金額、利息與其他一切附隨費用。我方並授權　貴行：倘　貴行或　貴行之通匯銀行認為必要時，得不經通知我方，　貴行可向信用狀開證銀行、或承兌銀行提出保證書，對此項保證，我方願意負一切責任。

5. Should the Bill or Bills negotiated by your bank be refused handling or processing by your discounting bank or correspondent, or unpaid by issuing bank owing to some discrepancy in the Bill or Bills or the Documents

attached thereto with the terms and conditions of the Letter of Credit or for any other reasons, or should the acceptance of the shipped goods be refused because of divergence of quality, quantity etc. of the said goods, or for any other reasons, discovered by the interested party or parties upon delivery or any other occasions, we shall take full responsibility thereof and reimburse you at any time the amount of such Bill or Bills, interest and other incidental charges incurred. We further authorize your bank to tender a letter of guarantee to the issuing bank or the accepting bank under the Letter of Credit, without any notification to us, in case your bank or your correspondent deems it fit to do so, and we solely shall be held liable for the guarantee thus offered.

（六）茲再授權　貴行或　貴行之任何經理、或代理人、或匯票持有人，於匯票提示而被承兌人拒絕承兌、或於匯票到期而被付款人拒絕支付。或在票據到期前，付款人或承兌人停止支付、或宣告破產、或採取清算步驟時，不論匯票是否已經承兌人附有條件承兌或絕對承兌，　貴行均得將該匯票擔保品之全部、或一部份，按照　貴行或票據持有人認為適當之方法，將其變賣，並將所得價款，除去通常手續費用及佣金外，以之支付該票款及其匯費，倘有餘額，得由　貴行或票據持有人，以之清償我方之其他票據（不論其有無擔保）、或對　貴行之欠款、或對貴行負有結算責任之其他方面欠款。凡遇保險貨物發生滅失，我方授權　貴行得依照保險單償價，並扣除手續費用，與處分變賣其他貨物情形相同，對其所餘淨額按照上開辦法加以處理。

6. We further authorize you, or any of your Managers, or Agents, or the Holders for the time being of any Bill(s) of Exchange as aforesaid, on default being made in acceptance on presentation or in payment at maturity, of any of such Bill(s) or in case of the Drawees or Acceptors suspending payment, becoming bankrupt, or taking any steps whatever towards entering into liquidation during the currency of any such Bill(s), and whether accepted conditionally or absolutely to sell all or any part of the goods forming the collateral security for the payment thereof at such times and in such manner as you or such Holders may deem fit, and after deducting usual commission and charges, to apply the net proceeds in payment of such Bill(s) with re-exchange and charges the balance, if any, to be placed at your or their option against any other of our Bills, secured or otherwise, which may be in your or their hands, or any other debt or liability of mine/ours to you, or them, and subject, thereto, to be accounted for the proper parties, In case of loss at any time of goods insured we authorize you, or the Holders thereof, to realize the policy or policies and charge the same commission on the proceeds as upon a sale of goods, and to apply the net proceeds, after such deductions as aforesaid, in the manner hereinbefore lastly provided.

（七）如遇匯票付款人於該匯票到期日請求　貴行或　貴行之代理銀行延緩付款，而　貴行或　貴行之代理銀行認為此項請求為合理時，得不經通知我方，逕行同意延緩，我方絕無異議。

7. In case the drawee of the Bill(s) request you or your correspondent on the date of maturity of the Bill(s) to postpone payment and if this is deemed reasonable by you or by your correspondent, no objection shall be raised by me/us to you or your correspondent's agreeing to it without notification to me/us.

（八）茲雙方同意，倘押匯匯票因外來干預致不獲付款人承兌、不獲付款人或承兌人付款、或因當地法律規章或其他任何理由致使匯票無法付款，押匯款無從匯付　貴行時，不論該項匯票與（或）附屬單據是否退還，一經　貴行通知我方願意立即償付匯票金額、利息及附隨之一切費用，　貴行如須增加擔保品，我方亦願意提供，絕無任何異議。

8. We hereby agree that, should the Bill or Bills be not accepted by the drawees or not paid by the Drawees or Acceptors by intervention, or should it happen, that the Bill or Bills are not paid or the proceeds thereof are not transferred to you because of the local laws or regulations or for any other reasons, we shall pay the amount of the Bill or Bills with interest and other incidental charges incurred as soon as you inform us in this connection by cable or by mail, notwithstanding no return of the Bill or Bills and/or documents. Should you demand any additional security of us at same time, it shall be given by us without any objection.

（九）倘因匯票付款人、信用狀開證銀行、信用狀承兌行或信用狀保兌銀行無力償兌債務，受破產宣告、查封、假扣押、假處分、拍賣等情事時、或因自請宣告破產或和解時，一經　貴行通知，我方願意償付貴行匯票金額、利息以及附隨之一切費用。

9. Should the drawees of our Bill or Bills or the issuing, accepting or confirming banks of the relative Letter of Credit become insolvent, or bankrupt, be seized, provisionally seized, provisionally disposed of, or offered for auction, or even should the drawees or the above banks apply for bankruptcy or settlement by composition, we agree to pay you upon your notice the total amount of our Bill or Bills with interest and other additional charges.

（十）如貨物變賣所得價款淨額不足以償付上開匯票載金額（包括當時匯兌市價折合之損耗），茲授權　貴行或　貴行之任何經理、代理人或票據持有人，對於不足之款，得向我方發出匯票取償，但不影響不足之數向其他背書人之追索權。茲同意：凡　貴行或票據持有人所出之帳單，即為變賣貨物已經受有損失之憑證，我方於該項匯票提示時，當即如數照付。

10. In case the net proceeds of such goods shall be insufficient to pay the amount of any such Bill(s) with re-exchanges and charges, we authorize you, or any of your Managers, or Agents, or the Holders for the time being of such Bill(s) as the case may be, to draw on us for the deficiency, without prejudice nevertheless to any claim against any endorser(s) of the said Bill(s) for recovery of same or any deficiency on the same; and we engage to honor such Drafts on presentation, it being understood that the Account Current rendered by you or by such Holders shall be sufficient proof of sale and loss.

（十一）不論變賣貨物之情事將否發生，茲授權　貴行或　貴行之任何經理、伐理人或票據持有人，均得於匯票到期之前，接受付款或承兌人付款之要求，並於付款後將提單及其他貨運單據等，交與付款人或承兌人，倘　貴行或票據持有人准其提前支付時，並得按照票據支付地之通常利率，計算折扣。

11. We further authorize you, or any of your Managers, or Agents, or the Holders for the time being of any such Bill(s) as aforesaid, whether the aforesaid Power of Sale shall or shall not have arisen, at any time before the maturity of any such Bill(s), to accept payment from the Drawees or Acceptors thereof, if requested so to do, and on payment to deliver the Bill(s) of Lading and Shipping Documents to such Drawees or Acceptors; and, in that event, you or the Holders of any such Bill(s) are to allow a discount thereon, at the customary rate of rebate in the place where such Bill(s) are payable.

（十二）倘係承兌後交付貨運單據之匯票，我方授權　貴行，將附隨該匯票作為擔保品之貨運單據，於承兌人承兌該匯票後憑交與承兌人，在此情形之下，倘因該匯票到期而承兌人不予付款，則凡因此而發生之後果，均由我方負其責任。我方當將該票所欠之全部款項、或一部份款項，及因此而增加之匯票及手續費如數償還　貴行，並擔保　貴行不因此而受任何損害。

12. In case of D/A Bills we authorize you to deliver the documents to the acceptors against their acceptance of the Bill(s) drawn on them. In such a case We undertake to hold you harmless from any consequence that may arise by your so doing and to pay you the amount or any balance of the bill with re-exchange and charges if the acceptors should make any default in payment at maturity.

（十三）倘匯票付款人拒絕承兌或付款、或匯票到期前擔保品業已運抵目的港口，立書人授權　貴行或　貴行之通匯行辦理該匯票擔保品之卸貨、報關、存倉、保險等　貴行或　貴行之通匯行認為維護此等貨品必要之任何措施，辦理上項措施所發生之有關費用，以及卸貨、報關、存倉及保險等各從業人員之過失，或因戰爭、天災或其他不可抗力因素所引起之任何損害，悉歸我方負擔。

13. Should the drawee of the Bill or Bills reject acceptance or payment of the said Bill or Bills, or should the collateral Goods arrive before the date of maturity of such Bill or Bills, we authorize your bank or your correspondent to unload, clear, warehouse the Goods, effect insurance thereon and do any and all other acts which your Bank or your correspondent may deem necessary for the proper maintenance of the said Goods. In these cases, not only the expenses and cost incurred in the course of the above acts, but also any damage caused by those people or parties who deal with the unloading, clearance, warehousing and insurance in good or bad faith or by reason of war, natural disasters or any other Act of God shall be paid by us.

（十四）我方授權　貴行或　貴行之通匯行，以　貴行或　貴行之通匯行認為適合之任何方法寄送押匯匯票與（或）附屬單據。

14. We authorize your bank or your correspondent to send the Bills and/or Documents to the place of payment by any method as you or your correspondent deems fit.

（十五）倘押匯匯票與（或）附屬單據在寄送中毀損或遺失，或視為已經毀損或遺失、或因誤送等意外情事，致令遲延寄送付款地時，得不必經任何法律手續，一經　貴行通知，我方願根據　貴行帳簿之記載，作成新押匯匯票，倘可能者連同新附屬單據提供與　貴行；或隨　貴行之指示，立即償付　貴行匯票金額，以及附隨之一切費用。

15. Should Bills and/or Documents be destroyed or lost in transit, or assumed as such, or their arrival at the place of payment is much delayed by accident such as mis-transportation, a new Bill, and if possible, new Documents shall be presented to your bank by us according to your record book, at your demand without any legal procedures, or alternatively, at your option, the amount of the Bills, with all expenses, shall be paid to you by us.

（十六）我方同意　貴行得就我方所有財產包括存於　貴行及分支機構、或　貴行所管轄範圍內之保證金及存款餘額等，均任憑　貴行移作共同擔保品，以清償　貴行債務。

16. We agree that all our property including securities and deposit balances which may now or hereafter be in you or your branches possession or otherwise subject to your control shall be deemed to be collateral security for the payment of any indebtedness and liability.

（十七）在匯票或其他任何單據上簽蓋之我方簽章或所寫文字，　貴行如認為與預先存於　貴行者相符、或與我方曾經使用於以前匯票或其他單據者相同時，即使其係偽造或被盜用，我方仍願負責，並償付　貴行因此而蒙受之損害。

17. We shall be responsible for our signature, seal or writing used on the Bill(s) or any other documents accepted by you even though the signature, seal or writing is a forged or stolen one; in case you have concluded the same to be identical with those submitted to you beforehand or those used on a previous Bill or another document, Any damages, sustained by you there from, shall be paid for by us.

（十八）有關匯票與（或）擔保貨物之訴訟，同意以台灣 ＿＿＿＿＿＿ 地方法院為第一審管轄法院。

18. The jurisdiction of a judical court regarding any legal action on my/our Bills and/or collateral goods shall be executed at the ＿＿＿＿＿＿ District Court.

（十九）我方願遵守國際商會所刊布「信用狀統一慣例」並視其為本書之一部份。

19. We will observe the "Uniform Customs and Practice for Documentary Credits" fixed by the International Chamber of Commerce, and deem it as a part of this Letter.

（二十）茲更經雙方協議同意：凡　貴行所有對於票據上，因退票而發生之一切權利，不因將擔保品交付與　貴行而受任何影響，亦不因　貴行行使票據權利上求償權而影響　貴行對我方所欠款項範圍以內在擔保品上占有之物權；此外關於我方店號、行莊公司，因股東、合夥人之死亡、退夥或加入新夥、或隨時而發生之其他人事變動，換言之，不論本處名稱、牌號、及內部組織之如何變更，凡在我方繼續營業之時，本書所授權限及其設定，當繼續有效。凡每次我方匯票經　貴行承購或貼現，均應認為我方又將已經訂立之本書重新訂立。茲又經雙方同意：凡因　貴行所僱用之居間人或拍賣行之違約行為而發生之結果，　貴行對於我方並不負任何責任。此據。

20. Lastly, it is mutually agreed that the delivery of such collateral securities to you shall not prejudice your rights on any of such Bills in case of dishonor, nor shall any recourse taken thereon affect your title to such securities to the extent of my/our liability to you as above, and that, notwithstanding any alteration by death, retirement, introduction of new partners or otherwise in the persons from time to time constituting my/our firm or the style of my/our firm under which the business at present carried on by me/us may be from time to time continued, this Letter and the powers and authorities hereby given are to hold good as the Agreement with, you on the part of the firm as aforesaid and that each negotiation of a Bill or Bills hereunder is to be treated as a renewal by or on behalf of the firm as then existing of the terms of this Agreement. It is also agreed that you are not to be responsible for the default of any Broker or Auctioneer employed by you for any purpose.

中　　　華　　　民　　　國　　　　　年　　　　月　　　　　日

Dated on _____

　　　　　(day)　　(month)　　(year)

_____

立押匯總質權書人　　(簽章)

地　址

Address：

電　話

Telephone：

　　該擔保上開立書人完全履行本書內所載各條款之義務，並向　貴行拋棄對於主債務人先訴抗辯之權利，合為保證如上。

　　I/We hereby guarantee the fulfillment of the above, expressly waiving our right to require you to take previous action in Court against the principal debtor.

_____	_____
連帶保證人　　　Guarantor(簽章)	連帶保證人　　　Guarantor(簽章)

地　址　　　　　　　　　　　　　　　　　地　址

Address：　　　　　　　　　　　　　　　Address：

電　話　　　　　　　　　　　　　　　　電　話

Telephone：　　　　　　　　　　　　　　Telephone：

出口押匯申請書

出　口　押　匯　申　請　書
APPLICATION FOR NEGOTIATION UNDER L/C

致：**陽信商業銀行**　　　　　　　　　　　　　　　日期：＿＿＿＿＿＿＿＿＿＿
To：**Sunny Bank**

敬啟者：
Dear Sirs：

　　茲 檢 附 本 公 司 所 開 下 列 文 件 及 / 或 匯 票 金 額 ＿＿＿＿＿＿＿＿＿＿＿
We herhby submit the following documents and/or drafts for

依 據 第＿＿＿＿＿＿＿＿＿＿ 號 信 用 狀 由 ＿＿＿＿＿＿＿＿ 銀 行 開 發
drawn under L/C No.　　　　　　　issued by　　　　　(Bank)
請 　 准 　 予 　 辦 　 理 　 押 　 匯 。
Please grant negotiation for the said documents and/or drafts.

Docts	Draft	Invoice	Insurance	B/L AWB	Paking List	Weight List	Cert Origin	Bene Cert Statement	Inspec Cert			
Copies												

　　本公司負責保證　貴行能收妥貨款並負責保證決不使　貴行因墊付上述文件及/或匯票而致遭受任何損害，上述文件及/或匯票如發生拒付情事，不論為該文件及/或匯票金額全部或一部，本公司於接獲貴行通知後願立即如數以原幣加息償還，並願負擔一切因此而支出之費用，並證明一切有關信用狀書類包括修改通知書等業經送交　貴行無誤。

　　In consideration of your negotiating above-mentioned documents and/or drafts, we guarantee that you can receive the proceeds and further undertake to hold you harmless and indemnified against any circumstance which may cause non-payment and/or non-acceptance of the said documents and/or drafts, and we shall refund you in original currency the whole and/or part of the amount with interest and/or expenses that may be accrued and/or incurred in connection with the above on recOpt of your notice to that effect and also verify that all advices relative to credit instruments including amendment advice(s), if any, have been submitted to you without failure.

茲授權貴行於未筆押匯銷帳時，得逕由本公司帳戶扣除因此筆押匯而發生的各項國內外費用及遲延利息。
You are authorized to debit our account which maintained with you including any banking charges of domestic and/or abroad as well as the interest, if any, which causing thereunder.

本件押匯款項，請按照下列註明方式處理。
You are authorized to dispose the proceeds according to the following instruction(mark v).

☐ 1.請存入本公司在　貴行外匯存款/台幣存款帳戶。
　　Please credit the net proceeds to our FX/NT$ account No. ＿＿＿＿＿＿＿＿ with you.
☐ 2.請償還　貴行對本公司之外幣/新台幣貸款
　　Please apply the net proceeds to repay your loan(s) to us. Ref No. ＿＿＿＿＿＿＿＿ 。
☐ 3.押匯款請交割遠期外匯契約。
　　Please use the net proceeds to settle our forward exchange contract no. ＿＿＿＿＿
☐ 4.本案請以託收方式處理，待國外入賬後，在以上述付款方式及指示撥款。
　　Please deal with this documents on collection basis with our responsibility. When you have received the proceeds from issuing bank, please pay us according to the above-mentioned instructions.
☐ 5.其他＿＿＿＿＿＿＿＿＿＿＿＿＿＿
　　Others.

申請人簽章(請蓋原留印鑑)
＿＿＿＿＿＿＿＿＿＿＿＿＿＿

申請人名稱：
電　　話：
聯　絡　人：

經 襄 副 理		經 核 辦 章	

A100-4-E304-2

習題

一、問答題

1.何謂匯票 (bill of exchange)?

2.解釋術語

　(1)匯票的 usance（或 tenor）

　(2) drawee

　(3) drawer

　(4) At...sight of this First of Exchange(Second the same tenor and date being unpaid)Pay to the order of... 作何解釋?

3.何謂 general letter of hypothecation? 其內容為何?

4.出口商每次申請押匯時的手續如何?

5.銀行受理押匯之前，應做那些工作?

6.何謂 L/I? 其內容為何?

二、實習

1.試根據附件 8（404 頁）、第九章實習 2（254 頁）以及下列補充資料，繕製匯票（填入附件 29-1，29-2（425 頁））。

　補充資料:

　(1)匯票號碼: No. 123

　(2)押匯日期: 2011 年 6 月 11 日

2.請根據附件 30（426 頁）的信用狀審查下列單據是否有瑕疵。

　(1) Invoice（附件 31（427 頁））

　(2) B/L（附件 32（428 頁））

　(3) Certificate of Insurance（附件 33（429 頁））

　(4) Packing Specification（附件 34（430 頁））

3.請詳閱附件 35（431 頁）提單後，回答下列問題

The sales contract between Plenty and Good Candy Co. and Sweet Time Ltd.said that Sweet Time Ltd. would be sent"a full set of clean'on board'ocean bills of lading in negotiable form." Sweet Time Ltd. was sent four originals and three copies of the bill of lading.

⑴ Did Sweet Time Ltd. receive a full set?

⑵ Is this a clean bill of lading?

⑶ Is this an"on board"bill of lading? If yes, when was the cargo loaded on board?

⑷ Is this a negotiable bill of lading?

⑸ Did Plenty and Good Candy Co. fulfill the conditions of the sales contract?

4.詳閱附件 36（432 頁），並回答下列問題。

⑴ What kind of bill of lading is this? a. straight b. negotiable

⑵ When did the carrier receive the merchandise?

⑶ Is this an"on board"bill of lading? If yes, when was the merchandise loaded on board?

⑷ Is this an original bill of lading?

⑸ How many bill of lading are there in a full set?

⑹ Could the consignee sell the shipment before he actually has it by transferring this B/L?

5.本市某銀行循客戶之要求開出可轉讓 L/C 至美國（一）International Corp.，但開狀銀行收到的單據中（一）International Corp. 所提示的商業發票（附件 37（433 頁））中有 "as per Hudson Products Corp.'s invoice No. 2-7294-8 attached" 字樣。然而該 Hudson Products Corp.'s invoice（附件 38（434 頁））中所記載商品的規格 "Bore:4 1/6"W/7/8" 7/16"K. W." 略有出入。換言之，Hudson Products Corp.'s invoice 中所示規格與 L/C 不符，於是開狀銀行立即拒付（附件 39(435 頁)）。押匯銀行卻以 "invoice issued by Hudson Products Corp. were not required by L/C we sent to you only for their information without any of our responsibility of its contents." 抗辯（附件 40（436 頁））。

〔討論〕

⑴押匯銀行向開狀銀行提示押匯文件的 Covering letter 中並未言明該 Hudson Products Corp.'s invoice 只供參考，而不負任何責任，押匯銀行的抗辯是否有理?

⑵縱使押匯銀行的 Covering letter 中已有上述聲明，押匯銀行的抗辯是否有理?

⑶當出口商提示 L/C 未要求的文件時，押匯銀行該怎麼辦?

⑷當開狀銀行收到 L/C 未要求的文件時，開狀銀行該怎麼辦？

6. 請根據下列資料，填製匯票（空白匯票如下）。臺北貿易公司 (Taipei Trading Co., Ltd.) 經理李查理 (Charles Lee) 於民國 100 年 3 月 5 日根據紐約市 (New York City) 化學銀行 (Chemical Bank) 於 2011 年 2 月 1 日所開發的第 1234 號不可撤銷信用狀簽發編號匯票一張，金額為美金 20,500 元整，請化學銀行於見票後 60 天付款給華南銀行。

Draft No. _____ **BILL OF EXCHANGE**

For_____ Taipei,_____

At_____ sight of this FIRST of Exchange (Second the same tenor and date being unpaid) Pay to the order of HUA NAN COMMERCIAL BANK, LTD.

the sum of_____

_____ value received

Drawn under_____

Irrevocable L/C No._____ dated_____

TO_____

_____

_____

_____

信用狀的開發實務

買賣契約中如約定以信用狀方式清償貨款時，買方（進口商）應在契約所定期限內或訂約後合理期間內，向銀行提出開發信用狀申請書，請求銀行向賣方（出口商）開出買賣契約中所約定的信用狀。以下分別就買方與銀行立場，說明開發信用狀時所應辦的手續。

☆第一節 進口商申請開狀的手續

■ 一、提出申請開狀文件 ■

買方向銀行申請開狀時，通常須填具或提出下列各項文件：

1.開發信用狀約定書 (agreement for letter of credit)：

買方委託銀行開發信用狀，銀行如同意承做，法律上即成立一種契約。開發信用狀約定書即規定此項契約內容的文件。開發信用狀約定書簡稱為agreement，均由銀行印就，其格式內容各銀行使用者，大同小異。通常包括下列各點：

⑴匯票與單據到達後，一經提示，申請人即應承兌並依期照付。

⑵上項匯票及單據於事後證實其為非真實或屬偽造或有其他瑕疵，與開狀銀行及其代理銀行無涉，申請人仍應照付。

⑶如發生下述情事，開狀銀行及其代理銀行不負責任：即信用狀傳遞錯誤或文字解釋錯誤，單據滅失或遲延，貨物因未經保險所發生的損失，或雖經保險，但保額不足所發生的損失，以及第三者阻滯或扣留所發生的損失。

⑷單據、申請人在開狀銀行的存款及有價證券均供作清償票款的擔保。

⑸申請人到期無法履行補償時，開狀銀行得將上項財產自由變賣抵充票款。

⑹前述五項約定，在信用狀展期或重開及修改時不受影響。申請人仍有踐約的義務。

⑺申請人有兩人或兩人以上時，負連帶責任。

(8)申請人應遵守現行信用狀統一慣例（包括日後修改的）。

2.開發信用狀申請書 (application for letter of credit)：

買方請求銀行開發信用狀時，應將擬開發的信用狀內容，以書面作明確的指示，俾銀行憑以照辦。這種書面的指示即稱為開發信用狀申請書（參閱 315 頁）。如前所述，這種文件通常多與開發信用狀約定書印在同一紙之內，正面為開發信用狀申請書；反面為開發信用狀約定書。

3.輸入許可證 (import permit, import licence)：

我國係實施「原則自由，例外管制」貿易的國家，買方（進口商）申請開發進口信用狀，原則上無需取得政府核發的輸入許可證。但某些貨品的進口，則須先取得政府核發的輸入許可證。在此情形，請求銀行開發進口信用狀時，須提出輸入許可證以供銀行審查。

4.保險單據：

如以 FOB 或 CFR 等條件成交，且信用狀也擬以此條件開發，則銀行為保障其融資債權的安全性，必將要求買方提出預約保險單據，並由銀行予以保管。此項保險單據應載明以開狀銀行為受益人。當然，如買方以全額保證金（full margin，也即全額結匯）申請開狀時，銀行無融資風險，可免提出此項文件。至於按 CIP 或 CIF 條件交易者，保險將由賣方負責，買方不需提出保險單據。申請開發 stand-by credit 者，免提此類文件。

5.授權書（銀行備有格式，參閱 316 頁）。

6.其他銀行規定的文件。

■　二、填具開發信用狀申請書要領　■

銀行循買方要求開發信用狀時，完全以買方所提出的開發信用狀申請書內容為依據。因此，買方填寫開發信用狀申請書時，應特別謹慎，以免發生不利的後果。買方在填寫申請書之前，對於下列各點應有認識：

1.應將必要事項完全正確記載清楚，且其內容不得矛盾。

2.申請書內容不得違反買賣契約條件。

3.照申請書內容開發的信用狀，在技術上或國際慣例上不致發生困難。

4. 所要求的單據種類及形式、遞送方法等應以可確保開狀銀行債權為原則。

5. 須合乎國家法令、規章。

6. 申請人不宜將買賣契約的內容過分詳載於信用狀上。UCP 600 第 4 條(b) 項規定：「開狀銀行應勸阻申請人任何意圖將基礎契約、預期發票及類似者的副本載入作為信用狀整體的一部分。」以免發生糾紛。以下就甲乙丙銀行所印就的申請書格式為例，說明填寫申請書的要領（參閱 315 頁格式）。

⑴信用狀開發日期：也就是申請開狀日期。

⑵信用狀號碼：由開狀銀行編填。

⑶信用狀有效期限及單據提示地：填上信用狀有效期限，信用狀有效期限，通常多規定在最後裝運日的 10 天至 15 天之後。至於單據的提示地，視信用狀的使用方式而定。如屬 negotiation L/C，則填上出口國名稱；如屬 acceptance L/C 或 sight payment L/C，則填上承兌（付款）銀行所在國名稱；如屬 deferred payment L/C，則填上開狀銀行或指定承擔延期付款義務的指定銀行所在國名稱。

⑷信用狀通知方式：就詳電、簡電、郵遞方式中選擇一適當方式。

⑸保兌：如需保兌，則在此欄填上 "×" 字樣，並填明由何方負擔保兌費。

⑹受益人名稱及地址：填上買賣（或其他）契約所約定的受益人名稱、地址。如無特約，賣方即為受益人。

⑺申請人名稱、地址：填上進口商或買方名稱、地址。

⑻信用狀金額：以阿拉伯數字及大寫填上信用狀金額。

⑼通知銀行：如受益人或買方指定信用狀通知銀行時，將通知銀行名稱、地址填上。如未填上，則由開狀銀行決定適當的通知銀行。

⑽分批裝運：如允許分批裝運，則在 "allowed" 之前的框框中填上 "×" 字樣，否則在 "not allowed" 之前的框框中填上 "×" 字樣。又如分批次數、每次數量、期間，如需規定者，也應分別填明。

⑾轉運：如屬海運而允許轉運，則在 "allowed" 之前的框框中填上 "×" 字樣，否則在 "not allowed" 之前的框框中填上 "×" 字樣。

⑿裝船、發送或接管地：填上裝船、發送或接管地名稱。

⒀目的港或目的地：填上目的港或目的地名稱。

⒁運送方法：填上運送方法，例如 vessel、airlift、parcel post 或 multimodal transport。

⒂最後裝船、發送或接管期限：填上最後裝船、發送或接管期限，但不得遲於輸入許可證有效期限。如使用① first half of June；② second half of March；③ "beginning"、"middle" 或 "end"of October 等詞語，將解釋為① 6 月 1 日至 6 月 15 日；② 3 月 16 日至 3 月底（UCP 600 第 3 條）；③ 10 月 1 日至 10 日，10 月 11 日至 20 日或 10 月 21 日至 10 月底（UCP 600 第 3 條）。至如 during early May 等含義模糊的詞語，容易招致糾紛，應避免使用。

⒃使用信用狀銀行：如需限押，則填上限押銀行名稱。

⒄使用信用狀方式：依 UCP 600 第 6 條(b)項規定，使用方式分為 sight payment、deferred payment、acceptance 及 negotiation 四種，應視信用狀種類，選擇其中一種。

⒅匯票期限：即期信用狀時，填上 "…"；遠期信用狀時，依買賣契約的約定，填上諸如 "90 days"、"120 days" 或 "90 days after B/L date"，如係延期付款信用狀，則免附匯票。

⒆輸入許可證號碼：貿易管制的國家，信用狀通常要求出口商製作商業發票時，應記載輸入許可證的號碼，以備海關查驗。此項號碼，必須與輸入許可證的號碼一致，自不待言。

⒇提單上受貨人：部分結匯時，以 issuing bank 為受貨人，全額結匯時，得以 applicant 為受貨人。

(21)運費：如貿易條件為 CFR 或 CIF，則在 "prepaid" 之前的框框中填上 "×"；如為 FOB 或 FCA，則在 "collect" 之前的框框中填上 "×"。

(22)空運提單上受貨人：同⒇。

(23)空運費：同(21)。

(24)險類：按 FOB 或 CFR 條件交易時，免填寫。但按 FCA 或 CIF 條件成交者，應將適當險類填上，例如 ICC(A)、ICC(B) 或 ICC(C)。

(25)保險金額：通常填上 "110" 字樣，表示保險金額為商業發票金額的 110%。

(26)被保險人：部分結匯時以 issuing bank 為被保險人；全額結匯時得以 applicant 為被保險人。

(27)貨物數量及其記述：填上貨物數量、貨物名稱、規格、單價等。但不可將過分細節列入。

(28)貿易條件：在適當貿易條件之前的框框中填上 "×" 字樣。

(29)特別指示：如有特別指示，則在本欄填寫。

(30)提示請求付款、承兌或讓購期間：填上應於裝運日後幾天內提示單據請求付款、承兌或讓購的期間，如未填明，則依 UCP 600 第 14 條(c)項規定，於裝運日後 21 曆日內提示即可。

第二節　銀行承辦開狀的手續

一、銀行開狀前的工作——徵信與徵提擔保

在一般情形，銀行多依下述步驟接受開發信用狀的申請：

1.由進口商先以口頭或書面向銀行提出申請。

2.由銀行對進口商的信用加以調查，根據徵信結果，決定是否接受開狀的申請。

3.經決定接受開狀申請，則應進口商的申請，給予進口開狀授信額度及核定申請開狀時應繳交的保證金 (margin money) 百分比（即結匯保證金比率）。

4.徵提擔保：銀行開發信用狀，固然有進口物質作為其擔保，但銀行並非普通商店，進口商不贖單時，除非別無他途可循，多不願拍賣其作為擔保的進口物質。何況銀行對於各類貨物的性質及市價，並不熟悉，拍賣所得之款，未必足以補償銀行所墊付之款。所以銀行大多要求進口商提供保證人。萬一進口商無法償還票款及有關費用，即由保證人負償還之責。必要時，並要求提供擔

開發信用狀申請書及約定書
APPLICATION& AGREEMENT FOR LETTER OF CREDIT

開發信用狀申請書及約定書
APPLICATION & AGREEMENT FOR LETTER OF CREDIT

(1) DATE OF ISSUE _____

(2) L/C NO. _____

甲乙丙銀行 外匯業務處台鑒
A.B.C BANK FOREIGN DEPT.
TAIPEI

(3) Date and place of EXPIRY _____

We, bound ourselves to the terms of the reverse side, request you to issue an irrevocable documentary credit as follows by:

(4) ☐ Cable (☐ brief ☐ detail) **(5)** ☐ with your correspondent's confirmation for account of ☐ airmail ☐ US ☐ Beneficiary

Beneficiary
(6)

Applicant
(7)

Amount
(8)

Advising Bank (如需指定，請填上) **(9)**

Credit available with (如需限押，請填上押匯行名稱) **(16)**

(10) Partial shipments **(11)** Transhipment
☐ allowed ☐ not allowed ☐ allowed ☐ not allowed

(17) by ☐ NEGOTIATION ☐ ACCEPTANCE ☐ PAYMENT ☐ DEFERRED PAYMENT
against presentation of the documents detailed herein
☐ and of your draft(s) at _____ **(18)** drawn on yourselves

Shipment/dispatch/taking in charge from/at **(12)**
for transportation to **(13)** by **(14)**
not later than **(15)**

List of documents to be presented:
☒ Manually signed commercial invoice in septuplicate indicating import licence No. ——— **(19)**
☐ Full set of clean on board ocean Bills of Lading made out to order of **(22)** ☐ the issuing bank ☐ the applicant, marked ''Freight ☐ prepaid ☐ Collect'', notifying the applicant. **(20)**
(23) ☐ Original Airwaybill consigned to ☐ the issuing bank (TEL NR: 02-3710024, FAX NR: 3118107) ☐ the applicant, marked ''Frieght **(21)** ☐ Prepaid ☐ Collect'', notifying the applicant.
☒ Packing list in quadruplicate. **(24)**
☐ Insurance Certificate (or Policy) covering ———
    clauses for **(25)** % invoice value indicating the assured as ☐ the issuing bank ☐ the applicant **(26)**

Covering

(27)

(28)
Value ☐ FAS/ ☐ FOB ☐ C&F/ ☐ CIF (請填上地點)

Special instructions:
☒ All documents must bear this credit number.
☒ All Banking charges outside of Taiwan are for account of beneficiary.

(29)

(30)

Documents to be presented within _____ days after the date of issuance of the shipping document(s) but within the validity of the credit.

郵 電 費	
手 續 費	
保 兌 費	
合 計	

核准 副理 襄理 科長 副科長、覆核 承辦

會計科會簽

本案信用狀各項書表均經審核無誤並辦妥各項手續擬准照開

授　　權　　書

（報 關 提 貨 專 用）

一、立授權書人 _____（下稱授權人）因已報奉經濟部國際貿易
　　局核准，自 _____（國）輸入下列物品一批，乃委託陽信商業銀行(下稱貴行)按照
　　下列有關內容，開發國外信用狀第 _____號：

　　物品名稱及數量：

　　國外供應商：

　　輸入許可證號碼：

二、授權人茲授權貴行於上開物品運到後，代向海關提貨，授權人並切實聲明貴行依本授權書，
　　就上開物品所為之報關提貨等行為，應對於授權人發生效力，授權人應受其拘束，特立本授
　　權書為憑。

三、本授權書，正本一份，由貴行執存；副本二份，一份送海關查照，一份由授權人存查。

此　　　致

陽信商業銀行

　　　　　　　　立授權書人：_____
　　　　　　　　　　　　　　　　　（請加蓋外匯印鑑卡上印鑑）

　　　　　　　　負　責　人：_____

　　　　　　　　立授權書日期：中華民國 _____年 _____月 _____日

副/襄理		經辦		核章	

A100-4-E235-1

保品，其多寡，視進口商信用及交易內容而定。

5.徵提開發信用狀借款契約書（即「進口押匯借款契約」或「國外購料借款及其委託保證」）及印鑑卡。

6.完成上述手續後，進口商即可向銀行填送開發信用狀申請書及約定書，並繳交保證金及各項費用。

7.於進口商繳妥保證金及各項費用後，銀行即可按照申請書開發信用狀。

二、開發信用狀申請書的審查

銀行開發信用狀，其內容係以客戶所填具的「開發信用狀申請書」為依據。而銀行又須依所開發的信用狀條件負兌付之責。因此，銀行為保護本身權益，在開發信用狀之前，對「開發信用狀申請書」自應作嚴格的審查。在審查時，應特別注意下列各點：

1.指示事項應完整而精確，不得有模稜兩可，或詞意不清，或前後矛盾的詞句。

2.指示事項不得違反貿易慣例。

3.指示事項不得對銀行債權的確保有影響。

4.指示事項不得違反本國及出口國貿易或外匯管制法令。

5.其他個別指示事項的審查，與第一節第二項「填具開發信用狀申請書要領」所述者大致相同。

三、各種費用的計算及收取

（一）開狀手續費 (opening charges, opening commission)

通常各銀行都備有開狀手續費率表，依表規定費率收取。此項費率，按信用狀有效期間計收，以每三個月為一期，第一期按信用狀金額 0.25% 計收，以後每期按 0.125% 計收，但另規定最低收費標準。

（二）保兌手續費 (confirming charges)

此乃國外通匯銀行因保兌 (confirm) 信用狀，向開狀銀行所收取的費用，其收費標準，與開狀手續費類似。

（三）郵電費 (postages and/or cable charges)

開狀銀行將信用狀透過通匯銀行通知受益人所發生的郵電費。

（四）其他費用

銀行開發進口信用狀時，往往代有關機關收取一些費用。

以上費用收取僅供參考，詳細內容宜向往來銀行洽詢。

四、開狀銀行對有關銀行的指示

信用狀上除按照客戶所填開發信用狀申請書，記載有關內容外，開狀銀行基於本身作業上的需要，也常對通知銀行、保兌銀行、押匯銀行承擔延期付款義務的銀行，或付款（承兌）銀行，作特別的指示。茲就常見者列舉於下：

（一）有關保兌的特別指示

如申請人請求開發保兌信用狀時，開狀銀行應在信用狀伴書 (covering letter) 或信用狀上加上類如下列的條款："Please advise this credit to the beneficiary adding your confirmation" 或 "Please add your confirmation to this credit"。

（二）有關求償的特別指示

如開出 reimbursement credit 時，信用狀上應指示押匯銀行的求償方法。其指示條款大致如下：

1.開狀銀行開出限押信用狀且在指定押匯銀行有存款帳時，指示其自該帳戶扣帳。例如："Please reimburse yourselves to the debit of our account with you."

2.以開狀銀行在金融中心的存匯銀行作為償付銀行，指示押匯銀行或付款銀行等向其求償。例如："The negotiating bank is authorized to draw in reimbursement at sight draft on...bank, New York , N.Y. , U.S.A." 或 "For reimbursement, please draw by cable on our account with...bank, New York , N.Y. , U.S.A."

3.由押匯銀行或付款銀行等指定償還方式。例如："For reimbursement, we shall remit the proceeds to the bank designated by the negotiating bank upon receipt of draft and relative documents complied with L/C terms."

●（三）有關費用負擔的特別指示

信用狀在國外因通知或押匯所發生的費用，如須由受益人負擔，則可在信用狀上載明："All charges outside of Taiwan are for account of beneficiary."

■ 五、通知銀行的選擇 ■

信用狀通知銀行的選擇，除申請人在開發信用狀申請書已有指定者，從其指定外，通常以下列事項為選擇的依據：

1.開狀銀行在出口地設有分行時，以該分行為最優先。

2.開狀銀行在出口地無分行時，以受益人所在地或最靠近受益人所在地的通匯銀行為通知銀行，如在該地有二家以上的通匯銀行，則根據互惠 (reciprocation) 的原則，以往來關係較密切或通知費用較低廉的通知銀行為優先。

3.如信用狀須保兌者，以已訂有 "confirmation facility agreement" 的通匯銀行為通知銀行。

■ 六、信用狀的傳遞方式 ■

以上所述各項手續辦妥後，即可著手開發信用狀。至於信用狀的傳遞方法，有郵遞（通常利用航空郵遞）與電傳兩種，究應以那一種方式將信用狀傳遞給受益人，依申請人的指示辦理。

●（一）郵遞方式傳遞

利用郵遞將開發信用狀事實通知受益人的方法可分為三：

1.由開狀銀行透過受益人所在地或最靠近該地方的總分支行或通匯銀行將開狀事實通知受益人。如在開狀銀行、通知銀行之外尚有償付銀行時，則應將償付授權書 (reimbursement authorization) 寄給該償付銀行，以供其作為償付的依據。

2.有時，進口商得要求開狀銀行將信用狀正本逕寄受益人，但受益人並未持有開狀銀行的有權簽字人印鑑，不易辨認其真偽，所以這種通知方式罕用。

3.信用狀也可交由進口商逕寄受益人，其缺點同 2。

　　開狀銀行開發信用狀後，應將信用狀抄本乙份交付申請人，請其核對內容與申請書有無出入，有些銀行為確認此事，於抄本上印有「一、徇貴顧客之請，已將右開信用狀開出；二、請即仔細核對，如有錯誤，請於一日內來行更正，否則本行恕不負責。」

（二）電傳方式傳遞

　　有些進口商常於裝運期迫近時，才向銀行申請開發信用狀。在此情形下，多利用電傳信用狀。電傳信用狀必須由開狀銀行將有關信用狀內容逐向通知銀行拍發。以電傳開發信用狀，通常有下列二種方式：

償付授權書

LETTERHEAD OF OPENING BANK

(Specimen of Reimbursement Authorization)

To: Reimbursing Bank　　　　　　　　　　　　　Date＿＿＿＿＿＿＿

　　　Address

ATTENTION: Reimbursement Section

　　　　　　Letter of Credit Department

　　　　　　OUR LETTER OF CREDIT NO.＿＿＿＿＿＿＿＿＿＿＿＿＿＿＿＿

　　　　　　FOR $＿＿＿＿＿＿＿＿＿＿＿＿＿＿＿＿＿＿＿＿＿＿＿＿＿＿＿

Gentlemen:

We are pleased to inform you that we have advised this credit through

＿＿＿＿＿＿＿＿＿＿＿＿＿＿＿＿＿＿＿＿＿＿＿＿＿＿＿＿＿＿＿＿＿＿＿＿＿

naming you as the reimbursing bank.

Please honor reimbursement requests by:

☐ Debiting our account with you.

☐ Debiting our＿＿＿＿＿＿＿＿＿＿＿＿＿＿＿＿＿＿＿＿＿ office account with you.

Charges of the reimbursing bank are for beneficiary's account.

　　　　　　　　　　　　　　　　　　　　Yours very truly,

　　　　　　　　　　　　　　　　　　　　Authorized Signature

1. 詳電 (full details cable)：即拍出信用狀的全文，詳電又可分為二種。

   (1) non-operative cable credit：將信用狀的條件及內容，在電文中全部拍出，但在電文中註明「本信用狀應俟收到郵寄的證實書後始生效力」(This credit will only be effective on receipt of mail confirmation.) 或「明細後送」(full details to follow 或 details airmailing) 等意旨的文字。這是表示該電傳信用狀並非正本，而以後寄的 mail confirmation (又稱為 cable confirmation) 為正本。因此，銀行於拍出電報後，應迅速將該正本信用狀 (即郵寄證實書) 經由通知銀行轉交受益人。

   (2) operative cable credit：將信用狀的條件及內容，在電文中全部拍出，但未註明類如 "This credit will only be effective on receipt of mail confirmation" 或 "full details to follow" 等文句。於此情形，該電報本身即成為信用狀的正本或可憑使用的信用狀 (operative credit instrument)，可直接憑以請求付款、承兌或押匯，而開狀銀行無需再寄書面的 mail confirmation。

以 SWIFT MT 700 開發的 SWIFT L/C，通常即屬於 operative credit instrument。

2. 簡電 (brief cable)：即僅拍出信用狀的主要條件及內容，例如信用狀號碼、開狀申請人的姓名、金額、貨物名稱、最後裝運日期及有效日期等，並註明如「明細後送」(full details to follow 或 details airmailing) 等文句，嗣後再將信用狀正本，經由通知銀行，郵寄受益人。brief cable 的目的，在預告受益人已開發信用狀，並使其知悉其重要部分內容及條件，以便其對製造貨物及裝運事宜有所準備。以 brief cable 開出的信用狀，並非可憑使用的信用狀，而是一種預告信用狀 (pre-advised credit)。以 SWIFT MT 705 開發的 SWIFT L/C，即屬於 non-operative credit instrument。在這裡要注意的是 UCP 600 第 11 條(b)項規定：「開狀銀行只有在備妥簽發可憑使用之信用狀或修改書時，始得發出信用狀或修改書之預先通知 (預告)。發出預告之開狀銀行應不可撤銷地負責儘速簽發可憑使用之信用狀或修改書，其條款不得與該預告有所牴觸。」上述非可憑使用的信用狀 (non-operative credit instrument) 本質上屬於預告信用狀，銀行簽發此類信用狀時，應特別注意並遵守 UCP 600 第 11 條(b)項規定。

第三節　信用狀的通知與保兌

一、信用狀的通知

通知銀行接到開狀銀行的委託，將其開狀事實通知受益人時，其處理方式，視其郵遞抑電傳信用狀，而略有不同。茲分述於下：

（一）郵遞信用狀的通知

通知銀行受開狀銀行委託，將其郵遞信用狀通知受益人時，應於核符簽字後附上「信用狀通知書」(advice of credit) 迅速通知受益人。(UCP 600 第 9 條(e)項)

如接到非通匯銀行 (non-correspondent bank) 委託轉知郵遞信用狀時，因無法鑑定其真偽，通知銀行多在通知受益人的通知函上聲明無法鑑定該信用狀的簽名，並聲明不能負責任，同時向開狀銀行所在地的通匯銀行查證；或逕與開狀銀行取得聯繫，經證實後，才正式轉告受益人；或以無通匯關係為理由，將信用狀退還開狀銀行。

又如信用狀上簽字無法辨認，銀行如仍選擇通知信用狀時，應一方面在給受益人的通知函上附以類如下列條款以喚起其注意；一方面函請開狀銀行證實。

"We can not authenticate the signature(s) appearing on the credit, so this credit is delivered to you sending our further confirmations."

（二）電傳信用狀的通知

通知銀行接到開狀銀行電訊時，首先應核對押碼 (test key)，經核對無誤後，將電文繕打或黏貼於「信用狀通知書」，迅速通知其受益人。如押碼無法核對，應在「信用狀通知書」上加註類如下面的保留性文句，以提醒受益人的注意。

As this message has been received by unauthenticated cable, we are entirely not responsible for authenticity or correctness thereof.

信用狀以電傳開發時，對電訊傳送中發生的遲延殘缺不全 (mutilation)，或其他錯誤銀行不負義務或責任（UCP 600 第 35 條）。通常銀行在「信用狀通知書」上亦記載此一意旨的免責條款。

通知銀行所收到的電文，如有不完整或不清楚的情形，受委託銀行得對受益人為僅供參考的預先知會而不負責任。此預先知會應清楚地敘明其知會係僅供參考而不負通知銀行責任。無論如何，通知銀行須將其作為告知開狀銀行並要求提供必要的資訊。（UCP 600 第 9 條）

為節省開狀手續及電報費，銀行也有以 "similar" 方式開狀者。所謂 "similar" 方式，即在電報中引用以前所開發的某一信用狀的內容，作為新信用狀（稱為 similar credit〔類似信用狀〕）的主要內容，並僅指出不同之處，例如開狀日期、金額、輸入許可證號碼、裝運日期、貨物、有效期限等（其拍電內容常以 "similar to our credit no. except..." 等字樣表示）。目前電傳費用低廉，類似信用狀的開發不宜鼓勵。

又依據通匯契約規定，或電文中特別指示，開狀銀行委託通知銀行對於押匯或押匯款的求償 (reimbursement)，應依約定方式處理時，應於信用狀通知書內記載下列條款：

Reimbursement for negotiation under this credit is subject to special arrangement between the issuing bank and advising bank.

至於通知銀行將信用狀通知受益人的方法，大約有下列幾種：

1. 以掛號信件郵寄受益人。
2. 在銀行櫃臺直接交付受益人。
3. 經由分行交付給受益人。

■ 二、信用狀的保兌 ■

關於信用狀的保兌，前已有述及，當開狀銀行為受益人所不熟悉，或開狀銀行所在地，在軍事上、政治上、經濟上不穩定，致受益人不信任開狀銀行時，受益人多企望由受益人所在地或國際金融中心──紐約或倫敦──的著名銀行保兌該信用狀。信用狀一經保兌，保兌銀行對受益人及讓購（貼現或押匯）銀行就負有與開狀銀行同等的責任。通常保兌銀行多由通知銀行擔任，而在此種情形下的通知銀行已非單純的通知銀行。換言之，通知銀行就其所通知的信用狀加以保兌，則還須擔負兌付該信用狀項下匯票或單據的義務。

由於保兌銀行的責任重大，在保兌時，通常或由保兌銀行將開狀銀行在保兌銀行的存款圈存等額的款項，或以兩行之間已訂有通匯契約並曾授與 line of credit 時，就該 line 扣除等額的額度。這種 line of credit 的授與是對於開狀銀行的一種授信行為。因此，通知銀行應於事前就開狀銀行的信用情況、營業情形、通匯往來親疏程度、該國國際收支狀況等作通盤的考慮以後，才授與一定額度的信用額度。然而，在實務上，有時雖未簽訂 credit line arrangements 也有要求保兌的。在這種情形，通知銀行通常當作一種 credit line facility 的申請處理。

開狀銀行委託通知銀行保兌時，通常在信用狀上載有類如 "The advising bank is requested to add their confirmation to this credit" 字樣。通知銀行如願予保兌，即在保兌通知書或直接在信用狀記載類如 "This credit bears our confirmation and we engage to negotiate without recourse, on presentation to us, drafts drawn and presented in conformity with the terms of this credit" 的保兌條款。

如通知銀行經開狀銀行授權或委託對信用狀附加保兌，但卻無意照辦時，其須將此意旨儘速告知開狀銀行。除開狀銀行於其附加保兌的授權或委託另有規定外，通知銀行得逕將該信用狀通知受益人而不附加保兌（UCP 600 第 8 條 (d)項）。

第四節　出口商審查信用狀的方法

審查信用狀上的條件是否與買賣契約內容相符，乃為賣方收到信用狀時，首先要作的重要工作。如發現有疑義，應即洽詢通知銀行請其釋疑。如需要修改，應逕向買方要求修改，或經由通知銀行要求修改，使其成為可接受的信用狀。

通知銀行常在其通知書上記載下列條款，藉以提醒受益人：

1. In case of difficulties, please consult the...Bank (advising bank) before cabling buyers.

2. If the terms hereof are incorrect, please advise us (advising bank) immediately.

至於信用狀審核要點如下：

一、有關信用狀本身應注意事項

（一）開狀地區政治經濟狀況好壞

2008 年年底發生金融海嘯，冰島幾乎瀕臨破產；2010 年歐洲 4 PIGS（葡萄牙、愛爾蘭、希臘、西班牙）財政危機等，此種重大國際事件的發生，均存有潛在的國家風險，債權人受到損失，影響貿易正常運作。對交易對象國家的風險而言，包括：

⑴對方國家發生戰爭、革命或內亂，以致貨物無法進、出口及停止國際匯兌的風險。

⑵經濟風險 (economic risk)：交易的對方國家喪失外匯償付能力或輸出國禁止出口。若開狀地區政治經濟狀況有憂慮，應要求「須由第一流銀行開發不可撤銷信用狀，並經由其他著名銀行保兌」。

（二）開狀銀行的信用

2008 年發生金融海嘯後，經營不善的銀行倒閉的情形紛起。因此收到信用狀時，應先審查開狀銀行的信用情形，或有無經由信用良好的銀行保兌。至於國外銀行的財務狀況可向本地外匯銀行查詢，也可參考銀行年鑑（如 *The Bankers' Almanac and Year Book*）或國際知名徵信機構（如 Mody's、S&P）對銀行信用評。

（三）信用狀的真偽

信用狀有經由本地銀行通知者，也有由開狀銀行或買方逕寄賣方者。如屬於前者，通常已由通知銀行核驗信用狀的真偽，應無問題；如屬於後者，則應請本地銀行核驗。

（四）有無遵照現行信用狀統一慣例與負責付款

有些信用狀並未載明遵守現行信用狀統一慣例辦理，這種易滋事端的信用狀，不可接受。

（五）是否為保兌信用狀

如買賣契約中要求「須由第一流銀行開發不可撤銷信用狀，並經由其他著名銀行保兌」，則接到信用狀時，應檢查是否業經著名的銀行保兌。

（六）是否為正本信用狀

受益人所接到的信用狀，如為電傳信用狀，而在該電文上註明：「本信用狀俟收到郵寄的證實書後，始生效力」（例如 "This credit will only be effective on receipt of mail confirmation"）或「明細後送」（例如 "full details to follow"）等詞語時，該電傳信用狀尚不是有效的正本信用狀，必須收到郵寄的證實書後，才能憑以使用（參閱 UCP 600 第 11 條）。

（七）信用狀內容是否有保證付款條款

信用狀的定義，依 UCP 600 第 2 條規定：「意指任何安排，不論其名稱或措辭為何，其係不可撤銷且因而構成開狀銀行對符合的提示須兌付的確定承諾。」意指銀行所出具的保障文書，內容必須有「開狀銀行對符合的提示須兌付的確定承諾」的文句，才是具有效力的信用狀。

■ 二、有關信用狀條款應注意事項 ■

1. 受益人名稱、地址應與賣方名稱、地址完全相符。

2. 開狀申請人名稱、地址應與買方名稱、地址完全相符。

3. 有關貨物的記述，例如貨物名稱、品質、數量等，應與契約所約定者完全相符。

4. 信用狀金額、幣別、貿易條件、單據等應與契約所規定者完全相符。

5. 在遠期信用狀，如約定貼現息由買方負擔時，信用狀上應載明該事項（如無該項記載，則須由賣主負擔）。

6. 在 CIP 或 CIF 條件時，保險種類、保險金額應與契約所規定者相符。契約規定必須為可轉讓信用狀者，信用狀中應載明其為可轉讓。

7. 裝貨港（地）、航程、目的港（地）等，應與契約所規定者相符，如特別指定裝載某特定船隻時，裝載該船隻有無困難。

8. 按照契約可分批裝運者，信用狀上不能有禁止分批裝運的條款。

9.若信用狀要求港至港運送，按照契約可轉運者，信用狀上不能有禁止轉運的條款。

10.信用狀上所要求的各種單據，尤其是檢驗證明書必須為契約所約定者，或提供無困難者。

11.裝運期限應與契約所規定者相符，或適當。

12.提示押匯、付款或承兌期間必須適當。

13.信用狀有效期限，應與契約所規定者相符，或適當。又，有效期限屆滿地點，應以受益人所在地為宜。

14.限定在某一（未往來）銀行押匯的條款，接受時要轉押匯。

15.不能含有牴觸我國外匯貿易管制法令的條款。

16.必須能保持受益人對貨物的控制權。賣方在押匯後，開狀銀行未付款以前，必須設法保持對貨物的控制權，以便遭拒付時，能順利將貨物另行處理。信用狀常有類如下述的規定：(1)賣方於貨物裝出後，必須將運送單據一份，甚至全套逕寄買方；(2)運送單據應以買方為受益人 (consigned to buyer)；(3)在空運或郵遞或陸運時，規定以買方為受貨人。在(1)的情形，買方取得運送單據後，即可提領貨物；在(2)及(3)的情形，買方甚至可以不憑運送單據，也可提領貨物。因此信用狀中如有類似條款，除非對買方有充分的信任，否則不宜接受。

17.各條款之間，不可有互相矛盾或牴觸的情形。

18.不能載有限制信用狀效力的條款：例如信用狀規定 "Inspection certificate issued by Mr. A(buyer's agent)certifying that he has inspected and found the goods satisfactory according to the contract is required for negotiation." 等條款時，貨物是否能為買方（或其代理人）接受，全操在買方手中，賣方完全喪失信用狀的保障。

第五節　信用狀的轉讓

信用狀的轉讓，應依照 UCP 600 第 38 條規定辦理。茲將有關的轉讓實務分述於下：

■ 一、不替換發票的轉讓（全額轉讓） ■

辦理信用狀項下不替換發票的轉讓，應由信用狀指定銀行經手。在正常的情形，信用狀的轉讓均由第一受益人向經授權為付款、承擔延期付款義務、承兌或讓購的銀行（轉讓銀行）請求辦理轉讓事宜。如屬自由讓購信用狀，則應向信用狀特別授權的轉讓銀行請求辦理。第一受益人請求銀行辦理信用狀轉讓時，通常須檢送下列文件：

　　1.信用狀正本及其修改書。

　　2.轉讓申請書 (application for transfer)。

　　3.申請人印鑑卡。

申請全額轉讓 (total transfer) 時，銀行首先應審核申請人是否為該信用狀的合法且正當的受益人。次之，審查轉讓申請書的內容及附件是否符合規定。審核無誤後，即繕製「全額轉讓通知書」(advice of total transfer of credit，參閱 329 頁) 並在原信用狀背面記載轉讓事宜。例如：This L/C has been totally transferred to...(name of transferee)，然後將通知書正本與原信用狀交付受讓人，或交由申請人轉交受讓人(有些銀行收回原信用狀,以另開新信用狀的方式辦理轉讓手續)。

■ 二、替換發票的轉讓（部分轉讓） ■

申請部分轉讓 (partial transfer) 時，銀行也應先審查申請人是否為該信用狀的合法且正當的受益人，然後於信用狀背面記載轉讓的事實及轉讓金額，同時繕製信用狀部分轉讓通知書（參閱 330 頁），連同註明轉讓金額等內容（例如：This L/C is available for US$3,000 (Say US Dollar three thousand only) being a portion of the value of the original credit to XYZ Co. Ltd.）的信用狀影本交付受讓人（第二受益人）或交由申請人轉交受讓人（第二受益人）。信用狀於分割轉讓後，如尚有餘額，則發還原受益人收執。如已用完，則由銀行收存。

信用狀中常規定信用狀轉讓時，應將轉讓事宜立即通知開狀銀行。在此場合，辦理轉讓的銀行於發出轉讓通知書後，應將其轉讓情形迅速通知開狀銀行。

受託辦理轉讓的轉讓銀行，非依其明確同意的範圍及方式，並已收妥應收

全額轉讓通知書

FE–13 68–3–4 × 25 × 3

THE INTERNATIONAL COMMERCIAL BANK OF CHINA
CHENG CHUNG BRANCH

CABLE ADDRESS: "INCOMBKA"　　　　　　　NO. 42. HSU CHANG STREET
TELEX: 26154 INCOMBKA, TAIPEI　　　　　　TAIPEI, TAIWAN
　　　　　　　　　　　　　　　　　　　　　　TEL:

To:　　　　　　　　　　　　　　　　　Date:

Advice of Transfer of Commercial Credit

Our Ref. No. _____

Irrevocable L/C No. _____

In favor of _____

Issued by _____

For account of _____

Dear Sirs:

As authorized by

the beneficiary of the captioned Letter of Credit, the said Credit has been transferred to you in

its entirety on the same term and conditions as per the attached credit instrument.

Kindly read through the contents of the above-mentioned attached documents.

Yours faithfully,

For THE INTERNATIONAL COMMERCIAL BANK OF CHINA

Encl.

cc: The original beneficiary

　　Issuing Bank

_____
Authorized Signature

部分轉讓通知書

FE–13 68–3–4 × 25 × 3

THE INTERNATIONAL COMMERCIAL BANK OF CHINA

CHENG CHUNG BRANCH

CABLE ADDRESS: "INCOMBKA"
TELEX: 26154 INCOMBKA, TAIPEI

NO. 42. HSU CHANG STREET
TAIPEI, TAIWAN
TEL:

To: Date:

Advice of Transfer of Commercial Credit

Our Ref. No. _____

Irrevocable L/C No. _____

In favor of _____

Issued by _____

For account of _____

Dear Sirs:

As authorized by

the beneficiary of the captioned Letter of Credit, the said Credit has been transferred to you in its entirety on the same term and conditions as per the attached credit instrument.

Kindly read through the contents of the above-mentioned attached documents.

Yours faithfully,

For THE INTERNATIONAL COMMERCIAL BANK OF CHINA

Encl.

cc: The original beneficiary

Issuing Bank

_____

Authorized Signature

的轉讓手續費，並無必須接受原受益人的要求，以辦理轉讓的義務。(UCP 600 第 38 條(c)項)

　　1.轉讓書的名稱，即 letter of transfer。

　　2.開狀銀行、開狀日期、號碼及金額。

　　3.轉讓的文句。

　　4.受讓人的名稱及地址。

　　5.轉讓的金額。

　　6.轉讓人的簽章。

　　7.轉讓日期。

　　替換發票的轉讓，申請人必須向銀行提出轉讓申請書，這種轉讓申請書必須保證：(1)申請人（即原受益人）的簽字無訛；(2)讓出的信用狀 (transferred credit)，除金額、單價、裝運期間、有效期限及依 UCP 600 第 38 條(g)項所定提示單據的最後日期的任何一項或全部得以減少或縮短及保險應投保的百分比則得予增加以配合原信用狀或本慣例有關應投保金額的規定外，其他條件都須與原信用狀條件相符。

　　在著手辦理「替換發票的轉讓」之前，承辦轉讓的銀行可從原受益人取得簽妥的空白匯票及商業發票等。受讓人前來申請押匯時，萬一原受益人未前來替換商業發票及匯票時，承辦銀行可就其保存的空白匯票及商業發票代受益人完成。又依 UCP 600 第 8 條(i)項規定：「若第一受益人應提示其本身之發票及匯票，如有者，卻怠於一經要求即照辦時，或如第一受益人提示之發票造成瑕疵，而該等瑕疵並未存在於第二受益人所為之提示，且第一受益人怠於一經要求隨即更正時，轉讓銀行有權將自第二受益人收到之單據提示予開狀銀行，而對第一受益人不再負責。」

■ 三、關於信用狀轉讓的特別規定 ■

　　UCP 600 第 38 條(e)項規定：「任何轉讓請求書須表明是否且在何種條件下，修改書可通知第二受益人。受讓信用狀須明確顯示該等條件。」

　　同條(f)項規定：「若信用狀業經轉讓予一個以上之第二受益人者，其中任何第二受益人拒絕修改書，無礙於任何其他第二受益人對該修改書之接受，對後者而言，受讓信用狀準此修改。對於拒絕修改書之任何第二受益人，受讓信用狀仍屬未修改。」

第六節　信用狀的修改與撤銷

■ 一、信用狀的修改 ■

信用狀的修改稱為 amendment 或 modification。進口商申請修改時，應填送信用狀修改申請書（參閱 333 頁）。

開狀銀行對於修改信用狀的申請，除應注意貿易管制規定外，尚應研究對其所生的利害關係及與其他條款有無衝突情事。

就不可撤銷信用狀而言，依 UCP 600 第 10 條(a)項規定：「除第 38 條另有規定外，信用狀非經開狀銀行、保兌銀行，如有者，及受益人之同意，不得修改或取消。」因此開狀銀行於辦理修改不可撤銷信用狀時，常在修改書上特別註明類如下列文字，請通知銀行徵求受益人是否同意修改：

1. This amendment is subject to beneficiary's consent, cable/airmail result.

2. Please obtain beneficary's agreement and if we do not receive it within 25 days we shall deem above amendment to be in order.

以往實務上，信用狀修改書發出後經過相當時間，未接到受益人的異議時，即推定受益人同意修改；但有些法院卻有相反的判決。因此，為避免無謂的糾紛，UCP 600 乃於第 10 條(c)項規定：「在受益人向通知修改書之銀行傳達其接受修改書前，原信用狀條款（或含有先前已接受之修改書之信用狀）對受益人而言仍屬有效。受益人對於修改書之接受或拒絕應予知會，若受益人怠於知會，則符合該信用狀及尚待接受之任何修改書之提示，將視為受益人接受該修改書之知會，自此刻起，該信用狀即予修改。」同條(f)項規定：「修改書中規定除非受益人於特定時間內拒絕，否則修改書即生效意旨者，應不予理會。」

國外營業部或外匯指定單位					
經理	副理	科長襄理	副科長	經辦	

受理單位				
經理(主任)	副理	襄理	經辦	

信用狀修改申請書
APPLICATION FOR AMENDMENT OF DOCUMENTARY CREDIT

申請日期 　年　　月　　日

第一商業銀行 台照
To: FIRST COMMERCIAL BANK

受理單位：

部、分行
辦事處

請注意：

一、不須修改事項，請勿填寫。

二、修改事項未經各關係人同意，不能生效，申請人仍須依原信用狀修款負責。（請參閱背面「顧客申請修改信用狀須知」）

通知銀行 ADVISING BANK
_____

【 20 】信用狀號碼 CREDIT NO. _____
【 21 】通知銀行通知號碼 ADVISING BANK REF. NO. _____
【 31C 】開發日期 ISSUING DATE _____
【 59 】原受益人名稱和地址 BENEFICIARY'S NAME AND ADDRESS _____

茲請貴行將原開發之上述信用狀內容以 □ AIRMAIL 郵航 □ CABLE 電報 方式修改下列註明
☒ 記號之項目：
WE HEREBY REQUEST YOU TO AMEND THE ABOVE MENTIONED CREDIT BY AIRMAIL/CABLE AS MARKED
☒ BELOW:

□【31E】有效日期 EXPIRY DATE _____
□【32B】信用狀金額增加 CREDIT AMOUNT INCREASED BY _____
□【33B】信用狀金額減少 CREDIT AMOUNT DECREASED BY _____
□【34B】信用狀修改後金額 MAKING NEW TOTAL AMOUNT _____
□【39】信用狀金額增減比率 CREDIT AMOUNT TOLERANCE □ ABOUT □ ± _____ %
□【44】裝載港、收貨地，卸貨港、目的地
　　　SHIPMENT FROM _____ TO _____
□【44C】最後裝運日期 LATEST DATE FOR SHIPMENT _____
□【79】 1.裝運方式以空運或海運 SHIPMENT TO BE EFFECTED BY □ AIRWAY □ SEAWAY
　　　 2.價格條件 PRICE TERM _____
　　　 3.分批裝運允許／不允許 PARTIAL SHIPMENT □ ALLOWED □ PROHIBITED
　　　 4.轉船裝運允許／不允許 TRANSHIPMENT □ ALLOWED □ PROHIBITED
　　　 5.新增貨品名稱、數量 SHIPMENT OF ADDITIONAL GOODS AND QUANTITY

　　　 6.刪除須提示單據 DELETED REQUIRED DOCUMENTS:

　　　 7.增加須提示單據 REQUIRED ADDITIONAL DOCUMENTS:

　　　 8.其他 OTHERS

□【　】 銀行間備註 BANK TO BANK INFORMATION

其餘條款維持不變
ALL OTHER TERMS WILL REMAIN UNCHANGED.
申請人茲同意絕不使貴行因本項修改或變更而發生任何損失糾葛，並確切保證承擔原「開發信用狀申請書」所擔保之全部責任。
WE HEREBY AGREE THAT WE SHALL NOT CAUSE YOU ANY LOSS OR TROUBLE WHATSOEVER IN CONSEQUENCE
OF THE ALTERATION(S) AND UNDERTAKE TO ASSUME ALL OUR RESPONSIBILITIES AS PLEDGED IN THE ORIGINAL
APPLICATION OF THIS DOCUMENTARY CREDIT.

主管核對打字經辦

摘　　要	金　　額	收訖費
手續費		
匯費及郵電費		
合　　計		

申請人 APPLICANT:

簽章 SIGNATURE OF APPLICANT(原結匯印鑑)
地址 ADDRESS:
電話 TELEPHONE:
日期 DATE:

核對印鑑

此外，同條(e)項又規定：「對同一修改通知書內諸修改事項為部分接受者不予容許，因而將不具任何效力。」

■ 二、信用狀的撤銷 ■

在不可撤銷信用狀的場合，買方欲撤銷信用狀，須徵得開狀銀行、保兌銀行，如有者，及受益人的同意。（UCP 600 第 10 條(a)項）

通常，信用狀的撤銷，開狀銀行及保兌銀行甚少不同意，因此主要關鍵在於受益人。受益人若同意撤銷，應將信用狀及修改書，如有者，全部退還開狀銀行（可透過通知銀行）。

第七節 信用狀遺失的處理

■ 一、請求通知銀行補發時 ■

1.信用狀受益人不慎遺失信用狀時，應即向銀行提出「遺失信用狀補發申請書」，請求其補發信用狀影本。該申請書中應聲明願負因補發而生的一切責任。

2.通知銀行接到申請人的補發申請書後，應視申請人的信用可靠程度，決定是否受理。須知通知銀行並無必須補發信用狀的義務。但為因應客戶的需要，得於徵提切結書或擔保品或保證人之後，予以補發信用狀影本。

至於補發信用狀影本，各銀行做法不一，常見者如下：

⑴將通知銀行存查銀行聯信用狀 (L/C copy for advising bank file) 影印，並在影本上加註「補發，未用餘額不詳」等字樣，同時加蓋通知銀行印信。

⑵將銀行存查聯信用狀影印，在影本上加上 "verified copy" 或 "This copy is intended to replace original credit which has been declared lost" 等字樣，並加蓋通知銀行印信。

補發的信用狀，在補發銀行辦理押匯手續較妥，但補發銀行並無必須承做押匯的義務。

■ 二、請求開狀銀行補發時 ■

信用狀遺失時，請求開狀銀行補發，本來是正途，但是開狀銀行為恐發生重複押匯情事，往往拒絕受理。開狀銀行補發信用狀時，通常在補發的信用狀上加註如下的字樣:

In substitution for the lost credit, the issuing bank has reissued duplicate of this letter of credit through this office to replace original credit which has been declared lost.

第八節 開發轉開信用狀實務

■ 一、申請開發轉開信用狀 (back-to-back L/C) 的要件 ■

1. 申請人必須為 master L/C 的受益人。
2. 申請人原則上須與轉開信用狀的開狀銀行有往來，且信譽良好。
3. 申請人原則上應向 master L/C 的通知銀行申請開發轉開信用狀。但由他行通知者，在例外情形下（優良客戶），也可受理。

■ 二、申請開發轉開信用狀應辦手續 ■

1. 填具開發轉開信用狀申請書。
2. 提出 master L/C（包括 amendment）交由銀行存執。
3. 出具轉開信用狀金額等值的臺幣本票。
4. 提供擔保品（必要時）。
5. 繳付開狀手續費，比照一般開狀手續費標準計算。

■ 三、銀行受理開發轉開信用狀應注意事項 ■

1.核對開狀申請書與 master L/C 的內容：除商業發票及匯票之外，轉開信用狀條件必須在 master L/C 條件範圍內，諸如：⑴轉開信用狀金額不得超過 master L/C 金額；⑵裝運期限不得遲於 master L/C 的裝運期限；⑶有效期限不得超過 master L/C 有效期限，但最好早於 master L/C 有效期限三、數天 (several days) 以上以便換單；⑷貿易條件原則上與 master L/C 貿易條件相同為妥，如 master L/C 的貿易條件為 CIF 或 CFR，而轉開信用狀的貿易條件為 FOB 時，轉開信用狀上所規定的單據應包括運費已付的提單及保險單，而提單上的託運人 (shipper) 及保險單的被保險人應為 master L/C 的受益人。至於運費、保費則應由 master L/C 的受益人負擔。例如規定：freight charges and insurance premium to be paid by the applicant；⑸貨物名稱、數量不得有異於或超過 master L/C 所規定者。

2.轉開信用狀宜規定商業發票須經申請人副署 (commercial invoice to be countersigned by the applicant)，或規定單據應包括經由申請人簽發的檢驗證明書。如此，申請人可以控制轉開信用狀的受益人。

3.轉開信用狀係憑 master L/C 所簽發，轉開信用狀的開狀銀行兌付轉開信用狀，有賴於 master L/C 才能獲兌付。因此，為控制押匯的安全性，我國銀行開出的轉開信用狀，往往載有類如下列條款：

This credit amount is payable to you upon our receipt of the documents required under Bank of America, N.Y. L/C No. 1881 dated June 19, 2011.

大意為：「本信用狀金額，應於本行自信用狀申請人收到符合紐約美國商業銀行信用狀第 1881 號所規定單據後才付給貴公司。」因此如果 master L/C 的受益人（即轉開信用狀的申請人）不履行 master L/C 所規定條件，則轉開信用狀的受益人，將無法取得信用狀款。有的銀行甚至規定於 master L/C 項下貨款收妥後，才付出轉開信用狀項下貨款，例如規定：

"This credit amount is payable to you subject to the final payment of the original(master)credit No. 1234 issued by Bank of America, S. F. dated Feb. 2, 2011 against which this credit has been issued."

　　上述兩條款對轉開信用狀的受益人頗為不利，請轉開信用狀的受益人要求刪除上述條款，而申請人也同意時，銀行將要求申請人繳納 100% 的保證金，或其他認可的擔保。

■ 四、轉開信用狀的兌付及 master L/C 的押匯 ■

　　轉開信用狀的開狀銀行接到受益人所提示單據時：

　　1.一面審核轉開信用狀受益人所提示的單據是否符合轉開信用狀條件，一面通知申請人（即 master L/C 的受益人）前來替換單據辦理押匯。

　　2.經審核轉開信用狀受益人所提示單據符合轉開信用狀條件，且 master L/C 受益人換單後的單據也符合 master L/C 條件後，即可將轉開信用狀項下的款項付給轉開信用狀的受益人，master L/C 項下押匯金額與轉開信用狀項下付款金額的差額則付給 master L/C 的受益人。

　　3.轉開信用狀項下單據有瑕疵,而換單後的 master L/C 項下單據無瑕疵時，經 master L/C 受益人同意後，即可將款項分別付給各該受益人。

　　4.如轉開信用狀項下單據無瑕疵，而換單後的 master L/C 項下單據有瑕疵時，可按轉開信用狀上所載 "This credit amount is payable to you upon our receipt of the documents required under Bank of XYZ Bank L/C No...." 條款，於合理時間內，列舉理由，向轉開信用狀受益人表示拒絕接受單據（即拒付）。

　　5.如兩張信用狀項下單據均有瑕疵，銀行也應在合理時間內向兩受益人表示拒絕接受單據。但經取得兩受益人及銀行的協議出具切結書，也可以 L/I 方式押匯或付款。

　　6.萬一 master L/C 開狀銀行拒付,轉開信用狀的開狀銀行(同時也是 master L/C 的押匯銀行)應向誰追索呢? 這就要視情形而定了。在上述第 2、3 種情形，除非另有約定，應向 master L/C 的受益人追償。因為轉開信用狀的受益人於履行信用狀條件後，轉開信用狀的開狀銀行即負承兌、讓購或付款的義務，至於轉開信用狀的申請人（即 master L/C 的受益人）以 master L/C 受益人名義，憑 master L/C 押匯後,向國外開狀銀行求償時,轉開信用狀的申請人與轉開信用狀的開狀銀行的關係，即如同一般受益人與押匯銀行的關係，而如 master L/C 項下單據遭國外拒絕接受時，則 master L/C 受益人當依其與押匯銀行間的契約關係負其責任。又在上述第 5 種情形，遭國外拒付時，轉開信用狀的開狀銀行（同時為 master L/C 的押匯銀行）應可分別向兩受益人追償他們自銀行收到之款。

 習 題

一、問答題

1. 請說明開發信用狀約定書的內容。

2. 銀行受理開狀之前，應做那些工作？

3. 開狀銀行選擇信用狀通知銀行的標準如何？

4. 傳遞信用狀的方式有那幾種？

5. 出口商收到信用狀後，如何審查信用狀？

6. 申請轉讓信用狀的手續如何？

7. 私下轉讓信用狀的作法，有何缺點？依 UCP 600，可否私下轉讓信用狀？

二、實 習

1. 請向本地外匯銀行查詢進口商申請開狀之前，應辦理那些手續？須填交那些文件？

2. 請向本地外匯銀行查詢開發信用狀的計費標準。

3. 試根據附件 21（417 頁）的 sales confirmation 及以下資料填製開發信用狀申請書（填入附件 22（418 頁））。

補充資料：

(1) 以航郵開發讓購信用狀

(2) 商業發票四份，輸入許可證號碼：83ENI–018231

(3) 裝箱單四份

(4) 全套清潔提單，以開狀銀行為收貨人，並通知進口商

(5) 裝船期限：Jan. 30, 2011

(6) 開狀日期：Dec. 20, 2001

⑺信用狀有效期限：Feb. 15, 2011

⑻不得裝在艙面

⑼不可分批裝運

⑽不得轉運

⑾押匯須於裝船日後 5 天內為之

⑿國外發生的銀行費用由出口商負擔

⒀通知銀行：Bank of Tokyo , Tokyo

⒁憑即期匯票押匯，不限押

⒂不需保兌

4. 試根據第 3 題的開發信用狀申請書填製信用狀（填入附件 23 (419 頁)），並計算應收的
　各種款項及費用。

　補充資料：

　⑴以郵遞方式開狀

　⑵L/C No. 12345

　⑶補償銀行為 The International Commercial Bank of China, Tokyo

　⑷應繳保證金 (Margin) 為 10%（結匯保證金）

　⑸開狀手續費按銀行規定收取

　⑹郵費 NT$80

　⑺US$1=NT$30.00

5. 進口商 ABC 貿易公司擬往銀行申請開發信用狀美金伍萬元，期限三個月，要求以電報通
　知美國受益人，並先行繳納 10% 保證金（假設結匯當日美金賣出匯率為 NT$30:US$1。
　註：銀行收費標準如附件 24 (420 頁)）。

　狀況一：　　　　　　　　狀況二：

　⑴全文電報　　　　　　　⑴簡文電報

　⑵遠期信用狀（120 天）　⑵即期信用狀

　請分別依狀況一與狀況二，計算該公司應交付銀行若干款項。

進口結匯各項收費表

結匯廠商名稱：

Rate:	@
％ 外幣 保證金額	
％ 外幣 墊款金額	

L/C　金　　額 _____

結　匯　金　額 100% NT$ _____

　　　　　　　　 ％ NT$ _____

手　　續　　費 NT$ _____

郵　　　　　費 NT$ _____

電　報　　費 NT$ _____

保　兌　　費 NT$ _____

合　　　計 NT$ _____

分　行　名　稱 _____　負責人 簽章　　　經辦員 簽章_____

L/C　　　NO. _____

結　匯　日　期 _____

I/L　　　NO. _____

進口結匯各項收費表

結匯廠商名稱:

Rate:	@
保證金額　％	外幣
墊款金額　％	外幣

L/C　金　　額 _____

結　匯　金　額 100% NT$ _____

　　　　　　　　％ NT$ _____

手　　續　　費 NT$ _____

郵　　　　　費 NT$ _____

電　報　　費 NT$ _____

保　兌　　費 NT$ _____

合　　　　計 NT$ _____

分　行　名　稱 _____
負責人 簽章　　　經辦員 簽章

L/C　　NO. _____

結　匯　日　期 _____

I/L　　NO. _____

6. 出口商 A. B. C. Electronics Corporation 收到信用狀乙紙,如附件 25 (421 頁),請代為審查該信用狀有無不妥當的條款。

7. 出口商 X. Y. Z. Industrial Inc. 收到信用狀乙紙如附件 26 (422 頁),請代為審查該信用狀有無欠妥的條款。

8. 出口商 Taiwan Hair Manufacturing Co. Ltd. 收到如附件 27 (423 頁) 的信用狀乙紙,請代為審查該信用狀有無欠妥的條款。

9. 工廠 A. B. C. Enterprise Co. Ltd. 從彰化銀行收到信用狀轉讓通知書如附件 28 (424 頁),請回答下列各項:

(1)信用狀出讓人為: _____

(2)原信用狀開狀銀行為: _____

(3)原信用狀號碼為: _____ ; 開狀日為: _____

⑷讓出信用狀 (transferred L/C) 的金額為： _____

⑸讓出信用狀的商品名稱為： _____

⑹讓出信用狀的最後裝船日為： _____

⑺讓出信用狀的有效期限為： _____

進口贖單與單據的放行

第一節　到單後開狀銀行的處理

▊ 一、核對報單內容 ▊

按國外寄來的報單內容，核對所附單據有無缺少或不符情事。

▊ 二、審核單據 ▊

調出信用狀分戶帳頁，審核單據內容是否與信用狀條款相符。

▊ 三、單據的處理 ▊

1.各項單據經審核無誤後，在報單及單據上逐張加蓋進口押匯編號 (IB. No 戳記)，每份報單及其附屬單據均編同一號碼。

2.通知進口商：繕打進口單據到達通知單（兼回單），詳記各要項，遠期信用狀案件並應載明本金利息及到期日 (maturity)。

3.銀行交付單據前，應在提單上作成背書以使進口商得以提貨，其背書所使用的戳記如下：

Upon payment of freight and all charges, deliver

to the order of ＿＿＿＿＿＿＿＿＿＿＿＿＿＿＿

（進口商英文名稱）

XYZ Bank Ltd.

Authorized signature

▊ 四、瑕疵單據的處理 ▊

國外寄來的單據往往有與信用狀規定不相符情事，(無論係國外押匯行所指出或開狀行審核發現)開狀行應即將該瑕疵在到單通知單上列明並通知進口商，請其在一定期限內函覆接受與否，如經同意接受(以書面表示並蓋原結匯印鑑)，也請其授權開狀銀行轉知押匯行解除一切擔保責任（限於押匯行以擔保付款

payment under reserve 的案件）。因在此情況下，押匯行向例要求開狀銀行於適當時間內通知其得否解除一切擔保責任，開狀銀行未在收到單據後 5 個營業日終了之前拒付將被視為接受單據（UCP 600 第 14 條(b)項）。如廠商遲遲不以書面表示意見，銀行應憑自己的判斷，主張拒付，以確保權益。

第二節　進口贖單

進口商接到開狀銀行所發到單通知後,應迅速前往銀行辦理繳款贖單手續,俗稱第二次結匯（以別於開狀時繳納保證金的第一次結匯）。茲就即期信用狀案件及遠期信用狀案件，分別說明贖單手續:

一、即期信用狀項下的贖單

（一）預繳全額保證金案件

進口商應持到單通知、結匯證實書、輸入許可證，如有者，等前往開狀銀行洽領單據。如發生其他費用，而應由進口商負擔者，進口商應另行繳款。

（二）預繳部分保證金案件

進口商應持到單通知及備妥銀行所墊付本息及其他費用之款，前往銀行辦理贖單手續。

進口商如一時缺乏資金以贖回單據，銀行亦常斟酌進口商的信用及償還能力，准以信託收據（關於信託收據，詳後述）先行提貨。

二、遠期信用狀項下的贖單

遠期信用狀如規定以進口商為匯票付款人，則銀行於接到匯票及單據後，即通知進口商前來辦理承兌手續，然後，憑信託收據領取單據提貨。但目前我國外匯銀行開發遠期信用狀時，多規定以國際金融中心的存匯銀行或以開狀銀行本身為付款人，在此場合，匯票係由存匯銀行承兌或由開狀銀行承兌後，寄還提示人（提示銀行或受益人），進口商不必辦理承兌手續，而憑其所簽發的本票或信託收據領取單據。俟匯票到期前 1 天，才備妥款項前往銀行償付票款本息（如係賣方遠期信用狀則免付利息）。在這一段期間，等於銀行授信予進口商，故一般都要求進口商提供相當的擔保，以保障銀行債權。

倘若進口商經過銀行通知後不按時贖單（即期信用狀時），或不及時前來領取提單（遠期信用狀時），開狀銀行除一方面趕辦催討手續以外，應考慮自行報關提領貨物入倉，或視其情形逕予拍賣或變賣，以抵償進口商到期未還的進口墊款，而保債權。

※第三節　信託收據

無論是即期或遠期信用狀，進口商在付清票款之前，要求銀行放行單據時，除非進口商信譽良好，或銀行已事先另徵提擔保，否則銀行將不會輕易同意進口商的要求。但是如進口商必須先籌款付清票款才能取得單據，則必感不便。如因而無法付款贖單，對銀行也未必有利。為解決問題，於是產生了信託收據 (trust receipt) 的制度。

所謂信託收據制度就是信託人 (truster，例如開狀銀行) 供給受託人 (trustee，例如進口商) 資金或信用，並以原供信託的動產標的物所有權為債權的擔保，而受託人則依信託約款處分標的物，並以處分所得的款項交付信託人的一種交易。此制度淵源於國際貿易，為貿易金融制度的一種。

在國際貿易，所謂信託收據制度，乃銀行為協助進口商的資金融通，於其未付清票款前，允許進口商憑其出具的信託收據，先行領取單據提貨出售，然後以所得貨款清償票款的一種貿易金融制度。

依信託收據，銀行與進口商間成立信託關係，進口商以受託人 (trustee) 的身分，依信託約款而處分標的物（即進口物資），處分所得價款，則立即交付銀行，以抵付票款；而銀行則以信託人的地位，保有其對標的物的擔保（物）權（所有權），受託人如違反約款時，信託人得隨時取回標的物，以保障其權益。

在信用狀交易中可能利用信託收據的情形，有下列兩種：

信託收據（參考用）

信託收據　　　　　（範例）

立信託收據人　　　　　　　　　（以下簡稱受託人），茲為向

　　　　　　　　銀行（以下簡稱貴行或信託人）具領並占有處分 後開
單據 及 貨物（以下簡稱標的物，詳如標的物明細表），特邀同連帶保證人（以下
或
簡稱保證人），簽具本信託收據，言明願與連帶保證人共同遵守後列各條款。

一、本信託收據登記之有效期間，自民國　　　　年　　　月　　　日起至民國
　　　　年　　　月　　　日止。

二、本信託收據所列標的物（包括由該標的物加工後之半製成品 或 製成品 及 下腳）
　　之所有權為貴行債權之擔保，即受託人基於民國　　　年　　　月　　　日向
　　貴行所簽訂金額　　　　　　　萬元之票據 及 借據 及 委任保證契
　　　　　　　　　　　　　　　　　　　　　　或　　　或
　　約 及 委任開發信用契約進口物資借款契約項下標的物，由受託人提供信託人
　　或
　　為債權之擔保。受託人茲確認在未依該約據清償前項債務或依本信託收據約定
　　條款處分本標的物而以價款交付貴行前，該項標的物之所有權仍屬貴行所有。

三、本信託收據所列之標的物所擔保貴行債權之範圍，包括
　　違約金、信託人行使權利之費用及其他依約應由受託人負擔之債務。

四、受託人向貴行占有處分後開標的物，應於加工出口或出售時將其價金清償貴行
　　本息，如未能於約定期間內出售或所得價金不足償還時，受託人應立即以現款
　　補足之。

五、受託人承認於加工出口或出售標的物時，有關其出售價格、方法等，應先徵得
　　貴行之同意，其買受人應將全部價金交付貴行抵償所欠債務，其因加工出口或
　　出售標的物所生之一切費用，均由受託人負擔。

六、本信託收據所列之標的物，受託人僅得從事生產之用，非經信託人之同意，
　　不得移作他用。

七、信託占有標的物於登記後，如有黏貼標籤的或烙印以資識別之必要時，受託人
　　應協助貴行或登記機關辦理，其因而所生之一切費用，由受託人負擔。

八、受託人切實聲明決不再於本件標的物上設定任何權利或負擔，如有故違而致日
　　後發生糾葛時，受託人願負責賠償貴行所受損失。

九、受託人應在海關規定之報關期限內排妥報關及提領本件標的物手續，並按照貴
　　行指定之存放地點（　　　縣　　　鄉　　　村　　　路　　　號）
　　裝置或加工使用，另須以貴行為優先受益人投保足額保險，其費用由受託人負
　　擔，保險單及保費收據應交貴行收執。如該標的物不幸遭遇損失，保險公司無
　　論因何事由拒絕或延送賠款或賠款不足時，受託人應即負責清償借款本息。

十、本件標的物之現狀，不論任何事由如發生變動時，受託人應立即通知貴行。

十一、信託收據及借款契約存續中，受託人應以善良管理人之注意，保管或使用標

1

的物，其因任何原因所生之損害，均由受託人負責賠償借款本息。

十二、受託人如有下列任何情形之一者，貴行得取回占有或派員占有標的物：

    1.違反借款契約、委任保證契約，或本信託收據之約定者。

    2.不按申請用途擅自留用貸款者。

    3.擅自將標的物遷移、出質、出賣、出租或作其他處分，致有害於貴行所有權之行使者。

    4.擅自毀滅標籤、烙印或特別標示者。

    5.不按原申請處分方式處分標的物者。

    6.受託人之行為，足使標的物之價值減少者。

    7.貴行認為信託占有標的物或借款運用不當及其他足以妨害貴行權益之情事者。

    受託人或第三人拒絕交付標的物時，貴行得依本信託收據聲請法院強制執行之。

    貴行占有標的物時，如受託人或第三人在十日期間內履行契約並負擔因占有而生之費用者，得回贖標的物。受託人或第三人在貴行占有標的物十日期間內，仍不履行契約時，貴行得出賣標的物，出賣後受託人或第三人不得請求回贖，但標的物有敗壞之虞或其價值顯有減少，足以妨害信託人之權利，或其保管費用過鉅者，貴行於占有後得立即出賣，其賣得價金如不足抵償本借款本息時，貴行仍得追償之。

十三、標的物為貴行取得占有後所生之天然或法定孳息或其他任何收益，貴行有權逕行收取抵償所欠債物。

十四、標的物之全部或一部，因公徵用或其他原因受託人得領取補償價金時，貴行有權代理受託人直接請求領取以償債務，其不足金額由受託人立即以現款補足之。此項委任以本信託收據為委任之證明。又標的物因故被沒收充公時，受託人仍應負責自行籌款償還一切債務。

十五、受託人應接受貴行對本借款用途之監督，及對受託人業務財務之稽核，貴行並得隨時查閱受託人之帳冊，如需各項表報，受託人應立即供給，但貴行並無監督或稽核之義務。

十六、本信託收據所載受託人及保證人，均包括其法定代理人，意定代理人，繼承人及受讓人。

十七、保證人願負連帶責任，即負單獨全部清償之責任，並願拋棄民法債偏第二章第二十四節「保證」各法條內，有關保證人所得主張抗辯權。

十八、本信託收據所規定之義務，以貴行所在地為履行地，如受託人違背或不履行本信託收據規定之各事項而致涉訟時，受託人同意以貴行所在地之地方法院

　　　　　　為管轄法院。

十九、本信託收據規定如有未盡事宜，應依有關法令及貴行暨銀行公會之規章及慣
　　　　例辦理之。有關法令及貴行暨銀行公會之規章有修訂時，並依各項修正後之
　　　　規章辦理之。

二十、本信託收據副本　　　　份。

　　　　　　　　（立信託收據人）
　　　　　　　　　　受託人：

　　　　　　　　　　地址：

　　　　　　　　　　連帶保證人：

　　　　　　　　　　地址：

　　　　　　　　　　連帶保證人：

　　　　　　　　　　地址：

　　　　　　　　　　信託人：

　　　　　　　　　　地址：

　中　華　民　國　　　　　年　　　　　月　　　　　日

3

●（一）以出售進口貨品為目的時使用

本來，假如進口商能在匯票到期前先將進口貨品售出，並以其所得價款，於匯票到期時償還銀行，才是資金融通上最方便的方式。匯票之所以使用遠期也是以此為目的。但自銀行立場而言，在進口商未贖票之前，如准其處分進口貨品，則銀行難免失去保障。故銀行放行進口貨之前，須考慮進口商的信用是否可靠。如認為可靠，才允其以信託收據提貨。

●（二）以進口貨品的進倉為目的時使用

除上述情形使用信託收據之外，尚有僅以進口貨品的通關並進倉為目的，將單據交付進口商的。在此情形，倉單仍由銀行控制，俟進口商付款才將倉單交給進口商提貨。

茲將我國使用的信託收據格式附上供參考。

第四節　擔保提貨

■ 一、擔保提貨的意義 ■

出口商接到信用狀，備妥貨物如期裝運後，或因繕製單據費時，或因延遲提示押匯，或因郵寄途中耽誤，致押匯銀行寄出的單據往往未寄達開狀銀行之前，貨物已先運抵目的港，這時，進口商為適時提貨起見，可邀同開狀銀行簽具擔保書，向船公司換發小提單 (D/O)，先行提貨，這種不憑正本提單，而以擔保書換取小提單提貨的辦法，稱為擔保提貨 (undertaking for delivery of cargo without surrender of B/L) 制度。而向船公司提出的擔保書稱為「擔保提貨書」（letter of indemnity，簡稱 L/I）有時又稱為「保證書」(letter of guarantee)。從船公司立場而言，又稱為 "letter of indemnity and guarantee for production of B/L"。如前述，提單乃是請求船公司交付所承運貨物的證券。因此，進口商非交出提單，不得向船公司要求交貨。也就是說，在進口商未提出提單前，船公司無義務交出承運的貨物。但是，所謂「不提出提單，船公司即無義務交出所承運貨物」，並不是說不提出提單就絕對不交出貨物之意。假如不提出提單就絕對不交出貨物，則進口商可能遭受到諸多不便，例如：

1.有貽誤商機之虞，尤以市況波動劇烈，貨價下跌時為然。

2.易腐爛貨品、海鮮等如未能及時提取，則其貨值可能化為烏有。

3.進口商推算預定到貨日而已另訂轉售契約者,如因無法提貨致遲延交付,而不能如期履行買賣契約時，不僅使其失去信用，尚且可能被索賠。

4.需求有季節性者如不迅速提貨，可能失去銷售機會。

5.增加倉租費用。

其實遇到此種情形，豈只進口商感到不便，就是銀行和輪船公司，也同樣感到不便。因為進口貨物為銀行的擔保物，其與進口商的利害關係，可謂完全一致；而輪船公司也莫不希望早日交清貨物，以解除其責任。為解決此一困難與不便，乃有擔保提貨的制度產生。

■ 二、擔保提貨處理手續 ■

進口商接到輪船公司或其代理行的到貨通知，而正本提單尚未寄達時，即可向開狀銀行申請辦理擔保提貨手續。

1.進口商向銀行申請時應備妥下列文件：

⑴擔保提貨申請書（參閱 354 頁）：其簽章應與原留印鑑相符。

⑵輪船公司所製定的擔保提貨書（參閱 355 頁）：在 "consignee" 欄簽上進口商名字，其簽章應與原留印鑑相符。

⑶裝船 (shipment) 證明文件，例如出口商寄來的裝船通知 (shipping advice)、商業發票抄本 (invoice copy) 及提單抄本 (non-negotiable copy of bill of lading) 等。

擔保提貨申請書及擔保提貨書應分別就載貨船名、起卸口岸、嘜頭、數量、金額、信用狀號碼、貨品名稱、抵岸日期等逐項填入。

2.即期信用狀有墊款者，由銀行收回墊款本息，其本金按發票金額比例計算，利息計收 7 天。如屬遠期信用狀，除墊款暫緩收回外，應徵提還款本票或辦妥物權設定手續後才可辦理擔保提貨。

3.辦妥上述手續後，銀行調出信用狀分戶帳，將擔保提貨申請書、擔保提貨書及商業發票等所載各項核對無誤後，在上述文件加置擔保提貨書號碼，並將該號碼、日期、金額等記載於信用狀分戶帳上。

4.銀行在擔保提貨書上簽章後，連同結匯證實書（如係全部提貨，則收回）、發票等交給進口商，憑以向船公司申請換發小提單提貨。

5.銀行辦理擔保提貨所使用的戳記如下：

L/C No._____ dated_____

upon payment of freight and all charges,

deliver to the order of_____

（進口商英文名稱）

XYZ Bank

(authorized signature)

6.業經辦理擔保提貨的案件，銀行於正本單據到達時，應抽出正本提單在其背面加蓋 "This is good for cancellation of our L/G No. ...only" 戳記。經銀行簽章後，寄至輪船公司換回擔保提貨書，以解除銀行保證責任。

7.擔保提貨後，再也不得作拒付的主張，因為 UCP 600 第 16 條(f)項規定：「如開狀銀行或保兌銀行未能按照本條規定行事，則無權宣稱提示不符。」

第五節　副提單（或航空提單）背書

一、副提單背書

信用狀項下的貨物如從鄰近國家或地區（如日本、香港）進口，則往往在單據寄達開狀銀行之前，載貨船隻已抵達進口港。進口商如須俟單據寄達後才辦理報關提貨手續，則不僅須多負擔倉租費用，且有時可能因此喪失商機。於是，為配合實際需要，進口商於申請開狀時，常要求在信用狀上規定，出口商於裝貨後即時將第二份正本提單（duplicate B/L，正本提單中的一份）及其他單據逕寄交進口商，以便其能及時辦理提貨手續。

進口商接到第二份正本提單及其他單據後，如提單上的受貨人為開狀銀行，即可簽具「提單背書申請書」(參閱 356 頁)向開狀銀行申請副提單背書,而後憑以向船公司辦理提貨手續,手續與上述擔保提貨手續大致相同。在這裡要特別提醒讀者的是: 所謂副提單或第二份正本提單實際上是正本提單,並非抄本提單 (copy B/L)。

■ 二、航空提單委任提貨書 ■

　　航空公司於貨到後,繕發到貨通知書通知進口商前往該公司繳費提貨,根據華沙公約 (1929 年 10 月 12 日)、海牙修正公約 (1995 年 9 月 28 日) 及 IATA 的規定,託運人不得要求空運提單的收貨人 (consignee) 為 "to order" 或 "to order of shipper",否則運送人將予以拒絕。空運提單屬於記名式及直接式的載貨證券,運送人交付貨物時「認人不認單」,即貨物只能交付予空運提單上的收貨人或該收貨人所授權的第三者,且空運提單不能以背書方式轉予第三者,顯見空運提單並不具有流通性,僅具有「收據」及「契約」的功用,不像提單兼具有權利證書 (非代表貨物的所有權) 的功能。因此一般空運提單上均載有「不可轉讓」(non-negotiable) 字樣。它並非權利證券,不能背書轉讓 (非流通證券),故為確保開狀銀行對該項貨物的所有權,信用狀多規定空運提單以開狀銀行為收貨人。領貨前須先向銀行辦理贖單手續,其手續與副提單背書贖單手續相同。銀行出具委任提貨書向航空公司領貨。

擔保提貨申請書

 副 提 單 背 書
擔 保 提 貨 申請書

(APPLICANTION FOR BILL OF LADING
ENDORSEMENT/ISSUANCE OF LETTER
OF GUARANTEE)

華南商業銀行 台照
To：HUA NAN COMMERCIAL BANK, LTD.

日期：
DATE：＿＿＿

Dear Sirs：

茲 檢 附 副 提 單 ／ 擔 保 提 貨 書 請　貴 行 惠 予 背 書 ／ 簽 署
We enclose herewith for your endorsing/countersigning the duplicate Bill of Lading/our Letter of Guarantee

以 便 向 ＿＿＿(和公司)
issued by/addressed to ＿＿＿

請 求 提 取 下 列 貨 物，該 貨 物 係 由
for delivery of the following cargoes shipped from

(出口港)　　　　運抵(進口港)　　　　裝載於(船名)
＿＿＿ to ＿＿＿　　　per S.S. ＿＿＿

L/C No.(信用狀號碼)	B/L No.(提單號碼)	Marks(嘜頭)	Commodity(貨 名)	Quantity(數 量)	Amount(金 額)

貴 行 因 背 書 ／ 簽 署 上 項 副 提 單 ／ 擔 保 提 貨 書 致 引 起 之 一 切 後 果，
In consideration of your endorsing/countersigning this duplicate Bill of Lading/Letter of Guarantee, we hereby agree
均 由 本 申 請 人 負 責，絕 不 使　貴 行 因 此 而 蒙 受 任 何 損 失。茲 同 意 倘
to hold your harmless for all consequences that may arise from your so doing. We further agree that any discrepancies
嗣 後 寄 達　貴 行 之 單 據 與 信 用 狀 條 款 有 任 何 不 符 時，本 申 請 人 願 意 無 條 件 接 受，
appeared on original documents which shall be received by you later on shall be acceptable to us in every respect
並 願 意 放 棄 抗 辯 權。並 同 意 擔 保 提 貨 後 提 單 寄 達 時 即 將 上 項 擔 保 提 貨 書 換 回 送 還
without recourse to you and that on receipt of Bills of Lading for the above shipment we will deliver the said Letter
貴 行 註 銷，或 委 由　貴 行 代 勞 將 該 項 提 單 逕 交 船 公 司 換 回 上 項 擔 保
of Guarantee to you for cancellation or you may deliver the Bill of Lading direct to the steamship company on our
提 貨 書，以 便 解 除　貴 行 之 保 證 責 任。
behelf to release your Letter of Guarantee.

倘 若 於 申 請 副 單 背 書 ／ 擔 保 提 貨 之 同 時，正 本 單 據 已 寄 達　貴 行 時，請　貴 行 同 意 本 申 請 人
In case, at the time of this application, the original documents have been received by you, this application form shall
以 此 申 請 書 代 替「承 領 單 據」之 收 據 領 回 下 列 單 據。至 於 該 進 口 單 據 縱 有 瑕 疵，本 申 請 人 亦 願 意
serve as our receipt of import documents and our approval to release any guarantee held by you or your correspondent
接 受 不 予 追 究，並 授 權　貴 行 轉 知　貴 行 之 通 匯 行 解 除 保 留 或 一 切 擔 保 責 任。
for any discrepancies which may include therein.

DFT.	INV.	B/L	CTF.ORIG	P/L	W.M/L	INS POL	CTF	

茲同意倘國外押匯銀行以電詢方式要
求押匯時（單據有瑕疵）貴行有權直
接授權國外押匯銀行付款，不須徵求
本申請人之同意。

背書/簽署日期：　　　E/D / L/G NO.　　　申請人：

簽章人：　　　核對人：　　　＿＿＿＿＿＿
（請蓋原結匯印鑑）
營利事業統一編號：
電話號碼：

擔保提貨書

INDEMNITY AND GUARANTEE

DELIVERY WITHOUT BILL OF LADING

TO:

MESSERS, TAIWAN MARITIME TRANSPORTATION CO., LTD

SHIPPING DEPARTMENT

KEELUNG

Name of
Consignee:.............................
Address:................................
Date:....................................

M. V. .... Voy. No. ....
S. S.

Arrived................................ On............................. From............................

In consideration of your releasing for delivery to us or to out order the undermetioned goods of which we claim to be the rightful owners, without production of the relevant Bill(s) of Lading not as yet in our possession.

We hereby undertake and agree to indemnity you fully against all consequences and/or liabilities of any kind whatsoever directly or indirectly arising from or relating to the said delivery and immediately on demend against all payments made by you in respect of such consequences and/or liabilities, including costs as between soliciator and client and all or any sums demanded by you for the defence of any proceedings brought against you by reason of the delivery aforesaid.

And we further undertake and agree upon demand to pay any freight and/or General Aversge and/or charges due on the goods aforesaid (it being expressly agreed and understood that all Liens shall subsist and unsffected by the terms here of)

And we further undertake and agree that ammediately the Bill(s) of Lading is are received by us we will deliver the same to you duly endorsed.

B/L No.	MARKS	PACKAGES	CONTENTS	SHIPPED BY

Consignee

In consideration of your having acceped the above indemnity and undertaking at our request we here by guarantee the due performance there of by the above consignee and agree that no time or other indulgence gauted by you to the consignee shall discharge us from our liability hereunder.

Dated

INDEMNITIES WITH LIMITED GUARANTEES OR BEARING ANY
QUALIFYING REMARKS WHATSOEVER CANNOT BE ACCEPTED

Bankers Signature

提單背書申請書

Application for Endorsement

Bank of Taiwan   Date: _____

Head office-Int'l op. Dept.   App. No. _____

Taipei.

Dear Sirs:

    We enclose herewith for your endorsement the undernoted duplicate Bill of

Lading/Airway Bill/Parcel post Delivery Order issued by

_____ for delivery of the following cargoes, shipped from

_____ per S. S. _____

L/C No.	B/L No.	Marks	Commodity	Quantity	Amount

    In consideration of your endorsing this duplicate Bill of Lading/Airway Bill/Parcel Post Delivery Order, we hereby agree to hold you harmless for all consequences that may arise from your so doing. Meanwhile you are authorized to pay unconditionally the above mentioned amount and/or release the guarantee/reserve, if any.

Date Endorsed   Balance   Yours truly,

Endorsed by: Checked by: _____

 習　題

一、問答題

1. 何謂信託收據 (trust receipt)?

2. 何謂擔保提貨? 為何有擔保提貨制度的存在?

3. 何謂副提單背書?

二、實　習

1. 請根據下列資料，填製擔保提貨申請書（填入附件 41（437 頁））。

　⑴申請人（進口商）Taipei Trading Co., Ltd. 經理 Charles Lee 於 2011 年 6 月 5 日向 A. B.

　　C. Bank 申請辦理擔保提貨簽署事宜

　⑵承運船公司為：O. O. C. L.

　⑶貨物自 Los Angeles 運來臺灣，船名為：N. Coral

　⑷貨物為：Electronic Products，價值：US$50,000

　⑸提單號碼為：No. 1234

　⑹L/C No. 為：94/7890

　⑺嘜頭為：

```
        ╱‾‾‾‾‾‾╲
       ╱  T. T. C. ╲
      ‾‾‾‾‾‾‾‾‾‾‾‾‾‾
        KEELUNG

        C/No. 1–5

        U. S. A.
```

2. 請根據下列資料，填製副提單背書申請書（填入附件 42（438 頁））。

　⑴進口商 Taipei Trading Co., Ltd. 經理 Charles Lee 於 2011 年 6 月 3 日向 A. B. C. Bank

　　提出辦理副提單背書事宜

　⑵載貨船公司為 H. K. I. Line，由 S. S. Taiwan 自 Hong Kong 運來臺灣

　⑶貨品為 Chinese herbal medicine，一共 1,000 kgs，值港幣五萬元

⑷嘜頭為：

```
        ┌───────────┐
       ╱   T. T. C.   ╲
      ╱─────────────────╲
```

KEELUNG

C/No. 1–10

HONG KONG

⑸提單號碼為：No. 789

⑹信用狀號碼為：02/7680

第十四章

電子信用狀統一慣例

第一節　電子信用狀的定義

貿易上使用的信用狀最初是以郵遞方式傳送，到了 19 世紀末，開始有了電報信用狀，二次大戰之後，各種電傳信用狀逐漸在市場上被使用，尤其是以 SWIFT 這種銀行之間專用財務電信通訊系統開出的信用狀出現之後，由於其電文標準化，核對密碼十分精確，使銀行之間得以架構起安全且封閉的溝通網路，大幅提昇了信用狀的準確性及權威性。

不過由於 SWIFT 的使用範圍只侷限於銀行與銀行之間，並不能與客戶連線，因此在過去的十幾年裡，很多大型銀行與他們的客戶之間，便發展出一種連線方式，由客戶在自己的電腦進行開狀，再透過開狀銀行的介面，連上銀行的 SWIFT 系統，但是這種封閉式的平臺成本很高，因此使用並不普遍。

20 世紀末，網際網路 (internet) 的出現與盛行，掀起資訊傳遞與商務溝通方式的重大改革，帶動電子商務（electronic commerce, 簡稱 EC）的興起，一些大型銀行近年來已開始透過 Internet 與客戶進行信用狀的申請、通知等手續，直接在網路上完成許多信用狀的文書作業，提昇信用狀的作業效率。未來，信用狀從申請、開狀、押匯到付款整個流程的全面 e 化（電子化），也將是必然的趨勢，「電子信用狀」(electronic letter of credit) 將逐漸取代傳統的書面信用狀。

依據我國電子簽章法第 2 條規定：「『電子文件』係指文字、聲音、圖片、影像、符號或其他資料，以電子或其他以人的知覺無法直接認識的方式，所製成足以表示其用意的記錄，而供電子處理之用者。」

依據聯合國電子商務模範法 (Model Law on Electronic Commerce) 的定義，「數據電文」(data message) 係指經由電子方式、光學方式或其他類似方式所製成、發送、接收或儲存的信息，這些方式包括但不限於電子資料交換 (electronic data interchange，簡稱 EDI)、電子郵件 (electronic mail)、電報 (telegram)、電傳 (telex) 或傳真 (telecopy)。

因此，從信用狀的簽發、傳遞、讓購、審單及提示等全都透過上述定義的電子方式來處理，並載明適用 eUCP 的信用狀即可稱為電子信用狀。

第二節　電子信用狀統一慣例的由來

　　由於 Internet 的快速發展，除了貿易業者本身，許多與貿易作業流程有密切相關的部門，諸如金融、運輸、保險、通關、簽證等也都普遍趨向電子化，加上電子身分證明的發出與電子簽章的使用專業，實務上的確已有取代傳統書面作業的趨勢，企業 e 化與電子商務未來將主導全球貿易及金融的發展，信用狀也勢必走無紙化的交易模式，但是國際間規範信用狀的慣例規則 "UCP 500" 只適用傳統的書面信用狀，無法規範新型態的電子信用狀。

　　有鑑於此，國際商會於 2000 年 5 月成立了「電子信用狀工作小組」(working group on electronic credit)，經過 18 個月的討論、規劃，終於在 2001 年 11 月於德國法蘭克福的國際商會會議中制定電子信用狀統一慣例，全名為「信用狀統一慣例補篇電子提示」(Supplement to UCP 500 for Electronic Presentation (eUCP) Version 1.0，簡稱 eUCP)，自 2011 年 4 月起正式實施。

　　eUCP 的角色是擔任「以規範書面信用狀為主的 UCP 500」和「等同於書面作業基礎的電子信用狀」之間的橋樑，以作為 UCP 500 的補充，規範電子貿易中有關信用狀的簽發與提示作業。因此 eUCP 本質上並不是一套可以單獨存在或獨立運作的規則，它必須依附於 UCP 500，始有真正意義，並具有規範電子信用狀的效力。因 UCP 500 自 2007 年 7 月改為 UCP 600；「信用狀統一慣例補篇電子提示」，eUCP Version 1.1，亦自 2007 年 7 月起正式實施。察看 (eUCP)Version 1.1 與 (eUCP)Version 1.0，內容未修改。

　　由於電子信用狀是未來信用狀作業方式上的必然潮流，因此一些大型銀行以及著名的國際貿易電子商務平臺 BOLERO❶ NET 於 eUCP 正式生效時即宣布立刻適用，BOLERO NET 並同時發布 BOLERO 會員的 eUCP 使用準則，稱

---

❶　BOLERO 是 bill of lading electronic registry organization 的縮寫，由代表金流的環球銀行財務通訊協會 [SWIFT]，與代表物流的海運業者再保團體聯合運送俱樂部〔through transport club，簡稱 TT CLUB〕各出資 50% 所組成，會員眾多，包括全球各大知名貿易、金融、運輸等貿易相關的業者。

為電子信用狀統一慣例可延伸性標記語言準則 (eUCP XML GUIDE)，BOLERO 會員利用一般電腦，就可在 BOLERO NET 上完成各項電子信用狀信息的傳遞與交易程序，並符合 eUCP 的規定。有了好的開始，各界深信，eUCP 將廣為全球所普遍接受與適用。

eUCP 共有 12 條條文，為避免與 UCP 600 在條文上產生混淆，eUCP 在各條文號碼前均冠上 "e" 字作為識別，例如第 1 條稱為 e1、第 2 條稱為 e2 等，其大綱如下：

1. eUCP 的範圍 (scope of the eUCP)。

2. eUCP 對 UCP 的關係 (relationship of the eUCP to the UCP)。

3. 定義 (definitation)。

4. 格式 (format)。

5. 提示 (presentation)。

6. 審查 (examination)。

7. 拒絕的通知 (notice of refusal)。

8. 正本及副本 (original and copies)。

9. 簽發日期 (date of issuance)。

10. 運送 (transport)。

11. 電子記錄提示後的毀損 (corruption of an electronic record after presentation)。

12. 依 eUCP 所提示電子記錄的額外免責 (additional disclaimer of liability for presentation of electronic record under eUCP)。

第三節　eUCP 內容概說

第 e1 條：eUCP 的範圍

a. eUCP 係補充 UCP 600，以配合電子單據（電子記錄）單獨或與書面單據合併的提示。

b. 當信用狀表明其適用 eUCP 時，eUCP 應作為 UCP 600 的增補條款而予以適用。

　c. 本版本係 1.1 版，信用狀須表明所適用的 eUCP 版本，若未表明，其係適用信用狀簽發日的有效版本。

　上節曾提及，eUCP 僅是 UCP 600 的補充，本質上並不是一套可以單獨存在或獨立運作的規則，它必須依附於 UCP 600，始有真正意義，並具有規範電子信用狀的效力，此外，提示單據時，不論全部是電子單據（即電子記錄）或者電子單據與書面單據合併提示，均可適用 eUCP。

　由於未來 eUCP 修訂版本時，必須依情況需要，因此修改幅度大小並不一定，如果涉及基本性質或實質性的修改，則將 "Version 1.0"（1.0 版本）更改成 "Version 2.0"、"Version 3.0" 等，即更改「‧」之前的數字，例如改成 2.0、3.0 版等；但如果只是小幅度的更新，或者變更並不明顯，則更改「‧」之後的數字，例如改成 1.1、1.2 版等，因 UCP 500 自 2007 年 7 月改為 UCP 600；「信用狀統一慣例補篇電子提示」eUCP Version 1.1，亦自 2007 年 7 月起正式實施。察看 (eUCP)Version 1.1 與 (eUCP)Version 1.0 內容未修改。

　讓使用者得以明瞭新版本修訂的目的與特點。

　第 e2 條：eUCP 對 UCP 600 的關係

　a. 適用 eUCP 的信用狀（電子信用狀），也適用 UCP 600，而無須明示其適用 UCP 600。

　b. 當適用 eUCP 時，在其與適用 UCP 600 所產生的不同結果範圍內，應優先適用其規定。

　c. 若電子信用狀允許受益人選擇提示書面單據或電子單據，而其選擇僅提示書面單據時，該提示應單獨適用 UCP 600，若電子信用狀僅允許受益人提示書面單據，該提示應單獨適用 UCP 600。

　電子信用狀中可以明示適用 eUCP 與 UCP 600，若電子信用狀中僅明示適用 eUCP，則無須特別載明，UCP 600 亦自動適用於該信用狀。因此，當信用狀：

　❖ 明示適用 UCP 600 →適用 UCP 600

　❖ 明示適用 eUCP →適用 eUCP 與 UCP 600

　❖ 明示適用 eUCP 與 UCP 600 →適用 eUCP 與 UCP 600

當 eUCP 與 UCP 600 同時規範電子信用狀，而兩者的規定有衝突時，eUCP 的效力優先於 UCP 600。

電子信用狀可要求受益人單獨提示電子單據，也可要求受益人單獨提示書面單據，也可要求受益人合併提示電子單據與書面單據，更可允許受益人自由選擇提示書面單據或電子單據，因此，當信用狀要求受益人：

❖ 單獨提示電子單據→適用 eUCP 與 UCP 600

❖ 單獨提示書面單據→適用 UCP 600

❖ 合併提示電子單據與書面單據→適用 eUCP 與 UCP 600

當信用狀允許受益人自由選擇提示書面單據或電子單據，而受益人選擇：

❖ 單獨提示電子單據→適用 eUCP 與 UCP 600

❖ 單獨提示書面單據→適用 UCP 600

❖ 合併提示電子單據與書面單據→適用 eUCP 與 UCP 600

由此可見，eUCP 主要係為規範有關信用狀的電子提示 (electronic presentation)，而不是信用狀的電子開發 (electronic issuance) 或電子通知 (electronic advice)，因為實務上，UCP 600 早已允許信用狀以電子方式開發與通知。

第 e3 條：定義

a. 電子信用狀使用 UCP 600 中的下列用語時，係指：

❖ 「就其表面所示」：審核電子記錄的內容。

❖ 「單據」：包含電子單據。

❖ 「提示地」：電子地址。

❖ 「簽署」：包含電子簽章。

❖ 「附加」、「註記」或「加蓋圖章」：在電子記錄中其外觀上係補充性質的資料內容。

電子提示除適用 eUCP 外，也適用 UCP 600，但是 UCP 600 中的用語，係為書面提示而設計，並不能全然適用於電子提示，因此當某些 UCP 600 中的用語使用於電子提示時，必須重新定義，這些用語有：

❖appears on its face：意指審核電子記錄的內容。

　　基於信用狀交易的文義性原則，銀行審查單據時只需就單據的表面審核，只要單據表面的文義不符合信用狀規定，或單據與單據間的表面文義彼此牴觸時，銀行就應拒付，在傳統以書面單據提示的場合，這個概念能夠被理解，並且行得通；反觀在電子提示時，由於電子單據只不過是一組電子訊息，並不存在「單據表面」這個概念，經過電腦螢幕所顯示出來的單據，並不是電子單據本身，只是經過電腦程序將電子單據顯現為肉眼能看見的影像而已，因此，「單據表面」的審核原則必須重新定義，以配合電子化的操作環境。

　　❖document：包括書面單據與電子單據。

　　UCP 600 原只適用於書面單據，由於電子單據除適用 eUCP 外，也適用 UCP 600，因此 UCP 600 中的「單據」，必須重新定義，除包含原有的書面單據外，也包含電子單據。

　　❖place for presentation：係指電子地址。

　　UCP 600 第 6 條(d)項(ii)款規定：「可在其處使用信用狀的銀行其所在地即為提示地。信用狀可在任何銀行使用者，提示地即為任何銀行的所在地。除開狀銀行所在地以外的提示地外，開狀銀行的所在地亦是提示地。」在書面單據的場合，一般認為應該列明提示單據的城市、區、路（街）、門牌號碼、樓、室，甚至部門；但是電子提示應該如何列明地點？當然不會是某大廈某樓某室，而是某網址或某電子郵件地址。

　　❖sign：包含書面簽章與電子簽章。

　　傳統書面化的貿易與現代無紙化的貿易，在概念上相當不同，電子提示的簽章方式當然也有別於書面提示的簽章方式，在電子信用狀允許電子提示或書面提示的情況下，「簽章」除包含書面簽章外，也應包含電子簽章。

　　❖superimposed、notation 或 stamped：在電子記錄中其外觀上係補充性質的資料內容。

　　在提示電子單據時，有時可能在電子單據內有一些附加或註記，用以證明或說明相關事項，這些附加、註記或加蓋圖章，視為電子單據的補充資料，依第 e11 條，這類補充資料無須另外簽署或以其他方式確認。

　　b. 在 eUCP 中使用下列用語時，係指：

❖ 電子記錄 (electronic record)：

　(1)以電子方式製作、產生、發送、傳遞、接收或儲存的資料；

　(2)可辨識傳送者身分及其所涵蓋資料的來源，並可確認其是否保持完整而未經修改；且

　(3)可被審查是否與 eUCP 的條款相符。

❖ 電子簽章 (electronic signature)：附加於或邏輯上附加於電子記錄，且由某人簽署或採用的資料處理，用以確認該人身分及表明該人對電子記錄的確認。

❖ 格式 (format)：表達電子記錄或其參照的資料結構。

❖ 書面單據 (paper documents)：傳統紙張形式的單據。

❖ 收到 (received)：電子記錄以能為適當收受人的資訊系統接收的形式進入該系統的時間。任何收到的簽認並不表示在電子信用狀項下電子記錄的接受或拒絕。

依據我國電子簽章法第 2 條的定義：

「電子文件」：指文字、聲音、圖片、影像、符號或其他資料，以電子或其他以人的知覺無法直接認識的方式，所製成足以表示其用意的記錄，而供電子處理之用者。

「電子簽章」：指依附於電子文件並與其相關聯，用以辨識及確認電子文件簽署人身分、資格及電子文件真偽者。

「數位簽章」：指將電子文件以數學演算法或其他方式運算為一定長度的數位資料，以簽署人的私密金鑰對其加密，形成電子簽章，並得以公開金鑰加以驗證者。

eUCP 對於電子單據的生效，採用「到達主義」。雖然 Internet 發展迅速，各種軟體不斷推陳出新，訊息傳送的速度相當快，採用發信主義或到達主義似無太大差別，不過由於運作上有時仍不穩定，加上各種新的電腦病毒隨時可能造成破壞，有時碰到收件人的電腦當機等情形，甚至有些電子單據無法送達，但在事前或事後均無警示，為避免紛爭，ICC 便採用以收到電子單據才算生效的到達主義。

　　要注意的是，電子單據的有效性，必須同時具備兩個要件：(1)就是能夠被收受人的資訊系統（例如電腦）所接受與處理；(2)收受人可以鑑定其真確性，例如該電子單據可被收受人閱讀、編輯、壓縮及儲存，並且能夠辨識發送人的身分與資料的來源等，這也間接規定發送人與收受人必須使用可以相容的軟體。

　　第 e4 條：格式

　　電子信用狀必須規定電子單據應予提示的格式，若未規定，得以任何格式提示。

　　第 e5 條：提示

　　a. 電子信用狀允許提示：

　　　i. 電子單據：必須敘明電子單據的提示地。

　　　ii. 電子單據與書面單據：必須敘明電子單據與書面單據的提示地。

　　b. 電子單據可以個別提示，無需同時提示。

　　c. 若電子信用狀允許提示一種或多種電子單據，受益人應負責向被提示的銀行提供表明提示已完成的通知。該提示完成的通知得以電子單據或書面單據方式發出，且須辨識據以提示的電子信用狀。銀行如未收到該通知則視為未經提示。

　　d. 在電子信用狀下，每一電子單據或書面單據的提示，均須辨識據以提示的電子信用狀。未如此辨識的提示得視為未收到。

　　e. 如被提示的銀行係於營業中，但其系統無法在規定的有效期限或裝運日後提示期間的最後一日收到已傳送的電子單據，將視為銀行休業，而提示日或有效期限應順延至該銀行能收到電子單據的次一營業日。

　　上述 a，UCP 600 第 6 條(d)項(ii)款亦有類似規定；而上述 d，UCP 600 雖無類似規定，但一般信用狀實務上本來就習慣這樣的作法，因此與傳統書面單據的提示倒是沒有什麼特別的差異。

　　不過，由於 eUCP 對於電子單據的生效採取到達主義，但是以電子方式提示單據的干擾因素相當多，同時 eUCP 又允許電子單據分別提示，為確定受益人已提示所有的單據，eUCP 針對受益人提示電子單據所規定的「提示完成的通知」(notice of completion)，UCP 600 中則無類似規定，可說是 eUCP 針對電子提示的特殊規定，也是 eUCP 對於傳統 UCP 實務運作的一項重大變革。

至於有關提示及有效期限的展延，UCP 600 第 29 條(a)項規定：「除天災、暴動、內亂、叛變、戰爭等銀行不能控制的事由，以及罷工或封閉等原因外，銀行如果因為其他原因（例如因國定假日或銀行例行結算日）而中斷營業時，對於該營業中斷期間有效期限或提示期限屆滿的信用狀，得予以展延至下一營業日。」受益人若提示電子單據，則除適用上述規定外，另需適用 eUCP 的特別規定，即：「若提示或有效期限屆滿當日，雖然銀行的營業場所仍處於營業狀態，但是電腦系統因故（例如病毒或駭客入侵）無法收到電子單據，將視銀行為休業，提示或有效期限可以展延到該銀行能收到電子單據的次一營業日。」

在傳統書面單據提示的場合，UCP 600 第 33 條規定：「銀行無義務在其營業時間外受理提示」；但在電子單據提示的場合，包括銀行在內的各當事人，雖然上班時間依然是朝九晚五，但電腦卻可以是 24 小時運作，所以全日均可接受電子單據的提示，因此電子單據提示的時間其實並不受銀行是否營業的限制，反倒是銀行的電腦能否正常收受電子單據才是重要的考量關鍵。不過依上述 eUCP 第 e5 條的規定，縱然是電子信用狀，銀行的營業時間仍以一般的上班時間為準，並非 24 小時。

國際商會所草擬的「電子貿易及清算統一指引」(URGETS) 對於「營業日」(business day) 的定義則是 1 天 24 小時，而不是銀行營業場所的營業時間。

第 e6 條：審查

a. 若電子單據含有超連結至外部系統，或提示中表明電子記錄得引用外部系統予以審查，則在超連結或引用系統中的電子單據均應視為待審查的電子單據，若該系統無法提供登入至所要求的電子單據，則視為瑕疵。

b. 指定銀行依指定傳送電子單據時，表示其已審查電子單據的外觀。

c. 開狀銀行或保兌銀行，如有者，不能以下列理由拒付：

i. 電子信用狀有要求電子單據的格式，但銀行無法依該格式審查電子單據，或

ii. 電子信用狀未要求電子單據的格式，銀行無法就所提示的格式審查電子單據。

　　銀行審查電子單據時，若電子單據含有超連結或須引用外部系統，但該外部系統無法讓銀行登入要審查的電子單據時，由於銀行無法順利依電子程序審查電子單據，因此視為單據的瑕疵。

　　依 eUCP 第 e5 條，電子信用狀若未規定電子單據應予提示的格式，得以任何格式提示。因此當電子信用狀有要求電子單據的格式，但銀行無法依該格式審查；或電子信用狀未要求電子單據的格式，銀行無法就受益人所提示的格式審查時，純屬銀行自身的問題，與提示人無關，銀行不能以此為由拒付。

　　第 e7 條：拒絕的通知

　　若開狀銀行、保兌銀行，如有者，或指定銀行，對含有電子單據的提示發出拒絕通知，但自拒絕通知之日起 30 個曆日內，未收到被通知的一方有關應如何處置電子單據的指示時，銀行除應將未退還的書面單據退還提示人外，另得以適當的方式處理電子單據而不負任何責任。

　　銀行若欲拒絕單據時，除須依 UCP 600 第 16 條(b)項有關規定（例如銀行須於收到單據後 5 個營業日內向提示人通知拒付，敘明拒絕單據的一切瑕疵，並敘明單據正留候提示人處置或正退還提示人等）辦理外，若所提示的單據中含有電子單據時，另須遵守上述 eUCP 的相關規定。

　　第 e8 條：正本及副本

　　適用 eUCP 或 UCP 600 的信用狀，對提示一份或多份正本或副本電子單據的任何要求，以提示一份電子單據即為已足。

　　就傳統的貿易而言，書面單據是看得到、摸得到的文件，是自然而有的，並不需要經過特別處理程序才能將其物質化；但是就現代的電子貿易而言，電子單據只不過是一個電子訊息或一組電腦符號而已，既看不見、摸不到，也不是自然而有的，只是存放在電腦軟硬碟或電子媒體內，必須經過特別處理程序，例如將電子訊息影像化或文字化，再傳到螢幕上或印在紙張上，才能看得到或摸得到，但是人們看到或摸到的，其實並不是電子單據的本身，因此，「電子單據」與「利用印表機列印出來的電子單據列印本」，本質上並不相同。

　　因此有關電子單據「正本」的問題，就更加複雜了。就書面單據而言，正本的界定，乃是根據正本本身所具有的一些特質，例如具有公司信箋、有效的簽名或印章、或在單據中聲明係正本等，因此規定必須提示幾份正本、幾份副本，實際上可以判斷、確認；但是就電子單據而言，由於它本身只是電子訊息，只要利用印表機，便可以無限量的印出。因此，全部的列印本都可視為正本，並不需要具備上述書面正本的特質，信用狀要求必須提示一份或多份正本或副本電子單據，並無意義，基於這樣的考量，eUCP 規定，不論信用狀規定必須提示多少份正本或副本電子單據，只要提示一份電子單據，就算是符合信用狀的規定了。

第 e9 條：簽發日期

若電子單據：

1. 外觀上具有顯示由簽發人發送的日期，則視該日期為簽發日期；

2. 外觀上並無其他日期，則以收到日期為簽發日期。

由於電子訊息傳送速度快，從發出到收到往往只須幾秒鐘，因此若電子單據中並無簽發日期或其他日期，則直接以收到的日期為簽發日期，實務上並不會有太大的問題。

第 e10 條：運送

如證明運送的電子單據未表明裝運或發送日期，該電子單據的簽發日期將視為裝運或發送日期。

這項規定與 UCP 600 中各種運送單據的規定相類似。

第 e11 條：電子記錄提示後的毀損

a. 若開狀銀行、保兌銀行，如有者，或指定銀行收到的電子單據外觀上顯示遭受毀損，銀行得告知提示人並得請求重行提示。

b. 如銀行要求重行提示，則

　　i. 審查時間暫時中止，並於提示人重行提示時恢復；但

　　ii. 若提示人未於 30 個曆日內重行提示，銀行得認電子單據為未提示，且任何截止期限不予展延。

由於電子單據只是一項電子訊息，在傳送途中可能遭到各種干擾，使得訊息到達收訊人時已遭毀損，例如因被變更、刪除或增加而導致內容殘缺不全、出現亂碼等，若銀行能就電子單據的外觀察覺毀損，則依上述規定辦理，問題

即可迎刃而解。但最可怕的是，傳來的電子單據已遭破壞，但是表面上卻完全沒有被竄改的痕跡，收訊人根本無法察覺及證實，這種伴隨電子商務而產生的風險，將因為各項網路技術的進步而更加嚴重，也突顯電子信用狀相關安全與驗證作業的重要性。

第 e12 條：依 eUCP 所提示電子記錄的額外免責

於審核電子單據的外觀真實性時，銀行毋須對電子單據發送人的身分、資料來源或其完整性與未遭竄改負任何責任。但如經使用商場上就收受、確認、辨識電子單據所接受的資料處理程序，而認係顯而易見者，不在此限。

eUCP 第 e12 條補充 UCP 600 第 34 條有關單據有效性免責的規定：

銀行對下列事項不負責任與義務：

1. 單據的格式、充分性、正確性、真實性、偽造或法律效力，或單據上所規定或加註的一般或特別條款；

2. 單據所表彰貨物的說明、數量、重量、品質、狀況、包裝、交貨、價值或存在；

3. 貨物的發貨人、運送人、承攬運送人、受貨人或保險人，或其他任何人的善意或作為或不作為、償債能力、履行能力或信用狀況。

提示電子單據時，除須遵守上述 UCP 600 第 34 條的規定外，也須符合 eUCP 第 e12 條的規定。

第四節　與電子信用狀相關的其他問題

國際商會配合電子商務的發展所發布的 eUCP，確實讓目前及未來市場上有關電子信用狀、電子單據、電子提示等的作業有了依循的準則，不過當電子信用狀適用 UCP 600 與 eUCP 的同時，有些問題仍有待討論：

1. 雖然以電子方式開發或通知信用狀已經是部分大型銀行實務上行之有年的作業方式，而且 eUCP 規範的重點也不是在這方面，但是 eUCP 出現之後，第一個被關切的問題就是：「信用狀未來可能不再需要通知銀行！」

通知銀行一直以來扮演的角色就是通知信用狀以及辨識信用狀的真偽，如果受益人可以與開狀銀行透過網路連線，並可確保訊息傳遞的安全與正確（例如前述 BOLERO NET 即可擔任各當事人間的可信賴的第三者 (trusted third party))，那麼未來信用狀的交易應該就不再需要通知銀行了。

2.傳統信用狀大多要求受益人須提示匯票以作為請求付款的票據，匯票的付款人多為開狀銀行，由於匯票乃是獨立於信用狀的另一種付款機制，因此對受益人而言，在信用狀項下開發以開狀銀行為付款人的匯票，等於獲得開狀銀行的雙重付款保證，作為匯票發票人的受益人，其受款權利除受 UCP 600 保障外，還受各國票據法的保護。

不過，以電子方式提示匯票，有關匯票的提示、背書、執票人與拒付證書 (protest) 等，適用在各國的票據法時，可能產生不易解決的問題（畢竟各國票據法規範的大多是書面的匯票)，或許未來在電子信用狀中將不再要求受益人須提示匯票。

3.提單傳統上具有物權證書的功能，必須經由背書的程序才能轉讓提單所表彰的貨物所有權。實務上運送人在交貨時係「認單不認人」，如果進出口兩地之間航程短，往往貨物已經送達目的地，但是提單仍在辦理押匯或是郵遞途中，導致進口商因尚未取得已背書轉讓的提單而無法及時提貨。提單電子化之後，傳輸快速、準確，不僅可以克服上述缺失，而且藉由完善的電子驗證技術，也可有效降低提單偽造及貨物冒領、誤交等風險，不過目前多數規範提單的法律、慣例並未配合電子化的趨勢而修訂，電子提單在背書、質押等方面，仍有法律適用上的問題必須克服。

國際海事委員會（committee maritime international，簡稱 CMI）於 1990 年通過 CMI 電子提單規則 (CMI rules for electronic bills of lading)，但是它只是一國際慣例，不具備公約或國際法的效力，當事人必須特別約定適用，這項規則才能有效的約束當事人。

 習 題

1. 何謂電子信用狀?

2. 何謂 eUCP? 其與 UCP 600 的關係如何?

3. eUCP 的適用範圍為何?

4. 電子記錄 (electronic records) 與電子單據 (electronic documents) 有何不同?

5. 何謂電子簽章 (electronic signature)?

6. 何謂 BOLERO NET?

外幣保證——擔保信用狀（國際擔保函慣例）

第一節 外幣保證的意義

　　保證銀行依客戶的請求，對客戶的交易或契約的對手出具書面承諾（保證函或擔保信用狀），承諾客戶或保證函（擔保信用狀）上所保證的第三者違約時，對受益人無條件支付所開發的保證函或擔保信用狀款項。

第二節 外幣保證的種類

　　因客戶所要求保證的用途不同，而有許多不同保證種類，但依國際商會所列的保證種類如下：

● （一）投標保證 (tender guarantee) 或押標金保證 (bid bond)

　　我國廠商參與國外企業或政府的標購、標售、或工程投標，招標人通常要求有意投標者於投標前按招標底價繳納若干成保證金，俾約束並促進投標人得標後在約定期限內簽訂契約，保障如期交貨或按期施工。上述保證金可以往來銀行開具的保證函替代。若遇重大的國際投標案件，則招標人常限投標人提供全球排名較優的金融機構所開具的保證函。銀行承作押標金保證，通常規定下列事項：

　　1.承作對象為財務健全,信用良好的進出口廠商或提供勞務的公司或個人。保證期限依投標個案的規定辦理，通常視投標規則酌定期限。

　　2.保證金額依契約規定辦理，通常為投標金額的 5% 左右。保證費率通常為年率 1%，即每三個月為一期，每期 0.25%。

　　3.為防止客戶得標後不於期限內辦理簽約手續，致保證銀行遭受損失，承作押標金保證時應視客戶的信用情況徵取擔保品。

　　4.押標金保證函的內容，應敘明下列要點：

　　⑴投標規則。

　　⑵保證對象。

　　⑶保證金額。

(4)保證期限。

(5)保證內容。

(6)保證債務履行的條件。

(7)附輸出契約（核與正本相符的影本）。

◕（二）履約保證 (performance bond)

國外買方、賣方或工程業主與我國廠商簽約時，為免屆時不履行契約，通常要求我國廠商繳納一定比例的保證金以為保證。若國外買方、賣方或工程業主同意以往來銀行開具的保證函代之，即是所謂的履約保證。銀行承作履約保證，通常規定下列事項：

1. 承作對象為財務健全，信用良好的進出口廠商或提供勞務的公司或個人。保證期限依據個案契約訂定。

2. 保證金額依契約規定辦理，通常為契約金額的 10% 左右。保證費率通常為年率 1%，第二年起折半計收。

3. 視客戶信用狀況徵取妥適的擔保品以為債權保障。

4. 履約保證函的內容，應敘明下列要點：

(1)輸出契約。

(2)保證對象。

(3)保證金額。

(4)保證期限。

(5)保證內容。

(6)保證債務履行的條件。

5. 保證期間，應隨時注意承保對象是否依照合約履行，並追蹤其進度。

6. 若因主債務期限延長，而導致承保對象要求保證期限的延長時，應檢討輸出契約變更的內容，確定不影響債權安全後，始可就保證函作適當的修正。

◕（三）預付款保證 (advance payment guarantee or refund guarantee)

進口商依據銷貨契約需預付出口商訂金 (down payment) 或預付款 (advance payment) 時，為恐出口商無法履約又未能歸還，進口商常要求出口商出具銀行簽發的保證函，以保證該預付款的安全，此稱為預付款保證。銀行承作預付款保證，通常規定下列事項：

　　1.銷貨契約的內容，是否列有定金或預付款條款？有無要求銀行保證的約定？

　　2.出口廠商的信用狀況如何？有無履行契約的能力？

　　3.保證債務履行的條件如何？在何種情況下，保證債務的金融機構毋須負責賠償？

（四）保留款保證、維修或保固保證 (retention money guarantee)

銀行（保證人）依承包商的申請，簽發以保留款、維修或保固為目的的保證予業主（受益人），於約定的保固期間，因承包商工程瑕疵所生的一切費用，銀行履行付款義務。

（五）相對保證 (counter guarantee)

屬間接保證。申請人向「指示銀行（人）」申請開發相對保證函，以另一銀行為受益人，指示銀行（人）請求該受益銀行另簽發獨立的付款承諾予基礎契約的受益人。此「指示銀行（人）」所簽發的保證函稱為相對保證函。

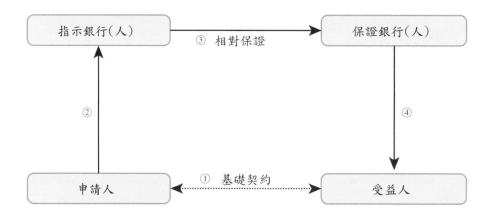

（六）財務保證 (financial guarantee)（含償還借款保證 (loan guarantee)）

我國廠商向國外金融機構洽借資金，而由借款人申請國內往來銀行提供還本付息的借款保證。銀行承作借款保證，通常規定下列事項：

1.承作對象為財務健全，信用良好，且與授信機構有密切往來關係的廠商。

2.該借款用途應確實符合授信戶的產銷及營運需要，避免洽借的外匯資金遭流用。

3.所借款項應有明確的償還來源。

4.應視債權安全程度徵取妥適的擔保品。

● （七）直接付款保證 (direct pay stand-by L/C)

直接付款保證的保證基礎係當事人約定，到期日受益人執行擔保信用狀受領款項，它不涉及違約事件。諸如 A 銀行向 B 銀行拆借一筆大金額的資金，以擔保信用狀保證，經雙方合意於約定的到期日直接執行該擔保信用狀，受領款項。

第三節　銀行簽發的保證書

銀行應客戶要求簽發保證書之種類有二：stand-by L/C（擔保信用狀）與 letter of guarantee（保證函，簡稱 L/G），其異同如下：

1. stand-by L/C 的開狀銀行在法律上是主債務人；L/G 的開狀銀行事先聲明其為主債務人者，不在此限。

2.一般而言，stand-by L/C 都言明遵守 UCP 600 或 ISP 98；L/G 皆言明遵守 URDG 758 或其法律關係依開狀銀行所在地法律為依據。

3. stand-by L/C 的格式已大致定型化；L/G 目前尚無一定的格式。

4.對受益人而言，stand-by L/C 較有保障，而受益人只要提示符合 stand-by L/C 所規定匯票或單據，開狀銀行即有付款的義務；相較之下，如開證申請人 (applicant for L/G) 提出異議，則 L/G 受益人可能無法立刻取得款項。

■ 保證函或擔保信用狀 ■

● （一）簽發方式

1.簽發保證書得以電報 (cable)、電傳打字 (telex) 或航郵 (airmail) 方式經由國外通匯銀行通知受益人。如以電報開發，宜加註本電文為可憑使用文件等類似文字（例如 operative instrument）。

　　2.必要時並得請國外通匯行代理開發保證書。

　　3.開狀銀行應依客（借）戶的需求簽發保證函或擔保信用狀（兩者異同，參考（四）說明），擇一受理。

●（二）保證書內容應具備事項

　1.保證金額：

　　⑴保證金額必須確定，其最高額度應在保證書上明確表示，唯金額可由保證書的文字上推定者亦可。

　　⑵金額不明確者，將被視為無限制保證責任。

　2.保證期限：

　　⑴保證書應明確記載本保書的有效期限，並應明示其地點（在國外受益人所在地或在本國內）以免發生糾紛，唯保證責任的解除可以從保證書的文字上推定者亦可。

　　⑵有效期限未表示以受益人所在地或開證銀行所在地的日期為準時，應以受益人所在地的日期為準。

　　⑶保證期限無法確定、無保證期限，或保證期限自動延長者，不應受理。

　　⑷保證期限的記載，不得有矛盾情形。

　　⑸保證書宜記載保證債務消滅時，請受益人將保證書退還。

　3.保證書的內容：

　　⑴保證書的內容有對銀行不利的條件，不被接受。

　　⑵保證書內容不明確時，不應接受。

　　⑶避免使用不確定或無限責任的文句，例如 We will pay all losses.

●（三）保證的解除

　1.保證書的有效日期明確記載年月日者，在下列情況下可解除保證責任：

　　⑴保證書的正本 (original) 退還時。

　　⑵有效期限的基準日在國外者，在期限後經過一個月（以電報查詢國外通知銀行為宜）。

　　⑶債務人已償還其債務，或保證的理由消滅時（應有充分可靠的證據）。

2. 若保證期限未明確記載年月日者（實務上不宜辦理）。

　(1)保證書的正本退還時。

　(2)以書面照會國外通匯行，經其回確認者。

　(3)保證的理由消滅或債務人已償還其債務時（應有充分可靠的證據）。

3. 銀行以簽發本票代替保證書，或以背書方式代替保證書者，於該票據作廢收回時，方可解除保證責任。

4. 保證書的收回：

保證責任一旦解除，應即收回保證書，但銀行收回保證書有困難時，以經由客戶逕向國外受益人交涉，最為有效；日本各銀行對於保證手續費的計算以保證書的退還日期為準，客戶為減少手續費支出，均主動向國外受益人催促，因此保證書的退還很少有困難。

第四節　外幣保證適用的法律或規則

外幣保證業務對銀行作業而言本就較複雜及風險較高，且通常簽署跨國的交易，加以得適用的法律或規則不只一個，因此，選擇適用的法律或規則至為重要，而已選用者如下：

1. 保證人國家法律：保證人（及開證銀行）於保證函上，註明準據法則或國際組織頒行之規則，則可推定是用保證人國家法律，國際商會 (ICC) URDG 758 第 34 條亦規定：「除保證函另有規定外，須以保證人簽發保證函的分行或辦公處所當地的法律為管轄法律。」

2. 契約保證函統一規則（uniform rules for contract guarantee，簡稱 URCG 325）：係 ICC 於 1978 年頒行，但因條文內容失諸僵化且欠缺彈性，使用者甚少。

3. 即付保證函統一規則（uniform rules for demand guarantees，簡稱 URDG 758）：係依據 ICC 於 1991 年頒行 URDG 458 所修訂而成。本規則基本上係將前述契約保證函統一規則中，諸多不合理及窒礙難行的條文，及納入信用狀統一慣例類似的規定，強調即付保證函的獨立性及文義性。此修訂版本係於 2009 年 11 月在比利時布魯塞爾所召開的國際商會半年會通過，而於 2010 年 7 月正式使用。

4.國際擔保函慣例（international stand-by practices，簡稱 ISP 98）：係「國際銀行法律與事務學會」(The Institute of International Banking Law and Practice, Inc.) 於 1998 年擬定，並經國際商會銀行技術暨實務委員會 (ICC commission on banking technique and practice) 於 1998 年 4 月 6 日審查通過，並自 1999 年 1 月 1 日起開始施行，並登記為國際商會第 590 號出版物。（參閱本章第五節）

5.信用狀統一慣例 (uniform customs and practice for documentary credits，簡稱 UCP 600)：如前所述，擔保信用狀之用於償付國際貿易商品交易所產生的貨款與商業信用狀截然不同，但擔保信用狀準用信用狀統一慣例的規定早於 1983 年修訂版 (UCP 400) 即已載入條文中，且仍然保留於 UCP 600，雖然國際商會分別於 1992 年頒行「即付保證函統一規則」（URDG 458，現行版本為 URDG 758），及於 1999 年 1 月 1 日頒行「國際擔保函慣例」(ISP 98)，但仍有許多開狀（證）銀行係依據 UCP 600 開發擔保信用狀或保證函，唯並非全部信用狀統一慣例的條文皆適用於擔保信用狀。因此，國際商會 (ICC) 建議：倘信用狀當事人希望於某一特定的信用狀，將信用狀統一慣例的部分條文排除適用時，應將此意思明確的規定於該信用狀的條件及條款中。

第五節 國際擔保函慣例

■ 一、為什麼需要國際擔保函慣例 ■

擔保信用狀與一般商業信用狀固然在基本上有許多相似的地方，例如在開狀階段兩者的基礎最為相同，但就單據的提示階段而言，商業信用狀所要求的運輸或保險單據，擔保信用狀則不在要求提示之列，也因為商業信用狀需使用運輸單據，可以憑著控制運輸單據，迴避掉在提示單據期限內，銀行因不可抗力而中止營業的風險，因此 UCP 600 規定（36 條、6 條、29 條）銀行因不可抗力而中止營業，但若於恢復營業後，則對於其在中止營業期間的信用狀不再承擔付款責任，亦即由受益人承擔不可抗力的風險，可是擔保信用狀受益人卻認為這樣不公平，因為擔保信用狀的設計是針對開狀申請人（如投標廠商）未履行義務而發生提示單據請求付款的，不應由其負擔這種風險。

再就部分動支款項 (partial drawing) 而言，UCP 600 第 32 條規定：「若信用狀規定，在所定各期間內辦理分期動支或裝運，而有任何一期未能按期動支或裝運時，信用狀對該期及其後各期均終止使用。」若從國際貿易角度來看，受益人有一次不出貨，當然不能憑單據部分支取，因為開狀申請人會懷疑受益人以後各期是否會繼續出貨。然而，在擔保信用狀的情形就不適合了，因為它常需分期多次交單支取款項，如果受益人一次不支取，對開狀申請人並不會造成任何損失，受益人放棄權利支取，應不得剝奪以後各期的利益。

如上所述是 UCP 600 有規定但不全然能適用於擔保信用狀的部分；但某些是擔保信用狀需要的，UCP 600 卻沒有規定。例如擔保時間長的擔保信用狀 (long term stand-by L/C) 與時間到自動展延 (automatic extensions) 的擔保信用狀即未規定。

由於 UCP 600 有的規定與擔保信用狀的性質牴觸，有的需要規定卻沒有規定，所以開狀申請人常為如何擬定適當的擔保信用狀條款而傷腦筋，遂有本慣例的制定，以避免糾紛。

■ 二、國際擔保函慣例內容概要 ■

由於 UCP 500（訂定於西元 1994 年）有的規定與擔保信用狀的性質牴觸，有的需要規定卻沒有規定，所以開狀申請人常為如何擬定適當的擔保信用狀條款而傷腦筋，遂有本慣例的制定。

（ISP 98 之訂定於西元 1998 年），為顯現 ISP 98 訂定之原意，以下之研述皆用 UCP 600 做比較。

ISP 98 全文除「序文」與「前言」外，共計 10 條，分別為：

1. 總則。
2. 義務。
3. 提示。
4. 審查。

5. 通知、排除及單據的處置。

6. 轉讓、讓與與法定轉讓。

7. 取消。

8. 補償義務。

9. 期間的計算。

10. 聯合簽發／權益出售。

ISP 98 已自 1999 年 1 月 1 日正式實施，今後銀行開發擔保信用狀，除仍可選擇適用 UCP 600 外，也可選擇適用 ISP 98；而銀行開立保證函，除仍可選擇適用 URDG 758 外，也可以選擇適用 ISP 98。由於 ISP 98 可說是一套專為銀行開發擔保函所量身訂做的國際性慣例，因此預期未來在擔保函市場上，ISP 98 的重要性與普遍性將超越 UCP 600 與 URDG 758。以下即就上述 10 條簡要說明：

（一）總　則

1. 本慣例旨在適用於擔保信用狀（包括履約、融資與直接付款的各種擔保信用狀）。

2. 擔保信用狀或其他類似的承諾，不論其名稱或描述為何，不管適用於國內或國際，均得藉明示而適用本慣例。

3. 適用本慣例的承諾 (undertaking)，得對本慣例的條款表明修改或排除其適用。

4. 適用本慣例的承諾，以下稱其為「擔保函」(stand-by)。

5. 在擔保 L/C 也適用的任何其他實務規則，如其規定與本慣例抵觸者，本慣例優先適用。

6. 擔保函一經簽發，即是不可撤銷、獨立、跟單及具有拘束力的承諾，且無須如此敘明。

因此，只要符合本慣例所界定性質的擔保函，不論名稱為何(stand-by credit、bank guarantee 或其他名稱)，只要其內容明確表示係援引本慣例簽發，均可適用本慣例。此外，為配合個別交易的特殊需要，在適用本慣例的同時，得特約排除或變更本慣例部分條款的適用，當事人在擔保函中的特別規定，其效力優先於本慣例的規定。

依照本慣例所簽發的擔保函，具有以下四種特性：

1. 不可撤銷

除非擔保函特別規定是可撤銷的，或除非經擔保函所涉及的對方同意，否則簽發人不得任意修改或撤銷該擔保函。

2. 獨　立

簽發人義務的履行不受下列事項影響：

　　⑴簽發人從申請人獲得補償的權利或能力；

　　⑵受益人從申請人獲得付款的權利；

　　⑶擔保函中任何補償協議或基礎交易的援引；

　　⑷簽發人對任何補償協議或基礎交易的履行或違反的認知或瞭解。

3. 跟　單

簽發人的義務係依據單據的提示，及對所要求單據的表面審查而定。

4. 具約束力

適用本慣例的擔保函或修改書，一經簽發，即具有約束力，不論申請人是否授權其簽發，簽發人是否收到費用，受益人是否收到或因信賴該擔保函或修改書而有所行動，其對簽發人均具有強制性。

以上敘述的擔保函特質，與一般的商業信用狀其實並無不同。

（二）義　務

1. 簽發人依本慣例，並輔以標準的擔保函實務，對受益人承諾，就表面顯示符合擔保函條款的單據提示，承擔兌付的義務。

2. 擔保函兌付的方式，可分為即期付款 (payment at sight)、承兌 (acceptance)、延期付款 (deferred payment) 與讓購 (negotiation)。

3. 擔保函一經脫離簽發人的控制，即為已簽發。

4. 若擔保函中明白敘明，該擔保函可用金額的增加或減少、有效期限的展延，或其他類似修改，可自動修改，則該項修改，不需任何進一步的通知或同意，即自動生效。

擔保函通常僅憑受益人簽發的匯票或申請人不履約的聲明書，就能要求簽發人兌付，所以容易發生詐欺情事，若能使用延期付款方式兌付，在延付期間，一旦發現對方有不法行為，可即時向法院申請禁止支付命令，阻止付款。

擔保函的生效係採取「發信主義」。

某些擔保函的金額將隨著基礎契約的履行而遞減，因此會加入自動減額條款，說明簽發人的義務將因某一事件的發生，或某項單據的提出，而隨之減少。例如：

The total amount of this credit will be automatically reduced in proportion to the value of each partial shipment against presentation to us of copies of the relevant invoice and transport document.

此外，某些工程難以預估完工日期，連帶使得擔保函也難以確定到期日，或是擔保函雖已載明到期日，但因某些因素無法如期完工，申請人若不願申請展期，將影響受益人的權益，因此往往在擔保函中加註自動展延條款。例如：

This credit expires on Dec. 31, 2013 at our counters and shall be automatically extended for additional period of one year from the present or each future expiry date unless we notify you at least twenty (20) days prior to the present or any future expiry date of this credit that we intend not to extend it for another year.

（三）提　示

1.擔保函可部分動支 (partial drawing)，可多次提示 (multiple presentations)。

2.不論是否禁止部分動支或多次提示，對已排定或允許的數件提示，未能為其中任一次的提示，不影響或損害作出另一次及時提示或及時再提示的權利。

3. approximately、about 或類似用語，解釋為允許不逾該用語所指金額之 10% 上下的差異。

4.於擔保函簽發後，至擔保函有效期限屆滿之前所為的提示，均屬及時提示。

5.若擔保函規定的提示地，在提示的最後營業日，因任何理由不營業，而導致未能及時提示時，除擔保函另有規定外，最後提示日自動展延至該提示地恢復營業後的 30 個曆日。

6.允許以電子方式 (electronic means) 提示。

「部分動支」係指提示的金額少於擔保函可使用的總金額，因此「禁止部分動支」係指須就全部可使用金額為一次提示；「多次提示」係指多於一次的提示，因此「禁止多次提示」係指只能一次提示及兌付，但該提示金額得少於擔保函可使用的總金額。有關這個部分，ISP 98 的規定比 UCP 600 的規定更為詳盡，UCP 600 第 31 條(a)項僅規定：「部分動支或部分裝運係屬容許。」，並沒有就「一次提示少於信用狀全部金額」與「多次提示少於信用狀全部金額」兩者作明確的區分，因此如果信用狀中規定："partial drawing prohibited"，依據 UCP 600，究竟一次提示的金額可否少於信用狀可使用的總金額，並不清楚。

　　ISP 98 明定每一次提示均具有個別性；但 UCP 600 第 32 條有不同的規定：「如信用狀規定，在所定各期內辦理分期動支或裝運，而有任何一期未能按期動支或裝運時，信用狀對該期及其後各期均終止使用。」

　　ISP 98 對於「大約」或類似用語的解釋與 UCP 600 相同。

　　由於大多數的擔保函均不要求受益人須提示運送單據，因此 ISP 98 並沒有像 UCP 600 一樣，對提示期限有「……裝運日後 21 曆日內……」的類似規定。

　　UCP 600 將銀行休業的原因分為兩類：

　　1.天災、暴動、內亂、叛變、戰爭等銀行不能控制的事由，以及罷工或封閉。銀行因這類原因而中斷營業時，對於該營業中斷期間有效期限或提示期限屆滿的信用狀，不再予以展延。

　　2.上述原因以外的原因，例如因國定假日或銀行例行結算日。銀行如果因為這類原因而中斷營業時，對於該營業中斷期間有效期限或提示期限屆滿的信用狀，得予以展延至下一營業日。

　　ISP 98 則不區分銀行休業的原因，凡銀行因任何理由不營業時，有效期限（亦即提示期限）可展延至恢復營業後的 30 個曆日。

　　為配合電子商務時代的來臨，ISP 98 允許電子提示，但該提示方式必須可由簽發人加以確認 (authentication)，因此透過 SWIFT，經加押的傳真，或其他類似方法提示的兌付要求即係符合規定，UCP 600 則無電子提示的規定。

●（四）審　查

　　1.提示的單據是否符合，係依擔保函的條款，輔以標準的擔保函實務所解讀的本慣例作為解釋及補充，就所提示的單據作表面的審查。

　2.若擔保函要求的聲明書未明確指定精確措詞，則所提示的單據在表面上必須傳達與擔保函所要求相同意思的措詞。

　3.以擔保函中使用的引號、大寫字母，或附樣張或格式載明的措詞，並規定單據須載明「完全相同」或「完全一致」的措詞時，則所提示單據的措詞，必須完全重複該項規定。

　4.簽發人或被指定人只需在擔保函規定的範圍內，審查單據彼此間是否不一致。

　5.擔保函項下的單據，應依本慣例項下的擔保函實務，予以審查，縱使該單據類型（例如商業發票、運送單據、保險單等）在 UCP 中已有詳細規定。

　除擔保函明白規定單據內容須與擔保函條款完全一致時，係採「嚴格相符」的標準之外，單據的審查原則上係採取「實質相符」的標準。

　UCP 600 第 14 條(a)項規定：「依指定而行事之指定銀行，保兌銀行，如有者，及開狀銀行須僅以單據為本，審查提示藉以決定單據就表面所示是否構成符合之提示。」ISP 98 並沒有類似的規定，則擔保函簽發人審查單據時是否也必須以相當的注意？基於 ISP 98 第 4 條：「……銀行審查單據時須輔以標準擔保函實務 (standard stand-by practice) ……」的規定，一般認為這個問題的答案是肯定的。

　UCP 600 第 14 條(d)項規定：「當依信用狀本文、單據本身及國際標準銀行實務審閱時，單據中之資料無須與該單據之資料，任何其他規定之單據或信用狀中之資料完全一致，但不得互相牴觸。」因此受益人提示的單據，應證明係同一交易之下的單據；但 ISP 98 規定只需審查每一單據是否與擔保函的規定相符，擔保函規定以外的有關單據彼此間是否不一致的問題，並不在審查的範圍之內，ISP 98 這項規定其實是為配合擔保函應用上的實務，因為受益人依擔保函所提示的單據彼此間不一致，有時正是申請人違反契約的證明。

　擔保函一般均不要求須提示貨運性單據，因此 ISP 98 並未對貨運性單據加以規定，但若擔保函要求此類單據，簽發人也只需依照 ISP 98 有關單據審查的相關規定加以審查，不必理會 UCP 600 的規定，這點也呼應了 ISP 98 第 1 條的規定：「若擔保信用狀也適用其他慣例規則，而其規定如有與本慣例牴觸者，則本慣例優先適用。」

（五）通知、排除及單據的處置

1.於收到提示的單據後 3 個營業日內發出拒付通知，應視為合理，但超過 7 個營業日，則應視為不合理。

2.怠於擔保函或本慣例規定的時間，以規定的方式發出拒付通知，並列明瑕疵，即不得就所保留或經再提示而含有該瑕疵的任何單據主張任何瑕疵。

3.拒付的單據必須依提示人的合理指示，予以退回、保留或處置。若拒付通知中未能就單據的處置予以通知，並不排除簽發人得以其他有利的主張表示拒付。

依 UCP 600 第 14 條(b)項：「依指定而行事之指定銀行，保兌銀行，如有者，及開狀銀行應各有自提示日之次日起最長 5 個銀行營業日，以決定提示是否符合。」第 16 條(d)項：「第 16 條(c)項所要求之通知須於提示日之次日起第 5 個銀行營業日終了之前，以電傳，或不可能時，以其他快捷之方式發出。」顯然 UCP 規定審查單據的合理時間最長不得超過 5 個營業日；而 ISP 98 規定審查單據合理時間的安全天數是 3 個營業日，若超過 3 個營業日，但少於 7 個營業日，則必須依單據的複雜性、審查的項目、處理環境等因素判斷合理與否。

若審查人員在拒付通知中遺漏了一項瑕疵時，不得於日後再主張該項瑕疵。

由於一般商業信用狀下的單據均具有價值（例如提單表彰貨物的所有權），故表示拒付的銀行若未合理處置單據並通知提示人，即不得表示拒付，有關於此，UCP 600 第 16 條(b)項：「若開狀銀行或保兌銀行未依本條之規定辦理時，則該等銀行不得主張該等單據係不構成符合之提示。」不過由於擔保信用狀下的單據通常不具有價值，因此 ISP 98 規定銀行若未在拒付通知中說明單據的處置，並不構成拒付權利的喪失。

（六）轉讓、讓與與法定轉讓

1.除擔保函另有明示外，擔保函原則上係不可轉讓 (non-transferable)。

2.若擔保函係可轉讓，則：

　⑴可多次轉讓；

　⑵不得部分轉讓；

⑶由受益人直接向簽發銀行、保兌銀行或被指定銀行申請轉讓。

3.擔保函項下款項的讓與 (assignment)，應向簽發銀行或被指定銀行申請並經簽認，該項簽認並未賦予受讓人有關擔保函的任何權利，該受讓人僅有受讓款項的權利，且其權利可能因修改或取消而受影響。

4.當繼承人、遺產代理人、清算人、受託人、破產（財產）管理人、存續（繼承）公司或類似的當事人，主張其係依法繼受受益人權益，而以其自身名義提示單據者，視同為經受益人授權的受讓人。

有關轉讓的規定，UCP 600 與 ISP 98 有以下不同：

1. UCP 600 規定若信用狀未禁止分批裝運，信用狀即可部分轉讓；ISP 98 則禁止在任何情況下的部分轉讓。這是因為在一般商業信用狀中，供應商可能有多個，且第一受益人往往為支領差價而保留部分動支的權利，但是在擔保函轉讓實務中，通常是整個動支權利的轉讓，部分轉讓很少見，因此 ISP 98 規定若需要部分轉讓時，必須在擔保函中特別規定。

2. UCP 600 規定僅能轉讓一次；ISP 98 則允許多次轉讓。這是因為在一般商業信用狀的場合，很少需要數次轉讓，但是在擔保函轉讓實務中，則有可能需要多次轉讓，例如受益人也許是一個定期契約的受託人 (trustee)，受託人可以在擔保函的有效期限之內被替換許多次。

3. UCP 600 允許信用狀可以經銀行轉讓，也可以私下轉讓，不過由於在轉讓時受讓人可能面臨詐欺或錯誤的風險（例如信用狀係偽造或已經動支使用過），因此通常建議經由銀行辦理轉讓較為安全；ISP 98 則直接要求擔保函的轉讓必須經銀行辦理，以避免可能產生的問題。

受益人向簽發銀行或被指定銀行申請讓與擔保函項下的款項，並經銀行簽認之後，簽發銀行或被指定銀行即將原應付給受益人的全部或一部分款項，付給指定的受讓人，該受讓人不具有擔保函當事人地位，且無動支款項 (to draw) 的權利，僅具有受讓款項的權利。

UCP 600 除了可轉讓信用狀的受讓人外，對受益人所指定的繼受人並沒有提供有關融通動支的機制；ISP 98 對此則有較周詳的規定。

（七）取 消

1.擔保函項下受益人的權利，未經其同意不得取消。

2.受益人對取消的同意，得以書面形式，或以行為證明。

3.受益人對取消的同意，係採到達主義。

4.簽發人擁有對擔保函取消與否的裁量權。

擔保函原則上係不可撤銷，但若在到期前，擔保函已不再需要或不再必要去支持基礎交易，其義務已完成，或已由其他擔保替代時，則可以取消。實務上取消擔保函有兩種做法：⑴將擔保函退還簽發人；⑵由受益人提出取消擔保函的書面同意，ISP 98 的相關規定頗能符合實際。

● （八）補償義務

1.對相符的提示做出付款時，申請人須對簽發人補償，簽發人須對指定兌付銀行或指定支付對價的銀行補償。

2.上述補償包括各項因擔保函所產生的成本與費用。

3.簽發人審查單據後如決定拒付，則獲得補償的被指定銀行，必須返還求償的金額與利息。

4.自另一家銀行取得補償的任何指示或授權，適用國際商會銀行與銀行間補償的標準規則。

有關補償的義務，ISP 98 並沒有特別深入與廣泛的規定，對於「補償」，ISP 98 所設的標準較「兌付」為低，在實務上，這是正常且合理的。

國際商會銀行與銀行間補償的標準規則，主要是「跟單信用狀項下銀行間補償統一規則」(uniform rules for bank-to-bank reimbursements under documentary credits, URR, ICC Publication No. 725)。

● （九）期間的計算

1.擔保函必須：

⑴載明有效期限，或

⑵允許簽發人經合理的預先通知或付款，而終止擔保函的效力。

2.被指定銀行於指定範圍內所作為的權利，並不因擔保函隨後屆期而受影響。

擔保函若載明有效期限，即以該日期為效力的終止日；但是如果擔保函中並未載明有效期限，則該擔保函是否即為永久有效？ISP 98 並不如此認為，它允許簽發人藉由通知或兌付的程序，有效地終止其義務。

被指定銀行如果在有效期限前，已經對符合的提示予以付款，則縱使單據在送達簽發人時，擔保函已過期，被指定銀行仍有權獲得補償。

（十）聯合簽發／權益出售

1.具有一個以上簽發人的擔保函，如果未載明應向那一簽發人提示，則得向任一簽發人提示，並對所有的簽發人具有拘束力。

2.簽發人得部分出售其對申請人或對任何提示人的權利，簽發人出售其部分權益，並不影響該簽發人的義務。

擔保函若由一個以上簽發人共同聯名開出，稱為聯合簽發 (syndication)，每一簽發人對受益人均負有義務；但若受益人對其中部分簽發人缺乏信心，則可由一簽發人出面作為擔保函的唯一簽發人，對受益人負責，其他人則擔任幕後的贊助者（保證人），這稱為權益出售 (participation)。

若擔保函中未載明係 syndication 或 participation，則視之為 syndication，以保護受益人。

ISP 98 係專為保證業務量身訂做，內容詳盡且少含混之處，但許多細節的規定與 UCP 600 或 URDG 758 有別，甚為彼等未規定者，在使用上應注意期間的異同點。

（十一）UCP 600、ISP 98 與 URDG 758 的比較

規則 項目	UCP 600	ISP 98	URDG 758
審查及拒付的時限	最長 5 個銀行營業日	於 3 個營業日發出通知為非不合理，超過 7 個營業日視為不合理	5 個營業日
不可抗力的銀行停業日	不能展延	恢復營業後，已失效的擔保函，自動展延 30 個曆日	自保證函原應已屆期的時間起算，展延 30 個曆日
國定假日或例假日不營業	展延至次一營業日	展延至次一營業日	展延至次一營業日

轉讓次數	僅能全部或部分轉讓一次	全部轉讓一次以上	保證函不可轉讓，除非明示 "transferable"（可轉讓），如此得轉讓超過一次

 習　題

問答題

1. 目前流行的國際擔保主要有那些類型？

2. 國際商會先後制定了那些規範國際擔保工具的慣例？

3. 為什麼需要國際擔保函慣例？

4. 若國際擔保函中規定遵循 UCP 600 及 ISP 98，而其中規定互有抵觸時，以何者為準？

<附件 1>

THE SANWA BANK LIMITED

CENTRAL P. O. BOX 105, TOKYO

Cable Address:
SANWABANK
Telex Number:
J24281, J22384

ADVISED BY AIRMAIL

IRREVOCABLE DOCUMENTARY CREDIT	Credit number — 41-1234-348	Date of issue — JUNE 26, 11

Advising bank
BANK OF TAIWAN
TAIPEI
CHUNGKIN S. ST., SEC. 1, TAIPEI, TAIWAN

Beneficiary
A B C INDUSTRIAL INC.
P. O. BOX 123 TAIPEI, TAIWAN

Applicant
YOKOHAMA BUSSAN CO., LTD.
TOKYO

Amount
US$1,368.48******************SAY U.S. DOLLARS ONE THOUSAND, THREE HUNDRED AND**
SIXTY-EIGHT 48/100 ONLY

Enpiry
SEP. 30,11   for negotiation

Gentlemen:

We hereby issue in your favor this documentary credit which is available by negotiation with any Bank of your
drafts at **SIGHT**
drawn on **THE SANWA BANK, LTD.**
NEW YORK, N. Y., U.S.A.
for **100% OF INVOICE VALUE**
indicating that thay are drawn under this credit, accompanied by the following documents marked [×] :

[×] **FULL** Set of clean on board ocean Bills of Lading
   made out to **ORDER AND BLANK ENDORSED, MARKED "FREIGHT COLLECT"**
   notify **THE APPLICANT AND DATED NOT LATER THAN SEP. 15, 02**
[ ] Clean Air Waybills consigned to
   notify
[×] Signed Commercial Invoice **IN THREE COPIES.**
[×] Packing List in **THREE COPIES.**
CERTIFICATE OF ORIGIN IN TWO COPIES.
BENEFICIARY'S CERTIFICATE STATING THAT THE ORIGINAL OF G.S.P. FORM
"A" TOGETHER WITH COPIES OF OTHER SHIPPING DOCUMENTS HAVE BEEN
AIRMAILED DIRECTLY TO THE BUYER PROMPTLY AFTER THE SHIPMENT.

COVERING: GLASS WARES.
F.O.B. TAIWAN

INSURANCE EFFECTED BY BUYER.

Shipment from **TAIWAN PORT**
to   **YOKOHAMA PORT, JAPAN**

Partial shipments	PROHIBITED
Transhipment	PROHIBITED

Drafts must be presented for negotiation within **15 DAYS AFTER THE DATE OF SHIPMENT OF THE BILLS OF LADING
BUT WITHIN THE CREDIT EXPIRY.**

Special conditions:

1) **T. T. REIMBURSEMENT IS UNACCEPTABLE.**
2) **ALL BANKING CHARGES OUTSIDE JAPAN ARE FOR ACCOUNT OF BUYER.**

We hereby engage with drawers and/or bona fide holders that drafts
drawn and negotiated in conformity with the terms of this credit will
be duly honored on presentation and that drafts accepted within the
terms of this credit will be duly honored at maturity. The amount of
each draft must be endorsed on the reverse of this credit by the nego-
tiating bank.
     Yours very truly,
     THE SANWA BANK LIMITED

M.I.   T. NISHIO (N-J03)   Authorized Signature

The negotiating bank must send all documents to us
in two aonsecutive airmails and the drafts to the
drawee bank.

Advising bank's notification

Place, date number, name and signature of the advising bank

Except so far as otherwise expressly stated, this documentary credit is subject to "Uniform Customs and Practice for
Documentary Credits 2007 Revision, International Chamber of Commerce, Publication No. 600."

<附件 2>

30/12/11

TO HBU TAIPEI

FM ABN HONG KONG/TST BRANCH

NOTIFY BENEFICIARY/WE ISSUE

IRREVOCABLE TRANSFERABLE CREDIT NO TST–IB–0853

DATE AND PLACE OF EXPIRY 15/4/11 AT TAIWAN

APPLICANT M L O D TRADING LIMITED 15/F PROSPERITY HOUSE 1 GRANVILLE

        ROAD KOWLOON HONG KONG

BENEFICIARY W N O E INTERNATIONAL CO LTD 11 NO 6 FU-HSING

        N ROAD TAIPEI TAIWAN

AMOUNT: USD 158,925.00

CREDIT AVAILABLE WITH YOU

BY NEGOTIATION OF BENEFICIARY'S DRAFT AT SIGHT DRAUN ON ACCOUNTEES

IN DUPLICATE TO THE ORDER OF OURSELVES FOR 100 PERCENT OF THE NETT

INVOICE VALUE SHOWING NO AND DATE OF THIS

CREDIT

PARTIAL SHIPMENT ALLOWED

TRANSHIPMENT ALLOWED

SHIPMENT FROM TAIWAN PORTS TO LONDON/ENGLAND ON C AND F BASIS

SHIPMENT OF:

CONT NO	STYLE NO	QUANTITY	DESCRIPTION
4767	44108	400 DOZ	MEN'S 100 PERCENT ACRYLIC HONEYCOMB

STITCH WAISTCOATS

4768	44109	1,500 DOZ	MEN'S 100 PERCENT ACRYLIC HONEYCOMB STITCH PULLOVERS
4770	44111	600 DOZ	MEN'S 100 PERCENT ACRYLIC HONEYCOMB STITCH CARDIGAN
4798	44139	350 DOZ	MEN'S 100 PERCENT ACRYLIC HALF CARDIGAN STITCH CABLE

DOCUMENTS REQUIRED:

AAA INVOICE IN DUPLICATE IN ENGLISH DULY SIGNED

BY BENEFICIARIES

BBB NON-NEGOTIABLE OF CLEAN ON BOARD OCEAN BILLS OF LADING IN TRIPLICATE TO ORDER ENDORSED IN BLANK DATED NOT LATER THAN 30/3/2011 MARKED 'FREIGHT PREPAID' AND NOTIFY AYTEX LTD 4 ACTON LANE LONDON NW10 7PE ENGLAND ALSO NOTIFY M ASON AND CO LTD 4 –4 THOMAS ROAD POPLAR LONDON E14 7BJ UK

CCC SIGNED PACKING LIST IN DUPLICATE

DDD DUPLICATE EXPORT CERTIFICATE OF TAIWAN

EEE DUPLICATE CERTIFICATE OF TAIWAN ORIGIN

FFF BENEFICIARY'S CONFIRMATION CERTIFYING THAT THE FULL SET

CLEAN ON BOARD OCEAN BILLS OF LADING ORIGINAL EXPORT CERTIFICATE

OF TAIWAN ORIGINAL CERTFICATE OF TAIWAN ORIGIN TOGETHER WITH ONE

SET NON-NEGOTIABLE SHIPPING DOCUMENTS HAVE BEEN

SENT TO L/C OPENER UPON SHIPMENT EFFECTED

GGG INSPECTION CERTIFICATE TO BE COUNTERSIGNED BY L/C OPENER

WITHOUT ADDING YOUR CONFIRMATION

ALL BANK CHARGES OUTSIDE HONG KONG ARE FOR ACCOUNT OF BENEFICIAARIES

DOCUMENTS TO BE SENT IN ONE REGISTERED COVER TO ALGEMENE BANK NEDERLAND NV 8 GRANVILLE ROAD KOWLOON HONG KONG

REIMBURSEMENT INSTRUCTION

UPON RECEIPT OF YOUR DOCUMENTS IN ACCORDANCE WITH THE CREDIT TERMS WE SHALL REIMBURSE YOU BY CABLE ON NEW YORK TO THE CREDIT OF YOUR ACCOUNT WITH ABN NEW YORK

THIS IS THE OPERATIVE INSTRUMENT AND SUBJECT TO U.C.P. 2007 ICC PUBLICATION NO 600 NO MAIL CONFIRMATION IS TO FOLLOW

COLL 84–584

■

HBUTPEW

ABN HONG KONG

ABN HONG KONG

TOD 301428

<附件 3>

```
09 JULY 99  09. 06              PAGE: 10421

. .                    • • •        PRIMARY COPY          • • •
. .
. .                    • • •  AUTH. CORRECT WITH CURRENT KEY    • • •
. .
• •  received from:
. .                                      =  0856 09CTOCTWTPAXXX77754
• •  NEDSZAJJXXX                          =  1249 08NEDSZAJJAXXX97B26
. .                                       =  700 02
• •  nedbank limited                      =
• •  johannesburg                         =
. .
• •  date: 09 July  98  time: 08.56  ·issue of a documenyary credit
• • -----------------------------------------------------------------------
• •  : 27 /sequence of total
• •       1/1
• •  : 40A /form of documentary credit
• •        IRREVOCABLE
• •  : 20 /documentary credit number
• •       863883/80/11
• •  : 31C /date of issue
• •        110708
• •  : 31C /date and place of enpiry
• •        110915TAIWAN ROC
• •  : 50 /applicant
• •       SEA MEN: CYCLE MNFRS PTY LTD
• •       PO BOX 12345
• •       VOOYSENS 2016
• •       RSA
• •  : 59 /beneficiary customer
• •       GOOD BOYS ENTERPRISE CO LTD
• •       12 SEC 1 PEI AN ROAD
• •       TAIWAN TAIWAN
• •
• •  :32S /currency code amount
• •        currency code            : USD US Dollar
• •        amount                   :           #1,177.80#
• •  :41A /available with/by-swift addr
• •        CTOCTWTP
• •        central trust of china
• •        Taipei
• •        BY NEGOTIATION
• •  : 42 /drafts at/drawn on
• •        DRAFTS AT SIGHT
• •        DRAWN ON APPLICANT
• •  : 43P /partial shipment
• •         PROHIBITED
• •  : 43T /transshipment
• •         ALLOWED
• •  : 44 /shot/disptch at/transport. to
• •        SHIPMENT FROM ANY TAIWANESE PORT
• •        TO PORT OF JOHANNESBURG VIA DURBAN
• •        LATEST 30 AUGUST 11
• •  : 45A /shipment (of goods)
• •        CYCLE PARTS
                            INCOMING
• •        F O B
• •  : 46A /documents required
• •        +COMMERCIAL INVOICES IN TRIPLICATE CERTIFYING GOODS IN ACCORDANCE
• •        WITH PROFORMA INVOICE NO 20/6/98
• •        +DECLARATION OF ORIGIN ON PORM DA59 IN TRIPLICATE
• •        +2/3 CLEAN NEGOTIABLE COMBINED TRANSPORT DOCUMENTS ISSUED BY
• •        JARDING MATHIESON PO BOX 81 TAIPEI TAIWAN ROC MADE OUT TO
• •        ORDER ENDORSED IN BLANK NOTIFY HENEWAYS SHIPPING PO BOX 1623
• •        KEMPTON PARK 1620 RSA MARKED FREIGHT COLLECT EVIDENCING
• •        SHIPMENT PER SAFMARINE VESSEL
• •        +BEN CERT STATING THAT ONE COMPLETE SET OF NEG DOCS HAS BEEN
• •        AIRMAILED DIRECT TO APPLICANT IMMEDIATELY AFTER SHIPMENT
• •  : 47A /additional conditions
• •        NEG BANK TO REG/AIRMAIL DOCS TO US IN 1 LOT IMMEDIATELY AFTER
• •        NEGOTIATION QUOTING OUR REF 863883/80/11 ON COVERING SCHEDULE
• •  : 71B /charges
• •        ALL BANK CHARGES INCLUDING CABLE
• •        CHARGES OUTSIDE SOUTH AFRICA FOR
• •        BEN A/C
• •  : 48 /period for presentation
• •        DOCS TO BE PRESENTED WITHIN 15 DAYS
• •        OF SHIPMENT BUT WITHIN THE VALIDITY
• •        OF THE CREDIT
• •  : 49 /confirmation instructions
• •        WITHOUT
• •  : 78 /instructions to pay/acc/neg bk
• •        THE NEG BANK MUST CLAIM AIRMAIL REIMBURSEMENT FROM
• •        MANUFACTURERS HANOVER TRUST CO, NEW YORK, PROVIDED
• •        ALL TERMS AND CONDITIONS OF THIS CREDIT FULLY COMPLTED
• •        WITH
• •        THIS CREDIT IS SUBJECT TO THE UNIFORM CUSTOMS AND PRACTICE
• •        FOR DOCUMENTARY CREDITS 2007 REVISION ICC PUBLICATION 600
• •        AND IS HEREBY OPERATIVE
• •  : 57B /advise thru bank-branch/office
• •        TAIWAN BRANCH
• •  – AUT/612B Authentication Result
• •  DLM Delayed Message
• •  • END
```

＜附件 4＞

Barnett Bank Jacksonville, N.A.
Letter of Credit Department
100 Laura Street
P.O. Box 990 F
Jacksonville, Florida 32231, U.S.A.

CABLE ADDRESS
"NATBANK"
TELEX: 56351

Date: August 16, 11

IRREVOCABLE COMMERCIAL
LETTER OF CREDIT

─ OUR NO. ─ ─ ADVISING BANK NO. ─
8872

─ ADVISING BANK ─

Bank of Taiwan
P.O. Box 305
Taipei, Taiwan

─ APPLICANT ─

American Trading Corp.

Florida, 66701

─ BENEFICIARY ─

Taiwan Trading Co.
P.O. Box 1234
Taipei Taiwan

─ AMOUNT ─
US$1,991.46 (One thousand nine
hundred ninety one and 46/100
U.S. Dollars)

─ EXPIRY ─
September 16, 11

GENTLEMEN: YOU ARE AUTHORIZED TO VALUE ON BARNETT BANK OF JACKSONVILLE, N.A., JACKSONVILLE,
FLORIDA BY DRAWING DRAFTS AT　Sight

FOR　100%　INVOICE VALUE WHEN ACCOMPANIED BY THE FOLLOWING DOCUMENTS:

Commercial Invoice in triplicate bearing beneficiary's signed statement
that "Merchandise is in accordance with our Confirmation of Sales
No. CBCS/660614 dated June 14, 11"

Special Customs Invoice in duplicate

Packing List in duplicate

Full set clean "On Board" Ocean Bills of Lading consigned to the order
of Barnett Bank of Jacksonville N.A., marked notify above account party
and marked FREIGHT COLLECT

COVERING:　Shipment of various art pieces　CIP Jacksonville, Florida

ALL DOCUMENTS MUST BEAR OUR LETTER OF CREDIT NUMBER.
THE AMOUNT OF ANY DRAFT DRAWN UNDER THIS CREDIT MUST BE ENDORSED ON THE REVERSE HEREOF.
ALL DRAFTS MUST BE MARKED, "DRAWN UNDER BARNETT BANK OF JACKSONVILLE, N.A. LETTER OF CREDIT

NUMBER　8872　DATED　August 16, 11

THIS CREDIT IS SUBJECT TO THE "UNIFORM CUSTOMS AND PRACTICE FOR DOCUMENTARY CREDITS (2007
REVISION) INTERNATIONAL CHAMBER OF COMMERCE PUBLICATION NO. 600 "

SHIPMENT FROM: Taipei, Taiwan.
TO: Jacksonville, Florida

─ PARTIAL SHIPMENTS ─
Not permitted

─ TRANSSHIPMENT ─
Not permitted

SPECIAL CONDITIONS:

Bank of Taiwan is requested to confirm this credit.
Confirmation charge is for our account.

WE HEREBY AGREE WITH THE DRAWERS, ENDORSERS AND BONA-
FIDE HOLDERS OF DRAFTS UNDER AND IN COMPLIANCE WITH THE
TERMS OF THIS CREDIT THAT SUCH DRAFTS WILL BE DULY HONOR-
ED ON DUE PRESENTATION TO THE DRAWEES IF NEGOTIATED ON
OR BEFORE THE EXPIRATION, DATE OR PRESENTED TO THE DRAW-
EES TOGETHER WITH THIS LETTER OF CREDIT ON OR BEFORE THAT
DATE

(authorized signature)

(authorized signature)

ADVISING BANK NOTIFICATION

We confrim this credit and
hereby undertake to honor
each draft drawn and presented
as above specified.

Bank of Taiwan

<附件 5>

KWONG ON BANK LIMITED

137 141 QUEEN'S ROAD CENTRAL

HONG KONG

Cable Address "KWONONBANK"	Telex No
Swift Address "KOBKHKHH"	73359 73901
Date September 20, 11	

IRREVOCABLE	Number
DOCUMENTARY CREDIT	LC8539378

Date and place of enpiry
November 15, 11 　in Taiwan

Applicant	Beneficiary
Waterman Set Limited,　　　Hong Kong.	Taipei Spinning Co., Ltd. No.XXX Road, Taipei, Taiwan

Advised By	airmail	Through

Advising Bank
First Commercial Bank, Taipei, Taiwan

Amount　　US$2113,800.00
U.S. Dollars Two Hundred Thirteen Thousand
Eight Hundred Only

Credit available with any bank

Ref No.

by ☐ Payment　　☐ Acceptance　☒ Negotiation

Partial shipments	Transhipment
☑ allowed　☐ not allowed	☐ allowed　☒ not allowed

against presentation of the documents detailed herein

☒ and of your draft(s) at 45 days sight

　drawn on Applicant

　For full invoice value

Shipment/dispatch/taking in charge from/at　Taiwan port

for transportation to Hong Kong

not later than October 31, 11

Documents to be presented:

☒ Signed detailed Commercial Invoice in triplicate

☒ Signed Packing List in triplicate

☒ xx/Marine Insurance Policy(ies) effected by Insurance Company for 110% invoice value, blank end

　War Clause, Institute Cargo Clauses (xxxxxxxxxx　　　) Institute Strikes, Riots Civil Commotions Clauses.

　Warehouse to Warehouse Clause, irrespective of percentage:　R.F.W.D. & F.R.E.C.

　　　　　　　　　　　　　With claims payable at destination in currency of credit

☒ Full set of Clean Shipped On Board Ocean Bill(s) of Ladingm

　made out to Order of　KWONG ON BANK LTD.　Notifying Applicant

　and marked "Freight prepaid" covering:

　　320 bales (128,000 pounds) of Grey Polyester 62% combed cotton 35% blended yarn,
　　NE32/1 (Waxed) raw white on cone, "GOLF" Brand, @US$415.00/bale
　　180 bales (72,000 pounds) of Grey polyester 65% combed cotton 35% blended yarn,
　　NE 45/1 (Waxed) Raw white on cone, "GOLF" Brand, @US$450.00/bale
　　Asper Saled contract number T/K 740901 (TNA-74492) CIF Hong Kong.
　　Packing: Export carton packing, 100 pounds per export carton, 400 pounds per bale.
　　Shipping mark:

　　　　　　　　〈H. S〉

　　　　　　HONG KONG
　　　　　　C/NO.1-up
　　　　　　MADE IN TAIWAN

(x) Copy of beneficiary's telex notifying applicant (Telex No.　　　　　　　)
　　shipment details including mark number, number of cartons, name of vessel and
　　description of goods.

(x) Beneficiary's certificate certifying that one copy of the commercial invoice,
　　packing list and non-negotiable bill of lading have been sent directly to
　　applicant through DHL.

(x) Inspection Report issued and duly signed by Mr. S.L. Law of Tung Kai Trading Co.,
　　Ltd. Certifying that the ordered merchandise has been inspected.
　　Other conditions:
　　Payment will be made at maturity, discount interest and charges are for account
　　of beneficiary. In reimbursement, we shall cover the negotiating bank in
　　accordance with their instruction upon maturity.

Documents to be sent to us in one/two Consecutive airmail(s)

All banking charges outside Hong Kong including advising negotiation and reimbursement commission are for account of beneficiary.
We hereby issue this Documentary Credit in your favour. It is subject to the Uniform Customs and Practice for Documentary Credits
(2007 Revision, International Chamber of Commerce, Paris, France, Publication No. 600) and engages us in accordance with the terms
thereof, and especially in accordance with the terms of Article 3 thereof. The number and the date of the credit and the name of our
bank must be quoted on all drafts required. If the credit is available by negotiation, each presentation must be noted on the reverse of
this advise by the bank where the credit is available.

　　　　　　　　　　　　　　Yours faithfully

　　　　　　　　　　For　KWONG ON BANK LIMITED

　　　　　　　　　　　Authorized Signature

<附件 6>

BANK OF TAIWAN

Taipei, Taiwan

To: A ENTERPRISE CO., LTD.
　　CHEENG GONG RD. SHAN HUA
　　TAIWAN

Date　Sept. 4, 11
Irrevocable Local Credit
No.　LOCAL 64224
Amount　US$104,940.00

Dear Sirs:

We hereby authorise to draw on　B　INTERNATIONAL CORP.

for account of themselves up to an aggregate

amount of U.S. DOLLARS ONE HUNDRED FOUR THOUSAND NINE HUNDRED FORTY ONLY.

Available at　..........　sight for full invoice value accompanied by the following documents

marked (X):

(X) Signed Commercial Invoice in quadruplicate, indicating Export Permit number and bearing
　　counter-signature of the accountee.
　　non-negotiable but countersigned by applicant

(X) xxxxxxx of clean on board ocean Bills of Lading, indicating the accountee as shipper made
　　out to order of RIYAD BANK
　　marked "FRIGHT PREPAID/xxxxxxx", dated not later than OCT. 30, 11 and notify in blank.
　　freight charges to be prepaid by applicant.

( ) Marine Insurance Policy or Certificate in the name of the accountee in currency of drafts and
　　insured in the amount of　　　　　　　　　covering Institute Cargo Clause(　　　　)
　　Institute War Clause

(X) Certificate of Origin, marking the accountee as shipper, in　　　　copies issued by

(X) Packing list inh triplicate.

( ) Customs Invoice

(X) Certificate of weight and specifications.

(X) Mills inspection certificate.

(X) All shipping documents must be endorsed and stamped by Marria

relating to

　　abt 495 MT MILD STEEL EQUAL ANGLE BARS AS PER JIS G3101 SS41,
　　COMMERCIAL QUALITY, OTHER DETAILS AS PER ORDER NO. YK-022/025 DATED:
　　AUG. 22, 11.

Shipment from　KAOHSIUNG　　　　　to　DAMMAN　　(　　POB　　　)
Partial shipments permitted/xxxxxxx　　　　　　Transhipment xxxxxxx/prohibited.

Drafts must be presented for negotiation not later than　OCT. 30, 11

We hereby agree with the drawers, endorsers and bonafide holders of the drafts drawn under and in
compliance with the terms of this credit that such drafts will be duly honered upon presentation to us.

Negotiations of drafts drawn under this credit are restriced to this Bank.

Documents presented to us for negotiation through other banks will be refused by us.

This credit is operative only after we are in receipt of the openers documents conforming to the

master credit No. RIND-29161 issued by RIYAD BANK, RIYADH

Benedficiary's certificate xxxxx countersigned by applicant indicating that full set of Bill of Lading
has been sent to applicant.　　　　　　　　　　　　Yours fauthfully

For **BANK OF TAIWAN**

<附件 7>

Shipper		BILL OF LADING	B/L No.

Shipper

A.B.C. Co., LTD.

Royal Interocean Lines

Consignee

TO ORDER

or to his or their assigns

INCORPORATED IN THE NETHERLANDS AS
KONINKLIJKE JAVA-CHINA-PAKLIVAART LIJNEN B V.,
AMSTERDAM

"a member of the Netherlands Shipping Union group of companies"

SHIPPED on board in apparent good order and condition unless otherwise stated hereon: PACKAGES AND/OR PIECES (Contents and condition of contents, specification, measurement, weight, gauge, brand count, marks, quality or value unknown, any reference in this Bill of Lading to these particulars is for the purpose of calculating freight only) being marked and numbered under, to be conveyed by the vessels to which transhipment may be made by the route and/or method, of conveyance and subject to the Company's Standard conditions and special clauses hereinafter mentioned and to be delivered subject to the conditions and exceptions of this Bill of Lading, all of which constitute the contract of carriage between the shipper and the KONINKLIJKE JAVA-CHINA-PAKLIVAART LIJNEN N.V. (Royal Interocean Lines) — herein called the carrier — at the port of destination or so near thereto as she may safely get and always lie safely afloat.

Notify address

X.Y.Z. TRADERS, P.O. BOX 532
MONROVIA, LIBERIA

THE SCOPE OF THE VOYAGE IS DESCRIBED IN CLAUSE 7 HEREOF.
FORWARDING AND TRANSHIPMENT IN ACCORDANCE WITH CLAUSE 16 HEREOF.
PRECARRIAGE AND/OR ONCARRIAGE IN ACCORDANCE WITH CLAUSE 17 HEREOF.

Pre-carriage by	Place of receipt by pre-carrier
Vessel STRAAT NAGASAKI	Port of loading KEELUNG
Port of discharge MONROVIA	Place of delivery by pre-carrier

Marks and No.	Number and kind of packages; description of goods	Gross weight	Messurement
	S/O NO. 37		
M. P. U. T. TD/650/77/C-7062 D-1060 MONROVIA CARTON NO. 1-17 MADE IN TAIWAN	17 CARTONS MODEL CT-576 MINI FAN - 6" WITH 110V. 50/60 Hz =================		

PARTICULARS FURNISHED BY SHIPPER

Total number of packages ....17... (.....Seventeen.................................)

• Applicable only when document used as a TRANSHIPMENT BILL OF LADING

SPECIFICATION OF FREIGHT AND CHARGES			

ORIGINAL

	2.36 M3	US$127.20	US$ 300.19
C.S	10%		30.02
P.C.		1.46	3.45
B.S.	17.55%		58.56
			US$392.22

In accepting this Bill of Lading, the shipper, consignee and/or the owner: if the goods and the holder of this Bill of Lading, expressly accepts and agrees to all its terms, conditions and exceptions, whether written, printed, stamped or incorporated on the front or back hereof (any local customs or privileges to the rom any notwithstanding) at fully as if they were all signed by the said shipper, consignee, owner or holder.
IN ACCEPTING THIS BILL OF LADING THE SHIPPER EXPRESSLY DECLARES, that unless stated in writing on this Bill of Lading the packages do not contain gold or silver or other precious metals, or coined metal, or watches, watchchains, jewels, precious stones or other valuables, stocks or bonds, paper currency, documents or other property of value, silk, pictures or china, OR IN GENERAL ARTICLES THE VALUE OF WHICH EXCEEDS U.S.A. 180.— PER CFT OR ITS EQUIVALENT IN BRITISH STERLING.

No claim to attach to failure to notify, even if caused by the negligence of the Carrier or his Agents or his servants nor will the receiver be relieved from any obligation under this Bill of Lading if a party to be notified is mentioned herein

In witness whereof the Carrier or his agent have signed the number of original Bills of Lading stated below, all of this tenor and date. One Bill of Lading duly endorsed to be given up in exchange for the goods or for a Delivery Order if required, upon which the others shall stand void.

Freight payable at TAIPEI	Place and date of issue KEELUNG 9TH APRIL, 11
Number of original Bs/L THREE	On behalf of the master(s) and owners of the carrying vessels(s)
" FREIGHT PREPAID "	For TAIWAN S... LIMITED

Signature

<附件 8>

HANG LUNG BANK LIMITED

CABLE ADD.	55 CONNAUGHI ROAD, CENTRAL	TELEX
"HALUNGBANK"	HONG KONG	HX 73755 HX 73092
		TELEPHONE: 5-430386 / 5-458118

- ☐ This credit is in confirmation of the cabled advise to the advising bank
- ☒ This is the original credit to the advising bank by AIRMAIL ······ Date of issue 11th.May,.11

IRREVOCABLE DOCUMENTARY CREDIT	Issuing Bank No. 23790/94	Advising Bank No.

ADVISING BANK	APPLICANT
The Chang Hwa Commercial Bank Ltd., Taipei, Taiwan. to whom negotiation is restricted	Pa Ch. Trading Co., Ltd., Hong Kong.

BENEFICIARY	AMOUNT
ABC Plastics Corporation, 1, chung Hwa North Road, Taipei, Taiwan.	United States Dollars Ninety Eight Thousand Only. (US$98,000.00)
	EXPIRY date 10th July, 11 in Taipei ······ for negotiation

Dear Sirs,

We hereby establish our IRREVOCABLE DOCUMENTARY CREDIT in your favour which is available by your draft(s) in duplicate at 60 days sight for full invoice value drawn on Pa Ch Trading Co., Ltd., Hong Kong us a/c

accompanied by the following documents marked with ☒

- ☒ Signed commercial invoice in triplicate.
- ☒ Packing list in triplicate. showing goods are packed in new PE woven bag with 1-ply 0.2 mm # at Hong Kong
- ☒ Marine insurance policy (or certificate) in duplicate, blank endorsed, for 110% of invoice value with claim payable in the currency of draft irrespective of percentage covering institute cargo clause (A /B/*B), Institute war clauses, institute strike, riots and civil commotions clause, institute theft pilerage and non-delivery clause
- ☐ Full set of clean airway bill issued and duly signed by Airway Company consigned to Hang Lung Bank Ltd. Hongkong. bearing flight number, date of shipment, credit number, marked "Freight Prepaid/Collect" and notify buyers.
- ☒ Full set of clean on board ocean bills of lading made out to our order/order of Shipper bank endorsed marked "Freight Prepaid/Collect" and notify buyers.

Evidencing shipment of 200 M/tons of P.V.C. Resin "FORMOLON" Brand, Taiwan Origin K-Value 60, 65 or 70 @ US$490.00 per M/ton C.I.F. Hong Kong including C2% on FOB value.

\# thick PE lining containing 25 kilos net per bag.

C.I.F./C. & F./F.O.B. Hong Kong

Shipment from Taiwan Port to Hong Kong latest 30th June 11	Partial Shipments ☒ Allowed ☐ Forbidden	Transhipment ☐ Permitted ☒ Prohibited

Special Conditions and Additional Documents required.

- Beneficiary's copy of cable confirmation to buyer advising the name of carrying vessel, its sailing date, number of packages and quantity of goods shipped at least 2 days before shipment effected.
- Shipping Marks: P.C.T.C.

Documents must be presented within 10 days of the date of the Bill of Lading and/or other shipping documents required by the credit but in any event not later than the expiring date of this Documentary Credit.

All drafts accompanying documents must state "DRAWN UNDER HANG LUNG BANK LTD. HONGKONG LETTER OF CREDIT NO. 23790/11 DATE 11th May, 11 ".

All bank charges under this credit outside Hongkong are for account of beneficiaries.

Instructions to the Negotiating Bank:
- ☒ The amount of each drawing must be endorsed on the reverse hereof
- ☒ All documents are to be forwarded to us in two consecutive registered airmail
- ☐ We shall cover you as requested upon receipt of the relative documents/upon maturity
- ☒ After negotiation, please reimburse of your payment by drawing at sight/upon maturity on

Chemical Bank, New York, together with one N/N copy of the Bill of Lading.

We hereby engage with drawers, endorsers and bona fide holders that all draft drawn and negotiated in conformity with the terms of this credit will be duly honoured on presentation and that drafts accepted within the terms of this credit will be duly honoured at maturity.

The advising bank is requested to notify the beneficiary adding/without adding their confirmation.

for HANG LUNG BANK LIMITED

Authorised Signatures

1821

Advising bank's notification

Our Advice No.
Date 5.14
This credit bears no engagement on our par.
Chang Hwa Bank Foreign Dept

Place, date, name and signature of the advising bank

<附件9>

SHOWA SHIPPING CO., LTD. (SHOWA LINE)

(Forwarding Agents)

BILL OF LADING

B/L NO.

Shipper

Consignee

Notify party

| Ocean vessel | | Voy. No. | Place of Receipt | | Pre-Carrier |
| Port of loading | | Port of discharge | Place of Delivery | | Final destination (for the shipper's reference) |

Container No.	Seal No.; Marks & Nos.	No. of Containers or pkgs	Kind of packages; Description of goods	Gross weight –Lbs.	Measurement –cft.

Particulars furnished by shipper

TOTAL NUMBER OF CONTAINERS, OR PACKAGES (in words)

FREIGHT & CHARGES	W/M	Rate	Per	Prepaid	Collect

DULY ON BOARD the vessel above-mentioned

DATE LOADED   SIGNATURE

TOTAL AMOUNT OF FREIGHT & CHARGES

PLACE OF PAYMENT

Prepaid at   Payable at

Place of B(s)/L Issue   Number of B(s)/L signed   Dated

RECEIVED by the Carrier from the Shipper in apparent good order and condition unless otherwise indicated herein, the Goods, or the container(s) or package(s) said to contain the cargo herein mentioned to be carried subject to all the terms and conditions provided for on the face and back of this Bill of Lading by the vessel named herein or any substitute at the Carrier's option and/or other means of transport, from the place of receipt or the port of loading to the port of discharge or the place of delivery shown herein and there to be delivered unto order or assigns.

If required by the Carrier, this Bill of Lading duly endorsed must be surrendered in exchange for the Goods or delivery order.

In accepting this Bill of Lading, the Merchant agrees to be bound by all the stipulations, exceptions, terms and conditions on the face and back hereof, whether written, typed, stamped or printed, as fully as if signed by the Merchant, any local custom or privilege to the contrary notwithstanding, and agrees that all agreements for and in connection with the carriage of the Goods are superseded by this Bill of Lading.

In witness whereof, the undersigned, on behalf of Showa Shipping Co., Ltd. the Master and the owner of the Vessel, has signed the number of Bill(s) of Lading stated above, all of this tenor and date, one of which being accomplished, the others to stand void.

SHOWA SHIPPING CO., LTD.

(TERMS OF BILL OF LADING CONTINUED ON BACK HEREOF)

Form No. C 1001

＜附件 10＞

217	3380 2963	217-3380 2963

Shipper's Name and Address	Shipper's account Number	Not negotiable **Air Waybill**
ABC ENTERPRISES CORP. Taipei, Taiwan		Issued by **Thai** THAI AIRWAYS INTERNATIONAL LIMITED Head Office: 89 Vibhavadi Rangsit Road, Bangkok 10900, Thailand

Copies 1, 2 and 3 of this Air Waybill are originals and have the same validity

Consignee's Name and Address	Consignee's account Number
Moebkroenstraat	

It is agreed that the goods described herein are accepted in apparent good order and condition (except as noted) for carriage SUBJECT TO THE CONDITIONS OF CONTRACT ON THE REVERSE HEREOF. THE SHIPPER'S ATTENTION IS DRAWN TO THE NOTICE CONCERNING CARRIERS' LIMITATION OF LIABILITY. Shipper may increase such limitation of liability by declaring a higher value for carriage and paying a supplemental charge if required.

Issuing Carrier's Agent Name and City	Accounting Information
COUNTRY INT'L AIR CARGO CO.,LTD	Freight Prepaid
Agent's IATA Code 34-3 2894	Account No.	L/C No. 1234

Airport of Departure (Addr. of first Carrier) and requested Routing

Taipei Airport

to	By first Carrier Routing and Destination	to	by	to	by	Currency	CHGS Code	WT/VAL	Other	Declared Value for Carriage	Declared Value for Customs
BKK	TG631/30	BRU	TG581/4			NTD		PPD P COLL	PPD P COLL	NVD	NCV

Airport of Destination	Flight/Date For Carrier Use only Flight/Date	Amount of Insurance
Brussels National Airport Zaventem		INSURANCE - If carrier offers insurance, and such insurance is requested in accordance with conditions on reverse hereof, indicate amount to be insured in figures in box marked 'amount of insurance'

Handling Information

Invoice, packing list, & Form-A. attd

(For USA only) These commodities licensed by US for ultimate destination .... Diversion contrary to US law is prohibited.

No. of Pieces RCP	Gross Weight	kg lb	Rate Class Commodity Item No.	Chargeable Weight	Rate / Charge	Total	Nature and Quantity of Goods (incl. Dimensions or Volume)
4 ctns	87 kgs	Q.		87 k.	@292.00	25,404.00	Fashion ornament As Described in sales confirmation Nr 02010 dated Q'ty: 2840 prs, 720 pcs,360 set G.R.A. BRUSSELS C/No. 1-4 MADE IN TAIWAN R.O.C.

Prepaid	Weight Charge	Collect	Other Charges
25,404.00			
	Valuation Charge		CKS/THC. 70.00
	Tax		
	Total other Charges Due Agent		Shipper certifies that the particulars on the face hereof are correct and that insofar as any part of the consignment contains dangerous goods, such part is properly described by name and is in proper condition for carriage by air according to the applicable Dangerous Goods Regulations.
	Total other Charges Due Carrier		LION ENTERPRISES CORPORATION
70.00			
Total prepaid	Total collect		
			Apr. 30, 11 Maple, King
Currency Conversion Rates	cc charges in Dest. Currency		Executed on (Date) (Place) Signature of Issuing Carrier or its Agent
For Carrier's Use only at Destination	Charges at Destination	Total collect Charges	217-3380 2963

ORIGINAL 3 (FOR SHIPPER)

<附件 11>

AIR WAYBILL NUMBER	AIR WAYBILL NUMBER
OS4 7259 4314	OS4 7259 4314

1 Shipper's Name and Address / Shipper's account Number

SATOH COMPANY

OSAKA, JAPAN

NOT NEGOTIABLE
AIR WAYBILL
(AIR CONSIGNMENT NOTE)
ISSUED BY

NIPPON EXPRESS CO., LTD.
TOKYO, JAPAN

2 Consignee's Name and Address / Consignee's account Number

BANK OF TAIWAN
CHUNG SHAN BRANCH

If the carriage involves an ultimate destination or stop in a country other than the country of departure, the Warsaw Convention may be applicable and the Convention governs and in most cases limits the liability of carriers in respect of loss of or damage to cargo. Agreed stopping places are those places (other than the places of departure and destination) shown under requested routing and/or those places shown in carrier's timetables as scheduled stopping places for the route. Address of first carrier is the airport of departure.
SEE CONDITIONS ON REVERSE HEREOF

Copies 1, 2 and 3 of this Air Waybill are originals and have the same validity

3 Issuing Carrier's Agent, Name and City

NIPPON EXPRESS CO., LTD.

EXPORT NO.4 (042-036)

Accounting Information
FREIGHT : COLLECT

4 Airport of Departure (Addr. of first Carrier) and requested Routing
OSA-TPE | Clearance

D= 5.1 (0.207882M3)

to BBP	By first Carrier	By	MAWB No	SBS No
TPE	N E C	FT	023-4189 7155	57

Currency	WT/VAL PPD COLL	Other PPD COLL	Declared Value for Carriage	Declared Value for Customs
JYE	XXXX	XXXX	N.V.D	

Airport of Destination	1st Flight / Date	2nd Flight / Date	Amount of Insurance
TAIPEI	FT0071/25		

INSURANCE - If shipper requests insurance in accordance with conditions on reverse hereof, indicate amount to be insured in figures in box marked amount of insurance

5 Handling Information

NOTIFY; AMERICA & DEVELOPMENT CORP.
215, TAIPEI, TAIWAN.

6

No of Pieces RCP	Gross Weight	kg lb	Rate Class Commodity Item No	Chargeable Weight	Rate / Charge	Total	Nature and Quantity of Goods (incl Dimensions or Volume)
4	38.2K	Q		45.0	572	25,740	COWHIDE GRAIN LEATHER THICKNESS 0.55-0.6MM
			078X041X021X001				
CASE MARK;			082X037X018X002				
ADDR			075X035X012X001				
C/NO.1-4							
							INVOICE NO: UN-0917

7

Prepaid	Weight Charge	Collect	Other Charges
		25,740	AWB FEE : 200

ORIGIN : JAPAN

Valuation Charge	

INVOICE ATTACHED

C C Fee	515

Total other Charges Due Agent	200

The shipper certifies that the particulars on the face hereof are correct and agrees to the CONDITIONS ON REVERSE HEREOF

Total other Charges Due Carrier	

Signature of Shipper or its Agent

Insurance Premium	

BY BROKER/AGENT

Total prepaid	Total collect
200	200

Carrier certifies goods described below were received for carriage subject to the CONDITIONS ON REVERSE HEREOF, the goods then being in apparent good order and condition except as noted hereon

Currency Conversion Rates	CC charges in Dest Currency

24.SEP.11 OSAKA, JAPAN

For Carriers Use only Destination	Charges at Destination	Total collect Charges

Executed on (Date) at (Place) Signature of Issuing Carrier or its Agent

AIR WAYBILL NUMBER
OS4 7259 4314

ORIGINAL 3 (For Shipper)

NEI 09 PRINTED IN JAPAN

<附件 12>

臺灣產物保險股份有限公司
TAIWAN FIRE & MARINE INSURANCE CO., LTD.
HEAD OFFICE 台sp PT 49, Kuan Chien, Road, Taipei, Taiwan
Republic of China
Cable Address: 0202 Taipei.   Telex No: 21694
Tel: 3317261-8 (8 Lines) 3317271-4, 3122172-9

財政部註冊(74)暨起執照臺保更字○○五號

MARINE CARGO POLICY

POLICY NO. 22206000321	

Claim if any payable in/at US Currency
MONTALE, ITALY
J.H.MINET & CO., LTD
MINET HOUSE,100 LEMAN ST.
LONDON, E1 8HG, ENGLAND.

ASSURED   TAIWAN   INDUSTRY CORP

Invoice No.   76/123   ITEM CORRECTION

AMOUNT INSURED   US DOLLARS THIRTY EIGHT THOUSAND TWO
HUNDRED EIGHTY NINE AND CENTS EIGHTY TWO ONLY
(US$38,289.82)

Ship or Vessel	At and from	To/Transhipped at
S.S. EVER ORDER V.	KEELUNG,TAIWAN	

Sailing on or about APR. 27 2011   Thence to ITALY

SUBJECT-MATTER INSURED
AS PER LIST ATTACHED

RS-017   CARBONIZED WOOL
MONTALE   TYPE 108
VIA   LOT 132
LEGHORN   ORDER 100
NO.1-69   PACKED IN 69 BALES.
CARB. IN TAIWAN INVOICE WEIGHT AT...7,485.79 KGS.
R. O. C.

Conditions
SUBJECT TO THE FOLLOWING CLAUSES AS PER BACK HEREOF
INSTITUTE CARGO CLAUSES (ALL RISKS)
INSTITUTE STRIKES RIOTS AND CIVIL COMMOTIONS CLAUSES
INSTITUTE WAR CLAUSES (CARGO)

Marks and Numbers as per Invoice No. specified above.   Valued at the same as Amount insured.

Place and Date signed in   TAIPEI   APR. 26 2011   Number of Policies issued   TRIPLICATE

ORIGINAL

<附件 13>

財政部註冊登記執照臺保更字七二號

臺灣產物保險股份有限公司
TAIWAN FIRE & MARINE INSURANCE CO., LTD.

HEAD OFFICE: 9th Fl. 49, Kuan Chien Road, Taipei, Taiwan
Republic of China.
Cable Address: 0202 Taipei.   Telex No: 21694
Tel: 3317261-8 (8 Lines)   3317271-4, 3122172-9

POLICY NO.	**MARINE CARGO POLICY**
Claim, if any, payable at/in	ASSURED

Invoice No.

Amount insured

Ship or Vessel	From	To/Transhipped at
Sailing on or about	Thence to	

SUBJECT-MATTER INSURED

Conditions
Subject to the following clauses as per back hereof
     Institute Cargo Clauses
     Institute War Clauses (CARGO)
     Institute Strikes Clauses (CARGO)

Marks and Numbers as per Invoice No. specified above.   Valued at the same as Amount insured.

Place and Date signed in   Number of Policies Issued

☞ The Assured is requested to read this policy and if it is incorrect return it immediately for alternation.

IMPORTANT

PROCEDURE IN THE EVENT OF LOSS OR DAMAGE FOR WHICH UNDERWRITERS MAY BE LIABLE

LIABILITY OF CARRIERS, BAILEES OR OTHER THIRD PARTIES

It is the duty of the Assured and their Agents, in all cases, to take such measures as may be reasonable for the purpose of averting or minimizing a loss and to ensure that all rights against Carriers, Bailees or other third parties are properly preserved and exercised. In particular, the Assured or their Agents are required :—

1. To claim immediately on the Carriers, Port Authorities or other Bailees for any missing packages.
2. In no circumstances, except under written protest, to give clean receipts where goods are in doubtful condition.
3. When delivery is made by Container, to ensure that the Container and its seals are examined immediately by their responsible official.
   If the Container is delivered damaged or with seals broken or missing or with seals other than as stated in the shipping documents, to clause the delivery receipt accordingly, and retain all defective or broken seals for subsequent identification.
4. To apply immediately for survey by Carriers' or other Bailees' Representatives if any loss or damage be apparent and claim on the Carriers or other Bailees for any actual loss or damage found at such survey.
5. To give notice in writing to the Carriers or other Bailees within 3 days of delivery if the loss or damage was not apparent at the time of taking delivery.
NOTE :— The Consignees or their Agents are recommended to make themselves familiar with the Regulations of the Port Authorities at the port of discharge.

DOCUMENTATION OF CLAIMS

To enable claims to be dealt with promptly, the Assured or their Agents are advised to submit all available supporting documents without delay, including when applicable :—

1. Original policy or certificate of insurance
2. Original or certified copy of shipping invoice, together with shipping specification and/or weight notes.
3. Original or certified copy of Bill of Lading and/or other contract of carriage.
4. Survey report or other documentary evidence to show the extent of the loss or damage.
5. Landing account and weight notes at port of discharge and final destination.
6. Correspondence exchanged with the Carriers and other Parties regarding their liability for the loss or damage.

☞ In the event of loss or damage which may involve a claim under this insurance, no claim shall be paid unless immediate notice of such loss or damage has been given and a Survey Report obtained from the Company's Office or Agents specified in this policy.

No claim for loss by theft &/or pilferage shall be paid hereunder unless notice of survey has been given to this Company's agents within 10 days of the expiry of the insurance.

Not valid unless Countersigned by ....

INSTITUTE REPLACEMENT CLAUSE (applying to machinery)

In the event of loss of or damage to any part or parts of an insured machine caused by a peril covered by the Policy the sum recoverable shall not exceed the cost of replacement or repair of such part or parts plus charges for forwarding and refitting, if incurred, but excluding duty unless the full duty is included in the amount insured, in which case loss, if any, sustained by payment of additional duty shall also be recoverable.

Provided always that in no case shall the liability of Underwriters exceed the insured value of the complete machine.

LABEL CLAUSE (applying to labelled goods)

In case of damage from perils insured against affecting labels only, loss to be limited to an amount sufficient to pay the cost of reconditioning, cost of new labels and relabelling the goods.

CO-INSURANCE CLAUSE (applicable in case of Co-insurance)

It is hereby understood and agreed that this Policy is issued by the Taiwan Fire & Marine Insurance Co., Ltd., on behalf of the co-insurers who, each for itself and not one for the others, are severally and independently liable for their respective subscriptions specified in this policy.

Notwithstanding anything contained herein or attached hereto to the contrary, this insurance is understood and agreed to be subject to English law and practice only as to liability for and settlement of any and all claims

This insurance does not cover any loss or damage to the property which at the time of the happening of such loss or damage is insured by or would but for the existence of this Policy be insured by any fire or other insurance policy or policies except in respect of any excess beyond the amount which would have been payable under the fire or other insurance policy or policies had this insurance not been effected.

We, THE TAIWAN FIRE & MARINE INSURANCE COMPANY, LIMITED, hereby agree, in consideration of the payment to us by or on behalf of the Assured of the premium as arranged, to insure against loss damage liability or expense to the extent and in the manner herein provided.

In witness whereof, *I the Undersigned of* THE TAIWAN FIRE & MRAINE INSURANCE COMPANY, LIMITED, on behalf of the said *Company* have subscribed *My* Name in the place specified as above to the policies, the issued numbers thereof being specified as above, of the same tenor and date, one of which being accomplished, the others to be void, as of the date specified as above.

P. C. Yen

General Manager

<附件 14>

Spring Electrical Corp.

P. O. box 123, Taipei, Taiwan

No. CK-0218 (1)   (3)   **INVOICE**   Date: July 26, 11 (2)

INVOICE of 300 SETS OF ELECTRIC FANS.

For account and risk of Messrs. (4) JAICO TRADING CO., MANILA, PHILIPPINES

Shipped per S.S. (5) MOBILE V-406 (AMERICAN FLAG)

sailing on or about (6) JULY 24, 11 From (7) KEELUNG, TAIWAN to (8) MANILA

L/C No. 58226 Date: JUNE 20, 11

Issued by PHILIPPINE BANK OF COMMUNICATIONS, MANILA As per P/O No. J-015

Marks & Nos.	Description of Goods	Quantity	Unit Price	Amount
T. I. C. FED-16/194 MANILA C/NO.1-300 MADE IN TAIWAN R. O. C.	ELECTRIC FAN Desk fan with timer, lamp, radio and revolving lantern. (No Brad)	300 sets.	C&F MANILA (per set) @US$25.66	US$7,698.00

SAY: US DOLLARS SEVEN THOUSAND SIX HUNDRED NINETY EIGHT ONLY.

PACKING: PACKED IN WOODEN CASE.

MANUFACTURER: SPRING ELECTRICAL CORP.
P.O. BOX 123 TAIPEI, TAIWAN, R.O.C.

PACKING COST	US$1,200.00
INLAND FREIGHT	200.00
OCEAN FREIGHT	760.00
OTHER CHARGES	110.00
TOTAL	US$2,270.00

SPECIMEN

TAIPEI CHAMBER OF COMMERCE

Authorized Signature

SPRING ELECTRICAL CORP.

S.C. TSAI
Managing Director

<附件 15>

P. O. BOX 32—89
TAIPEI, TAIWAN

TELEX: 22553 ASURCO
CABLE: "ASSURANCE" TAIPEI
TEL: 5612190 (3 LINES) TAIPEI

INVOICE

No. .... Date: ....

INVOICE of ....

FOR ACCOUNT OF MESSRS: ....

Shipped from .... To. ....

Per S.S. .... Sailing on or about ....

L/C No. .... Issued by ....

	Description of Goods	Quantity	Unit Price	Amount

<附件 16>

P. O. BOX 32—89
TAIPEI, TAIWAN

TELEX: 22553 ASURCO
CABLE: "ASSURANCE" TAIPEI
TEL: 5612190 (3 LINES) TAIPEI

INVOICE

No. ....

Date: ....

INVOICE of ....

FOR ACCOUNT OF MESSRS: ....

Shipped from .... To. ....

Per S.S. .... Sailing on or about ....

L/C No. .... Issued by ....

Description of Goods	Quantity	Unit Price	Amount

<附件 17>

PACKING LIST

No. ....

Date: ....

PACKING LIST of ....

MARKS & NOS:

For account and risk of Messrs. ....

....

Shipped by ....

Per S. S. ....

sailing on or about ....

From .... to ....

Packing No.	Description	Quantity	Net Weight	Gross Weight	Measurement

<附件 18>

1. Exporter's Name and Address	CERTIFICATE NO.
	Page
	CERTIFICATE OF ORIGIN
2. Importer's Name and Address	(Issued in Taiwan)
	ORIGINAL

3. On Board Date	6. Port of Discharge
4. Vessel/Flight No.	7. Country of Destination
5. Port of Loading	

8. Description of Goods; Packaging Marks and Numbers	9. Quantity/Unit

This certificate shall be considered null and void in case of any alteration.

Certification
It is hereby certified that the goods described in this certificate originate in Taiwan.

_____
Authorized signature

＜附件 19＞

TAIWAN INTERNATIONAL CORP.
P.O. BOX 123 TAIPEI
TAIWAN

Invoice No. __123__

Date: July 22, 11
Against
Order No. __02/116__
Sale No. _____

INVOICE

INVOICE of __28,000 Kgs. of Dehydrated Garlic Flakes.__
shipped per __"PRESIDENT"V-18__ Sailing on/about __July 22, 11__
from __Keelung, Taiwan__ to __Yokohama, Japan__
by order and for account and risk of Messrs. __Sanki Co., Ltd.__
__110-1 1-Chome, Nishiazabu Minato-Ku, Tokyo__

Marks & No.	Commodity & Description	Quantity	Unit Price	Amount
SANKI TOKOHAMA No.1-700 NW:40KGS MADE IN TAIWAN	DEHYDRATED GARLIC FLAKES GRADE A : Deprived of water for 100%.	20,000Kgs.	C&P YOKOHAMA (per Kgs.) @US$3.10	US$62,000.00
	GRADE B : Deprived of water for 96%.	8,000. "	2.50	20,000.00
	Total :	28,000Kgs.		US$82,000.00

SAY U.S. DOLLARS EIGHTY TWO THOUSAND ONLY.

Import Licence No. ID(9)E(174)-00319

Insurance covering by the Buyers.

Drawn under letter of credit of The Taiyo Kobe Bank Ltd.
No. 200/174/000328, Dated August 9, 11

TAIWAN INTERNATIONAL CORP.

SPECIMEN

. . . .

<附件 20>

1. Exporter's Name and Address	CERTIFICATE NO.
	Page
	CERTIFICATE OF ORIGIN (Issued in Taiwan) **ORIGINAL**
2. Importer's Name and Address	

3. On Board Date 4. Vessel/Flight No. 5. Port of Loading	6. Port of Discharge 7. Country of Destination

8. Description of Goods; Packaging Marks and Numbers	9. Quantity/Unit

This certificate shall be considered null and void in case of any alteration.

Certification
It is hereby certified that the goods described in this certificate originate in Taiwan.

_____
Authorized signature

＜附件 21＞

CHUGAI PHARMACEUTICAL CO., LTD.

5–1, 2–Chome, Ukima, Kita-Ku

Tokyo, Japan

SALES CONFIRMATION

Tokyo, Dec. 10, 2011

To: Tong Ho Trading Co., Ltd.

100, Chungking South Road, Sec. 3

Taipei, Taiwan

Dear Sirs,

We confirm having sold to you the following goods on terms and conditions set forth below:

Commodity: Guronsan Tablets

Specification: 50mg, 120's, 05843

Quantity: 10,000 boxes

Price: USC88 per box FOB vessel Japanese port

　　　Total amount: US$8,800.00

Packing: in export standard cartons

Shipment: within 30 days after receipt of L/C, which must be opened by end of Dec. 2011

Destination: Keelung, Taiwan

Payment: By a prime banker's irrevocable L/C payable against sight draft

Insurance: Buyer's care

Remark: (1) Agent commission 3% on FOB basis has been included in the above price.

(2) Please advise L/C thru Bank of Tokyo, Tokyo

Your truly,

＜附件 22＞

開發信用狀申請書及約定書
APPLICATION & AGREEMENT FOR LETTER OF CREDIT

DATE OF ISSUE ＿＿＿＿＿＿ **(1)**

L/C NO. ＿＿＿＿＿＿ **(2)**

甲乙丙銀行 外匯業務處台鑒
A.B.C BANK FOREIGN DEPT.
TAIPEI

Date and place of EXPIRY **(3)**

We, bound ourselves to the terms of the reverse side, request you to issue an irrevocable documentary credit as follows by:

(4) ☐ Cable (☐ brief ☐ detail) ☐ airmail

(5) ☐ with your correspondent's confirmation for account of ☐ US ☐ Beneficiary

Beneficiary **(6)**

Applicant **(7)**

Amount **(8)**

Advising Bank (如需指定，請填上) **(9)**

Credit available with (如需限押，請填上押匯行名稱) **(16)**

(10) Partial shipments **(11)** ☐ allowed ☐ not allowed

Transhipment ☐ allowed ☐ not allowed

(17) by ☐ NEGOTIATION ☐ ACCEPTANCE ☐ PAYMENT ☐ DEFERRED PAYMENT
against presentation of the documents detailed herein
☐ and of your draft(s) at ＿＿＿＿＿ **(18)** ＿＿＿＿ drawn on yourselves

Shipment/dispatch/taking in charge from/at **(12)**

for transportation to **(13)** by **(14)**

not later than **(15)**

List of documents to be presented:

☒ Manually signed commercial invoice in septuplicate indicating import licence No. ＿＿＿＿ **(19)**

☐ Full set of clean on board ocean Bills of Lading made out to order of ☐ the issuing bank ☐ the applicant, marked "Freight ☐ prepaid ☐ Collect", notifying the applicant. **(22)**

☐ Original Airwaybill consigned to ☐ the issuing bank (TEL NR: 02-3710024, FAX NR: 3118107) ☐ the applicant, marked "Frieght ☐ Prepaid ☐ Collect", notifying the applicant. **(20)**

(23) ☒ Packing list in quadruplicate. **(21)**

☐ Insurance Certificate (or Policy) covering ＿＿＿＿＿ **(24)**

clauses for **(25)** % invoice value indicating the assured as ☐ the issuing bank ☐ the applicant **(26)**

Covering

(27)

(28)

Value ☐ FAS/ ☐ FOB ☐ C&F/ ☐ CIF (請填上地點)

Special instructions:

☒ All documents must bear this credit number.

☒ All Banking charges outside of Taiwan are for account of beneficiary.

(29)

(30)

Documents to be presented within ＿＿＿ days after the date of issuance of the shipping document(s) but within the validity of the credit.

本案信用狀各項書表均經審核無誤並辦妥各項手續擬准照開

核准 副理 襄理 科長 副科長、覆核 承辦

會計科會簽

郵 電 費	
手 續 費	
保 兌 費	
合 計	

<附件 23>

NAME OF ISSUING BANK	IRREVOCABLE	Number
A.B.C BANK	DOCUMENTARY CREDIT	

Taipei Taiwan 100. Republic of China
Telex No 21154. 23279 Answer Back "CENTRUST"
Cable Address "TRUSTEX" Taipei

Place and Date of Issue
Taipei, ROC

Date and place of expiry

at counter of _____ Bank

Applicant	Beneficiary

Advising Bank	Amount

Credit available with

partial　shipments　　　transhipment
☐ allowed ☐ not allowed　☐ allowed ☐ not allowed

by　☐ Negotiation　　☐ Acceptance
　　☐ Payment　　　☐ Deffered Payment

Shipment/dispatch/taking in charge from/at

against presentation of the signed documents detailed herein

for transportation to

not later than

☐ and of your draft(s) at sight
drawn on

List of documents to be presented:

☒ Manually signed commercial invoice in septuplicate indicating import licence No.
☐ Full set of clean on board ocean Bills of Lading made out to order of　☐ the issuing bank　☐ the applicant, marked "Freight　☐ prepaid ☐ Collect", notifying the applicant.
☐ Original Airwaybill consigned to　☐ the issuing bank　☐ the applicant, marked "Freight　☐ Prepaid ☐ Collect", notifying the applicant.
☒ Packing list in quadruplicate.
☒ Supplier's Certificate as indicated on reserve side of this credit.

Covering

Special instructions:

☒ All documents must bear this credit number.
☒ All Banking charges outside of Taiwan are for account of beneficary.
☒ The supplier's certificate is not required, if no agent commision has been or will be paid.

Documents to be presented within　　days after the date of issuance of the shipping document(s) but within the validity of the credit.

(　) We have issued the documentary credit as detailed above.
(　) This is mail confirmation of Documentary Credit opened today by cable.
It is subject to the uniform Customs and Practice for Documentary Credit (1993 Revision, International Chamber of Commerce, Paris, France, Publication No. 500). We request you to notify the Credit/mail confirmation to the beneficiary
(X) without adding your confirmation
(　) adding your confirmation
(　) and authorized you to add your confirmation
The number and the date of the credit and the name of our bank must be quoted on all drafts required.

Please acknowledge receipt.

(　) Upon receipt of the documents fully in compliance with the terms of this credit, we shall remit proceeds as per instruction of the bank(s) concerned.
(　) Reimbursement

Central Trust of China
Foreign Department

This document consists of　　　signed page(s)

Authorized signature　　　Authorized signature

B-D

<附件 24>

進口業務費率表（參考用）

手續費：
一、開發信用狀
　三個月一期，第一期收 0.25%，以後每期收 0.125%，最低 NT$400。
二、修改信用狀
　(1)修改一般條款：每件 NT$300，但修改係增加信用狀金額時比照開狀標準收費。
　(2)展延信用狀：三個月一期，每期 0.125%，最低 NT$300。
三、賣方遠期信用狀承兌手續費
　自承兌日起至匯票到期日止，每個月為一期（未滿一期，以一期計算）0.08%，最低 NT$400。
四、進口託收暨記帳
　(1)D/P 收 0.15%，最低 NT$200。
(2)D/A 收 0.20% 最低 NT$250。
(3)OPEN ACCOUNT 收 0.15%，最低 NT$100。
郵電費：
一、開發及修改
　(1)郵費
　　亞洲 NT$80，香港地區 NT$60，歐美及其他地區 NT$100。
　(2)電報費

地　　　　區	開狀簡電	開狀詳電	信用狀修改
香 港 地 區	NT$300	NT$800	NT$300
亞 洲 地 區	450	1,000	400
歐美及其他地區	450	1,200	400

　(3)T/T 求償費需由本行發電報授權者一律收取 NT$750。
二、進口託收暨記帳
　(1)D/P、D/A：
　　信匯：香港 NT$120、亞洲 NT$160、歐美其他 NT$200
　　電匯：香港 NT$470、亞洲 NT$510、歐美其他 NT$680
　(2)O/A：
　　信匯：香港 NT$60、亞洲 NT$80、歐美其他 NT$100
　　電匯：亞洲 NT$350、歐美其他 NT$480
代收央行簽證費：0.15% 每張 I/P 最低 NT$100，但輪船及飛機進口案件每件收費最高至 NT$100,000 為止。
信用狀保兌費：按國外銀行收費標準收取（每筆先按 0.15% 計收，三個月為一期，最低 US$100）。
新臺幣對外幣遠期外匯
保證金成數：新臺幣對外幣交易徵提 7%。
保證金收存方式：存入新臺幣現金

＜附件 25＞

SOUTHERN Bank Berhad
(INCORPORATED IN MALAYSIA)
PLACE OF ISSUE: 49, Jalan Hang Lekiu,
50100 Kuala Lumpur.

☐ CONFIRMATION
of Our Cable of   DATE: 2-9-11.

Telex No.
Cable Address: SOUTHBANK

IRREVOCABLE DOCUMENTARY CREDIT	Number **4321**

Date and Place of Expiry
29-9-11   Taiwan

Advising Bank
Overseas Chinese Commercial Banking Corp.
Head Office,
8, Hsiang Yang Road,
TAIPEI 100,
TAIWAN.

Applicant
Unique   Trading   Bhd,
10 , Jalan SS
Damansara   Petaling
Selangor,
West Malaysia.

Beneficiary
A.B.C. Electronics Corporation,
P.O.Box: 123
Taipei,
Taiwan 106.

Amount   US$2,965-00   C&I
US Dollars Two thousand nine hundred
and sixty-five only.

Shipment/Delivery to be effected not later than   29-9-11.

From   Taipei Port
To   Port Kelang.

Partial Shipments	Transhipment
☐ allowed ☒ not allowed	☐ allowed ☒ not allowed

Dear Sir(s),
We hereby issue in your favour this documentary Credit which is available by ☐ payment ☐ acceptance ☒ negotiation
of your drafts drawn on Applicant   at •••••••••••••••••••• SIGHT bearing the clause
"Drawn under **Southern Bank Berhad**. Kuala Lumpur   L/C No. 4321   ."
accompanied by the following documents (in duplicate unless otherwise specified) and instructions marked ☒

☒ Signed Commercial Invoices

☒ Packing Lists   ☒ Weight Notes   ☒ Certificates of Origin   ☒ Insurance to be effected by Buyer

☐ Insurance Policies or Certificates for 110% of invoice value with claims payable at
covering Institute Cargo Clauses (   ); Institute War Clauses;

☐

☒ Full set CLEAN ON BOARD BILLS OF LADING
consigned to our ORDER; NOTIFY APPLICANT marked   ☐ Freight Prepaid
                                                    ☒ Freight Payable at destination

covering

50 sets of SA-290LECT Control Panel and 1,000 nos of SS-040UL Vibration Contact
as per Proforma Invoice No. 789   dated 18-8-11.

華僑商業銀行 國外營業部
信用狀或修改 □通知專□章
日期: 100.9.10
REF:

SPECIAL INSTRUCTIONS
1) All banking charges outside Malaysia are strictly for beneficiary's account.

MALAYSIA $1

This Credit is attached with   Signed Continuation Sheet

INSTRUCTIONS TO NEGOTIATING BANK

☒ The amount of each draft must be endorsed on the reverse of this Credit.

☒ The drafts and documents are to be forwarded to us by two consecutive registered airmails.

☐

☒ In reimbursement, please draw   ☒ at sight   ☐ on maturity

Citibank N.A.
Asia South SMC (Malaysia)
111, Wall Street, 16th Floor
New York NY 10043
U.S.A.
accompanied by your certificate stating that all terms and
conditions thereof have been complied with.

We undertake that drafts drawn and presented in conformity
with the terms of this Credit will be duly honoured and that
drafts accepted within the terms of this Credit will be
duly honoured at maturity.

This Credit is subject to the Uniform Customs and Practice for
Documentary Credits (2007 Revision), International Chamber of
Commerce, Publication No.600.

······ Yours faithfully,

簽字核符
華僑商業銀行
國外營業部

for **Southern Bank Berhad**

EXACTLY US$2965•00

21433

B/LC/1

<附件 26>

OEB OVERSEAS EXPRESS BANK SURABAYA BRANCH
42-40　Tunjungan, Surabaya, Indonesia

ORIGINAL [7]:

Reg.Bank no.24/140/1007 *

☐ ADVISED BY AIRMAIL　☒ FURTHER TO OUR PRELIMINARY CABLE OF TODAY

Surabaya, July. 30, 11

IRREVOCABLE DOCUMENTARY CREDIT	CREDIT NUMBER OF ISSUING BANK 3210	OF ADVISING BANK
ADVISING BANK BANKERS TRUST COMPANY Bank Tower, 8th Floor 205 Tun Hwa N. Road, Taipei Taiwan	APPLICANT C.V. A.B.C. Jl.　　　no. KRIAN, SIDOARDO. INDONESIA. NPWP :	
BENEFICIARY X.Y.Z. Industrial Inc. ,chen Teh Road, TAIPEI-TAIWAN Tel: 1234567 PO.BOX: 123　Taipei Telex: Cable:　Taipei.	AMOUNT US.$.5,360. C.I.F. (Five thousand three hundred sixty US Dollars)	
	EXPIRY DATE IN THE COUNTRY OF BENEFICIARY FOR NEGOTIATION October 30, 11	

Dear Sirs,

We hereby issue in your favour this documentary credit which is available by negotiation of your drafts at sight drawn on applicant for full invoice value, marked as being drawn under this credit and accompanied by the following documents :

☒ Signed commercial invoices in ... s i x ... folds describing the merchandise as specified below and indicating this credit number.

☒ Full set of clean on board Ocean Bills of lading marked "Freight Prepaid" in three folds plus .... s i x ... non negotiable copies, made out to our order, notify applicant:

☐ Full set of clean Airway Bill marked "Freight Prepaid", plus .... copies, consigned to Overseas Express Bank, Surabaya, notify applicant.

☐ Marine insurance policy or certificate for 110% of CIF invoice value, blank endorsed, covering .... sks and S.R.C.C., with extended coverage for 30 days and claims payable at Surabaya.

☐ Consular invoice in .... folds.　☐ Packing list in .... folds.　☐ Weight list in .... folds.

☒ Original plus five copies of surveyor's report issued by SGS Far East Ltd.P.O.B.312.Taipei.Taiwan.The Surveyor's report/Clean report of findings (LKP) must be attached to documents for negotiation.

Covering:

Bicycle Spare Parts:20.000 Pairs Spindle for Children cycle Pedal=US$.2,460.-
　　　　　　　　20.000 Pairs Spindle For Bicycle Pedal　　=US$.2,900.-

Import Duty: 30%　　　　　　　　　　　　　C. I. F.　　US$.5,360.-
Vat: 10%. Income tax art.22: 2,5%.

☒ XN/CCCN number　--　　must be indicated in all documents.　Surveyor's report/LKP only issued by SGS

SHIPMENT FROM Taiwanese Ports. TO Tg. Perak, Surabaya, Indonesia	LATEST SHIPMENT DATE October 15, 11	PARTIAL SHIPMENT -- ALLOWED	TRANSHIPMENT not ALLOWED

SPECIAL CONDITIONS :

☒ Shipping marks must indicate this credit number.　☒ All bank charges outside Indonesia are for account of beneficiaries

☒ Insurance to be covered by applicant.　☐ FOB & freight adjustment within C & F value allowed.

☒ All packagibg must shown L/C number and number/date of invoice
The above comm.invoice must indicate that the goods are of Japanese
Origin.

Instruction to the negotiating bank :

The amount of each drawing must be endorsed on the reverse hereof. All documents are to be dispatched to us in two consecutive airmails.
In reimbursement of your payment you are authorised to :

☐ debit our Head Office .... account with you.

☒ draw sight draft on our Head Office . US. Dollar........... account with Bankers Trust Company New York accompanied by your certificate of compliance.

☒ We hold special arrangement with Bankers Trust Company,Taipei,Taiwan - regarding negotiation and reimbursement under this credit.

We hereby engage with drawers and/or bonafide holders that drafts drawn and negotiated in conformity with the terms of this credit will be duly honoured on presentation.
The advising bank is requested to notify the beneficiary ☒☒☒☒ with out adding their confirmation.

Your faithfully,
Overseas Express Bank

Authorised Signature(s)

ADVISING BANK'S NOTIFICATION

ADVISE THROUGH
BANKERS TRUST COMPANY
TAIPEI BRANCH
AUG 11. 11
EF. BT-

This advice conveys no engagement and responsibility on our part
Place, date, name and signature of the advising bank

IMP/002 A CB

<附件 27>

```
                                              0062-0000004  12445
```

CABLE ADDRESS: "FUJIBANK" OSAKA TELEX : J63285	THE FUJI BANK, LIMITED FOREIGN BUSINESS OPERATIONS DIV., OSAKA.	IMABASHI 5-CHOME, HIGASHI-KU. OSAKA 541, JAPAN

ADVISING BANK	IRREVOCABLE CREDIT NO.	ISSUING DATE
HUA NAN COMMERCIAL BANK LTD. TAIPEI TAIPEI TAIWAN	LC. 4321	SEP. 02, 11

AMOUNT :
US. DOLLAR2,850.300
(SAY US. DOLLAR TWO THOUSAND, EIGHT HUNDRED AND FIFTY ONLY)

BENEFICIARY
TAIWAN HAIR MANAFACTURING CO., LTD., P. O. BOX 123 TAIPEI, TAIWAN

CREDIT AVAILABLE BY DRAFTS AT SIGHT FOR 100 PERCENT INVOICE VALUE DRAWN ON THE FUJI BANK LTD., NEW YORK BRANCH, ONE WORLD TRADE CERTER, NEW YORK, N. Y., 10048

APPLICANT   JAPANESE CORPORATION, 567 NAGAHORIBASHI-XXX MINAMI-KU-OSAKA

EXPIRY DATE	OCT. 31, 11

PARTIAL SHIPMENTS PROHIBITED	TRANSSHIPMENT PROHIBITED	LATEST SHIPMENT OCT. 31,11

SHIPMENT FROM TAIWAN PORT TO USAKA

COVERINGS:

500 DOZ. PLASTIC HAIR BRUSH EX BUYER'S ORDER NO. 67 C&F

REQUIRED DOCUMENTS AS FOLLOWS:

-SIGNED COMMERCIAL INVOICE IN 3 COPIES

-FULL SET CLEAN ON BOARD MARINE B/L MADE OUT TO ORDER

OF THE FUJIBANK LIMITED

MARKED FREIGHT COLLECT

NOTIFY APPLICANT

-INSURANCE EFFECTED BY BUYER

-PACKING LIST IN 2 COPIES

-CERTIFICATE OF ORIGIN IN DUPLICATE

ALL BANKING CHARGES INCLUDING REIMBURSEMENT COMMISSION OUTSIDE JAPAN ARE

FOR ACCOUNT OF BENEFICIARY

DOCUMENTS TO BE PRESENTED WITHIN 5 DAYS AFTER THE DATE OF ISSURANCE OF THE

SHIPPING DOCUMENTS BUT WITHIN THE VALIDITY OF THE CREDIT

SPECIAL INSTRUCTIONS:

1)T. T. REIMBURSEMENT IS NOT ACCEPTABLE

2)ONE SET OF ORIGINAL DOCUMENTS INCLUDING ONE ORIGINAL BILL OF LADING MUST BE

AIRMAILED DIRECTLY TO APPLICANT AFTER SHIPPING DATE, IMMEDIATELY AND

BENEFICIARY'S CERTIFICATE TO THIS EFFECT IS REQUIRED

THIS CREDIT IS AVAILABLE WITH ANY BANK BY NEGOTIATION AND EXPIRES AT

NEGOTIATING BANK'S COUNTER

INSTRUCTIONS TO NEGOTIATING BANK: -ALL DOCUMENTS TO BE SENT TO US IN ONE

AIRMAILING

-DRAFTS TO BE AIRMAILED TO DRAWEE BANK FOR REIMBURSEMENT

華南銀行國外部 通知章

1198

HOA

本通知係依據ICC 1983 NO 400
辦款辦理

THE AMOUNT OF ANY DRAFT DRAWN UNDER THIS CREDIT MUST BE ENDORSED ON THE REVERSE HEREOF.
WE HEREBY AGREE WITH THE DRAWERS, ENDORSERS AND BONA FIDE HOLDERS OF DRAFTS DRAWN UNDER AND IN COMPLIANCE WITH THE TERMS OF THIS CREDIT THAT THE SAME SHALL BE DULY HONORED ON DUE PRESENTATION TO THE DRAWEES
YOURS VERY TRULY.

AUTHORIZED SIGNATURE
T. YAMAGISHI(Y-103)

PLEASE REFER TO OUR BRIEF ADVICE BY CABLE OF TODAY ADVISING OF ISSURANCE OF THIS CREDIT

<附件 28>

(閉土 25B) 66. 8. 15,000 212×275 K13 1

The Chang Hwa Commercial Bank, Ltd.

FOREIGN DEPARTMENT

P. O. BOX 672, TAIPEI
TAIWAN

Our Ref. No. 94/1234/208
Date: Oct. 12, 11

ADVICE OF TRANSFER OF IRREVOCABLE CREDIT

No. 1234

A. B. C. Enterprise Co., Ltd. 7Fl., No. 7, Ching Tao E. Rd., Taipei, Taiwan.	── Issuing bank ── Republic National Bank of New York.

Gentlemen:

Re: Credit No. A-29717-94
dated   Aug. 17, 11
in favor of   YOUNG , INT'L CO., LTD.

We are instructed by the above-mentioned original beneficiary under date of
to advise you that he/they has/have irrevocably transferred to you a part of his/their rights in the
captioned credit, and we hereby notify you of the following particulars of the credit as transferred:

Terms: 1. Amount in figures and letters US$16,638.00 (US DOLLARS SIXTEEN THOUSAND*
**SIX HUNDRED THIRTY EIGHT ONLY)

2. Quantity of merchandise:
General Garments (Ladies' Sweater)

3. Latest shipping date: Oct. 20, 11

4. Expiry date: Oct. 30, 11

5. We hereby certify that the transfer has been endorsed on
the original credit.

Please note that this letter is solely AN advice and conveys no engagement by us, and
also note that an amendments to this advice shall be advised to you only upon, and in accordance
with, the instructions which we receive from the original beneficiary.

Please further note that in cases in which we receive the original credit by cable, we
assume no responsibility for any errors and/or omissions in the transmission and/or tranlation of
the cable, and we reserve the right to make such corrections as may be necessary upou receipt
of the mail confirmation.

This letter must be presented with each negotiation, and the amount of any such
negotiations must be endorsed on the reverse hereof by the negotiating bank.

Kindly acknowledge receipt of this letter by signing and returning to us the attached copy.

THIS ADVICE IS SUBJECT TO UNIFORM CUSTOMS AND PRACTICE
FOR DOCUMENTARY CREDITS (2007 REVISION). INTERNATIONAL CHAMBER
OF COMMERCE PUBLICATION NO. 600

Photo copy of original credit
attached,

Yours very truly,
The Chang Hwa Commercial, Bank. Ltd.
Foreign Department

Authorized Signature

＜附件 29–1＞

Draft No.

Exchange for   Taipei, Taiwan _____

At   sight of this FIRST of Exchange (Second unpaid) Pay to the order of

CITY BANK OF TAIPEI

The sum of

Value received

Drawn under Letter of Credit No. _____ dated _____

Issued by _____

To

＜附件 29–2＞

Draft No.

Exchange for   Taipei, Taiwan _____

At   sight of this SECOND of Exchange (First unpaid) Pay to the order of

CITY BANK OF TAIPEI

The sum of

Value received

Drawn under Letter of Credit No. _____ dated _____

Issued by _____

To

＜附件 30＞

Standard Chartered
Bank Limited
3. Bishopsgate
London, EC2N 4AH
Telex-lo. 984663/7
Cables: CHARTCITY LONDON EC2
Telephone: 01 - 623 7500

OPENERS REF 94/703
When replying please quote
CREDITS ADVISING DEPT. SAB Date 9th March, 11

IRREVOCABLE DOCUMENTARY CREDIT NO. 2/6442

— Advising Bank —
First Commercial Bank,
Taipei,
Taiwan.

— Applicant —
Marshal & Sons (London) Ltd
535/543 Victoria House,
Southampton Row,
London WC1B 4DR

— Beneficiary —
A. B. C. CO. LTD.
P.O. Box 68-394,
Taipei, Taiwan.

— Amount —
US$1,544.00 (UNITED STATES
DOLLARS ONE THOUSAND FIVE
HUNDRED AND FORTY FOUR CIF
MONROVIA)

if applicable, we confirm our cable/telex
dated ——————— to the advising bank.

Date: 30th May, 11
For negotiation in the country of the Beneficiary — Expiry —

Dear Sirs,
We hereby issue in your favour this Documentary Credit which is available
for negotiation of your draft(s) in duplicate at ————— sight
drawn on Marshal & Sons (London) Ltd
bearing the clause "Drawn under Standard Chartered Bank Limited, Bishopsgate, London
Branch Credit Number 2/6442

DRAFTS MUST BE ACCOMPANIED BY:

INVOICES Signed Invoices in 10 copies Certified Customs Invoices in fourteen copies
/fully completed on appropriate standard certified customs forms/for the draft amount showing the
C.I.F. value of the undermentioned goods and stating "We certify that the goods herein
invoiced nform with Order/Indent No. TD/650/77 dated 13th January, 11

PACKING
SPECIFICATION Packing Specification in 8 copies and Certificate of Origin in 6 copies
INSURANCE Insurance Policy or Certificate, in duplicate, endorsed in blank, for 50 % above the C.I.F. value
of the goods, covering Marine and War Risks, in the currency of the credit. Transhipment risks to
be covered if transhipment effected* XXXXXXXXXXXXXXXXXXXXXXXXXXXXXXXXXXXXXXXX.

BILLS
OF
LADING
Complete set of not less than 3 original non-negotiable clean On Board Bills of Lading to
order and blank endorsed marked "Freight paid " Evidencing Shipment
From any Taiwan Port To Monrovia By sea
Not later than X 20th May, 11

OTHER DOCUMENTS/
SPECIAL INSTRUCTIONS
*40% subject to Duty clause all risks, W/W
All Taiwan bank charges are for beneficiaries account.

B/L Notifying Party: X.Y.Z. Traders, P.O. Box 532, Monrovia, Liberia.
One set of non-negotiable documents to be sent in advance to the notifying
party and one set to the accreditors and certificate of posting to that
effect to accompany presented documents.

GOODS The Documents must evidence shipment of the following goods XX XXXXXXXX
200 sets Model CT-576 Mini Fan – 6" with 110 V. XXXXX 50/60Hz, @ US$7,72
per set CIF Packing: Each set in box, suitable quantity in export carton.

Part Shipment/XXXXX is not Allowed Transhipment is not Allowed

CONSIGNEES
NEGOTIATION XXXXXXXXXXXXXXXXXXXXXXXXXXXXXXXXXXXXXX
NEGOTIATING MUST (1) XXXXXXXXXXXXXXXXXXXXXXXXXXXXXXXXXXXXXXXXXXXX
BANK XXXXXXXXXXXXXXXXXXXXXXXXXXXXXXXXXXXXXXXXX
(2) Forward Documents to London by Airmail.
(3) Endorse on the original Advice particulars of all drafts negotiated.

IMPORT PERMIT No.
(to be quoted on invoices) For payment to an external account.

We hereby agree that all drafts drawn hereunder and negotiated within the terms of this
credit will be honoured provided they are accompanied by the requisite documents in order.

FM 7130 (6/75)
Original Assistant Manager Manager Yours faithfully

This Credit is subject to the Uniform Customs and Practice for Documentary Credits (2007 Revision), International Chamber of Commerce, Publication No. 600.

＜附件 31＞

A. B. C. CO., LTD.

(TAIWAN BRANCH.)
P. O. BOX 68-391
TAIPEI, TAIWAN,

CABLE: "DIVIDICO"
PHONE: 5313912 5313911
5113300
TELEX: 21310 DIVIDICO

APR. 9, 11

INVOICE No.   847/83
CONFIRMATION NOTE No.   D-1060
INDENT No. ....
INVOICE of   200 sets Model CT-376 Mini Fan-6″ with 110 V. 50/60Hz.
Shipped from   Keelung Taiwan tf Monrovia, Liberia.   By order and for account and risk
of Messrs. MARSHAL & Sons (London) Ltd. 535/5436 Victoria House, Southamption Row,
and consigned to Messrs.   X. Y. Z. Traders, P. O. Box 532, Monrovia, Liberia.

Marks & No.	Description of Goods	Quantity	Unit Price	Amount
P. U. T. /650/77/c-7062 1060 NROVIA CARTON NO. 1-17 DE IN TAIWAN P. OF CHINA.	200 sets Model CT-376 Mini Fan-6″ with 110 V. 50/60Hz. Packing: Each set in box, suitable quantity in export carton. 200 sets. We certify that the goods herein invoiced conform with order/Indent No. TD/650/77 DATED 13 th January, 11 Say US Dollars One Thousand Five Hundred Forty-Four Only. Drawn Under Standard Chartered Bank Limited, Bishopagate, London L/C No. 2/6442 Dated: 9 th March, 11		Per dozen US$7.72	CIF Monrovia Liberia. US$1,544.00

A. B. C. CO. LTD.

<附件 32>

Shipper		BILL OF LADING	B/L No.
A.B.C. Co., LTD.			

Royal Interocean Lines

Consignee	
TO ORDER	
	or to his or their assigns

INCORPORATED IN THE NETHERLANDS AS
KONINKLIJKE JAVA-CHINA-PAKETVAART LIJNEN B.V.,
AMSTERDAM

"a member of the Netherlands Shipping Union group of companies"
SHIPPED on board in apparent good order and condition unless otherwise stated hereon: PACKAGES AND/OR PIECES (Contents and condition of contents, specification, measurement, weight, gauge, brand, contents, marks, quality, or value unknown, any reference in this Bill of Lading to these particulars is for the purpose of calculating Freight only) being marked and numbered under, to be conveyed by the vessels to which transhipment may be made by this route and/or method, of conveyance and subject to the Company's Standard conditions and special clauses hereinafter mentioned and to be delivered subject to the other conditions and exceptions of this Bill of Lading, all of which constitute the contract of carriage between the shipper and the KONINKLIJKE JAVA-CHINA-PAKETVAART LIJNEN N.V. (Royal Interocean Lines) — herein called the carrier — at the port of destination or so near thereto as the may safely get and always lie safely afloat.

THE SCOPE OF THE VOYAGE IS DESCRIBED IN CLAUSE 7 HEREOF
FORWARDING AND TRANSHIPMENT IN ACCORDANCE WITH CLAUSE 14 HEREOF.
PRECARRIAGE AND/OR ONCARRIAGE IN ACCORDANCE WITH CLAUSE 17 HEREOF.

Notify address	
X.Y.Z. TRADERS, P.O. BOX 532 MONROVIA, LIBERIA	

Pre-carriage by	Place of receipt by pre-carrier
Vessel STRAAT NAGASAKI	Port of loading KEELUNG
Port of discharge MONROVIA	Place of delivery by pre-carrier

Marks and No.	Number and kind of packages; description of goods	Gross weight	Messurement
	S/O NO. 37		
M. P. U. T. TD/650/77/C-7062 D-1060 MONROVIA CARTON NO. 1-17 MADE IN TAIWAN	17 CARTONS MODEL CT-576 MINI FAN - 6" WITH 110V. 50/60 Hz ====================		

PARTICULARS FURNISHED BY SHIPPER

Total number of packages ....17.....(........Seventeen........................)

• Applicable only when document used as a TRANSHIPMENT BILL OF LADING

SPECIFICATION OF FREIGHT AND CHARGES			
2.36 M3	US$127.20	US$	300.19
C.S	10%		30.02
P.C.	1.46		3.45
B.S.	17.55%		58.56
		US$	392.22

ORIGINAL

In accepting this Bill of Lading, the shipper, consignee and/or the owner; if the goods and the holder of this Bill of Lading, expressly accepts and agree, to all the conditions and exceptions, whether written, printed, stamped or incorporated on the front or back hereof (any local customs or privilege to the contrary notwithstanding) as fully as if they were all signed by the said shipper, consignee, and owner.
IN ACCEPTING THIS BILL OF LADING THE SHIPPER EXPRESSER DECLARES, that unless stated in writing on this Bill of Lading the packages do not contain any of silver or other precious metals, or coined metal, or watches, watches, or any precious stones or other valuables, stocks or bonds, paper currency, documents or other proof of value, silk, pictures or china, OR IN GENERAL ARTICLES THE VALUE OF WHICH EXCEEDS U.S.A $80.— PER CFE OR ITS EQUIVALENT IN BRITISH STERLING.
No claim to attach to failure to notify, even if caused by the negligence of the Carrier or his Agents or his servants nor will the receiver be relieved from any obligation under this Bill of Lading if a party to be notified is mentioned herein.
In witness whereof the Carrier or his agent have signed the number of original Bills of Lading stated below, all of this tenor and date. One Bill of Lading duly endorsed to be given up in exchange for the goods or for a Delivery Order if required, upon which the others shall stand void.

Freight payable at TAIPEI	Place and date of issue KEELUNG 9TH APRIL, 11
Number of original Bs/L THREE	On behalf of the master(s) and owners of the carrying vessels(s))
" FREIGHT PREPAID "	For TAIWAN ...... LIMITED
	....................Signature

＜附件 33＞

Bekouw Mendes

Bekouw Mendes Groep by
Insurance brokers

Postbox 3836 Amsterdam
Stadhouderskade 2
Telephone 020-212626
Telex 11699 indem
Cables indemnity

in conjunction with
G.N. Bishop (Insurance Brokers) Limited

Halden House, High Halden
Ashford, Kent TN26 3BT
Telephone 0233-85541
Telex 965379

Original

14853

Certificate of Insurance   WC Nr   Date, April 8th . 11

This is to certify
that we, the undersigned, have effected an insurance on behalf of   A.B.C. CO. LTD.

for the sum of US$2316.00
(US DOLLARS TWO THOUSAND THREE
HUNDRED SIXTEEN ONLY)

on 200 sets Model CT-576
Mini Fan - 6" with
110 V. 50/60Hz.

<u>Shipping Mark & Nos.</u>
M. P. U. T.
TD/650/77/C-7062
D-1060
MONROVIA
CARTON NO. 1-170
MADE IN TAIWAN
REP. OF CHINA.

per s.s."Straat Nagasaki"Sailing on or about April 8th , 11
from Keelung, Taiwan.   to Monrovia.

Including warehouse to warehouse clause. Underwriters' risk terminates in any case
1. at the moment of delivery in the final warehouse of the consignees.
2. in the even of interrupting the normal course of the transit by those interested by not taking delivery of the goods when they are aware of the arrival (it is not allowed to have the goods stored in places not being the final Warehouse if delivery could be taken). Transhipment risks to be covered if transhipment effected. 40% subject to Duty clause all risks, W/W.
For shipments via sea Underwriters' risk terminates, in any case after the elapse of sixty full days after discharge of the goods from the oversea vessel at the final port of discharge, however, for shipment to Lagos/Nigeria underwriters' risk terminates at the latest 30 days after discharge from sea-vessel.

Claims or returns, if any, will be paid out after Settlement by Underwriters only by Bekouw Mendes Groep bv at Amsterdam, to whom all claims are to be presented for collection. Claims must be accompanied by this certificate.

In the event of accident, whereby loss or damage may result in a claim, immediate notice to be given to the nearest located Lloyd's Agent.

It is a provision of this insurance that the consignee shall act as described on the reversed side of this certificate.

If required, this certificate can be exchanged for a policy (Apply to Bekouw Mendes Groep bv at Amsterdam).

Conditions of insurance:
As per current English Institute Cargo clauses (All Risks)

For perishable goods, however, as per current English Institute Frozen Food Clauses
(All Risks - 24 Hours Breakdown).

For all interests: Including war, strikes, riots and civil commotions as per current English Institute War and Strike clauses.

Bekouw Mendes Groep bv

Claims not exceeding Dfls 200.– (or equivalent in other currency), which are recoverable under this insurance, will be settled on production of a declaration from the customs and/or carriers only, together with such documents required for proving the claim.

＜附件 34＞

A. B. C. CO. LTD

P.O. BOX 68-394.
TAIPEI (TAIWAN)

(Attached to INVOICE NO.   )

Packing Specification

CABLE: "DIVIDICO"
TELEX: 21310 DIVIDICO.

TAIPEI, APR 9 - 11

MARKS & NUMBERS:
M. P. U. T.
TD/650/77/C-7062
D-1060
MONROVIA
CARTON NO. 1-17
MADE IN TAIWAN

To: Messrs.   X. Y. Z. TRADERS   , P.O. Box 532,
Monrovia, Liberia.

Shipped Per S.S. "Straat Nagasaki"
From keelung to Monrovia, Liberia.
Sailing on about April 8th, 11

Case or Carton No.	Description of goods	Quantity	Net Weight	Cross Weight	Measurement
1-16	Model CT-576 Mini Fan - 6" with 110 V. 50/60Hz. @12 set, Total: 192 sets.	16 Ctns.	@14.40 kgs. 230.40 kgs.	@22.40 kgs. 358.40 kgs.	
17	@8 sets, Total: 8 sets.	1 Ctn.	9.60 kgs.	15.00 kgs.	
Total:	200 sets.	17 Ctns.	240.00 kgs.	373.40 kgs.	

Say Total Seventeen (17) Cartons Only.

A. B. C. CO. LTD.

<附件 35>

SPECIMEN

States Marine-Isthmian Agency, Inc.
AS AGENT FOR CARRIER INDICATED BELOW

DELIVERING CARRIER TO STEAMER

CAR NUMBER-REFERENCE

FORWARDING AGENT · REFERENCES

EXPORT DEC. NO.

BILL OF LADING
(SHORT FORM INCORPORATING TERMS OF LONG FORM)
(CONTRACT TERMS CONTINUED FROM OVERPAGE)

SHIPPER
Plenty and Good Candy Co., 1226 Avenue B, New York

CONSIGNED TO
Sweet Time Ltd., 11 Pall Mall, London W. 1

ADDRESS ARRIVAL NOTICE TO
some

ALSO NOTIFY

VESSEL
S. S. Pottsburg

VOYAGE NO.

FLAG

PIER

PORT OF LOADING
New York

PORT OF DISCHARGE (Where goods are to be delivered to consignee or on-carrier)
Southampton

PARTICULARS FURNISHED BY SHIPPER

MARKS AND NUMBERS	NO. OF PKGS.	DESCRIPTION OF PACKAGES AND GOODS	MEASURE-MENT	GROSS WEIGHT
A 1271/1-3	3	Cartons Chocolate Candy	18 cu. ft.	100 lbs.

Received on Board

FEB. 7 2011

STATES MARINE-ISTHMIAN
AGENCY, INC.

By　a. g. f.

ALL CHARGES EX SHIP'S TACKLE FOR ACCOUNT OF CARGO

CARRIER: States Marine Lines, Inc. ◯　ISTHMIAN LINES, INC. ◯　◯

In witness whereof, the carrier by its Agent has signed 4 Bills of Lading, all of the same Tenor and date, one of which being accomplished, the others to stand void.

Dated At: NEW YORK, N. Y.

To Be Paid At:

BILL OF LADING NUMBER	DATE
1 94818	2. 5. --

FOR THE MASTER States Marine-Isthmian Agency, Inc.

By: a. g. Frame

To Be PREPAID

ALL FT

<附件 36>

FORM 1212
J.T.C. 1-66-REV.

States Marine-Isthmian Agency, Inc.
AS AGENT FOR CARRIER INDICATED BELOW

DELIVERING CARRIER TO STEAMER		CAR NUMBER-REFERENCE

FORWARDING AGENT - REFERENCES		EXPORT DEC. NO.

BILL OF LADING
(SHORT FORM INCORPORATING TERMS OF LONG FORM)
(CONTRACT TERMS CONTINUED FROM OVERPAGE)

SHIPPER Cranshaw Associates   2463 Arlington St., Jersey City, N.J.

CONSIGNED TO
ORDER OF Ezra Katz   24B Park Lane   Leichester, England

ADDRESS ARRIVAL NOTICE TO
Ezra Katz
24B Park Lane
Leichester, England

ALSO NOTIFY
(None)

VESSEL · S.S. Southampton	VOYAGE NO.	FLAG	PIER	PORT OF LOADING New York

PORT OF DISCHARGE (Where goods are to be delivered to consignee or on-carrier)
Southampton, England

PARTICULARS FURNISHED BY SHIPPER

MARKS AND NUMBERS	NO. OF PKGS.	DESCRIPTION OF PACKAGES AND GOODS	MEASURE-MENT	GROSS WEIGHT
AZX-3465/1-3	3	Crates containing Honeydew melons.	22 cu. ft.	215 lbs.

ALL CHARGES EX SHIP'S TACKLE FOR ACCOUNT OF CARGO

CARRIER: States Marine Lines, Inc. ◯   ISTHMIAN LINES, INC. ◯   ◯

In witness whereof, the carrier by its Agent has signed 4 Bills of Lading, all of the same Tenor and date, one of which being accomplished, the others to stand void.

Dated At: NEW YORK, N.Y.

To Be Paid At:

BILL OF LADING NUMBER	DATE
1 94818	3-12.---

To Be PREPAID
94118

TOTALS

FOR THE MASTER States Marine-Isthmian Agency, Inc.

By: _Elving Secomba_ SPECIMEN

<附件 37>

INTERNATIONAL CORP.

Cable Address	COMMERCIAL STREET	Telephone:
San Francisco	SAN FRANCISCO, CALIF. 94111	382–6882
	U. S. A.	

TO: CHINA, ×××Dept.　　　　　　　INVOICE DATE March 6, 2011

　　×××St., Section 1

　　Taipei, Taiwan　　　　　　　　INVOICE NO.　SF–349

　　　　　　　　　　　　　　　CLIENTS REF.　GFR4–692954

TERMS: C&F Kaohsiung by ocean freight

QUANTITY	DESCRIPTION	TOTAL PRICE
4 sets	APT–22B–8 Hudson TUF–LITE Fan Assembly	US$22,062.00
	Bore: 4 1/16″ W/7/8″ × 7/16″ K. W.	
	as per Hudson Products Corp's invoice No. 2–7294–85	
	attached	
	Ocean freight, wharfage, forwarding charge etc. as	3,623.00
	per Mohegan International Corporation's invoice	
	40–119471 attached	27.58
	Documentation	US$25,712.58
	TOTAL C&F Kaohsiung	
	Less amount to be collected under	
	separate draft	650.58
	Amount payable by L/C	US$25,062.00
	Letter of credit No. ODH2/05563/01	
	Import License No. 69RA1–005072	
	CTC Invitation No. GFR4–692954	
	Contract No. 80–GFR4–4627 (SF–349)	

　　　　　　　　　　　　　　INTERNATIONAL CORPORATION

　　　　　　　　　　　　　　CERTIFIED TRUE & CORRECT

　　　　　　　　　　　　PER

<附件 38>

INVOICE

HUDSON PRODUCTS CORPORATION

ALL CORRESPONDENCE WITH REFERENCE TO THIS INVOICE SHOULD BE ADDRESSED TO
6855 HARWIN DRIVE   POST OFFICE BOX 36100   HOUSTON, TEXAS 77036
PLEASE REMIT TO: POST OFFICE BOX 100158   HOUSTON, TEXAS 77212

CUSTOMER'S ORDER NO.	GFR4-692954-SF349	REFER TO S9318
REQUISITION NO.		INVOICE NO. 2-7294-85
		INVOICE DATE 2-25-11

SOLD TO

. International Corporation
Commercial Street
San Francisco, California 94111

Loc Code 861

SHIPPED TO   Same
DESTINATION   Houston, Texas for export to Taiwan
DATE SHIPPED
HOW SHIPPED
TERMS: At sight draft drawn against Bank of Canton of California Letter of Credit # 7357
through Bank of Canton of California; San Francisco, California reference # 7357.

PREPAID—COLLECT

SHIPPED BY   RPC/Secab
FROM   Houston, Texas
F.O.B.   Houston, Texas

ITEM NO.	QUANTITY	DESCRIPTION	UNIT PRICE	AMOUNT
		"4SETS OF APT-22B-8, HUDSON TUF-LITE FAN ASSEMBLY BORE: 4 1/6" W/ 7/8" x 7/16" KEYWAY" AS FOLLOWS:		
	4	APT-22B-8, HUDSON TUF-LITE FAN ASSEMBLY CONSISTING OF MODEL 5308 HUBS, S/N 3139 THRU 31394 WITH MODEL T-22B FAN BLADES, COMPLETE WITH 4 1/16" BUSHING & 6' SEAL DISC.	$5,278.00	$21,112.00
		EXPORT CRATING		950.00
				$22,062.00
		MARKS: SF-349		

C   T

GFR4-692954
CPDC- A 9505

P   D

KAOHSIUNG, TAIWAN
GR. WT.: 3380, 4038
NET WT.: 2040, 3508
DIM.: 125 x 71 x 81, 55 x 54 x 52
MADE IN U.S.A.

ATTACHED P/L #HOU8124
BOX #1 - #2

"THESE COMMODITIES LICENSED BY THE UNITED
STATES FOR ULTIMATE DESTINATION TAIWAN
DIVERSION CONTRARY TO UNITED STATES LAW
PROHIBITED."

"CERTIFIED TRUE AND CORRECT."

Diana Boles
DIANA BOLES

<附件 39>

ABC BANK

FOREIGN DEPARTMENT

In reply please refer to   TAIPEI, TAIWAN, 100   CABLE ADDRESS:

Our Ref. No.

TO: BANK OF CANTON OF CALIFORNIA

555 MONTGOMERY STREET

SAN FRANCISCO, CALIF. 94111   MARCH 21, 2011

U.S.A.   Date

Re: Your Ref. No. 3326   for US$25,062.00

Our L/C No. ODH2/05563/01

Gentlemen:

We wish to inform you that we are unable to accept the documents presented by your bank under the captioned credit owing to the following discrepancies: BORE: 4 1/6" W/7/8" × 7/16" K.W. SHOWN ON INVOICE ISSUED BY HUDSON PRODUCTS CORP., NOT CONFORM TO CREDIT.

REGARDING COLLECTION US$650.58, ACCOUNTEE ARE CONTACTING THEIR CLIENT AND WE WILL REVERT UPON RECEIPT THEIR INSTRUCTIONS.

However, we are contacting our principals to ascertain whether the documents are acceptable to them despite the discrepancies. Upon receiving their instruction, we will advise you immediately. Meanwhile, the documents are being held by us at your disposal, and at your entire risk and responsibility.

Very truly yours,

cc.   Authorized Signature

＜附件 40＞

BANK OF CANTON

OF CALIFORNIA

555 MONTGOMERY STREET. SAN FRANCISCO, CALIF. 94111

(415) 421–4883 · CABLE: BANKANTON · TELEX: 278774

March 27, 2011

ABC Bank

Foreign   Dept.

St. SEe. 1

Taipei, Taiwan

Re: Your L/C No. ODH2/05563/01

Our Ref. No. 3326

=   Amount: 25,062.00

Gentlemen:

With reference to the captioned letter of credit, we have received your letter dated March 21,2011. Owing to the invoice issued by Hudson Products Corp. were not required by letter of credit we sent to you only for their information without any of our responsibility of its contents. But, we have contacted with International Corp. and they informed us today that applicant will accept the documents accordingly. Please contact your customer.

Your attention and cooperation will be highly appreciated.

Yours very truly,

Authorized Signature

cc: International Corp.

Commercial St.

San Francisco, Ca. 94111

JC: JS

<附件 41>

To: A. B. C. BANK
FOREIGN DEPT.
　　TAIPEI

日期：
Date:

敬啟者：
Dear Sirs:

　　　茲附奉擔保提貨書請　　　貴處惠予簽署以便向
　　We enclose herewith for your countersigning our Letter of Guarantee addressed to

　　　請 求 提 取 下 列 貨 物 該 貨 物 係 由　　　裝　　輪運臺
_____ calling for following cargoes, shipped from _____ per S.S. _____

信用狀號碼	提單號碼	嘜 頭	貨 名	價 值
L/C No.	B/L No.	Marks	Commodity	Value

因 上 列 貨 物 之 提 單 尚 未 寄 到
The Bills of Lading of these cargoes have not yet arrived.

　　　貴處簽署上項擔保提貨書之一切後果均由本號（　　　　　　　）
　　In consideration of your countersigning this Letter of Guarantee, we hereby agree to hold you harmless

負 責 決 不 使　　　貴處因此而蒙受任何損失茲並同意一俟提單寄到
for all consequences that may arise from your so doing. We further agree that on receipt of the Bill of Lading

即 將 上 項 擔 保 提 貨 書 換 回 送 還　　　貴處註銷或由　　　貴處代勞將該
for the above shipment we will deliver the said Letter of Guarantee to you for cancellation or you may deliver

項 提 單 逕 交 船 公 司 換 回 上 項 擔 保 提 貨 書 以 便 解 除 貴 處 之 保 證 責 任 。
the Bills of Lading direct to the steamship company on our behalf to release your Letter of Guarantee.

附批：本件貨物之正式單據寄到時請煩掛號郵寄敝處，　　　申請人
　　　中途如有遺失，概由敝處負責，與　貴處無涉。　　　Yours truly,

簽 署 日 期　　　　餘 額
Date of Countersigning　　　Balance

_____

簽章人　　　　　　　　　核對人
Signed by:　　　　　　　Checked by:

＜附件 42＞

APPLICATION FOR BILL OF LADING ENDORSEMENT

To: A. B. C.

　　A. B. C. BANK

　　FOREIGN DEPT.　　　　　　　　　Date:＿＿＿＿＿＿＿＿＿＿＿＿＿

　　　TAIPEI　　　　　　　　　　　　Serial No.＿＿＿＿＿＿＿＿＿＿＿

Dear Sirs:

　　We enclose herewith for your endorsement the undernoted duplicate Bill of Lading issued

by＿＿＿＿＿＿＿＿＿＿＿＿＿＿＿＿＿＿＿＿＿＿＿＿＿＿＿＿＿＿＿＿＿＿＿＿

for delivery of the following cargoes, shipped from＿＿＿＿＿＿＿＿＿＿＿＿＿＿＿

per S.S.＿＿＿＿＿＿＿＿＿＿＿＿＿

L/C No.	B/L No.	Marks	Commodities	Quantity	Amount

　　In consideration of your endorsing this duplicate Bill of Lading, we hereby agree to hold

you harmless for all consequences that may arise from your so doing.

Date Endorsed　　　　　　Balance　　　　　　Yours truly,

　　　　　　　　　　　　　　　　　　　　＿＿＿＿＿＿＿＿＿＿＿＿＿

經副裏理　　　　主　任

　　　　　　副主任　　　覆　核　　　承　辦

圖片來源:

轉開信用狀: 彰化銀行

產地證明書: 台灣原產地證明書服務網

出口押匯總質權書: 高雄銀行

出口押匯申請書: 陽信商業銀行

授權書: 陽信商業銀行

信用狀修改申請書: 第一商業銀行

信託收據: 桃園縣線上申辦整合系統

擔保提貨申請書: 華南商業銀行

國際貿易實務詳論

張錦源／著

　　買賣的原理、原則為貿易實務的重心，貿易條件的解釋、交易條件的內涵、契約成立的過程、契約條款的訂定要領等，均為學習貿易實務者所不可或缺的知識。本書對此均予詳細介紹，期使讀者實際從事貿易時能駕輕就熟。國際間每一宗交易，從初步接洽開始，經報價、接受、訂約，以迄交貨、付款為止，其間有相當錯綜複雜的過程。本書按交易過程先後作有條理的說明，期使讀者對全部交易過程能獲得一完整的概念。除了進出口貿易外，對於託收、三角貿易、轉口貿易、相對貿易、整廠輸出、OEM貿易、經銷、代理、寄售等特殊貿易，本書亦有深入淺出的介紹，為坊間同類書籍所欠缺。

國際貿易付款方式的選擇與策略

張錦源／著

　　在國際貨物買賣中，付款方式常成為買賣雙方反覆磋商的重要事項。在實務上，常因付款方式無法談妥，以致失去交易的機會，相當令人惋惜。國際貨物買賣的付款方式有相當多種，哪一種付款方式最適合當事人？當事人選擇付款方式的考慮因素為何？如何規避有關風險？各種付款方式的談判策略為何？針對以上各種問題，本書有深入淺出的分析與探討，讀者如能仔細研讀並靈活運用，相信能在詭譎多變的貿易戰場中，獲得最後的勝利！